作者簡介：

溫斯頓・邱吉爾（Winston S. Churchill, 1874.11-1965.1），二十世紀偉大的政治領袖。一九○○年當選為英國保守黨議員，以後歷任英國政府殖民副大臣、商務大臣、內政大臣、海軍大臣、不管部大臣、軍需大臣、陸軍大臣、空軍大臣、財政大臣等要職，在每一個崗位上，他都做的有聲有色，頗有建樹。一九三九年英國參加第二次世界大戰後，他開始擔任海軍大臣；後來在一九四五年五月至一九四五年七月間，擔任聯合政府首相；一九五一至一九五五年間又出任保守黨政府之首相。由於在一戰期間擔任英國海軍大臣，二戰時又擔任英國首相，故兩次帶領英國渡過最艱難灰暗的時刻，並獲得了最終勝利。他高度的文學素養亦為舉世所公認，著作等身，包括有：《倫道夫・邱吉爾傳》、《我的非洲之行》、《自由主義和社會問題》、《人民的權利》、《我的早年生活》、《印度》、《當代的偉人們》，以及描述其先祖的《馬爾博羅傳》（四卷）、記錄第一次世界大戰之宏篇鉅著《世界的危機》（五卷）和大英帝國的歷史著述《英語民族史》（四卷）等。

人類的經典
（三十）

英語民族史
大不列顛的誕生

A History of the English-Speaking Peoples

（卷一）

溫斯頓・邱吉爾 著
Winston S. Churchill

劉會梁 譯

Original Title *"A History of the English-Speaking Peoples"*
Original Copyright © 1956 by Cassell Publishers Limited
This Edition arranged with Curtis Brown-U.K.
Through Big Apple Tuttle-Mori Agency, Inc.
All Right Reserved.

人類的經典 （30）

英語民族史(卷一)：大不列顛的誕生

作者	溫斯頓·邱吉爾（Winston S. Churchill）
譯者	劉會梁
系列主編	龐君豪
責任編輯	李育華
協力編輯	徐鵬博　陳相如　許雅婷　鄭秀娟
封面設計	郭佳慈
電腦排版	嚴致華　曾美華

社長	郭重興
發行人暨出版總監	曾大福
出版	左岸文化
發行	遠足文化事業有限公司
	231 台北縣新店市民權路 117 號 3F
	客服專線：0800-221-029
	電話：（02）2218-1417
	傳眞：（02）2218-1142
	E-Mail：service@sinobooks.com.tw
版權代理	大蘋果版權公司
法律顧問	北辰著作權事務所　蕭雄淋律師
印刷	成陽印刷股份有限公司
初版	2004 年 3 月

ISBN　986-7854-55-1 （精）
有著作權 翻印必究（缺頁或破損請寄回更換）
Chinese (Complex character) © copyright 2004 by Rive Gauche Publishing House, An Imprint
　　　of Walkers Cultural Co.
ALL RIGHTS RESERVED

國家圖書館出版品預行編目資料

英語民族史 / 溫斯頓.邱吉爾(Winston S.
　Churchill)著；劉會梁譯. -- 初版. -- 臺
　北縣新店市：左岸文化出版：遠足文化發行
，2004[民 93]
　　冊；　公分. -- (人類的經典；30-33)
　譯自：A history of English-speaking
peoples
　ISBN 986-7854-55-1(全套：精裝)

　1. 英國 - 歷史

741.1　　　　　　　　　93000691

左岸丰華——
多采深情的追尋

午后的空氣中凝結著的,是一份亟欲掙脫但又優游沈醉的心情。
不解、鬱結、搔首、頓足——怦然心動、展眉、手舞、弄足、高歌:
這是什麼樣的心情呵!
相傳 左岸就是醞釀這樣一種心情的地方。

閱讀,是什麼動機下的行為?
思索,背裡隱含著的又是什麼樣的企圖?
是為了取得生活技藝的需求?是出於對生命困惑的自省?
抑或純粹只是找尋舒緩心靈的藥方?
聽說 左岸也是一個對生命及自身存在意義的追尋者。

挫折總是在力所不及處蔓生,
但,也正是在每一次「勉強」克服了困難、跨越了挫折之後,
才能體悟到生命所釋放的酣暢淋漓。
閱讀及思索 也正是這樣一種自我蛻變的行為。
恰巧 左岸也有一份不安現狀的執著。

不是熱愛自己生活的人,不會文章有情;
不是那樣熱切地注視著人間世的心靈,
就不會比自己想像中的更沈醉——
沈醉在浩瀚知識的無涯裡。
可喜的是 左岸懷著對知識最純粹敬虔的依戀。

且讓左岸與您一起在閱讀中搔首延佇、隨想於多采深情的追尋裡。

左岸文化
2001

編輯室報告

　　每個時代與社會，都有特別關心的議題。回應這些議題的思考，在時間歷練、眾人閱讀之後，漸漸就形成了經典。後來者如我們在面對未知時，有了前人的思考，也就不至於從頭開始；如果我們說，站在巨人的肩上望前看才能看得更遠，正是因為前人的思考構成了巨人的臂膀。

　　本系列的出版主旨即在幫助讀者了解構成此一厚實臂膀的偉大心靈，推介對人類社會演進和自我認知上具啓發性和開創性影響力的著作。

　　當然，「經典」相對意謂著一定的時空距離，其中有些知識或已過時或證明有誤，那麼，為什麼現代人還要讀經典？

　　人類社會的歷史是條斬不斷的長河，知識的演進也有一定的脈絡。不論是鑑往知來，或覺今是而昨非，都必須透過閱讀「經典」與大師對話，藉由這種跨越時空的思想辯難才有所得。

　　在二十世紀的科技文明即將邁入下一個新世紀之前，左岸文化出版社整理推出一系列的經典著作，希望為社會大眾在面對未來愈趨多元的挑戰時，提供可立足的穩固基石。

左岸文化「人類的經典」編輯室　謹識

誌　謝

筆者對狄金先生（Mr. F. W. Deakin）和楊格先生（Mr. G. M. Young）於第二次世界大戰前在準備此一作品時的協助，對利物浦大學(Liverpool University)艾倫·霍奇先生(Mr. Alan Hodge)，以後來發展的史學知識審查本文的邁爾斯先生（Mr. A. R. Myers），以及丹尼斯·凱利先生(Mr. Denis Kelly)和伍德先生（Mr. C. C. Wood），都願記下筆者的謝意以誌不忘。筆者對曾經熱心閱讀這些篇章和對它們發表評論的其他許多人士，也表示感謝。

序

幾乎在二十年前，我就做了許多的準備工作來寫這本書。<u>大戰爆發時，適時交出了大約五十萬字</u>。我於一九三九年九月三日前往海軍部（Admiralty）報到，當時尚有許多校對工作有待完成。不過一切都擱置了下來，在差不多六年大戰之際，甚至更長的期間，我都在忙著撰寫大戰回憶錄，本書因而安然地睡著了。一直到現在，一切歸於風平浪靜之際，我才能夠對民眾交出這一本《英語民族史》（A History of the English-Speaking People）。

如果過去需要這本書的話，那麼這項需求當然還沒有消逝。本世紀，大英帝國（the British Empire）第二次與美國並肩作戰，面對世人所知的、最大規模的戰爭兇險；由於大炮已停止發射，炸彈停止投擲轟炸，我們變得更加意識到，我們對於人類的共同職責。語言、法律以及我們所形成的生活秩序，已經為共同勾勒出的一致任務，提供了獨一無二的基礎。我認為在我開始寫作此書時，這種團結的力量可能影響到世人的命運，並且至為彰顯。的確，我不覺得在過去的二十年當中，社會對本書的需求已經減退。

相反地，這項工作的主題在力量與實質上均有所成長，人類的思想也拓展開了。大西洋兩岸與遍及大英國協（the British Commonwealth of Nations）的人民都已經感受到手足之情。新世代就要來臨了。許多使我們眼光放遠的實際步驟已為人採行。主要著眼於英語民族，絕對沒有暗示任何的限制。它並不意謂主導世界事務的發展，也並不阻止一個統一的歐洲（United Europe）或其他類似群體結構的建立，而這些結構全都可能在我們立足的世界組織中找到一席之地。更確切地說，它賦予這些結構生命與真理。如果百事順遂，那麼英語民族也許能夠指引未來的方向；如果百事不吉，由於我們任何人都有力量，英語民族

當然能夠自我防禦。

本書並不想與史學專家的著作一爭高下，而是為了全世界的英語民族是如何達到他們現在的特殊地位與名聲，表達我個人的看法。我撰寫那些在我們的歷史中，對我意義重大的事情；而我也以經歷過我們這個時代某些歷史性重大事件的身分來撰寫。我之所以使用「英語民族」一詞，是因為沒有其他名詞可以用來介紹不列顛群島（the British Isles）的居民，以及由英格蘭（England）衍生出去，獲得語言及許多制度，現在以他們自己的方式保存、孕育及發展的那些獨立國家。

本書的第一卷將故事回溯到英語民族的最早時代，一直到歐洲人發現新世界（the New World）這段期間為止。它以英國動盪不安的中古時代（English Middle Age），巴斯沃斯（Bosworth）戰場的最後戰役做為結束。該年為一四八五年，一個新王朝剛登上英國王位。七年之後，克里斯托弗·哥倫布（Christopher Columbus）在美洲（the Americas）登陸；由一四九二年這個日期起，人類的歷史便開始了一個新時代。

       *   *   *   *   *

我們的故事以一個並未與歐洲大陸（the Continent）相隔很遠的島嶼為中心。這個島形狀傾斜，山脈位於西北部，東南部的地形則微微起伏，山谷林木蔥籠，高原開闊、河川緩流。不論平時或戰時，海盜或商人，征服者或傳道士，都極易進入。居住在那裡的人，對歐洲大陸上任何權力轉移、信仰變遷，甚至服飾流行都無動於衷；但是對於來自海外的各種習慣與觀點，那裡的人都會把它們轉變成為自己獨特的一部分，在生活中留下痕跡。它是羅馬帝國（the Roman Empire）切斷關係任其在黑暗時代（the Dark Ages）動亂中浮沈的一個行省；與基督教國家（Christendom）重新結合，後來幾乎再度被信奉異教的丹麥人（Dane）奪走；雖然得勝而趨於團結，但是筋疲力盡，

幾乎未做任何抵抗，便對諾曼征服者（the Norman Conqueror）[1]
稱臣；在天主教封建制度的威嚴框架之中，它好像可能還有重新
顯現其本身獨立存在的能力。它的文明與語言，都不是純粹拉丁
民族的或日耳曼民族的（Germanic）。它擁有許多習俗，且不
論它們起源為何——由丹麥人與他們之前的撒克遜人（Saxons）
由大海遠方帶來的民權（folkright）、由羅馬法典中採擷的民法
（civil jurisprudence）——都被納入習慣法（Common Law）之
中。這便是十三世紀——大憲章（Magna Carta）的世紀，與第
一個國會（Parliament）的世紀——的英國。

　　我們回顧時代的迷霧，可以隱隱約約察覺到舊石器時代
（the Old Stone Age）與新石器時代（the New Stone Age）的
人；巍然巨石紀念碑的建立者；攜帶他們的青銅杯與工具，由萊
茵河（the Rhineland）前來的新來者。站在目前多佛（Dover）
所在之處綠草如茵的高原上，指著腳下的山谷，他們之中的一位
可能對他的孫子說：「和我是小孩子那時候比起來，海水更加湧
上了那道溪流。」做孫子的可能活得夠老，能夠看到漲潮，白色
的河水咆哮迴旋，由一端到另一端橫掃山谷，將它長滿草的那一
面沖刷成陡峭的白粉色稜脊，並將北海（the North Sea）與英
吉利海峽（the Channel）連了起來。因此，在搜尋獵物或是能
食用的植物時，不會有小部落從法國或比利時的平原一路漫遊到
英格蘭南部林木茂密的山谷與高原；也不會有人用獨木舟在水流
遲緩之處冒險渡過窄狹港灣。那些現在前來的人一定得乘船，他
們必須勇猛好戰且小心翼翼，才能面對與掌握英吉利海峽的濃霧
與潮汐，而這一切可能都非他們所能預料。

　　突然之間霧散雲開，此時這座島開始在歷史上有了記載。尤
里烏斯·凱撒（Julius Caesar）侵略不列顛這件事就本身而言，
是一樁沒有續集的軼事；但是它顯示出羅馬的權力與地中海世界
的文明並不必然受到這大西洋海岸的束縛。凱撒在狄爾（Deal）

登陸，為這片大自然的裂隙搭建了橋樑。足足有一個世紀，羅馬世界因為內戰而將自己弄得四分五裂，或是緩緩地在新帝國的形式下復原。此時不列顛在與歐洲大陸保持隔離或聯合兩種態勢之間猶豫不決，但是卻藉著貿易與和平交往，吸收西方共同文化中的點點滴滴。最後羅馬帝國下令了，軍團奉命啟航，<u>不列顛成了羅馬帝國的行省，幾乎有四百年之久</u>。這段相當長的時期有個特色，即大部分時間都風平浪靜，以致於幾乎無史可記。它保持著沈著、燦麗與安詳。剩下來的是什麼呢？有時是林地遍佈的宏偉道路，剝落崩塌的羅馬城牆巨大工程，堡壘、市鎮、鄉下莊園，它們的廢墟在在都使隨後到來的人凝視而心生敬畏。但是關於羅馬的言語、法律、制度，卻幾乎毫無遺跡可尋。然而，如果我們因此認為羅馬的佔領並沒有什麼重要性，那可就錯了。它曾給予時間讓基督信仰自行生根發展。遠在英國西部，雖然被湧入的野蠻人切斷了與世人的連繫，但是那裡仍殘留著一個被周圍山脈團團圍困，卻又同時給予屏障的基督教王國。英國的基督教（British Christianity）使愛爾蘭（Ireland）皈依，而這種信仰再從愛爾蘭重新跨海而到達蘇格蘭（Scotland）。如此一來，新來者便被裹在舊文明裡；同時在羅馬，人們記得不列顛曾一度信奉基督教，而且也可能再度信奉。

　　這個島嶼並沒有與歐洲大陸完全切斷。無論如何，它的東南部隔著英吉利海峽而與法蘭克的（Frankish）遠親保持某種交往，因此羅馬傳教士都翩然來臨。他們帶來一套新的信仰，雖然在各地遭到一些短暫的抗拒，即使很頑固，信仰卻出乎意料之外地被接受了。他們帶來了新的政治秩序，教會（Church）擁有自己的統治者、職司、集會以及自定的法律，這一切多少都與英國人民古代習俗配合。他們種下了教會與國家（the State）的問題，這個問題會一直發展，一千年之後幾乎使兩者的基礎四分五裂。但是這一切都是未來的事。當時所在意的，是英格蘭隨著信

仰改變，再度成爲西方世界的一部分。英國的傳教士不久後在歐
洲大陸工作；英國的朝聖者越過阿爾卑斯山（the Alps）前往觀
賞羅馬的奇景；他們當中的英國王親貴冑已經完成了世上的功
業，將其屍骨安葬在使徒（the Apostles）的陵墓附近。

可是這並非全貌，因爲英國人民現在擁有制度，它凌駕言
語、習俗，甚至主權的所有地方差異。不管在什麼王朝，王國之
間可能進行著什麼爭執，教會都是一體而不可分：它在每個地
方的儀禮全然一致，它的神職人員都很神聖。肯特（Kent）王
國可能失去了它古代的領導地位，諾森布里亞（Northumbria）
可能對麥西亞（Mercia）讓步，但是坎特伯里（Canterbury）
與約克（York）不會有所變動。這些世代的世俗編年史當中，
記載著貧乏無味的劫掠與屠殺，與英格蘭教會（the Enghish
Church）的輝煌成就造成的對比，著實令人心驚。基督教國家
中最偉大的學者是諾森布里亞的一位僧侶。最爲人喜愛的作家
是西撒克遜（West Saxon）的一位修道院院長。德意志使徒
（the Apostle of Germany）是來自德文（Devon）的卜里法斯
（Boniface）。在查理曼帝國（the Empire of Charlemagne）的
學識復興是由約克的阿爾昆（Alcuin）所主導的。

但是這個活潑、昌盛、不成熟的文明缺少任何紮實的軍事防
禦。英國北方（the North）又開始騷動；由丹麥（Denmark）上
至波羅的海（the Baltic），到挪威的峽灣，海盜的大帆船正再
度朝前挺進，搜尋搶劫的機會，或爲壅塞居住的人民找新家。沒
有艦隊，沒有君主指揮其四散的力量，豐盈的金銀、金屬奇巧製
品、稀有的綾羅錦繡全都儲放在沒有防禦的教會與修道院，異教
徒不論何時選擇攻擊這座島嶼，都可能認爲這些寶物就是保留給
他們的獎品。英國平原上那些寬闊緩動的河流，容他們的大帆船
進入這個國家的心臟；而他們一旦登陸，鄉下人如何能匆忙奉
召，放下犁鋤，去抵抗這批騎馬或步行、行動快捷、有紀律武裝

部隊的挺進呢？這場風暴在英國北方爆發的時候勢不可擋，密德蘭（Midlands）、東方（the East）都無一倖免。如果西塞克斯（Wessex）已經投降，那麼全島就可說一敗塗地了。不過事情漸告明朗，侵略者前來不只是為了掠奪，而且是為了定居。

　　最後這場暴風雨的威力減弱，人們終於可以計算他們的損失了。沿著東海岸中部與綿延內陸遠及德貝（Derby）的一片廣大土地，都落入丹麥人之手；他們由水手變成農夫，但仍像軍隊聚在一起。然而當時已是歐洲北部重要港口之一的倫敦（London），在這場暴風雨中挺住了，整個英國南部（the South）亦然，而這裡正是王室所在與力量之所聚。而他們與歐陸的連繫也不再斷絕。年復一年，有時依仗和約，有時憑藉奮戰，阿爾弗烈德大王（King Alfred）的朝代奮力建立它的權勢與重新統一土地。他們相當成功，讓丹麥人一時在英國稱王的情況，幾乎沒有在歷史上留下什麼紀錄。阿爾弗烈德大王也是一位基督徒，也到過羅馬朝聖。在這簡短的插曲之後，王位恢復舊統，並且可能代代相傳下去。然而在一○六六年的十月到耶誕節，短短冬季三個月之間，令人震驚的事情發生了。法蘭西一位行省的統治者——並非領土最大或權力最強的——越過了英吉利海峽，自立為英格蘭的國王。

＊　　　＊　　　＊　　　＊　　　＊

　　諾曼人（the Norman）以強硬手腕進入的這個結構是一個所有說標準英語（King's English）的人全部承認，而且也聲稱擁有威爾斯（the Welsh）與蘇格蘭（the Scots）主權的王國。我們可以說，這個王國是由樞密院中的國王（King in the Council）所治理的；而樞密院由智士、一般信徒與神職人員組成；換言之，有主教與大修道院院長、大地主，還有王朝的官員。所有這些性質都與羅馬帝國分裂之後而建立的所有王國的共同形態毫無分別。自從最後一個權威的國王逝世之後，王國在犧

牲君主及國家統一的情況下，一直有分裂成行省或伯爵領地（earldoms）的危險趨勢；但這也僅只是趨勢，因為王國仍然是一體而不可分離的，而且國王賜予的太平（King's Peace）也普及每一個人。在這種太平中，人與人之間都藉著權利與義務的錯綜複雜網狀組織而彼此約束著，即使這種約束從這個郡到那個郡，甚至從這個村到那個村之間，也許都不很明確。但是整體而言，英國境內的原則是一個自由人（free man）可以選擇他的領主（lord）、戰時隨他一同赴戰，平時則為他工作，反過來領主必須保護他免受鄰居的侵入，而且在法庭上支持他。更有甚者，這個人還可以去投效另一位領主，持有新領主賜給他的土地。這些領主集合在一起就成了統治階級。就像我們所看到的，他們之中最偉大的人，便可以坐在國王樞密院席中。他們之中力量較小的都是地方權貴，在郡或百戶區（hundred）居於領導地位。當自由人有衝突，必須在郡或百戶區的法院裡做判決時，這些權貴的聲音便帶有份量。我們還未能談及貴族與鄉紳，這是因為撒克遜人嚴格區分貴族與農民，其間並無容納中等階級的餘地。但是鄉紳將在不久之後形成。

　　這些便是諾曼人的新秩序加諸英格蘭的狀況。「征服者威廉」承襲了舊國王的所有權利，但是他的樞密院現在主要是由法蘭西出生、說法語的人把持。地方化（provincialisation）的趨勢被阻止住了。各地都可見到國王賜予的太平。但是處於轉變中的人際關係模式，大幅地簡化到適合比較先進的、或比較合邏輯的諾曼人原則，那就是人與領主的連繫不僅是道義的與法定的，而且是具體的。一個佃農可以由他擁有的土地，與因為擁有土地而所須負擔的勞務來穩固他的身分；而一個領主便可以要求自己的領主身分。在諾曼時期遠較撒克遜時期確定，治理階級便是擁有土地的階級。

　　儘管英格蘭與歐洲大陸重新合併的過程猛烈，其西部也有封

建制度慣有的合併，但它仍保留著真實的獨立狀態，並且把它表達在自從分離以來已經逝去的五、六百年裡漸漸塑造成的制度當中，並且注定要有最卓越的發展。英格蘭官職的舊貴族向諾曼有信仰與土地財富的貴族讓步。身分較低者在忙碌而不受人注意的和平之中興盛起來，在這之中英格蘭人與諾曼人也混合在一起，而在這過程中，他們產生了大陪審員（Grand Juror）、保安官（Justice of Peace）、郡的騎士；即使這些官職在聲望上不及貴族與君主尊貴，但在權力上卻使得貴族，甚至君主相形失色。這些日子距離我們很遙遠。在此同時，我們或許可以揣摩英國政府在亨利二世（Henry II）治下的情景。強有力的君主，憑仗他的法官與郡守（sheriff）便可能觸及王國的各個角落；一個有力量的教會能夠與君主達成協議，彼此承認雙方在其中的權利；君主因為習俗而必須向富有、任性的貴族諮詢國家大小事；地方行政事務得依靠較大的鄉紳團體才能夠推行；而王室，他個人的僚屬，在法律與財務方面深具經驗。我們還必須加上自治市鎮（borough），它們的財富與影響力都在成長，它們地方治安良好，陸路與海路通行無阻，貿易興隆。

　　站在這一點上，並且前瞻未來，我們便可了解王國要多麼依靠統治者的性格。後征服者威廉的時期中，我們有三位權威的統治者：威廉（William）是一位堅定果斷的戰士國君，他在這片土地上蓋上了諾曼的戳記；他的兒子亨利一世（Henry I）是位深有遠見、富有耐心的管理之才；亨利的孫子──第二位亨利，是位偉大的政治家，他曾想像過將國家的統一與君主的權力繫在一起，要實現這一點，只能藉由對所有的人提供正義做為獎賞，而且由皇室授權予以執行才辦得到。某些沈重的壓力正在金雀花王朝下的英格蘭（Plantagnet England）緊密組織中發展。君主相當努力地對貴族施壓；王室開始驅逐王國的古代諮議大臣（counsellor）。我們需要一位強而有力，能維持法律的國王；

但是不僅是爲了他私人的俸祿或顯達，而是爲了全民利益維持法律，才是位公正的國王。我們隨著約翰王（King John）而進入到一個政治實驗的世紀。

任何在童年時期聽說過大憲章，或是曾滿懷興趣與敬意閱讀過近來被收藏在紐約的大憲章的複本，又或者是第一次仔細閱讀這份文件的人，將會出乎意料地感到失望，並且可能發現自己會同意某位史家的說法。這位史家建議將標題不要譯成「偉大的自由憲章」（the Great Charter of Liberties），而要譯成「特權者的冗長名單」（the Long List of Privileges）——犧牲國家而給予貴族的特權。之所以會這樣子，理由是我們的法律觀念與我們祖先截然不同。我們認爲爲了適應新的環境，它是會經常改變的；我們因爲新的立法通過緩慢而譴責政府。在中古時代，大環境的轉變非常緩慢；社會型態係由習俗或天命（Divine decree）決定，人們都認爲法律充其量只是一種固定的標準，在有人爲非作歹或發生爭執時，可用來執行或決定是非對錯。

因此依照我們的解釋，大憲章並不是立法或憲法的工具。它是當時國王與貴族（barons）之間協議並同意法律爲何物的聲明；其中許多對我們而言似乎微不足道、屬於技術性的條款，都可以指出國王已經超出了他的先王所能擁有權利的界限。或許以那些先王的立場來說，占上風的貴族都不當地侵犯到君主的權利。當時沒有任何人把這憲章視爲是對所有未決議題所作的最後決議；而它的重要性不在於細節，而在於廣泛確認一個原則，那就是出現一個國王必須受其約束的法律。國王不應當位居人下，但應在上帝與法律之下（Rex non debet esse sub homine, sed sub Deo et lege）。這一點至少很清楚。他有他的行事範圍，在其中他不受其他人的控制，但如果他跨出這個範圍一步，就必須被指引回頭。如果他蔑視王國古代的樞密院，拒絕接受智士的諫勸，而試圖透過王室、寵臣或教會執事（Clerk）治理國家的

話，他就會跨越範圍。

　　換句話說，君主一個人主政（personal government）帶有任何壓迫與反覆的可能性，會令人無法忍受。但是這情形不易防止。國王強而有力，遠勝任何大領主，也勝過大多數大領主的結合力量。如果要將君主限制在適當的範圍之內，便必須找到比貴族古代特權更爲寬廣的抗拒基礎。大約在這個時候，十三世紀中葉，我們開始有了一個新的字眼──議會（Parliament）。它的意義非常模糊，大多數首次使用它那些人，如果有機會預見它在未來涉及的重要性，可能會大爲震驚。但是這個觀念逐漸流傳開來：如果國王與他自己的樞密院「討論事情」被認爲是不足的；那麼另一方面，單靠貴族堅持視自己權利的王國樞密院也同樣不足。雖然他們時常聲稱爲領地中的大眾執言，事實上他們僅僅代表他們自己，而國王畢竟代表全民。那麼何不召集勢力較小的鄉紳與自治市鎮的市民（burgess）呢？在地方事務上常常都需要用到他們，那麼在國家大事上爲什麼不用他們呢？將他們都帶到西敏寺（Westminister）──每郡派兩位縉紳，每個市鎮派兩位生意人。沒有人清楚，他們到了那裡到底要幹什麼。或許叫他們聆聽他們當中較優秀人士的發言；或許讓他們知道國家的民生疾苦；或許彼此在幕後討論事情；或許打聽國王在蘇格蘭及法蘭西的意圖，而且能高高興興地增長見識。這個議會如同是一株非常脆弱的植物。在它成長中任何事都無法避免，也可能像一次不值得繼續進行的實驗而遭到放棄。但是它卻生了根。在兩、三代的時間內，審愼的政治家認爲治理英格蘭不能沒有議會，就像不能沒有國王一樣。議會的實際權力非常難以界定。廣義而言，在法律上批准任何授權的實質行爲都必須得到它的同意：古代習俗重要的改變只有議會法（Act of Parliament）才能使之生效；而新稅只能由平民院（the Commons）批准才能徵收。它還能有何作爲，則會隨著時間的開展而顯示出來。但是它的職權因爲

一連串的意外而宣告穩定。愛德華三世（Edward III）因為對法蘭西從事征戰而需要金錢。亨利四世（Henry IV）為奪取王權而需要支持。在玫瑰戰爭（the Wars of Roses）中，爭鬥的雙方都想得到對於他們的行動所做某種公開的批准，而此時只有議會能夠提供。

因此，在十五世紀當貴族結構在傾軋與內戰中毀滅時，留下來的不僅是君主，還有議會中的君主，現在已清楚地形塑成兩部分，即代表他們本身權利而出席的貴族院（the Lords），與代表郡及市鎮的平民院。截至此時沒有什麼改變。但是舊的貴族在戰役中或在戰役之後毀滅了，會使得這兩院（two Houses）失衡；而平民院、騎士與市民，便代表社會在混亂狀態中受苦最重，而從強有力的政府中受益最多的成員。君主與平民院之間自然產生聯盟。平民院毫不反對君主犧牲貴族而伸延他的特權，建立北方樞密院（Councils of the North）與威爾斯樞密院（Councils of Wales）、或在專斷暴謔法庭（the Star Chamber）行使補救的司法權，讓小人物能夠對抗大人物。在另一方面，君主很願意將地方行政交給保安官，因此他能得到忠貞地服從，鎮壓頑劣的乞丐、逐漸且平和地致富。最晚在一九三七年加冕禮（Coronation service）中就表明了都鐸（Tudor）政府希望君主能夠受到「忠貞貴族、負責的鄉紳，以及誠實、和平而又服從的庶民」的保佑。某天也許人民會問，他們除了服從政府之外，是否已經快與這個政府沒什麼關係了。

＊　　　＊　　　＊　　　＊　　　＊

如此，到了十五世紀末葉，這個民族的特點與制度都已經蔚然成形。盎格魯－撒克遜入侵者粗魯的日耳曼方言，在諾曼征服之前，已經隨著時間的消逝與教會拉丁語（Church Latin）的影響而得到修正。字彙已因為不列顛與丹麥的字根而得到延伸。這種擴展、平順的過程由於諾曼法文（Norman French）引進群

島而大爲加速，這兩種語言的同化更是急速進展。著作也由十三世紀早期殘留下來，今天的普通人，即使不能全部了解它們，仍認得它們是種英文。一般都認爲到了十四世紀——傑佛瑞・喬叟（Geoffery Chaucer）[2]的世紀——末葉，甚至權貴都已經停止使用法文作爲他們的語言，而共同說英語。而且語言並不是唯一達成顯著英國性格的例子。並不像仍保留著羅馬法律與羅馬政治制度的其他西歐國家，英語民族在本卷涵蓋的這個時期結束時，已經達成一套法定的、幾乎可稱之爲民主的原則，這些原則都歷經法蘭西帝國與西班牙帝國的動亂及攻伐而存活下來。議會、由陪審團進行的審判、地方公民治理的地方政府，甚至於自由報業（Press）的肇始——至少其原始形式，在哥倫布朝美洲大陸揚帆之際便可能已爲人所察覺。

每一個國家或每一群國家都有其本身可說的故事。對於所有想要了解我們今日面對的難題、兇險、挑戰與機會的人而言，了解與認識那些磨練與奮鬥過程的歷史確實有其必要。這並不是有意挑起新的群雄稱霸精神，或是在研究歷史中創造贊同國家野心，而犧牲世界和平的情緒。也許更確切地說，一個內在的選擇力量，或許能夠使我們的思想持續變得更廣闊。緬懷我們祖先的磨練與苦難，不僅希望能強化今日的英語民族，而且也希望能在團結整個世界方面稍盡棉力，因此我才提出這項記述。

W. S. C.

查德維爾（Chartwell）、西罕（Westerham）、肯特
一九五六年一月十五日

【1】譯注：指「征服者」威廉
【2】譯注：英國詩人，用倫敦方言創作，使其成爲英國的文學語言，
　　代表作爲《坎特伯里故事集》。

全書目次

目次

第一卷

第一部

島國民族

第一章　大不列顛

　　羅馬紀元六九九年——現在說來是西元前五五年——的夏天，高盧（Gaul）的總督執政官（proconsul）蓋尤斯·尤里烏斯·凱撒（Gaius Julius Caesar）將他的目光轉向不列顛（Britain）。他在日耳曼及高盧征戰時，就意識到這個激起他的雄心且阻撓他大計的崎嶇島嶼。他知道島上的居民與那些在日耳曼、高盧及西班牙等地和羅馬軍隊爭戰的對手是同一部族。這些島民最近曾在高盧北海岸一帶的軍事行動中協助當地的部落。他們與塞爾特人（the Celtic）同屬一族，不過由於海島環境的影響而多少有些強悍。在前一年，不列顛的志願兵曾經在不列塔尼（Brittany）的海岸擊敗維內提人（the Veneti）。由暫時被征服的高盧那裡遷來的難民在不列顛（Britannia）受到歡迎，而且找到庇蔭。對凱撒而言，這個島嶼現在已成了他將北方蠻族降服並收歸到羅馬統治之下的任務其中的一部分。這塊未被森林、濕地掩蓋的土地，青翠又肥沃。氣候雖談不上怡人，倒也穩定且有益健康。原住民雖然沒有文明，但仍可充當奴隸在田地、礦穴、甚至家中擔任比較粗重的工作。另外，它還有珍珠貝採集場與黃金。「即使那個季節不適合進行軍事行動，凱撒認為僅僅去查勘、看看那島嶼居民的模樣，使他自己熟悉這塊土地的位置、海港與登陸地點，也有莫大俾益。高盧人對此一無所知。」[1]而其他的理由更堅定此一想法。三人執政（Triumvirate）之中，凱撒的同僚克拉蘇（Crassus）勇猛地朝美索不達米亞（Mesopotamia）進軍，激起了羅馬元老院（the Roman Senate）與人民的幻想。現在，在已知世界的另一端，同樣可以放膽去大展鴻圖。羅馬人對海岸又恨又懼。兩百年前他們為了爭取生存而努力，在地中海打垮了善於航海的迦太基（Carthage）；但是羅馬軍團登陸在北方汪洋中那個遙遠的、不為人知的、充滿神奇島嶼的想法，使羅馬社會上上下下產生了一種新奇的亢奮與話題。

　　而且，不列顛是德魯伊特教（the Druidical religion）的主要中心，而德魯伊特教則以各種不同的形式與程度，深深影響著高盧與日耳曼居民的生活。凱撒寫道：「那些想要對這個題目做番研究的人，通常都為了這個目的前往不列顛。」不列顛的德魯伊特教教徒（the British Druids）將違反自然的，以活人獻祭的信仰發揮得淋漓盡致。森林中神祕的教士團體用人類所能舉行最極端的聖禮，將自己與信徒結合在一起。現在，或許在沈鬱島嶼的這些木製祭壇上，放著高盧部落令人敬畏、激動、團結的一個祕密。這種陰森的習俗是從那裡來的呢？它是不是羅馬軍團根絕迦太基之前，迦太基給予西方世界訊息之一部分呢？這在那時是最大的議題。凱撒對於未來的憧憬穿透了無數世紀，而文明就棲息在他所征服的地方。

　　因此，西元前五五年的這個夏天，他由日耳曼抽調大軍，毀掉他所建造位在科布倫次（Coblenz）上方橫跨萊茵河上巨大而製作精巧的木橋，整個七月朝大約現今加萊（Calais）與布倫（Bonlogne）附近的高盧海岸揮軍西進，長驅直入。

　　凱撒認為不列顛人（the Britons）是他在高盧鎮壓的塞爾特部落中比較強悍、粗野的一支。他率領不到五萬士兵，分屬十個軍團的大軍，對抗一個確實擁有五十萬戰士、勇敢又好戰的民族。他的另一側，是在東方受到壓力而西奔的日耳曼人（the Germans）。他對付他們的政策是只要他們闖過萊茵河，他就要將這批一邊逃，一邊侵略的人馬趕到萊茵河裡。雖然當時雙方的所有戰爭都靠鍛鐵兵器交鋒，但是只有一方依靠紀律與將才掌控軍隊，所以凱撒覺得他自己與士卒能與這些怪人旗鼓相當。進襲大不列顛，似乎只是為他的功績與風險錦上添花。但是在海岸上出現了新的難題。那裡有地中海居民所不知道的潮汐；暴風雨更加頻繁，也更加猛烈地襲擊海岸。羅馬的大帆船與它們的船長們，見識到了北方大海狂濤猛浪。但是，他們剛在一年前以驚人的優勢，摧毀了堅強的維內提海洋艦隊。他們在長桿盡頭綁上鎌刀，砍斷了敵人良好船

隻的繩索與升降索，屠殺敵方甲板上群聚的水手。他們控制了把大
不列顛與歐洲大陸隔開的「狹海」（the Narrow Seas）[2]。海水
此刻成了道路而非障礙。除了凱撒承認無法得到關於氣象、潮汐與
急流的可靠情報而造成的意外，他想要侵略這個島嶼看來並無任何
困難。那時可沒有像是約兩千年以後，在偉大的科西嘉征服者與世
界的領土之間，停泊著一整列被風雨摧毀的遙遠船隻。重要的是，
他要在八月秋高氣爽之際，選個黃道吉日，將幾個軍團送上距離最
近的海岸，看看這個陌生的島嶼到底有些什麼。

　　凱撒由萊茵河行軍，越過北高盧，或許經由理姆斯（Rheims）
與亞眠（Amiens），向海岸挺進；此時他派了一名軍官乘戰船去
偵察這個島嶼的海岸。當凱撒到達現今稱作布倫這個地方的附近，
或者索美河（the Somme）河口的時候，這位軍官與其他見多識
廣的人、商人、塞爾特人的王親貴冑，與不列顛的叛徒共同迎接
他。他已經集中火力，擊敗了最靠近大不列顛兩個港口的維內提人
部隊，而現在，他正等待個適當的日子下船。

　　　　＊　　　　＊　　　　＊　　　　＊　　　　＊

　　事實上，這個在歷史中首次與世界連結起來的島嶼，倒底是什
麼呢？我們現在已經由斯溫斯康（Swanscombe）的礫石中挖出確
有二十五萬年歷史之久的人類頭骨。生物學家將之拿來與我們今日
的頭部相比較，得到差異極大的結論；但是卻沒有理由認為，遙遠
舊石器時代的祖先，就不能夠擁有與人類有關的全部罪行、荒唐與
弱點。在幾乎是靜止的長久時期中，赤身露體或體裹獸皮的男女，
都在原始林中潛行或踩水穿過廣闊濕地，追逐彼此或野獸，並且像
史學家特里威廉（Trevelyan）[3] 優雅地描述[4]：高興地聆聽百
鳥爭鳴。據說南不列顛在這個時期靠獵物支持的家庭不到七百家。
住在這裡的居民確實是萬物之靈。七百個家庭，全都有不錯的地
產，不必工作而可以從事運動與戰鬥。人類已經發現燧石勝過拳
頭。他們的子孫會在白堊土與沙礫中深深地挖掘，找尋尺寸最合、
品質最佳可做戰斧的燧石，因此得以生存。但是截至此時，他們僅

僅學會將燧石鑿成粗糙的工具。

　　冰河時期結束的時候，氣候的變化使得舊石器時代人類的狩獵文明崩潰；經過了一段很長的時期之後，侵略的浪潮將新石器時代的文化帶入了西部的森林。這些新來者擅長初期的農業。他們耙土，插下可食的禾本科植物種子。他們造了些地窖或洞穴，將代代的廢物塞在裡面。他們因更加安全而聚居在一起。他們不久便在山丘上用土建造圍牆，夜幕低垂時將牲畜趕進去。艾維伯里（Avibury）附近的風車山（Windmill Hill）說明了這些原始的工程師如何努力為人畜提供保護。而且，新石器時代的人發展出一套方法，可將燧石磨光成為完美的殺戮形狀。這件事顯示出重大的進展，但是其他方面的進展還很遙遠。

　　在這個時候似乎「整個西歐居住的都是長顱民族，多少在容貌上，特別在膚色上有些不同；大概在北方的人通常比較白皙，在南方的人比較黝黑，可是在許多方面十分相同。有一夥來自東方、圓頭顱的移入者，混進了這個長顱人口的地區；據人類學家所知，他們是阿爾卑斯山民族（the Alpine race）。大多數已經侵入不列顛的人，都屬於西歐長顱族，因此與以往住在那裡的人大體上很像；結果，儘管這些新來者形形色色，但在不列顛的整個趨勢已經朝向確立，而且維持頗一致的長顱類型。」[5]

　　在不列顛找到的絕大多數頭骨，不論是什麼時代，都屬於長顱或不長不圓的中型頭顱。無論如何，眾所周知，青銅器時代的寬口陶器人（Beaker people）與其他圓顱型的人到處滲透，並且嶄露頭角成為明確的分子。在青銅器時代晚期幾乎很普遍的火葬，已經摧毀了長顱型與圓顱型人類混合成一體的全部紀錄，但是這兩個類型無疑都存留了下來；由於在羅馬時代取消火葬而恢復土葬，較舊一派的考古學家聲稱能夠由後來的痕跡中識別出具有特點的羅馬—不列顛類型。儘管就事實而論，這種情形本身在羅馬征服之前便已經成立。目前一直增加中的訊息，使得早期的類別變得不太確定。

　　在遠古時期，不列顛是歐洲大陸的一部分。廣闊的平原將英格蘭與荷蘭連結在一起，泰晤士河（the Thames）與萊茵河在其中會合，並將它們的河水傾往北方。在地表頗爲輕微的移動中，這個平原下沈了幾百英尺，讓海水流入北海（the North Sea）與波羅的海（the Baltic）。另一個震動將多佛（Dover）的懸崖由格瑞蘭茲角（Cape Gris Nez）的懸崖切開，大洋與潮汐的沖洗，造出了多佛海峽（the Straits of Dover）與英吉利海峽（the English Channel）。這場天崩地裂是什麼時候發生的呢？直到晚近，地質學家才確定是比新石器時代更加遠古的時期。研究有條紋的泥土——挪威冰河的堆積物——顯示出一層又一層，一年又一年天氣是什麼樣子；而現代科學已經找到了計算世紀的方法。這些方法與其他指標，形成了時間與氣候的刻度，其精準的程度約略可以涵蓋史前時間長達數千年之久。這些刻度能使人訂定時間，知道什麼時候由於氣候比較暖，橡樹會繼松樹之後在不列顛的森林成長；而成爲化石的植物，使得這故事敘述得更詳盡。漁撈船用它們的網由北海海底撈起大樹的殘株；這些東西與氣候的刻度配合，顯示橡樹在不到九千年之前，便於今天六十噚深的怒海中成長。不列顛仍然幾乎是歐洲的海角，或頂多是讓狹窄的潮流將它與歐洲分開；這潮流已漸漸擴大，進入多佛海峽。當時金字塔正在興建，有學問的埃及人正費力地探索塞加拉（Sakkara）[6] 古代的遺蹟。

　　這個島嶼仍與歐洲大陸連在一起時，人類從事破壞的方法獲得重大的進展。銅與錫被發現了。它由土裡弄了出來；對破壞這個主要目的而言，一種金屬太軟，而另一種太脆；但是人用才智將它們融合在一起，開啓了青銅器時代（the Age of Bronze）。其他事物完全沒有變化，持有青銅器的人可以打敗持有燧石的人。這項發現受到歡呼，青銅器時代開始了。

　　青銅製武器與工具由歐洲大陸的入侵，更確切地說是滲透，散布了許多世紀；只不過二、三十個世代過去了，任何值得注意的變遷才可能爲人所察覺。柯林烏教授（Collingwood）已爲我們描繪

了一幅晚青銅時代（the late Bronze Age）的圖畫。他說：「不列顛與歐洲大陸比較，整體而言是個落後的國家；它的文明很原始，它的生活遲滯而又被動，它由於外人入侵與輸入的影響而享受到很多進步。它的人民不是住在孤立的農莊便是茅屋村舍，這些地點大多位於河岸沙礫上，或是像白堊土高原或魚卵石台地那種易墾的丘陵，在上面土生的灌木叢在那個時候大體上都已清除；各個拓居地四周都是小塊田地，以不久之前赫布里地群島（Hebridean）小農場佃戶仍在使用的那種腳犂（foot-plough）耕種，或者頂多使用牛拖的輕型犂耕種，不用翻動草根便可剗土；死者都用火焚，骨灰置於甕中保存，然後埋葬在普通墓地。因此，這塊土地上居住著穩定而勤勞的農業人口，以務農與豢養家畜，而且輔以漁獵維生。他們不用輪子就可製作粗陋的陶器，仍舊使用燧石之類的東西作爲箭頭。但是遊歷各地的鑄銅匠會拜訪他們，爲他們製造刀劍、戈矛、板斧，與許多其他形式的用具及器皿，諸如鐮刀、木匠工具、附有輪子運輸工具的金屬部分、桶子及鍋子。由沒有城鎮及像缺乏眞正的防禦工事來判斷，這些人民鮮有應付戰事的組織。他們的政治生活簡單而尙未發展；不過許多種屬於這個時期金屬品的出現，暗示著相當程度的財富與豪奢，因此貧富確實有別。」

根據大多數權威人士的說法，不列顛南方的晚青銅時代，大約始於西元前一千年，一直延續到西元前四百年左右。

此時，發明的進展爲這個環境帶來了新的因子。鐵被人挖掘出來鍛冶。帶著鐵器的人由歐洲大陸進入不列顛，殺害帶著銅器的人。在此時刻，我們可以越過已消逝的幾千年，清清楚楚認出同類。在現代人的眼中，當時能夠使用鐵器殺害另一個人的兩足動物，顯然是一個人，而且還是同胞。要粉碎頭骨——不論長顱人或圓顱人的，鐵器無疑都是最佳武器。

鐵器時代（the Iron Age）與青銅器時代重疊。它形成了一個更加敏銳與更加高級的社會，正逐漸地衝擊著現存的人口；由亙古常規所形成的習俗只是緩慢地、零零碎碎地在改變。的確，

青銅製的用具仍在使用，特別是在北不列顛，一直到西元前最後的那個世紀。

在凱撒將他的目光放在這個島嶼之前，鐵器對青銅器的衝擊便已經發生作用。大約在西元前五百年左右之後，歐洲大陸持續的入侵，逐漸使得這個島嶼的南部產生了變化。柯林烏教授說：「生產陶器並帶著這種文化特色的居留地，在東南方——由肯特（Kent）到科茲窩（Cotswolds）與瓦許（Wash）——到處建立。這些居留地所顯示的生活方式，看起來與晚青銅器時代的生活方式並沒有什麼差別；它們都是農莊或村舍，時常都沒有防禦設施，座落在河川沙礫或易墾丘陵地的小塊田地之間，大多數的人都火葬他們的死者，將穀物藏在地窖，並且用原始的手磨（querns）磨物，這種手磨尚未使用上面石頭在下面石頭上旋轉的方式；豢養牛、綿羊、山羊與豬；仍舊使用青銅製的、甚至燧石製的器具，擁有的鐵器少之又少；但是未使用輪子所製陶器，在形式與風格上的改變，說明了他們所處的年代。」[7]

自新石器時代（the Neolithic Age）以來，居民便已停止在山丘頂上建立營地，但鐵器時代的移入者卻使這種營地再度興起。西元前第三、第四世紀，這些營地有許多都建立在我們有人居住的島嶼上。它們有時是用石頭搭建的單獨壁壘，但通常都是用木材覆蓋，並用壕溝加以保護的土製防禦工事。

壁壘的規模一般都不是很大。出入口的設計都很簡單，雖然考古挖掘的行動已經在某些例子中找到木製警衛室的遺蹟。這些營地不僅僅是避難所，時常還是包含私人住處和永久有人住的拓居地。它們似乎沒有提供入侵者用來做為據點的土地。相反地，當鐵器時代的新來者愈來愈多，發展出一種終究會產生部落戰爭的部落制度時，拓居地似乎已經漸漸形成了。

鐵器時代塞爾特人持續接替入侵的最後一波，於西元前第一世紀初來臨。「比利其人的部落（the Belgic tribes）由肯特抵達，散布在東塞克斯（Essex）、赫特福郡（Hertfordshire）與牛津郡

（Oxfordshire）的許多部分，同時同一種族的其他團體……後來……散布漢普郡（Hampshire）、威特郡（Wiltshire）、多塞特（Dorset）與南塞克斯（Sussex）的部分。」[8] 毫無疑問，比利其人是截至此時進入這個島嶼深處最聰明的入侵者。他們是一個以雙輪戰車（chariot）與騎兵（horseman）作戰的民族。他們對於現有居民所信任的山寨比較不熟悉。他們在山谷中，有時甚至在舊寨佇立的丘陵頂部下方建立新的城鎮。他們首度引進銀與銅製的貨幣。他們在不列顛自立為部落貴族，降服原來的種族。他們在東邊建立了惠特漢普斯特（Wheathampstead）、維魯爾（Verulam）與卡莫諾登姆（Camulodunum）；在南邊建立了卡勒法（Calleva）與凡塔比加倫（Venta Belgarum）。他們與高盧居民在血統上關係密切。這個活躍、機警、好征服與統治的民族，不論他們到達什麼地方，都能夠據地自立，並且可能已經看到未來長久的控制。但是羅馬軍團沈重的腳步聲已經緊隨在他們的身後，他們必須馬上防衛已經贏到手的獎品，抵抗更優秀的人馬與更高明的政府制度及戰爭。

同時，在羅馬的核心人物與上層階級，對於西方諸島則盛行著模糊的觀念。「最早的地理學家都相信洋流環繞著整個大地，知道其中並沒有島嶼。」[9] 大約在西元前四四五年，希羅多德（Herodotus）便已經聽說在遠西（the far West）被他稱為卡西特芮迪（Cassiterides）的神祕島上產錫；不過他的態度謹慎，把它們當做寓言。不過，在西元前第四世紀的中葉，馬賽的皮特亞（Pytheas of Marseilles）——確實是史上最偉大的一位探險家之一——做了兩次航行，實際上真的航行繞過不列顛群島（the British Isles）。他聲明亞里斯多德（Aristotle）所稱的「普列顛群島（Pretanic Islands）——亞爾比昂（Albion）與艾爾尼（Ierne）」的確存在。皮特亞被認為是個說書人，他的發現僅在他生活的那個世界長久消逝之後才受到讚賞。但是甚至在西元前第三世紀，羅馬人對於三個大的島嶼——亞爾比昂、艾爾尼與土里（Thule，即冰島）——已

有很明確的概念。此處一切都很陌生、奇特。這些島嶼是世界的盡頭。而且，那裡還有關於重大利益的錫交易（tin trade），而波呂比奧斯（Polybius）在西元前一四○年左右著述，顯示商業作家至少討論過這方面的問題。

＊　　　　＊　　　　＊　　　　＊　　　　＊

對於這些事情，我們得到的消息比凱撒當時由布倫出發時靈通得多。此處所載是他蒐集到的一些印象：

「不列顛的內陸居住著憑藉口述傳統，聲稱是原住民居民的民族；海岸則居住著前來搶劫與掀起戰端，後來卻定居下來墾地務農的比利其移入者——他們幾乎保留著他們原來的部落名稱。這人口大得非比尋常，遍地都是密布農家，與高盧人的那些農家十分相似，牲畜也非常多。他們以青銅幣或金幣，或有一定重量的鐵錠當作錢來使用。錫是在內陸發現的，少量的鐵是在海岸附近發現的；他們使用的銅來自進口。像在高盧一樣，這裡有各種木材，只缺山毛櫸與樅樹。他們認為吃野兔、飛禽與鵝都屬於非法；但是可以為了娛樂而養育。氣候比高盧溫和，即使冷，也不會太難受。」

「顯然最文明的居民是那些在肯特（一個純粹的濱海地區）過活的人，他們的生活方式與高盧人的生活方式有所不同。內陸的大多數部落都沒有種植穀物，而依賴乳類及肉類維生，並衣著獸皮。所有的不列顛人都使用產生藍色的菘藍（Woad）塗染身體，使他們在作戰時面目更加猙獰。他們蓄長髮，除頭部與上唇外，身上的體毛全都刮掉。在十到十二人的團體中——特別是兄弟之間、父子之間——實行共妻制，但是這種結合所生出來的後代，只能算是這位婦人首先同居男子的子女。」

西元前五五年八月底，凱撒率領兩個軍團，搭乘八十艘運輸船，於午夜揚帆啟航；晨光乍現的時候，已經可看到多佛的白色懸崖上布滿了敵人的武裝兵卒。因為懸崖上方的人可以向下面的海岸

投擲戈矛，凱撒判斷這個地方「十分不適合登陸」，因此他下錨一直等到潮水上漲，再駛七英里，由狄爾（Deal）與瓦爾默（Walmer）之間逐漸傾斜的淺灘下船登上亞爾比昂。同時不列顛人也觀察到這些行動，便沿著海岸亦步亦趨，準備與他們對陣較量。接下來便是歷史注視到的場面。這些島民駕著戰車，配合著騎兵，衝進海浪迎戰入侵者。凱撒的運輸船與戰艦都停在較淺的水域。軍團的戰士弄不清楚水的深度，面對著標槍、石頭有如雨下而不免猶豫；但是第十軍團的鷹旗掌旗官（eagle-bearer）帶著神聖的鷹旗躍入海中，凱撒便催動戰船，用投石器及火箭（arrow-fire）攻擊不列顛人的側翼。羅馬士兵受到這樣的鼓勵與支持，都從戰船上跳下來，盡力排好陣勢，涉水攻擊敵人。在海浪中的戰鬥短促而兇猛，但是羅馬人到達了海岸，一旦排好陣式，便逼得不列顛人落荒而逃。

不過，凱撒的登陸只是他未來許多煩惱當中的第一個。他手下十八艘運輸船所載的騎兵三天之後啓航，抵達時已經見到營地；但是突然一陣狂風，將船隻吹到英吉利海峽那邊去了，但還好謝天謝地，船隻又返回歐洲大陸。凱撒不瞭解月盈潮漲的情形，結果使他下錨的船隊損失慘重。他說：「許多船都粉碎了，其餘的丟掉了纜繩、鐵錨，船上剩下的裝備也都不能用了，全軍自然大爲驚恐。因爲他們沒有其他可供回航的交通工具，也沒有任何修理船隊的材料；在出發前，他們普遍獲悉要返回高盧過冬，所以並沒有爲他們自己儲存在不列顛過冬的糧秣。」

不列顛人曾在海灘一役之後求和，但是現在看到了攻擊者所處的困境，於是又燃起了希望，毀棄協商。他們出動很多人馬攻擊羅馬的糧秣隊。但是受到攻擊的兵團對預警並沒有掉以輕心，而嚴明的紀律與整齊的盔甲，爲他們的傳說再添一筆。兩個軍團靠著接近他們營地的小麥田可以存活兩週，這顯示了島上到底有多少食物。不列顛人俯首稱臣，而他們的征服者僅僅提出微不足道的投降條件。凱撒拆掉了許多船，用來修理其餘的船，他很高興能夠帶若干

人質與俘虜返回歐洲大陸。為了汰換紀錄，他次年又捲土重來，這次由八百艘船載了五個兵團與若干騎兵，而島民對船隊的龐大規模感到萬分敬畏。船隊的登陸未有任何阻礙，但是海洋同樣給予他們很大的考驗。凱撒向內陸挺進十二英里，這時他想起大風暴曾經粉碎或損壞大部分船艦，所以他被迫花了十天時間將船艦拖向海岸，作為加強營地工事的一部分。這件工作完成之後，他重新開始入侵；在不費力地摧毀不列顛作為掩護的森林防禦之後，軍隊便越過布倫福（Brentford）附近的泰晤士河。但是不列顛人推舉部落領袖卡西維努勒斯（Cassivellannus）作為領袖，這個人在敵方佔盡優勢的情況下，也是一位戰爭高手。他將一群未受過訓練的步兵與農民解散返家，並且使用戰車和騎兵與入侵者齊頭並進。凱撒對於戰車戰法做了番詳細的描述：

　　在戰車作戰時，不列顛人一開始便驅車跑遍戰場，投擲標槍，由馬匹激起來的恐懼與車輪發出的噪音，便足以使敵方的隊伍被整得七零八亂。然後，在他們自己騎兵隊伍之間開出一條路之後，他們便躍下戰車從事步戰。在此同時，他們的戰車後退到離戰役有一小段距離的地方，擺成陣式，這樣一來如果戰車的主人寡不敵眾，便容易退回他們自己的陣線。如此他們便將騎兵的活動力與步兵的穩定力結合在一起；逐日訓練演習，他們便可達到十分熟練的程度，以致於即使在陡坡上都能夠控制全速奔馳的馬匹，在一時之間勒住牠們令之掉頭。他們能夠沿著戰車杆（pole）奔跑，站在軛的旁邊，以快如閃電的速度回到戰車裡。

　　卡西維努勒斯使用這些機動性高的武力，避免與羅馬軍團正式會戰，跟著他們的入侵做進退，並且切斷他們的糧秣隊。不過在凱撒奪下第一個據點後，這些部落自行提出一個構想良好、摧毀凱撒位於肯特海岸（the Kentish shore）基地的計畫便付諸東流。在這個緊要關頭，卡西維努勒斯憑著與其戰術不分軒輊的審慎方針，

協商進一步交付人質，並且答應稱臣納貢；凱撒的回報是滿意地再度離開這個島嶼。在十分寂靜「夜深時分他揚帆啓航，在破曉時候將全部船隊帶著安然登陸。」這一次他宣布完成了征服。凱撒獲得勝利，不列顛的俘虜在他身後凄涼地遊行走過羅馬的街道；但是差不多有百年之久，再也沒有入侵的部隊在這個島嶼的海岸登陸。

　　我們對於卡西維努勒斯的事所知不多，而只能夠希望這個島嶼後來的防衛者會同樣地成功。他們的才略會同樣適合時代的需求。事實上，一位審慎、幹練部落首領，在一個偏遠舞台上展現他的特質與成就而留下來的印象，便可能足以與費比烏斯‧馬克西默斯‧康克提托（Fabius Maximus Cunctator）相提並論。

【1】　Caesar, the Conquest of Gaul, translated by S. A. Hardford, Penguin Classics, 1951.

【2】　譯注：即英吉利海峽與愛爾蘭海。

【3】　譯注：全名爲George Macaulay Trevalyan (1876-1962)，美國歷史學家，曾任劍橋大學歷史教授與三一學院院長，著有《十九世紀英格蘭史》等。

【4】　History of England.

【5】　Collingwood and Myres, Roman Britain.

【6】　譯注：埃及北部村莊，亦古城孟菲斯公墓的一部分。

【7】　Op. cit.

【8】　Darby, Historical Geography of England, p. 42.

【9】　Antiquity, vol. i, p.189.

第二章　鎮壓

　　在凱撒入侵之後的一百年內，不列顛的島民沒有遭到其他的騷擾。比利其人的城市發展出他們本身的生活，戰士部落因宿仇而互相殘殺，同時也沈浸在安逸的幻想中，認為沒有人會再來攻擊他們。不過，他們與歐洲大陸以及羅馬帝國文明的接觸日益成長，貿易興隆，百貨充盈。羅馬商人在許多方面都事業有成，他們為羅馬帶回許多傳聞——只要能夠建立穩定的政府，不列顛的財富便取之不盡。

　　西元四一年羅馬皇帝卡利古拉（Emperor Caligula）遇害，加上種種意外，使得他的叔父——一位多烘學者克勞狄奧斯（Clandius）——登上了世界的王座。沒有人會認為這位新統治者心中存有任何前後一貫的，從事征服的意願，而羅馬的政策自此一概由部門中極為幹練的官員所左右。政策朝著大方針進行，但是它的許多方面吸引各方輿論的有力支持。德高望重的元老各抒高見，重要的商界、財界都受到安撫，高雅的社會有了可供談趣的新話題。因此，在這個高奏凱歌的時期，一位新的羅馬皇帝總是獲得許多令人滿意的方案——這些方案都是事先構想妥善，與常人瞭解的羅馬制度也很協調，而且其中任何一項都投合最親近至高權力控制者的心意。因此，我們發現因風雲際會而登上寶座的皇帝，他們放蕩不羈，反覆無常，一心一意只想到自己的顯赫；而他們的宮廷道德敗壞，淫佚殘暴；他們心性惡毒，意志薄弱，全是諮議大臣或寵倖手中的棋子，頒詔進行偉大的軍事行動，批准持久有利的立法行為。

　　不斷有人在克勞狄奧斯面前提起征服不列顛這座頑抗島嶼的種種好處，而克勞狄奧斯對此的興趣因此被激發了。他被在軍事上建功揚名的念頭給吸引住了，下令進行這個可能有利可圖的大業。西元四三年，差不多是凱撒撤軍的百年之後，一支大約有二萬人，強大而且組織完善的羅馬軍隊準備要去征服不列顛。「士兵對於要在已知世界的範圍之外從事軍事行動都感到相當憤慨。」當羅馬皇帝

寵愛的榮譽市民納爾奇舒斯（Narcissus）企圖對士兵致詞時，他
們都感到受到了侮辱。由一位從前的奴隸應召來擔任他們的統帥，
這景象使他們不禁同仇敵愾。士兵們譏笑納爾奇舒斯是奴隸出身，
並且以嘲弄口吻大呼：「Io Saturnalia！」[1]（這是因為在農神節
時，奴隸都會穿上主人的服裝主辦節慶）。但是不論怎麼說，他們
還是決心服從他們上司的命令。

　　「然而他們的拖延，使得他們在這個季末才能出發。他們被編
成三隊前往，以便在登陸時不會受到單獨一隊時所可能遇到的阻
撓；而在他們越洋的航程中，他們首先便氣餒，因為他們在航道中
被趕了回來。然後他們才再度鼓起勇氣，這是因為東方升起一道閃
光，畫過天際朝西而去，那是他們正在航行的方向。於是他們便進
入這個島嶼，並且發現沒有人抵抗。因為根據他們詢問的結果，不
列顛人根本未曾預料他們會來，所以沒有在事先集結以待。」[2]

　　島嶼內部的情況對入侵者有利。肯洛里勒斯（Canobelinus，
即莎士比亞劇中的辛白林）已經在島嶼的東南方建立了大君（或大
領主）的地位，並將科赤斯特（Colchester）作為他的都城。可是
他年事已高，手下的意見紛爭開始損及他的威權，他死時王國便由
其子卡拉塔庫斯（Caractacus）與托戈登勒斯（Togodumnus）共
同治理。他們並非到處受人擁戴，也根本沒有時間在羅馬統帥普勞
提烏斯（Plautius）與他的軍團到達之前先將部落王國團結起來。
肯特的人民使用卡西維努勒斯的戰術，普勞提烏斯要將他們搜出來
很麻煩；但是他找到了他們，擊敗了卡拉塔庫斯，之後並在東肯特
（East Kent）某地擊敗卡拉塔庫斯的兄長。接下來，他沿著凱撒
撤離的行軍路線挺進，到達他從未聽說過的麥德威河（the
Medway）。「蠻族認為羅馬人沒有橋無法渡河，結果便是漫不經
心地在河的對岸紮營」；但是這位羅馬將領派遣了一支即使全身披
掛戰備，還是可以輕鬆游過怒溪的日耳曼人所組成的特遣隊渡河，
出其不意地撲向敵人。但是他們並沒以弓矢射人，反而是射向拖曳
戰車的馬匹。在接下來的混亂中，甚至敵人的騎兵都無法自救。然

而第二天不列顛人便與他們對峙，此時日後當上皇帝的韋斯巴相
（Vespasian）發現上游的地方有個可涉水而過的淺灘，發動側翼攻
擊時才將不列顛人打垮。不過，這場勝利損害到此一軍事行動的階
段管理。普勞提烏斯贏得太快了，而且是在不當的地方獲勝，因此
還得做點事來彰顯羅馬皇帝御駕親征對於勝利的重要性。因此一直
在法蘭西等候捷報的克勞狄奧斯率領大批增援部隊──其中包括許
多大象──渡海前來，打了一場仗，羅馬贏了。克勞狄奧斯返回羅
馬接受元老院給予的「不列顛征服者」（Britannicus）封號，並獲
允慶祝凱旋。

　　但是不列顛戰爭仍在持續進行。不列顛人不向羅馬人正面迎
戰，而在沼澤、密林中避難，希望累垮入侵者，猶如凱撒在世時羅
馬人百事無成而揚帆歸去。卡拉塔庫斯逃到了威爾斯的邊境，鼓動
它的部落，不屈不撓地抵抗了六年以上。直到西元五○年他才被普
勞提烏斯的繼承者──一位新的將領奧斯托里烏斯（Ostorius）──
擊敗，奧斯托里烏斯並且將瓦許至塞汶（Severn）一帶比較有人定
居的區域整個臣服。卡拉塔庫斯在西方，從他的殘兵敗卒中逃脫，
想在北方唆使布里甘特人（the Brigantes）發難。不過，他們的
王后將他交給了羅馬人。蘇埃托尼烏斯（Suetonius）[3]寫道：「不
列顛國君（prince）之名此時傳遍了高盧與義大利的行省。在他抵
達羅馬首都的時候，各行各業的人都蜂擁前來觀看。他晉見的典禮
儀式極為肅穆。羅馬軍事執政官的部隊身著武裝，在羅馬營地相鄰
的平原上排列成行，羅馬皇帝與他的朝臣在這行列之前就座，人民
都列在他們的身後。整個過程以在戰爭進展之際由不列顛人那裡奪
來的戰利品為前導，後面跟著這位被擊敗國君的兄弟，還有他們的
妻子與女兒，全都是帶著腳鐐與手銬。他們懇求的神色與姿勢，表
達出他們的恐懼。但是卡拉塔庫斯本人並未如此。他以男子漢的步
伐，帶著無所畏懼的面容朝皇帝所坐的席上走去。」以下列詞句向
皇帝致意：

「如果以我的高貴身世、卓越地位，再加上羅馬視我爲友而非俘虜的雍容大度，你就不會拒絕與出自顯赫祖先與治理許多國家的一位國君結盟。我的運氣逆轉對你而言是無比榮耀，對我而言則使人感到羞辱。我有武器人馬；我擁有非比尋常的財富，我不願意失掉它們，難道這聽起來會很奇怪嗎？因爲羅馬期望一統天下，所以大家就應該逆來順受，盲目服從嗎？我長時間反對你發展武備，如果我採取另外的行動，你會得到征服的榮耀，還是我得到勇敢抵抗的榮耀呢？我現在在你的權力控制之中，如果你決心報復，我的命運將馬上被人遺忘，而你將由此項處置得不到什麼尊榮；留我一命，則我到最新的年代，都還會是表現你的仁慈的紀念碑。」

「聽完這番話，克勞狄奧斯便馬上賜給他自由，並且以同樣方式對待其他皇族俘虜。他們都感激涕零，向羅馬皇帝謝恩。他們的鐐銬都取了下來，馬上朝阿格麗派娜（Agrippina）[4] 走去。她坐在一小段距離外的長椅上，而他們一再向她表達同樣的感激與尊敬之意。」[5]

*　　　*　　　*　　　*　　　*

征服完成了，同時也伴隨著可怕的反叛震盪。根據塔西陀（Tacitus）[6] 的記述：「西元六一年在不列顛證實有一場嚴重的災難。新總督蘇埃托尼烏斯本人在西方甚爲忙碌，他將羅馬軍隊的作業基地從羅克瑟特（Wroxeter）遷往切斯特（Chester）。他準備攻擊已經成爲逃亡者淵藪的莫納島（the Island of Mona），於是建立了一支適合在那些低淺傾斜的海中行駛之平底船艦隊。步兵乘舟渡河，騎兵均走淺灘；遇到水太深，人就依靠著馬身游泳。敵軍在海岸上列陣以待，密密麻麻一群武裝的人，中間參雜著身穿黑衣、長髮下垂、手持火把像是復仇女神（the Furies）的婦女。圍繞著這個場景的是口吐惡咒，伸手向天祈禱的德魯伊特教教徒。這些奇怪的景象使得羅馬士兵大感恐懼。他們站著不動，彷彿癱瘓了，讓身體承受著這個打擊。最後由於這位將領鼓勵，同時彼此互勉

不要在這群烏合之眾與女性狂熱分子面前表現畏縮，所以他們握著軍旗前進，打垮了所有的抵抗，使敵人葬身在他們自己的火窟。」

「蘇埃托尼烏斯派兵駐守監看被征服者，並且砍斷了他們專門用來從事迷信行為的樹叢——將俘虜的血潑灑在他們的祭壇上，並且用人的內臟來求神問卜，是他們宗教儀式的一部分。」

在現代威爾斯邊境前緣的這個戲劇性場面是一齣悲劇的序曲。東英格蘭艾斯尼人的國王已經駕崩，他希望拯救他的王國，以免家人受辱，於是指定繼克勞狄奧斯之後做皇帝的尼祿（Nero）與他的兩位女兒一同做這個王國的繼承人。塔西陀說：「但是事情的轉變完全走樣。他的王國遭到百夫長（centurion）的劫掠，他的私人財產被奴隸搶奪，彷彿它們在戰爭中被擄獲一樣；他的遺孀包迪西亞（Boadicea，有學問的人喜稱她包蒂卡）遭到鞭苔，他的女兒都被人施暴；艾斯尼人首領的祖產都被剝奪了，好像羅馬人已經將整個國家當作禮物收下，國王自己的親戚都成了奴隸。」這位羅馬史家就是這樣子寫的。[7]

包迪西亞的部落，也是最強大的、迄今最臣服於王國的部落，激起狂熱以對抗羅馬的入侵者。他們紛紛拿起武器。包迪西亞發現她自己成了人數眾多軍隊的首領，幾乎在所及之地全部不列顛人都團結到她的旗下，仇意由深淵衝天而起，它正是征服帶來的殘暴的反照。這種仇意是對無法戰勝的壓迫以及似乎從那裡借來力量的高級文化所發出的怒吼。蘭克說：「包迪西亞熱誠、粗野、可怕」[8]，她的紀念碑位於泰晤士河河堤，與大本鐘（the Big Ben）遙遙相對，提醒我們記住已經響徹許多年代的「不自由，勿寧死」刺耳呼聲。

羅馬軍隊在整個不列顛只有四個軍團，最多有兩萬人。第十四軍團與第十二軍團隨著蘇埃托尼烏斯在威爾斯從事軍事行動。第九軍團駐紮在林肯（Lincoln），第二軍團駐守在格羅徹斯特（Gloucester）。

這場叛亂的首要目標是卡莫洛登姆（科赤斯特）——羅馬人與

羅馬化不列顛人的不設防殖民地。最近定居那裡的老兵得到希望獲
得同樣特許的兵士支持，將當地居民趕出他們的屋子，逐出他們的
田地。不列顛人受到預兆而激勵，勝利女神雕像首先臉部朝下倒了
下來，好像要從敵人的手中掙脫。海水變成了紅色，會議室與劇場
聽到了怪異的哭聲。羅馬官員、商人、銀行業者、放高利貸者、以
及參與他們作威作福、撈錢謀利的人，都發現自己與一撮老兵和
「許多野蠻人」處在一起。蘇埃托尼烏斯所處的位置，距離此地有
一個月的路程之遠，第九軍團在一百二十英里外，眞是無處乞憐，
也無什麼希望。科赤斯特被焚成了灰燼，用銅牆鐵壁擋住大火的廟
宇只撐了兩天。每個人──羅馬人或羅馬化的人──都慘遭屠
殺，一切都破壞殆盡。此時第九軍團正在行軍馳援，而獲勝的不
列顛人由被劫掠的科赤斯特前往迎敵，他們人多勢眾，擊潰了羅
馬步兵，殺得他們只剩下一人；羅馬統帥皮提里烏斯‧賽芮亞力斯
（Petilius Cerialis）能與他的騎兵一起逃脫，眞是謝天謝地。以
上便是蘇埃托尼烏斯在安格塞聽到的消息。他明白他的軍隊無法及
時兼程趕去防止更大的災難；但是塔西陀說：「他毫不畏懼，一路
穿過一個充滿敵意的國家，前往倫迪尼厄姆（Londinium）──一
個帶著殖民地名稱而不夠尊貴的城鎮，也是一個貿易商忙碌其中的
商場。」這是文獻上第一次提到倫敦。雖然可能在此地發現的是羅
馬征服這段時期前後，高盧或義大利的陶器碎片，但可以確定的
是，一直到克勞狄奧斯的入侵者將大批軍中的承包商與官員帶到泰
晤士河上最方便的橋頭堡之前，這個地方並沒有什麼名氣。

　　蘇埃托尼烏斯僅帶著一小隊騎馬的隨從來到倫敦，他已經將命
令送往第二軍團，囑咐他們由格羅徹斯特前來與他會師，但是因為
第九軍團的潰敗而被弄得魂不守舍的那位統帥並沒有答應。倫敦是
個未設防的大城鎮，到處是羅馬貿易商與他們的不列顛同夥、眷屬
與奴隸。它含有加強防禦工事的軍用庫、有價值的商店與小型軍團
兵卒。倫敦的市民央求蘇埃托尼烏斯保護他們；但是當蘇埃托尼烏
斯聽說包迪西亞追趕賽芮亞力斯到了林肯，並且調頭向南行軍，他

便作了個困難而不失為正確的決策，也就是任倫敦市民自生自滅。第二軍團的統帥已經不聽命於蘇埃托尼烏斯，而蘇埃托尼烏斯自己也沒有軍力可以用來抵抗向他奔來的龐大部隊，他唯一的可行之道，就是重新會合第十四軍團與第十二軍團——這兩個軍團正沿著如今稱作瓦特林街的羅馬道路，由威爾斯全力行軍趕往倫敦。他不為居民的懇求所動，下令行軍，只將願意隨他同行的人納入行列。

降落在倫敦的屠殺遍及各處，男女老幼無一倖免。反叛的怒火全集中在具有不列顛血統，受到入侵者詭計與引誘的那些人身上。近代倫敦的大樓愈來愈高，也就愈需要更深的地基，電力驅動的挖土機已經挖到當時倫敦在不列顛原住民手中遭到洗劫而造成的層層灰燼。

包迪西亞隨後轉向，攻打維魯蘭尼姆（Verulamiun，即聖奧班斯）。這裡是另一個貿易中心，同時也有很高的文明。同樣地，它遭到了屠殺與湮滅。根據塔西陀說：「在這三個城市中，總數不下於七萬人的市民與相關的人都被殺掉。因為蠻族不會要俘虜、買賣、或是戰爭中常見的任何人潮；他們除了用劍、十字架、絞刑台或火來進行殺戮之外，什麼都不要。」這些殘酷的字眼，讓我們看到與三個世紀之前迦太基及其反叛傭兵之間所挑起來的，一場同樣是萬劫不復的戰爭。有些現代的權威人士認為這些數字誇大其詞；但是並沒有理由說明為何說倫敦不能容納三、四萬居民，也沒有理由說明在科赤斯特與聖奧班斯兩城之間不能容納大約同樣的人數。這大概是我們對這個島嶼所知道最恐怖的事件了。我們看到了原住民部落兇猛地發難，抹殺一個較高文明之赤裸、邪惡的開始。但是，為了他們生活的土地而戰死、而殺人，以額外嚴厲的手段懲治他們自己民族中曾經受到入侵者幫助的所有成員，卻都是人類的基本權利。

「而現在蘇埃托尼烏斯，以隨身第十四軍團、第十二軍團的老兵，以及最靠近身邊的輔助部隊，組成了一支大約有一萬名全副武裝戰士的軍隊，並決心赴戰。他在後方有樹林的隘路選了個陣地，

確定除了正前方之外便沒有敵人。那裡有個開闊的、不適合埋伏的平原，蘇埃托尼烏斯將軍團緊密地集結在一起，並在左翼布置輕裝備的部隊，同時將騎兵集中在兩翼的頂端。」這一天殺氣沖天，是個決戰的日子。蠻族大軍足足有八萬之眾，他們就像日耳曼人與高盧人一樣，將妻子兒女都放置在笨重的篷車裡面，同時擺出了陣式，決定不是征服對方，便是滅亡，但在此同時，卻根本沒有想到隨後的食宿問題。交戰雙方都全力以赴，而羅馬軍隊雖然處於極大的劣勢，但終於憑著紀律與戰術技巧獲勝。他們對於敵人——甚至婦女——都毫不寬恕。

　　「那是場光榮的勝利，足以與昔日的那些勝仗相提並論。有人說戰死沙場的不列顛人不少於八萬名，而我們自己這方陣亡的士兵大約有四百人，加上數目較多的傷患。」這些都是勝利者的故事。包迪西亞本人服毒自盡；而第二軍團的營地統帥既不服從將領，又奪取部下的軍功，在聽到第十四軍團與第十二軍團成功殲敵時，便伏劍自裁。

　　蘇埃托尼烏斯現在只想到復仇，的確，要求償還的東西太多。尼祿由日耳曼派來了四、五千名增援部隊，所有仇視的與可疑的部落，都遭到火海與劍山的浩劫。其中最糟的是食物匱乏；因為不列顛人在有信心擄獲羅馬人的補給之際，將每位可用的男丁都帶到戰場，土地因而無人耕種。然而即使如此，他們的精神並沒有潰散。不過若不是有一位新太守（Procurator）的勸諫，整個古代不列顛民族可能便會因此遭到滅絕。這位太守得到羅馬的財部大老支持；這些大老也看到了若不停手，他們擁有的將不是個行省，而是一片沙漠。蘇埃托尼烏斯是一位很有行動力的人，軍階位置也高，而他的軍令也是很可靠的。但是，我們也不能小看羅馬帝國境內聲音高漲的批評聲浪；並不能漠視這股僅僅是因為朝廷裡重要人物的猜忌而產生的批評。一般認為蘇埃托尼烏斯心浮氣燥，貪圖軍功，所以才會被行省中鋪天蓋地的叛亂弄得措手不及，「他的不順是由於他自己的愚昧，而他的成功則全是由於走運」；此外必須派一位總

督，「此人要不帶敵視或勝利的情緒，會寬待被征服的敵人。」這
位太守就是尤里烏斯·克拉西顯厄斯（Julius Classicianus），他
的墓碑現在存放在大英博物館。他一再上書向羅馬政府陳情，並且
大聲疾呼懇求對戰士部族進行安撫，而這些部族仍然在繼續奮戰，
不求和也不求饒，於森林及沼地中挨餓、死亡。最後羅馬政府終於
決定隨遇而安而善待不列顛人了，因爲萊茵河對岸日耳曼人的動亂
與危機，使得羅馬軍團不想在遙遠的區域浪費軍力。蘇埃托尼烏斯
的戰艦在風暴中有所折損，成了他被人替代的藉口與時機。羅馬皇
帝尼祿派了一位新總督，此人與不顧死活的部族締結了和約，使得
他們的血液能在這個島國民族身上永久保存下來。

＊　　　＊　　　＊　　　＊　　　＊

塔西陀對這個新行省做了一番有趣的記述：

[他説]喀里多尼亞（Caledonia）居民的紅髮與長肢，清清楚
楚直指日耳曼的來源；而西盧爾人（the Silures）的黝黑膚色和
鬈髮，以及西班牙位於他們對面的這個事實，都證明早期的艾比利
亞人（Iberians）都是跨海而來，佔據了這些部分。那些住得隔高
盧人最近的人，也像他們一樣，不是受到出於同一血統的永久影
響，便是因爲氣候製造了同樣的特質。……在標籤鮮明的不列顛迷
信（德魯伊特教）中可能追溯到高盧人的宗教信仰，而語言則稍稍
有別，他們在挑戰危險時同樣大膽，而規避危險時也近乎同樣膽
怯。不過不列顛人表現得較有精神，這是因爲它還是個未被長期和
平而削弱活力的民族。……他們的天空因爲經常下雨且雲層濃厚，
而被掩蓋住了，至於酷寒倒是未曾聽説。白天較我們世界中的爲
長，而且夜間明亮；在極北的地方夜都很短，以致於日落與黎明幾
無分別。……除了橄欖與葡萄樹，以及通常在較暖氣候中成長的植
物之外，這裡的土壤能充分生長所有普通的農作物。作物很慢才會
成熟，但成長得很快，原因是土壤與大氣中含有過度的濕氣。

　　西元七八年，一位才華與精力兼備的總督阿格里科拉（Agricola）被派往不列顛。阿格里科拉並未將他任上第一年的時間用在習以爲常的儀禮上，而是上陣去對抗所有仍在議論羅馬當局的人。有個很大的部落因爲殲滅了一個騎兵後備軍隊，而被他消滅了；因爲包迪西亞的動亂而令人聯想到蘇埃托尼烏斯的莫納島，也被征服了。阿格里科拉集政治家的憫人情懷與軍事方面的長才於一身。根據塔西陀（他娶了阿格里科拉的女兒）的記載，阿格里科拉宣布：「如果征服之後，再繼之以壓迫，則將毫無所得。」所以他減輕了苛刻的田賦，鼓勵及協助建立廟宇、法院與住宅，對部落首領的兒子提供通才教育，並且表示「極其偏愛不列顛人的天生力量，遠勝過高盧人」。結果當地的富有階級都因此心頭釋然，而變得願意穿上寬長袍（toga）與其他羅馬服飾。「他們逐步被引導接受總督的做法——起居室、浴室、雅緻的宴會。他們稱所有這些他們不熟悉的東西爲文明，而這只不過是他們爲婢爲僕的一部分而已。」

　　雖然在元老院與羅馬的統治圈中，經常聽人說明帝國的政策應當固守奧古斯都大帝（the great Augustus）的原則，應當維持邊疆而不是開疆拓土，阿格里科拉卻獲准在不列顛從事六次擴展的軍事行動。在第二次的時候，他到達了泰因河（the Tyne）。每次軍事行動，他的軍團都是由海上補給艦隊支援而向前推挺。在第五次軍事行動時，他到達了福斯河（the Forth）與克萊德河（the Clyde）這道防線；在這個屬於不列顛峰腰部分的地方，他很有可能掘壕固守。但是在不列顛行省，沒有安全與永久和平可言，除非阿格里科拉能夠降服強大的部落與被他追逐北奔的大批亡命戰士。的確，顯然他並不能只憑自己的意思，在任何方向距海岸有段距離的地方停駐下來，因此第六次軍事行動時，阿格里科拉再度率全軍向北方出發。處境現在已經變得很難應付，而過去的不幸早已教導不列顛人因爲不團結而得到的懲罰。

　　阿拉里科拉的女婿告訴我們：

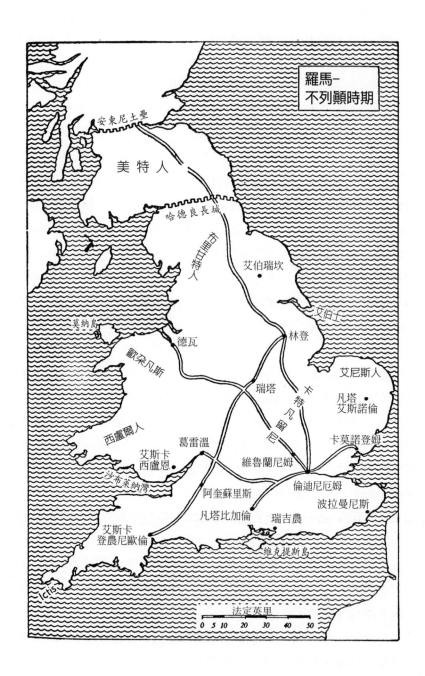

羅馬－
不列顛時期

安東尼土壘

美 特 人

哈德良長城

布里甘特人

艾伯瑞坎

艾伯千

莫納島

德瓦

林登

歐朵凡斯

艾尼斯人

瑞塔

凡塔
艾斯諾倫

卡特凡尼

西盧爾人

葛雷溫

卡莫諾登姆

艾斯卡
西盧恩

維魯蘭尼姆

沙布萊納灣

倫迪尼厄姆

阿奎蘇里斯

波拉曼尼斯

凡塔比加倫

瑞吉農

艾斯卡
登農尼歐倫

維克提斯島

Ictis

法定英里
0 5 10 20 30 40 50

　　我們的軍隊因為贏得光榮而得意，他們大呼一定要突破，進入喀里多尼亞的深處，並且最後在一連串不斷的戰役中發現不列顛最遠的世界。但是不列顛人，認為他們受到我們的勇氣所阻撓的程度遠不及受到我們將領妙用機會的阻撓來得大，因此他們的傲氣絲毫不減，並且將他們的青壯武裝起來，將他們的妻子兒女遷到安全的地方，然後集結在一起，藉著神聖的儀式，認可他們所有邦國的結盟。

　　決戰這一仗在西元八三年於蒙斯格勞皮烏斯（Mons Graupius）舉行，這個地方名不見經傳，不過有人猜想是啓利克蘭山口（the Pass of Killiecrankie）。塔西陀以令人無法置信的筆法，描述了這次著名的戰鬥過程。整個喀里多尼亞是不列顛全部剩下的部分了，一大群被人打垮的、被追逐的人，決心不是戰死便是獲得自由，以他們四或五對一的優勢，對抗精心訓練的羅馬軍團與後備部隊，其中無疑還有許多正在做侍候工作的不列顛降兵敗將。塔西陀的確對於在這些荒郊野地的原住民部隊的規模誇大其詞，因為他們在那種地方不可能有準備好的軍械可供使用，所以這個數字雖然仍很可觀，卻一定有嚴格的限制。如同許多古代戰役中的情形一樣，敗的一方都是被誤解的受害者，而且在大量軍隊體認到這一場嚴肅的戰爭已經開始之前，他們這一天的命運早已注定對他們不利。後備部隊由山丘上衝下來得太遲，以致於無法取勝，他們恰好在潰敗中被人砍殺。不列顛最後有組織對羅馬強權的抵抗，終於在蒙斯格勞皮烏斯告一結束。根據羅馬的記述：「在此處有一萬敵軍被殲滅，我方大約有三百六十人陣亡。」克萊夫（Robert Clive）[9]在普拉西（Plassey）一役中，為長期在印度作威作福的大英帝國掙得這個地方，也是以較小的兵力、較少的折損以寡擊眾。

　　現在全盤征服這個島嶼的路已經打通了，如果阿格里科拉得到鼓勵，或至少受到帝國政府的支持，歷史的過程可能已經改變了。但是對羅馬而言，喀里多尼亞只不過一時轟動的新聞，真正的緊張情勢則位於萊茵河與多瑙河（the Danube）之間。審慎行事的意

見佔了上風，阿格里科拉因而任由不列顛殘餘的執戈之士留在北方的霧裡伏櫪而終。

狄奧·卡西烏斯（Dio Cassius）[10] 在一個世紀之後描述南方定居的區域何以是個消耗與不安寧的無休止來源。

在不列顛有兩個非常廣大的部落——喀里多尼亞人與美特人（the Maetae）。美特人居住靠近這個島嶼一分爲二的橫切牆（Cross-wall）[11]那裡，喀里多尼亞人住在他們的另一邊。兩個部落都在曠野、缺水的山丘，或荒涼且多沼澤的平原上生活，沒有城牆，也沒有城鎮或農耕，靠牧野的產物與他們收集的堅果度日。他們有充分的魚類，但是卻不吃魚。他們都住在茅屋裡，赤身也不穿鞋，並不個別婚配，卻養育他們全部的子女。他們大半有個民主的政府，而且相當喜歡搶劫。……他們可以忍受飢餓挨凍與各種的艱難困苦；他們會退到他們的沼地，僅頭部露出水面而支持數日之久，在樹林中以樹皮草根維生。

＊　　　＊　　　＊　　　＊　　　＊

在曠野的北部與西部，可以在群山之中找到自由逃亡棲身之地；但是在其他地方，羅馬軍隊最後都完成了征服與綏靖的工作，不列顛成了羅馬帝國四十五個行省之一。奧古斯都大帝已經頒布帝國的理想，是建立一個以自治州（Cantons）組成的共和國（Commonwealth），各個行省都組織成個別單位，其中的自治市（municipality）都能得到它們的特許狀（charter）與權利。行省再分爲兩類：一類曝露在蠻族的入侵或叛敵之下，必須對其提供衛戍部隊，另一類則不需要那樣的保護，其中有軍備的行省由羅馬皇帝直接監督，而較受到保護的，至少在形式上透過元老院這個媒介加以控制；但是所有的行省都必須遵守讓政府形式因地制宜的設立的原則。沒有任何種族、語言或宗教的偏見，妨礙羅馬制度施之天下而皆準的特性。唯一的差別是階級的差別，它們在這整個秩序井

然的世界都通行無阻，到處是羅馬公民，與龐大的非羅馬公民，還有奴隸；不過爲僕爲婢的階級當中，幸運分子要想成爲徹底的公民也是有可能的。因此現在不列顛的生活，就在這個基礎上展開了。

【1】 譯注：沐猴而冠。

【2】 Dio Cassius, chapter lx, pp.19-20.

【3】 譯注：全名爲 Gaius Suetonius Tranquilius（約75-140），古羅馬傳記作家。

【4】 譯注：羅馬皇帝尼祿之母。

【5】 C. Suetonius Tranquilius, the Lives of the Tuclve Caesars, trans. By Alexander Thomson, revised by T. Forester.

【6】 譯注：Publius Cornelius Tacitus，塔西陀，古羅馬元老院議員、歷史學家，主要著作爲《歷史》、《編年史》。

【7】 Extracts from Tacitus' Annals are from G. G. Ramsey's framslation; passages from the Agricola come from the translation of Church and Brodribb.

【8】 History of England, vol. i, p.8.

【9】 譯注：英格蘭將領，曾占領孟加拉，爲首任總督，後來並任英軍總司令。

【10】 譯注：羅馬元老院議員，曾編寫八十卷羅馬史書。

【11】 譯注：指哈德良長城（Hadrian's Wall）。

第三章 羅馬行省

　　將近三百年的時間，不列顛都安於羅馬制度，在許多方面都享受到它的居民所享受過的，最快活、最舒適、與最啓發心智的時光。面對邊疆的種種危險，不列顛的軍力保持適中，輔助部隊戍守長城（the Wall），並由駐紮烏斯克河上喀里安（Caerleon-on-Usk）的另一軍團共同箝制住威爾斯。總之，佔領軍不到四萬人，經過幾代之後便在當地徵募，所以後來成員幾乎都是不列顛出生的人。這個時期幾乎與那個將我們與伊莉莎白女王一世（Queen Elizabeth I）統治時代隔開的時期不相輕軒；這個時期，不列顛富裕人家的生活情形勝過以往，一直延續到維多利亞女王時代的晚期才出現更好的生活。四〇〇年至一九〇〇年，無人擁有中央暖氣，擁有熱水浴的人少之又少，但此時富有的、建造莊園的不列顛籍羅馬人都認爲替莊園加溫的火坑或供暖系統（hypocaust）是不可或缺之物。他們的子孫有一千五百年都生活在寒冷中，居所沒有加熱系統，依靠在浪費的熊熊火焰上燒烤食物來減輕寒意。即使現在，整個住在中央暖氣房屋的人數，在比例上也比古代時要少。至於浴室則完全沒有，一直要到十九世紀中葉才出現。在這整個漫長、蒼涼、介於其間的空檔時期，這塊土地上命運最好、地位最高的人，都免不了要挨冷受凍，忍受骯髒。

　　在文化與學識上，不列顛是羅馬景象蒼白的反映，不像高盧地區那樣富有生氣。但是在不列顛，法律嚴謹、秩序井然、家室溫暖、食物充足、人們長久建立的生活習俗無不具備。人們都免於蠻族的侵擾，卻不會沈耽於疏懶逸樂。有些文化甚至傳到了鄉村。羅馬的習慣在擴散，羅馬器皿、甚至羅馬言語的使用都在穩定成長中。不列顛人認爲他們自己像任何人一樣，都是羅馬公民。的確，據說在所有行省中，可能很少有人像島民一樣更具有吸收羅馬制度的資質。不列顛軍團的士兵與輔助部隊被評爲與伊里利亞人（the Illyrians）不相伯仲或僅次於後者。能夠分享如此崇高、遠及四方

的制度，不免使人感到自豪，因為做羅馬公民便是做世界公民，而
且是在優越感無疑高過野蠻人或奴隸的資產上扶養長大的。橫掃大
帝國的風雲變幻好像維多利亞女王（Queen Victoria）登基時一
樣的快速，邊疆、法律、通貨、或民族主義的攔阻全都無法過止
它。一位住在不列顛的敘利亞人，於諾威治（Norwich）樹立了一
座獻給他妻子的紀念碑。君士坦丁烏斯‧克羅爾厄斯（Constantine
Chlorus）[1]於約克去世。不列顛的衛兵沿著萊茵河、多瑙河與幼發
拉底河守望。來自小亞細亞的部隊，由霧中眺望蘇格蘭的襲擊者。
保持著對密特拉（Mithras）[2]的祭拜。整個羅馬世界對於這位波
斯太陽神的崇拜無遠弗屆，這種崇拜對士兵、商人與行政人員特別
具有吸引力。在三世紀，密特拉教（Mithraism）是基督教的強
敵，而且如同一九五四年在瓦布洛克（Walbrook）發現的巍峨廟
宇所顯示，這個宗教在羅馬統治下的倫敦擁有許多信徒。

　　羅馬帝國巔峰時期的劇變，並不曾像我們可能想像到的，那麼
深遠地影響人民的普通生活。到處都有戰爭與起義、敵對的皇帝彼
此鎮壓、軍團叛變、篡奪者在受到這些情況波及的行省紛紛自立。
不列顛人對於羅馬世界的政治產生了濃厚的興趣，對於羅馬帝國權
力的嬗遞與首都的民心士氣，都有強烈的意見。許多出風頭的人物
在不列顛嶄露頭角，為的是能在羅馬帝國政治的致命遊戲中扮演一
個角色，如此不是得到無可比擬的獎賞，便是名利全失。不過，所
有人全部都安於羅馬帝國的觀念，他們有他們的法律及他們的生
活——這種生活大體上沒有什麼改變，載沈載浮，僅僅偶爾有點騷
動而已。四世紀若有民意調查，結果一定是羅馬政權會無限期地延
續下去。

　　在我們自己激昂的、變動的與不安定的年代中，一切都在變
遷，沒有什麼東西能全面為所有人接受。然而我們必須以崇敬之心
審視那個時期，它當時只有三十萬兵卒，維持著整個已知世界一代
又一代的和平，基督教清純的力量提升人們的心靈，使他們提升到
默想在這個井然有序的世界之外，還有更大的和諧。

　　<u>羅馬文明贈予不列顛的禮物是屬於民政與政治方面的</u>。<u>當地的</u>
<u>城鎮都規畫成棋盤式的方塊</u>，提供行事有序的政府管轄之下的社區
民眾居住。<u>建築物都依照羅馬全境標準化的型態興建，設備齊全，</u>
<u>其中有會堂、廟宇、法院、監獄、浴室、市場與大水溝</u>。在一世
紀，建築商顯然對不列顛的資源與前景持著樂天的看法，所有城鎮
的策畫都是為了應付日益增加的人口。那是個充滿希望的時期。

　　專家們對羅馬統治下倫敦的人口總數意見不一，各種估計數字
少的有五十萬，多則達一百五十萬。軍隊、公務人員、鎮民、富裕
的人與他們的眷屬人數，似乎確定總共有三、四十萬。以這個時代
的農業方法為這些人生產食物，一定得要求這塊土地上有比他們多
上一倍的人口才行。我們因此或者可以假定在羅馬化的地區，至少
有一百萬的人口，很可能還多一點。但是並沒有什麼跡象顯示人口
數目隨著羅馬制度而作任何大幅的增加，在兩個以上充滿和平與秩
序的世紀中，居民總數始終保持著大約與卡西維努勒斯在世時同樣
的數目。無法撫育與支援更多的人口在此生活，這種情形在羅馬統
治下的不列顛全境散布著失望。極為輕易地降伏不列顛人，而且讓
不列顛人群起接受他們社會生活方式的征服者們，除了阻止部落戰
爭、增加土地生產力的年收入之外，並沒有帶著其他求生之道。這
個新社會結構堂皇，擁有高雅與奢華的情趣——浴室、宴會、寬外
袍、學校、文學、雄辯，但是它所站立的基礎，並不比史前時代的
農業壯觀多少。不列顛人原始而豐富的生活產能，能夠支撐羅馬生
活的宏偉場面僅及於中等程度。耕地大多仍限於易耕易墾的丘陵，
幾千年來這些地都是以原始方式耕作。強有力的，裝在輪上的高盧
耕犁在不列顛已為人知，但是它卻無法取代只能在淺犁溝中慢慢推
進的當地器具。除了少數例外，便再也沒有大規模開闢森林、抽乾
沼地積水、以及墾種山谷中雖然難耕，但是儲積許多肥沃成分泥土
的動作。自遠古時代以來，人們大量開採鉛與錫，並加以煉製，而
且可能因為行政管理得當而受益匪淺；但是在不列顛卻沒有新科
學、力量與知識的衝刺，於是經濟基礎維持恆常不變，不列顛變得

更文雅而非更富裕。不列顛繼續以小規模的生產方式過日子，大體上屬於靜止狀態，新的體系很有氣派及令人讚賞，但是沒有分量而且脆弱。

這些情況不久就將其陰影投射到大膽規畫的城鎮上面，因爲四周農業上的繁榮，並不足以支持城鎮設計者的希望。數次挖掘工作都顯示出原有的邊界從來就沒有被佔領，或者是起初有人居住，但漸漸地城鎮當中有些部分都傾圮破舊。沒有足夠的物質利益可得，所以事情全都無法推行。不過人們居住安全無虞，他們的財產都有鐵律保障。大不列顛的城市生活因爲擴展（而非因爲存在）而出現敗象。它就像某個天主教城市，或者像某個繁華褪盡的行省城鎮之生活——平靜、受到限制、甚至在緊縮，但是不失其體面與尊嚴。

我們有倫敦，得歸功於羅馬。克勞狄的軍事策畫人員、指揮軍隊補給的官僚、以及繼他們之後的商人，將倫敦帶入了不算死水般的生活。貿易隨著他們的道路系統發展而來。城牆高大、佔地極廣、精心策畫的城市，取代了西元六一年木頭搭建的貿易居留地；而且不久就在羅馬管轄下的不列顛行省拔得頭籌，成了商業中心，超越了比耳其人的古都科赤斯特。十三世紀末葉，錢幣都在倫敦鑄幣廠鑄造，這個城市成了財政管理的總部。在這個行省的晚期，倫敦似乎已經成了文人政府的中心，猶如約克是軍事政府的中心，雖然它並沒有得到市（municipium）的地位。

羅馬在不列顛的繁盛，可以在它整個定居區域內的別墅人口中找到。中等身分鄉紳的別墅都建在尚未開發而環境怡人的鄉間地區，四周有原始森林與自由奔騰的溪流，這些地區興建了數目眾多的舒適住處，而且各有土地環繞。在南方的郡縣中探勘，至少就可以發現五百處這樣的地點。在北方比約克郡還遠，或者在西方比格拉摩根海原（Glamorgan sea-plain）還遠的地方，卻無任何發現。由於城市生活過得並不愜意，階級較高的羅馬不列顛人便到鄉下自立門戶，因此別墅成了羅馬統治下的不列顛人全盛時期最顯著的特色，即使在城鎮成了荒丘野地之後，別墅都還保持著繁榮。在三世

紀之後城鎮就萎縮了，而別墅在第四世紀仍舊昌隆，其中某些還一直殘留到五世紀漸行黑暗的時代。

　　羅馬帝國的拓展實際上已達到了極限，此時需要堅強的防禦，佛萊西烏斯家族皇帝（the Flavian Emperors）的政策解決了這個問題。圖密善（Domitian）是建立綿延防禦工事的第一位皇帝，西元八九年左右在黑海建立了了不起的土壘，還建立了另一個連結萊茵河與多瑙河的土壘。到了西元第一世紀末葉，邊疆屏障的標準型式已經逐步形成。阿格里科拉在北不列顛的工程因為他被匆匆召回羅馬而未能完成，而由於未能建立令人滿意的防線，他之前在蘇格蘭贏得的名聲便漸漸地丟掉了，羅馬軍團退到史坦格（Stanegate）[3]防線，一條由卡里斯勒（Carlisle）向東走的路徑。隨後的三十年顯示出不列顛邊防的薄弱無力，哈德良（Hadrian）登基之後，就遭遇到嚴重的災難。在北不列顛為了平定不起眼部落叛亂的第九軍團從歷史中失蹤了，防禦宣告解體，這個省分陷入了險境，因此哈德良在一二二年親臨不列顛，重新整頓邊疆。

　　在接下來的五年內，羅馬軍隊在泰因河與索爾威（Solway）[4]之間建立了七十三英里長的軍事防線。它包含一座八至十英尺厚的石壘，並由十七個要塞支撐，各要塞都有輔助大隊（Cohort）[5]駐守；還有大約八十個城堡，烽火台的數目也增加一倍。城牆的前方有條三十英尺長的壕溝，城牆後面有另一道壕溝——它似乎是海關的邊界（customs frontier），大半由財政管理部門控制與配置兵員。這些工程需要一萬四千人左右的支援衛戍部隊，這還不包括不隸屬戰鬥單位，純粹從事巡邏長城工作的約略五千人。部隊都由當地居民提供補給，居民以麥子當作賦稅，而各個要塞都有穀倉，能儲存一年分的糧秣。

　　二十年後，羅馬皇帝安東尼斯·庇護（Antonius Pius）在位期間，羅馬部隊再度北征阿格里科拉數度征服的地方，在橫跨福斯河—克萊德河的地狹建立了一座長達三十七英里的長城。這麼做的目的是為了控制「低地」（Lowlands）東部與中部的部落，但是在

不列顛的羅馬部隊如果要擔任新的防禦工作，就更會削弱他們在哈德良長城（Hadrian's Wall）與西方陣地的防禦力量。二世紀中葉時軍事地區的麻煩不斷。一八六年左右，安東尼土壘（Antonine Wall）的某些地方棄守，部隊都集中到原有的防線上。部落的叛亂與蘇格蘭人的襲擊持續地攻擊北方的邊防系統，有些地方的城牆與支援營地整個都被毀掉了。

　　一直要等到羅馬皇帝塞維魯（Emperor Severus）於二〇八年駕臨不列顛，將他的精力投入整頓工作之後，局面才穩定下來。毀壞的程度相當大，而他的恢復工作也非比等閒，以致於到了後來的時代都以為他曾建過長城，事實上他不過是重建而已。二一一年他於約克駕崩，但是羅馬長城一帶平靖無事長達百年之久。

　　我們可以靠偶爾發現的，記錄著下詔完成工程之羅馬皇帝名諱的里程碑，來衡量羅馬在築路方面的活動。這些很長而又筆直的砌道，盡情地在這個島嶼上延伸。普通這道路都是用時常埋在沙裡的石頭做襯底，上面再舖上搗平的沙礫，整體說來平均有十八英寸厚，在特別的例子中，或者是在多次整修後，成形的路會擴大到三英尺之厚。黑石山脊（Blackstone Edge）上面的路都舖滿了泥煤，以及切成方塊的石磨砂子所做成，寬達十六英尺的路面，它的兩邊各有路緣，中間則有一列大的方塊石頭。古代車輛就由這些路走下陡峭的丘陵，用制動器剎車，因此留下車輪造成的溝紋。[6]

　　在克勞狄入侵之後的前半個世紀，築路的工作非常活躍。我們發現，在二世紀大部分的工作都集中在軍事區域的前哨。到了三世紀，道路系統已經完成，只需保持修補。君士坦丁大帝的紀念碑被發掘出來的確實不少於四座，指出道路作過新的延伸；但是到了三四〇年，所有的新工程都告一結束。完成修補工作的時間盡可能的長，不過後來的紀念碑都沒有宣布向前推進的行動。三五〇年之後同樣的現象都在高盧重現。這些步道發展實況都是對於羅馬權力興衰的一種衡量。

　　如果羅馬統治不列顛時代的一位切斯特居民在今日復活[7]，

他會發現法律其實就是他許多已知事務的實踐。他會在每個村鎮都找到有著新教義的教堂與教士，他們在他的那個年代可謂無往不利。的確對他而言，供基督徒祭拜的場所會超過虔誠信徒的數目。他會注意到他的子女如果期望進入最有名的大學，就不得不學習拉丁文，而他也對此感到驕傲。他可能遭遇到發音方面一些嚴重的問題。他會在公立圖書館找到許多古代文學的傑作，都是用不常見的廉價紙張印刷，而且數量甚豐。他會找到一個安定的政府，而且發現自己是一個世界性帝國的一員。他可以在巴斯（Bath）飲水沐浴；如果這地方太遠，他會在每個城市找到蒸汽浴與鹽洗方便的設備。他會發現過去的貨幣、土地保有權、公共道德、禮儀的問題至今依然在熱烈討論著。他會同樣感到自己身處在一個受到威脅的社會，一個已經過了鼎盛春秋的帝國之中。他對於配備同樣武器、突如其來屠殺當地軍團與輔助部隊的蠻族部隊，會同樣感到恐懼。他仍然也會恐懼越過北海而來的人，仍然會被灌輸邊疆位於萊茵河上的概念。他遭逢最顯著的變遷，將會是傳播的速度與印刷品、廣電資訊的數量。他可能發覺這兩者都令人苦惱。但是他會以氯仿、防腐劑、與更科學的衛生知識來對抗這一切。他會閱讀篇幅較長的史書，其中包括比塔西陀與狄奧（Dio）那些故事還要糟的故事。有人會提供設施，供他看到「凱撒從來不知道的區域」，而他大概會帶著失望與詭異由這些區域歸來。如果他想用航海以外的方式前往羅馬、君士坦丁堡、耶路撒冷等地，那麼有許多的國家會檢查他的入境。他有必要逐漸養成對許多部落的與種族的敵意，而他以前對這些敵意完全陌生。他一旦對三世紀以後發生的事情記載研究得愈多，他就會對自己沒有早些復活愈感到滿意。

　　　　＊　　　　　＊　　　　　＊　　　　　＊　　　　　＊

　　由於仔細保護之故，羅馬帝國在人力與物質方面的資源大概足以維持邊疆的完整，但是這些資源時常都在皇帝的彼此爭戰中給浪費掉了，到了三世紀中葉，羅馬帝國在政治上已陷入混亂，在財政上也趨向敗壞。然而國家仍保有大量活力，在伊里利亞人的軍隊

中，產生了一連串要恢復羅馬帝國統一與國防鞏固的軍人與行政人員。到了這個世紀末葉，羅馬已恢復像過去那樣強盛、安定，但是在這個表面下，基礎都正在破裂，新觀念與新制度本身正穿透裂縫脫穎而出。各地的城市都在衰退；貿易、工業與農業都被稅收壓得抬不起頭來。交通運輸比較不安全，有些行省劫掠者蜂起，他們都是一些不再依靠土地維生的農民。羅馬帝國正在分崩離析，成為古代紀錄所不知的單位，將來那天才會被湊在一起而以封建的與基督教的形式出現。但是要經過許多世代，那種情形才會發生；在此同時，新的專制政治仍努力藉著軍隊主力保持道路通行無阻、田地有人耕種，同時防止蠻族作亂。

儘管如此，羅馬帝國已是個老舊的系統。它的肌肉與動脈已經承受了所有古代社會所能承擔的壓力。羅馬世界像是個上了年紀的人，希望平平靜靜地度日，以哲人與世無爭的態度，安享生命一定要賜給較幸運階級的良好禮物。但是新觀念擾亂了內部的保守作法；而大批飢餓的野蠻人蜂擁來到小心防守的邊疆外面，伺機而動。二世紀之後的每一代人，都看到這個制度日益不振，而在此同時邁向一個統一宗教的運動正風起雲湧。基督教再度提出羅馬世界注定要永遠回答的種種問題，以及一些它從來沒有想到的問題。雖然情勢的多樣化以及之後極為嚴重的後果，在這些世紀都為人所接受，甚至被那些因此受苦最多的人當作是理所當然而予以接受，可是束縛住三分之一羅馬社會的奴役制度，卻不能無限期抗拒基督教所帶來有動力的新思潮。恣意的放蕩淫佚與報復性清教徒作風的兩種典型交替出現，記錄下羅馬帝國皇帝的繼承情形。而這二者之間的輪替，再加上權力中心所奉行的道德規範與許多屬地廣大社區所奉行道德規範之間的懸殊差異，呈現出一直在成長的不安問題。在人類似乎已經解決絕大部分的俗世困難，以及一個至高無上的政府提供毫無限制的自由時，內外兩股無情的力量便拼命往前衝，不休息也不停留。「因為我們在這裡找不到任何持久不衰的城市，我們便去尋找一個即將來臨的城市。」陌生的命運旗幟已經展開，它對

和平與秩序都具有破壞力，但是使得人心振奮。在羅馬制度前面擺放的是無法衡量的麻煩——骯髒、屠殺、混亂本身，以及撲向這個世界的漫漫長夜。

　　粗野的蠻族由外襲擊防禦的屏障。此時在這塊大陸上都是野蠻的、好戰的動物，他們推舉最善戰的人物與其後裔作爲領袖，並同仇敵愾結合在一起。在這些團體的混戰中，罪行與獸性表現無遺，但卻有著比羅馬帝國輝煌成就更爲活躍的生命原則。我們看到這些力量波濤洶湧有如洪水，衝擊著羅馬世界受到威脅的堤防，水不但已經溢到堤緣，而且不時地靠著裂縫與滲透而不知不覺地浸入，人們在這個時候都意識到這個結構本身的脆弱。新加入而未馴服的洪流永不止息地由亞洲迸放而出，一波波向西湧進，針對這些浪潮，僅僅依靠優越的武器很難取得優勢。刀劍、軍紀、動員及組織軍隊而必備的些微資本盈餘，共同構成了僅有的防禦。如果卓越的羅馬軍團失敗，一切都將付諸流水。確實，自二世紀中葉以來，所有這些破壞力量都變得一清二楚。不過，在羅馬統治下的不列顛，許多世代的人都認爲他們已經解開了獅身人面獸斯芬克斯（the Sphinx）的謎語。他們誤解了她笑容的意義。

【1】　譯注：羅馬的一位專制君主，見於原書頁四一。
【2】　譯注：波斯神話中的光明之神。
【3】　譯注：蘇格蘭語之 Stonegate 意爲「石門」。
【4】　譯注：實爲索爾威灣 Sloway firth。
【5】　譯注：每大隊約三百至六百人。
【6】　An Economic Survey of Ancient Rome, iii, p.24.
【7】　Written in 1939.

第四章　迷失的島嶼

若不把經常提到的漫長時期與我們自己短促生命中的經驗連結在一起，便無法了解歷史。五年的時間很長；二十年對許多人而言如同遠在天邊；五十年更成了古代。我們如果要了解命運如何影響到任何一代的人類，就必須先想像他們所處的位置，然後應用我們自己生命的時間標尺進行丈量。因此當編年史家抽掉一個紀元中顯著的特徵之後，逐日在變遷中度過的那些人就很難察覺所有出現的變遷。我們透過研究這樣模糊的望遠鏡，隔著差不多兩千年的鴻溝，凝視著這些場景。我們無法懷疑基督紀元二世紀與三世紀若干時間，與前面已逝的所有世紀及隨後而來的世紀對比，可以算是不列顛的黃金時代。到了四世紀初，陰影已經籠罩住這並不完美但尚可容忍的社會，安全感以穩定、持久的步伐離開了羅馬統治下的不列顛。它的公民由日常經驗中感受到他們參與其中並成為夥伴行省（partner province）的這個世界性體系正在衰亡。他們進入了一個充滿恐懼的時期。

考古學家的鏟子——矯正與擴大了史家的研究，加上發掘物、遺跡、石頭、銘文、錢幣、骨骸、空照攝影新產物等等的發現與檢查，都正在敘說無人可以置疑的故事。雖然沒有人推翻十九世紀的主要印象，但現代知識已經變得更加真實、精確與深奧。特別是自從第一次世界大戰以來，維多利亞時代的作家對於各種運動、事件與編年史所強調的部分都已經有所更動。他們的戲劇有所修改或推翻。許多紮實的刻度與明晰的改進正井然有序地被引進來。我們雖然邁著小步子前進，但是立足點較穩。作家辛勞一生之後寫出被認為是蓋棺之作的名著，現在卻被認為已經陳腐老舊；而源自於新立場的結論，其數目遠不如源自於新發現的。然而粗枝大葉的故事，因為是建立在極為單純的基礎上，仍然站得住腳。

自三世紀末開始，在不列顛的羅馬文明以及對此結構的挑戰都到達了巔峰，此時蠻族開始由歐洲與西邊的荒涼島嶼入侵。如今我

們稱作愛爾蘭人（the Irish）的蘇格蘭人與來自蘇格蘭的皮克特人（the Picts）開始逼近哈德良長城，以日益增大的規模從海上進襲它的西邊側翼。同時，撒克遜人乘長船渡北海而來，在紐塞（Newcastle）至多佛的東岸沿途布置重兵。從這個時候開始，不列顛的農村居民們便生活在海上突襲的殘忍與血腥威脅下，與現代國家遭受空襲的情形別無二致。近年來發掘到許多證據，都指向同樣的結論。以羅馬所佔領的偉業為基礎之不列顛別墅生活，目前陷入了險境，我們看到恐懼的徵兆散布全國，東、南海岸的要塞，和以要塞為基地的平底長船艦隊，顯然都採取了新的預防措施。倫敦的城牆上都設置了稜堡，所用的石頭都取自因城鎮人口日漸稀少而不需要的住宅。城鎮各處寬闊的羅馬式城門，都以石造工程將它們縮小一半，這是時代日益不安定的永遠證據。現今在全國各地都找到了儲藏的貨幣，其中任何貨幣的年代都幾乎不會晚於四○○年。這個肥沃、平和、有秩序的世界，因為持續不停的危險而充滿恐懼。

　　就像其他衰敗的制度一樣，羅馬帝國在它的活力被削弱之後，還能繼續發揮功能達數代之久。差不多有一百年的時間，我們這個島嶼所呈現的景象是：一個垂垂待斃的文明與生氣勃勃但挨餓的蠻族部落之間的互鬥。哈德良長城的衛戍部隊一直到三○○年都能夠擋住北方的野蠻人，但是此後卻必須增添新的前哨。「北方邊界的公爵」（Duke of the Northern Marches）身邊，必須站著「撒克遜海岸的伯爵」（Count of the Saxon Shore），整個東南海岸，由瓦許到南安普敦河一帶，費力建造了一串大型堡壘，目前計有八座已經被調查過，其中的主堡壘是里奇堡（Richborough），第一次世界大戰的那一代都知道它是一個非常重要的港口，用來供應在法蘭西之部隊的補給。

　　關於建立這些據點的戰略概念，有某些爭論存在。設法由這八個據點保護四百英里長的海岸線，這個方式遭到許多輕視與非難。但顯然這些苛責評價都不太公正，海岸的這一列新堡壘一定有任何價值或理由，才能做為不列顛－羅馬艦隊的基地。

　　自一世紀起，便始終維持著一個像「不列顛艦隊群」（the Classis Britannica）這樣的艦隊，有海軍標誌的磚瓦顯示這艦隊在多佛與來姆尼（Lympne）都設有永久的根據地。但是當時整個海岸都爲了防禦外海而組織起來，而且這些措施長期間下來都證明相當有效。維吉提烏斯（Vegetius）在四世紀著述，論及戰爭的藝術；他提到不列顛艦隊的一種輕型平底長船，這些船隻的船身、船帆、水手制服，甚至船員的臉，都塗成海藍色，讓別人看不到他們；維吉提烏斯告訴我們，依照海軍術語，他們被稱作「漆色的船」（the Painted Ones）。當羅馬帝國與不列顛的海上武力漸漸地比不上侵襲者時，堡壘便愈建愈高，而用途卻愈來愈少。用槳操作的平底長船由相隔五十至一百英里基地進行巡弋的小型艦隊防禦，無法成年累月地與侵襲者的進攻互爭短長。即使一個公海艦隊（High Sea Fleet）能夠在現今所謂荷蘭、日耳曼、丹麥這些海岸線上守衛海疆長達數個月之久，雖然嚇阻力夠強，但在無風無浪的天氣要應付那些划槳的小船，艦隊的速度還是嫌慢。

　　羅馬統治下的不列顛人是羅馬帝國中活潑而又膽大的成員，他們採取一種排他的看法，但同時也希望自己能夠在這遊戲中插上一手。隨著時光流逝，羅馬在不列顛的衛戍部隊穩定地變成比較像是不列顛的；而到了三世紀末，它已經呈現出很強烈的民族性格。在以公民與羅馬人之名爲榮，以及無意獨立的同時，不列顛的行省與軍隊也都對帝國政府採取較爲批判的態度，而不理會不列顛的民意，或犧牲不列顛利益的羅馬皇帝，往往成爲被憎恨的目標，其程度超過所有原來會被指控忽略行省防禦的那些人。一連串的叛變加深了日益增長的危險，沒有人會認爲在切斯特、約克或烏斯克河上喀里安羅馬軍事中心的那些人，只不過由於得不到地方輿論的有力支持，就會放棄對帝國王權的要求。這些都不僅是士卒心生不滿的叛變而已，他們大膽地想以只有數千之眾的羅馬兵團控制羅馬帝國，這表達了他們生活在這個社會裡的氣氛、情緒與野心。他們爲了至高無上的舞台而離開了地方場景，看來好像都是想放棄行省而

往都城去的玩家，而不幸地，他們在各個階段都迅速地帶走了小型
軍隊中的重要分子。

　　　　　＊　　　　　＊　　　　　＊　　　　　＊　　　　　＊

　　羅馬皇帝戴克里先（Diocletian）主要因為對早期基督徒的迫
害而名載史冊，但是他為了恢復古代世界的邊疆而成就的大業卻被
忽視。他的政策是建立一個混合的皇儲制（Caesarship），成員有
兩位皇帝與兩位皇儲（Caesar），並由他擔任四個人之中的老大。
在適當的時刻，皇帝會退位而有利於皇儲接任，新皇帝則由皇儲之
中指定，如此一來便可保持一脈相承。同一任皇帝馬克西米安
（co-Emperor Maximian）於二八五年奉派前往高盧，並且負責
大不列顛事務。他對撒克遜海盜的侵襲深為關切，所以加強了英吉
利海峽的艦隊武力，並將比利時的海軍軍官卡拉西烏斯
（Carausius）派來此地負責指揮。卡拉西烏斯生性強悍、行事果
決、雄心勃勃、毫不猶豫，他在布倫的基地誘使侵襲者前來搶劫，
然後當他們滿載劫物時，他即率領羅馬統治下不列顛小艦隊撲向他
們，擄獲侵襲者，並且毫不留情地予以殲滅。不過卡拉西烏斯的成
功並沒有讓不列顛社會感到滿意，他們指控卡拉西烏斯與被消滅者
結盟。卡拉西烏斯解釋這是他的全盤埋伏之計，但是他自己窩藏所
有的戰利品，這事對他則大大不利。之後馬克西米安想將他處決，
但是卡拉西烏斯卻在不列顛登陸，自稱皇帝，而且還得到這個島嶼
上衛戍部隊的幫助，在海戰中擊敗了馬克西米安。在這件事情上，
與頑固的叛軍講和被認為是權宜之計，而卡拉西烏斯在二八七年得
到默認，成了統率不列顛與北高盧的奧古斯都（the Augusti）。
　　這位冒險家掌握著海上霸權，在這座島嶼上統治了六年之久。
他似乎為島嶼的利益效力，成績尚可稱許，不過，羅馬皇帝戴克里
先與他的同僚在等待時機，終於在二九三年拋掉了所有的虛情假
意。一位新的皇儲——君士坦丁烏斯·克羅爾厄斯——包圍並且攻
下卡拉西烏斯在歐洲大陸的主要基地土倫，不久後卡拉西烏斯則被
手下的一位軍官刺殺。這位新的競爭者設法取代卡拉西烏斯而稱

帝，但是他並沒有得到不列顛全民的支持，整個國家因此陷入了混亂。皮克特人迅速抓住他們的機會，攻破了長城，火海與劍山使北方地區淪爲焦土。克羅爾厄斯順勢扮演解救者，越過了英吉利海峽，而他的同僚帶著部分軍力，在樸茨茅斯（Portsmouth）登陸；他本人則揚帆溯泰晤士河而上，在倫敦受到人們的感激與順服。克羅爾厄斯恢復了秩序。一九二二年在阿拉斯（Arras）發現的一枚金質獎章，透露出克羅爾厄斯曾經率領艦隊前往泰晤士河，他擊退了北方的入侵者，並且著手恢復、改進整個防禦系統。

＊　　　＊　　　＊　　　＊　　　＊

　　羅馬統治下的不列顛人持續不斷地奮力擊退入侵者，有兩三代人都曾見到平底長船的小艦隊從事反擊，以及羅馬軍團與不列顛輔助部隊急行軍一同前往對付各種襲擊或入侵。但是，儘管這種損耗的過程歷時許多年，悲慘情況卻與日俱增，我們必須承認三六七年的環境相當可怕。在那個要命的一年，皮克特人、蘇格蘭人與撒克遜人似乎聯手作亂，全部撲向不列顛。而羅馬帝國的部隊奮勇抵抗，「北方邊界的公爵」與「撒克遜海岸的伯爵」都在戰役中陣亡，防禦的裂縫大開，成群的兇狠之徒湧入莊園與農家的美好世界，每個地方都被他們一掃而空。廢墟敘說著這個故事，而現在置於大英博物館展覽的、華麗的密爾登荷（Mildenhall）銀製餐具，被認爲是當時侵襲者洗劫別墅時，由它們的擁有者埋在土裡的。不過顯然這些別墅居民們的命不夠長，未能在有生之年再將銀器挖出來。大災難之後不列顛的別墅生活雖然有所恢復，但是已經疲弱無力；城鎮已經沒落，但人們至少能在其中避難，因爲還有城牆。

　　一頁頁的歷史透露出羅馬帝國政府爲了保護不列顛而一再努力。儘管叛亂迭起，人民無感恩之心，但軍官與部隊仍一再奉派前往恢復秩序或驅逐蠻族。在三六七年的一連串災難之後，羅馬皇帝瓦倫提尼安（Valentinian）終於派了一位將領狄奧多西烏斯（Theodosius）率領相當多的兵力去不列顛救援。狄奧多西烏斯達成了任務，我們現今在海岸堡壘工事上再度發現進一步加強重建

的痕跡。然而沒有受到一連串危險的教訓，不列顛的駐軍與居民於三八三年居然心甘情願地向一位西班牙人麥格斯·馬克西默斯（Magus Maximus）投降，馬克西默斯本來坐鎮在不列顛，至此便自立爲帝。馬克西默斯將所能找到的部隊集中在一起，同時帶走了長城與堡壘上原來已經稀少的防衛者，匆匆前往高盧，在巴黎附近打敗了羅馬皇帝格拉喜安（Gratian）。格拉喜安在里昂（Lyons）被馬克西默斯的部隊所殺，馬克西默斯因而成爲高盧、西班牙與不列顛的主人。馬克西默斯努力捍衛他對於這些大領地的統治權長達五年之久，但是繼格拉喜安之後登上帝位的狄奧西烏斯最終還是擊敗他，並且將他殺了。

　　同時，長城再度被攻破，不列顛對來自北方與海上的侵襲者門戶大開。又過了七年，狄奧西烏斯才派遣他的將領——羅馬化了的蠻人斯提利科（Stilicho）——前往這個島嶼。這位偉大的軍人驅走了入侵者，並且修理防禦工事。宮廷詩人克勞狄安（Claudian）以得意的詞句描述四〇〇年斯提利科自撒克遜、皮克特、蘇格蘭等攻擊者手中解救不列顛的事。在慶祝首次擔任執政官（consulship）時，斯提利科說不列顛人因爲獲救，免於敵人侵略所帶來的恐懼，而對他深表感激。不過這種情緒不久後便消退了。

　　四〇〇年，阿拉里克（Alaric）[1] 與西哥德人（Visigoths）也入侵義大利，斯提利科因此立刻返回羅馬，並擔任總指揮，而且被迫召回一部分的不列顛駐軍來防禦羅馬帝國的心臟地帶。四〇二年，斯提利科在波連西亞（Pollentia）一戰中打敗了阿拉里克，將後者逐出義大利。但這件任務才剛完成，拉達蓋伊色斯（Radagaisus）率領的蠻族又朝他襲來，一直要到四〇五年，斯提利科才完全消滅第二股龐大的人馬。等到史維韋人（Suevi）、汪達爾人（Vandals）、阿瓦爾人（Avars）與勃艮第人（Bungundians）的聯軍衝破萊茵河前哨，蹂躪北高盧之後，義大利便幾無寧日。斯提利科準備對這場殺戮迎頭痛擊，但不列顛的部隊此時卻抱怨不列顛行省遭到忽視而叛變了。部隊裡的人另立馬爾康斯（Marcus）

為敵對的皇帝，在馬爾康斯不久被殺之後，又改立不列顛人格拉提亞努斯（Gtatianus）為皇帝，但四個月後格氏又遭刺殺，士兵再選出頂著君士坦丁大名的不列顛人為帝。不過君士坦丁並沒有保護這個島嶼，反而發現他自己被迫在歐洲大陸保住他篡奪的頭銜，他調光了不列顛的部隊，並且像麥格斯‧馬克西默斯做過的那樣，出發前往布倫試試他的運氣。君士坦丁在這個最高的舞台待了三年，成功的事大小不一，他與斯提利科相爭，終於像他的前任馬克西默斯一樣，被俘虜而遭到處決，而陪他出征的部隊，最後也沒有人返回不列顛。因此在這些生死攸關的年代中，這座島嶼比較文明的部分，被原先的防禦者所剝奪，為的是幫助羅馬帝國，與打擊這個帝國。

到了五世紀初，所有軍團都已經去從事各種差事，而無助的羅馬皇帝霍諾里烏斯（Honorius）瘋狂似地發出求救訊號，於四一○年送出他對英格蘭的告別辭：「所有的行政區都應當採取防衛自己的措施。」

*　　　　*　　　　*　　　　*　　　　*

羅馬撤走了它的保護之後，我們頭一次注意到不列顛人的活動，是四二九年聖杰曼厄斯（St. Germanus）的來訪。這位主教來自奧沙（Auxerre），此行的目的是要根除貝拉基主義的異端邪說（the Pelagian heresy）[2]，儘管在我們這一個基督教島嶼上，其他先行進駐的宗教早已獲得發展。這種教義過度強調自由意志，並且對「原罪」做出必然的中傷，它因此勢必剝奪人在出生之際便已經接受遺傳了的本質部分。這位奧沙主教與另一位也身為主教的同僚抵達了聖奧班斯，我們確知他們馬上使懷疑者信服，並且消除了他們輕率傾聽的邪惡想法。聖杰曼厄斯看到的是怎樣的不列顛呢？他在言談中視它為富有的土地。富有寶藏、牛羊成群、食物豐足，民政制度與宗教制度都發揮功能；這個國家很富裕，但是陷入戰爭之中。一支由北方或東方入侵的軍隊正在迫近，據說是撒克遜人、皮克特人、蘇格蘭人的烏合之眾邪惡結盟所組成的軍隊。

聖杰曼厄斯在盛年時是一位聲名卓著的將領，他開始組織地方武力，勘察周圍地區，他注意到在敵人進攻的路線上有個高丘環抱的山谷，他擔任指揮，設下埋伏，等候兇猛的異教徒人馬中計。敵人在隘路上纏在一堆，「這位教士對著敵人大喊了三聲哈利路亞……，接下來是一聲大吼，封閉的山谷中有巨大的回聲，敵人都恐懼莫名，以爲是山石崩落，天就快塌下來了。他們嚇得喪魂落魄，跑得比任何時候都快，潰不成軍，拋下了武器，高興能夠空手逃脫。他們惶然，許多人都被河流所吞沒，儘管他們前進時曾經有條不紊地渡過這條河。回頭來看，這支天眞的軍隊親眼見到他們不費吹灰之力便獲得勝利，因此相信這是上帝爲他們報仇。丟棄的戰利品都撿起來收好了。不列顛人兵不血刃便擊潰敵人，而且高奏凱歌。這場勝利是用信念，而不是用武力贏來的……，而這位主教處理了那個富裕島嶼的事務，克服了他們宗教的與肉身的敵人——也就是，貝拉基主義的信徒與撒克遜人——之後便回到奧沙去了。」[3]

又過了十二年，一位高盧的編年史家在四四一年或四四二年記下此一憂鬱的札記：「這時爲各種天災人禍所苦的不列顛人，正落入撒克遜人的掌控之中。」發生了什麼事呢？是比第四世紀的劫掠更爲嚴重的事。由北日耳曼而來的大遷移已經開始，之後不列顛就漸漸被黑暗包圍住了。

在這團黑暗的上方，我們有四扇窗子可供檢視，雖然因爲它們各自有朦朧或彩色的玻璃，而使得我們的視野看起來更爲模糊。首先，我們有吉爾達所撰的短文，這短文是在五四五年左右撰寫的，因此時間大約是在不列顛與歐洲大陸之間帷幕垂下的百年之後。差不多兩百年之後，令人尊敬的貝德（the Venerable Bede）——他的論文是英格蘭教會（English Church）的歷史——吐露了題目之外的，一些有關居留地本身的零星資訊。此外，有部名爲《不列顛史》（Historia Britonum）的匯編作品包含比貝德還要早的文獻。最後，在九世紀，而且非常可能在阿爾弗烈德大王的指導下，

保存在不同寺院的各種紀錄集中在一起而成了《盎格魯撒克遜編年史》（the Anglo-Saxon Chronicle）。以上四種資料彼此驗證，並且也藉著用考古學家提供我們接受的各種確定性來驗證，我們就有了以下的圖像。

　　這位統治不列顛的首領引用羅馬時代的慣例，四五〇年由海外設法帶來一夥佣兵以壯大自己的聲勢。但事實證明這是一場陷阱：此路一通，一批批新來的，艦艇上的人便越河而上，從恆伯河（Humber）遠到樸茨茅斯一帶。但是不列顛人頑強抵抗，入侵者因而離開海岸；後來更在巴東峰（Mount Baden）一仗大勝，使得入侵者不敢越雷池一步，時間長達差不多五十年之久。如果我們現在畫一個扇型 V 字，一邊從切斯特到南安普敦，另一邊再從南安普敦到恆伯河，我們可以發現數量龐大的薩克遜異教徒留在那裡，地名的字尾是ing或ings的都集中在第二條線的東部，這都是他們早期移居到此的證據。我們由此知道英格蘭在五〇〇年左右的情況，而這片扇型土地中間的部分至今尚有爭議，西部的部分仍然是不列顛人的。

　　到目前為止，這個故事在時間與地點上都被證實確有其事。吉爾達年輕時可能自老人口中聽過佣兵的故事；而且也沒有任何理由非得懷疑第九世紀編纂者蘭尼烏斯（Nennius）以及貝德的敘述不可，他們都同意那位被騙的首領，邀請這些要命的敵人助陣，他的名字是沃提根（Vortigern）。北方故事中時常提到一個名叫亨吉斯特（Hengist）的人，很像中古時代的佣兵，只要任何人給他土地來支持他的部下，他就會用他的劍與船為那個人賣命；他得到的土地正是之後的肯特王國。

　　吉爾達有個故事，說的就是這個悲劇。

　　他們（不列顛人）剛返回他們的土地，大批邪惡的皮克特人與蘇格蘭人便立刻從他們的輕舟登陸。……這兩個民族在行事方式上有些不同，但他們都嗜血好殺，習慣以頭髮蓋住鬼祟的面孔，不以

布掩住身體那些部分，這些習慣卻全然一致。他們奪取這個國家的北疆與外圍部分，遠及長城。長城上站的是膽怯而不好戰的衛戍部隊。不幸的百姓被他們裸身的敵人用有鉤的武器從城牆上拖下來摔死。我還要添加些什麼呢？百姓都放棄了巍巍長城與他們的城鎮，比以前任何時候都更加倉皇地逃命。敵人再度追逐他們，其屠殺較以往更為殘酷。我們令人悲憐的百姓，就像是屠夫刀下的羔羊，被敵人開膛破肚。敵人的行徑或許能與野獸相比，因為他們為了少許食物便以搶劫維生。因此除了本土的宿仇，還添上外來的災禍。災難頻頻，整個國家除了狩獵獲得的食物之外並沒有儲糧。

可憐的劫後慘況，只好再向有權勢的羅馬艾提烏斯（Aetius）上書——「茲向三任執政官艾提烏斯奉上不列顛人的哀吟。蠻族將我們驅逐到海裡，海將我們驅逐到蠻族手中：身處二種死法之間，我們被人屠宰或淹斃。」但是他們的求助並沒有下文。同時恐怖的饑饉逼得許多人向他們的敵人投降。……但是另外有些人絕不投降，繼續由山中、洞穴、隘口與濃密矮樹叢中突擊。然後，在首次不相信人而相信上帝的狀況下，他們終於屠殺多年來一直劫掠他們國家的敵人。……有一陣子我們遏止了敵人的膽大妄為，但卻沒有遏止我們同胞的邪惡。敵人離開了我們的百姓，但我們的百姓並沒有離開他們的罪。

蘭尼烏斯也告訴我們吉爾達所省略的部分——那位在巴東峰有著最佳運氣的不列顛戰士姓名，那個名字帶我們走出朦朧記憶的歷史迷霧，進入演義小說（romance）的光芒之中。亞瑟王與圓桌武士的傳說隱約浮現出來，雖然並不是很確定，迷迷朦朦，但也閃閃發光。在這個島嶼的某個地方有位偉大的首領聚集了羅馬統治下的不列顛武力，與入侵的蠻族作殊死戰。在他的姓名與功績四周閃耀著演義小說與詩歌能夠賦予的一切光采。在現今無法追溯的場地，與除了知道對方是異教徒之外便毫無所悉的敵人對壘的十二次戰役，全由蘭尼烏斯一絲不苟地用拉丁文敘述出來。其他的權威人士

說：「根本沒有亞瑟這個人，至少沒有關於亞瑟的任何證據。」僅僅在六百年後，蒙默思的傑佛瑞（Geoffery of Monmouth）讚美封建制度與尚武貴族的壯麗景像時，騎兵、榮譽、基督教信仰、披甲騎士與令人陶醉的貴婦才被安置在勝利照耀的輝煌光環中。這些故事後來由馬洛禮（Malory）[4]、斯賓塞（Spenser）[5]與丁尼生（Tennyson）[6]等人發揮才華予以重述及美化。姑且不論真假，它都已經長駐人心。真是難以相信，它竟然是一位威爾斯作家的創作，如果真是如此，他一定是位不凡的發明家。

現代的研究並未接受亞瑟根本不存在的說法。消息最靈通的晚近作家，都靦腆卻又堅決地聲稱亞瑟確有其人，他們無法確切地指出他活在這個黑暗時期的什麼時候，或他曾在什麼地方執掌兵符從事征戰。不過，他們隨時都準備相信昔日有位偉大的不列顛戰士，這位戰士使得文明之光在狂風暴雨的侵襲下長明不滅，他的劍在那裡護衛著忠實的追隨者，這些都使人永誌不忘。克爾特部落的四個團體，都住在不列顛丘陵墾地，他們全對亞瑟傳奇引以為樂，紛紛聲稱他們自己的區域才是亞瑟功績的所在地。由康瓦耳（Cornwall）至昆布蘭（Cumberland）都有人在搜尋亞瑟的國土或領域。

現代對此事件的說法很含蓄，有時甚至是含蓄過頭了，為了避免相互矛盾，作家幾乎將所有的判斷力與重要性全都拋到一邊去了。這種景象有個範本足以提供說明：

大概在南威爾斯（South Wales）有過一位微不足道的部落首領亞瑟，此事千真萬確。他或許可能擁有若干軍事指揮權，聯合塞爾特人，再不然聯合高地地區或其中部分的武力，抵抗襲擊者與入侵者（他們不一定全都是條頓民族）。他也可能參與全部或某些歸功於他的戰役；不過另一方面，這種歸功或許是後人所為。

在如此辛苦地獲取資訊之後，關於傳奇的真實性還是沒有顯示

太多。不過，為亞瑟的故事建立事實構成的基礎，這種服務應該得到尊敬。因此，我們寧可相信傑佛瑞讓十二世紀喜愛談論虛構小說的歐洲人感到快樂的故事，並非全是妄言妄語。[7]如果我們能夠確切地看到發生了什麼事，那就是一個基礎穩固、充滿靈感、像人類遺產《奧德塞》（Odyssey）或《舊約》（the Old Testament）一樣不可剝奪的作品。它全然是真的，或者應當是真的；除此之外，還應該是更豐富也更美好。不論人們正在什麼地方為了自由、法律與榮譽而與野蠻行徑、暴政及殺戮奮戰，都應該要記住：只要這個世界仍舊運行不息，即使他們自己已經被消滅，他們的事蹟仍能名垂千古。那麼，就讓我們宣布亞瑟王與他高貴的武士們，憑著勇氣、體力、良駒與鐵甲，守護著基督教的聖火，殺掉無數成群的邪惡蠻族，並且為安分守己的百姓樹立了千秋萬世的典範。

有人告訴我們亞瑟是一位「傑出的地方將領」（Dax Bellorum）。其實我們更應該認可他是一位總司令——不列顛的一位新伯爵，就像五十年前不列顛人向艾提烏斯懇求派遣部隊一樣，這種稱呼是再合乎常情與必然也不過了。亞瑟一度被認為是機動野戰軍的指揮，由這個國家的某地前往另一地，在各地區團結地方武力。而關於他戰鬥場景的爭論，其本身就解釋了一切。而且，四世紀也能夠見證騎兵在戰場上的重要地位，畢竟步兵團的全盛時期已經消逝了一段時間，而軍團的日子更是一去不返。撒克遜的入侵者都是步兵，持劍與矛作戰，幾乎沒有盔甲蔽身，面對這樣的敵人，一小群普通的羅馬騎兵便很可能打遍天下無敵手了。所以如果像亞瑟這樣的首領，集合一隊身穿披甲的騎兵出征，便能自由馳騁不列顛各地，率領地方抵抗入侵者並且一再獲勝。關於亞瑟的記憶，帶著解放者有一天定會歸來的希望，而這個傳奇活在時代日增的苦難上。亞瑟曾經被描寫成最後的羅馬人，他了解羅馬人的觀念，並且實踐這些觀念來幫助不列顛的人民。柯林烏教授說：「羅馬的流風遺緒以許多形式傳下去；但是亞瑟是創造那種流風遺緒的最後一位。而羅馬統治下的不列顛故事，隨著他而宣告結束。」

蘭尼烏斯說：「亞瑟的第十二次大戰是在巴東峰進行，一天之內便有九百六十人死於亞瑟的劍下，除了他，沒人能將他們擺平。亞瑟在所有這些戰役中都是勝利者。但是在所有這些戰役中被打敗的人都向日耳曼求助，人數有增無減並且沒有間斷。」

所有確定巴東峰戰場的努力都沒有成功。上百次學術性的調查並沒有得到任何結果；但假設是在這個有爭議的地點打這一仗，目的在阻止東邊的進攻，那麼最有資格冠上戰役名稱的地點應該是利丁屯營地（Liddington Camp），這個地點位於斯文敦（Swindon）附近，俯覽巴德伯里（Badbury）。另一方面，我們可以確定這次戰役的日期，準確性也相當高。吉爾達提到這個戰役發生在他從事著述之日起的四十三年又一個月之後，還說那天是他的生日，所以他記得很清楚。現在我們由吉爾達的書中知道，北威爾斯（North Wales）的國王梅爾溫（Maelgwyn）於吉爾達著述時仍然在世；而坎布內亞（Cambria）的編年史告訴我們，梅爾溫死於五四七年的瘟疫。所以吉爾達是在這一年的年尾時著述，而四十三年前的巴東峰一役是在五〇三年打的。我們也交互檢查愛爾蘭的編年史，其中記述吉爾達於五六九年或五七〇年去世，所以他的生日因此不可能在四九〇年之前。因此，這次戰役的日期似乎可以確定在四九〇年與五〇三年之間。

*　　　*　　　*　　　*　　　*

有個更廣泛的問題引起強烈的爭議。入侵者是否消滅了原住民，或者是在某種程度上和後者混合在一起？在此有必要區分一下搜尋搶劫物的兇猛時代與屯墾定居時代。吉爾達提到的是前者，他所描述的場面是三個世紀以後丹麥人又再度入侵。但是對於屯墾定居者而言，那樣的襲擊只不過是生活中的偶發事件，而生活主要是專心開墾土地；在那種全神貫注的生活中，勞力與土地都同樣重要。地名的證據暗示著在薩西克斯郡（Sussex），被消滅是一種通則。再往西去，就有許多證據可茲想像有大量不列顛人存活下來的情況，而六九四年最古老的西撒克遜（West Saxon）法典為各種

等級「威爾斯人」的權利立下仔細的規定——「威爾斯人」包括相當多的地主以及「騎馬執行國王任務的威爾斯人」——事實上就是知道古代馳道的當地傳令官。甚至在並沒有因為私利而將原住民村民留下來當作撒克遜農場勞工的地方，我們都可能懷著希望——某個地方少女求憐的喊叫、落難佳人的吸引力、入侵者的肉欲需求，會在勝利者與被征服者之間創造某種聯繫。如此一來生命就可以延續下去，使人臣服的嚴苛行為會隨著一代代的過去而褪色。廣大地區上整個民族遭到滅絕一事畢竟令人厭惡，即使缺少憐憫之心，至少也應該傾聽一下實際的益處或是性欲方面的自然誘惑。因此認真的作家都堅決主張，對於不列顛社會大多數的人而言，盎格魯—撒克遜人進行的征服對不列顛社會的影響主要是統治者的更換。富人被殺，勇敢而有自尊心的人很多都撤退到西方的崇山峻嶺，而許多其他的人則成群結隊地逃往不列塔尼——他們相隔久遠的後代某天會從這裡返回不列顛。

　　此外，撒克遜人是河谷定居者。他們對於經濟財物的觀念是溪邊附近有用來做為飼料乾草的草原，可以耕種的下坡，可做為牧地的上坡。但是在很多地方，這些低地必定經過了很長的時間才能讓人們清理與輸水，而在這工作進行之際，他們除了丘陵上不列顛農場的作物之外，還靠什麼維生呢？看來他們應該會讓原住民像農奴般在他們熟悉的田地裡幹活，直到山谷準備妥當可供播種為止，這是比較合乎常情的假設，然後舊的不列顛農莊就會漸漸瀰漫荒煙蔓草，全部人口會群聚在溪泉旁的鄉村。但是在山谷緊密群居者的語言，比起散居房舍之丘陵墾殖者的語言要來得占優勢，現代英格蘭地名的研究，已經指出山丘、樹林、溪流的名稱時常都源出於塞爾特人，甚至在帶著盎格魯—撒克遜村名的地方也是如此。依此情形看來，即使不用假定有任何大規模的滅族行為，在我們知道有不列顛人存活下去的地區，不列顛語言的消失也都可以找到解釋：他們必須學習他們主人的語言。於是發生了拉丁語與不列顛語都向新來語言完全稱臣的情形，以致於在最早的紀錄中找不到這兩種語言中

任何一種的痕跡。

在這個島嶼上並沒有作法普遍一致的現象。有很好的理由認爲在肯特的新來者傍著舊居民而定居，他們採用了後者的姓氏康堤亞西（Contiaci）。在諾森布里亞（Northumbria），有塞爾特法律很明顯的蹤跡。在漢茲（Hants）與威茲（Wilts），一大堆不列顚名字，由利斯（Liss）至多佛芮爾（Doverill），似乎要顯示原住民仍在高原上耕種他們的田地，而同時撒克遜人則在清理山谷。那裡並沒有種族的界限。在身體外貌上，這兩個民族彼此相像；大量的不列顚分子極可能已經在許多地區混合了撒克遜的血統。

入侵者本身並非不想安全地定居下來。他們承受的嚴格法律與嚴苛生活，都不過是他們身後巨大壓力所造成的結果，因爲大批貪婪的人類正從中亞向西散布。劫掠了六個月後歸來的戰士都想伸展四肢，躺下來懶洋洋地休息。顯然他們並不是沒有意識到逐漸進逼的刺激，首領與長老都在問哪裡才能找到安全？五世紀，來自東方的壓力愈來愈大，每年的突擊隊帶著劫掠物與有關財富的故事從不列顚歸來，統治者的心中便產生一種不易得到這個島嶼的困難感，後來還加上一種由堅定、勇武民族進行佔領所帶來的安全感。此時，或許人類可以在這個驚濤拍岸的島嶼上定居下來，享受生活中的美好事物，而沒有被更強的人屈服的那種驅之不去的恐懼，也沒有歐洲大陸上每天都因軍事和部落衝突所造成的巨大犧牲。對這些持刀劍的野蠻人而言，不列顚似乎是個避難所，而隨著入侵者的腳步，定居的大計與制度都穩定產生了。因此，把絕望拋在腦後，將希望置於眼前，移民到不列顚與居住在那裡的情形便年復一年地增加。

＊　　　　＊　　　　＊　　　　＊　　　　＊

在日耳曼民族的所有部落中，撒克遜人最爲殘忍。他們的名字散布在北方整個部落同盟當中，被認爲是源自一種手持短劍（seax）的武器。雖然傳說與可敬的貝德都認爲是盎格魯人、朱特人與撒克遜人共同征服不列顚的，雖然不同的定居地都有部落的特

性，但是撒克遜人在從什列斯威-霍爾斯坦（Schleswig-Holstein）全體移居之前，實際上大概已經將另外二族兼併了。

我們童年時代的歷史書試圖大膽地指出所有大事的確切日期。四四九年亨吉斯特與賀沙（Horsa）應沃根的邀請，在肯特先前居民的屍骨上建立朱特人的王國。四七七年埃拉（Ella）與他的三個兒子抵達此地，繼續入侵。四九五年瑟第克（Cerdic）與辛里克（Cynric）現身此地。五〇一年海盜波特（Port）建立了樸茨茅斯。五一四年輪到西撒克遜人施塔夫（Staf）與惠特加（Whitgar）襲擊這裡，嚇得不列顛人東奔西逃。五四四年惠特加被殺。五四七年，諾森布蘭（Northumberland）王國的建立者艾達（Ida）來了。關於這些日期，只能說就廣義而言它們均與事實相符；還有就是一波一波的入侵者，他們身後帶來的定居者，都在我們不幸的海岸登陸。

其他的權威人士另有看法。格林（J. R. Green）[8]告訴我們：

> 鄉村家園內大部分人都是這個王國的自由民或最下層的自由民（ceorls）；但是在這些家園中的大戶都是世家子弟（eorls），或因為高貴血統而在同儕中地位顯赫的人；他們由於世襲而受人尊敬，戰時便由他們之中挑選鄉村的領袖，平時則由其中挑選統治者。但是這種挑選純屬自願，具有高貴血統的人在同儕中並未享有法律上的特權。[9]

如果情形果真如此，我們可能早已實現「透過最佳人選的領導，而將我們全體結合在一起」的民主理想。毫無疑問，在日耳曼國家的部落概念中存在著許多在現今會被讚賞的原則，而這些原則構成了英語民族已經獻給這世界的訊息當中可以辨認的部分。但是羅馬統治下不列顛的征服者不但沒有實踐這些理想，反而引進了一個基本上污穢而又惡毒的社會體系。入侵者帶給不列顛所有日耳曼部落共同遵守的原則，也就是使用金權（money power）來規範

人的所有法律關係。如果說有任何平等，那是各個社會階層當中成員之間的平等；如果說有自由，主要是富人的自由；如果說有權利，主要就是財產權。沒有什麼罪行是不能用錢化解的。除了不奉召參加遠征，偷竊的犯行最令人感到髮指。

精密的價目表用先令爲單位，來指定每個人的「身價」（wergild）。一位王子（atheling）或君主值一千五百先令，一先令相當於肯特地區一條母牛的價值，或其他地方一隻綿羊的價值；一位世家子弟或貴人值三百先令；一位現在已降到農夫階級的最下層自由民，也就是自耕農，值一百先令；一位農奴值四十至八十先令；而一名奴隸則一文不值。所有這些法律在邏輯與數學上都走向極端。如果一位最下層自由民殺害了一位世家子弟，他得付多達三倍的賠償金，彷彿世家子弟反而成了謀財害命的人。這些法律對所有家庭都適用。一位被殺者的生命可以用金錢和解，有錢則百事可爲，沒錢則只有遭報應或喪失自由的分。不過，價值一千五百先令的王子，在某些狀況下也損失較重。對於誹謗的懲罰是割掉舌頭。如果一位貴族犯了此罪，其舌頭的價值是世家子弟的五倍，是普通農奴的十五倍，而他只能依此條件將舌頭贖回。因此，地位卑下的人亂說話，付的錢就比較少。就像阿爾佛烈德很久以後所說的，身價至少比血海深仇要來得好。

日耳曼制度的基礎是血統與家族。家庭是單位，部落才是整體。我們在這些移民者身上所見證到的大轉變，是他們放棄做爲社會主體的血統與家世，而以地方社會與基於持有土地的領主身分（lordship）來加以取代。此一改變像人們學到的許多教訓一樣，是出自戰爭的嚴格需求。爲了活命與爭取立足之地，與像自己一樣受到嚴重壓力的人拼鬥，各個擔任開拓工作的隊伍都不可避免地落到最勇敢、最有威儀、最幸運的戰爭領袖手裡。這不再只是幾個月、或者最多長達一年的劫掠而已。現在要做的是建立居留地，要重新徵收新的土地予以耕種，它們可爲之後的耕種提供嶄新的沃土。這一切都必須加以防守，而除了曾經戰勝過這塊土地原先擁有者的大

膽部落酋長之外，還有誰能夠擔當防守的重任呢？

　　因此，在英格蘭的居留區要更改已經引進的日耳曼民族生活結構。武裝的農民兼殖民者發現由於持續軍事行動的壓力，他們自己被迫接受更強大的國家威權。他們在日耳曼的時候並沒有國王，在不列顛則由領袖之中發展出國王，而這些領袖都聲稱是古代神祇的子孫。國王地位的重要性持續增加，他的支持者與同儕漸漸地形成了社會中的新階級；這階級帶著封建制度的種子，最後則將統治全體。但是領主是主人，他也必須是保護者，他必須幫助他的人民，在法庭上支持他們，在飢饉時餵養他們，而他們則必須回報，為他耕田，並且隨他一同赴戰。

　　國王最初只是戰爭領袖，但是一旦被設立為王，他就有他自己的利益、需求與致命的危險。使他自己穩如泰山成了他最高的欲望。「要成為那樣子沒什麼困難，但是要成為那樣而且安全……」可是這種事要怎樣做才能辦得到呢？只有在國王身邊集合一幫最有成就的戰士，並且要使他們關心征服與定居等事項。他除了土地之外，無法賜給他們任何東西。必須要有個層級制度。國王身邊必須圍著曾經與他分享功業與賞金的人，戰利品不久就會用光了，但是土地永遠留在那裡。土地甚豐，但是品質與情況參差不齊，而給予各個戰士任何一片特別土地的資格與日耳曼部落的傳統剛好完全相反。現在，在戰爭與開拓的重重壓力之下，土地日益成了私有財產。起初在不知不覺之間，隨後帶著七世紀以後的成長速度，有封地的貴族階級出現了，而一切都得歸功於國王。不列顛人奮力維持抵抗，運氣時好時壞，維持了大約有兩百年之久；在此同時，這種在神人下凡的戰爭領袖身上所建立的個人領導新制度，深深陷入了盎格魯─撒克遜入侵者的本質之中。

　　但是隨著邁向一個更有條理的政策或社會結構的動作，也產生了一團次要權力的雜亂衝突。距離的影響通常很嚇人，只是寫在書上往往不為人知。各個地區就像怒海中的島嶼彼此隔開，而這樣子一群國王與小國王（kinglets）都在入侵部落戰鬥前哨的後方冒了

出來。如果要爲他們擁有的許多基本過失與惡習評分，那麼他們的無力合併一定在其中佔了高分。這個島嶼有很長一段時間呈現的僅是種種混亂所造成的景象，而混亂則起於有組織小型實體之間的互相鬥爭。雖然恆伯河以南的人民由移入的時間起大都臣屬於一個共同的大領主，但他們永遠都無法將王權的演進帶到一個國家的王位上。他們仍舊是流寇，而他們爲了確信能得到劫掠物，則受了更多的苦。

很多著述都談到了羅馬在不列顛的統治會使人疲弱的特性，以及人民如何被它所提供的舒適弄得散漫無力。毫無疑問，吉爾達藉著他的著述，或者在這個有充分根據的例子中，傳達了一個印象：隨著羅馬權力的衰敗，社會與行政組織中有顯著無能與愚昧的情形。但是公平地描述這個已消逝的紀元，必須承認一件事實，即不列顛人曾經抵抗現在所謂的英格蘭人差不多有二百五十年之久。其中差不多有一百年，他們在羅馬帝國與其世界組織的保護下與英格蘭人作戰；但是他們也單獨與英格蘭人奮戰長達一百五十年之久。衝突時起時落。不列顛人一度在整個一代中阻止了征服，後來則贏得了勝利；甚至於羅馬人之前無法征服的山丘，最後都變成了不列顛民族的無敵城堡。

【1】 譯注：西哥德王，四一○年占領並且洗劫了羅馬城，次年死亡。

【2】 譯注：貝拉基（Pelagius）是不列顛神學家，首創基督教異端教義。

【3】 Constantine of Lyons, a near contemporary biographer of St. Germanus.

【4】 譯注：即 Sir Thomas Malory（?－147），英格蘭作家，《亞瑟王之死》的編著者。

【5】 譯注：即 Edmund Spenser（約 1552－1599），英格蘭詩人，著有《仙后》等詩。

【6】 譯注：即 Alfred Tennyson（1809－1890），英格蘭詩人，被封爲桂冠詩人，詩作有《國王敘事詩》等。

【7】 詳見 Sir Frank M. Stenton 於一九四三年所著 Anglo-Saxon England 的第三頁：「吉爾達的沈默，可能是因爲亞瑟王的歷史與亞瑟王的傳說相比，較不令人印象深刻。但這號人物不應該被允許從歷史的領域裡移除，因爲說來古怪，吉爾達並不是很願意將這個名字放進他的著作當中。」

【8】　譯注：即 John Richard Green（1837 — 1883），英格蘭歷史學家，曾任坎特伯里大主教府邸蘭貝斯宮圖書館館長，主要著作有傳誦一時的《英格蘭人民簡史》。

【9】　Short History of the English People, p.4.

第五章　英格蘭

　　鮮紅的落日、漫長的黑夜；灰白而多霧的黎明！天色愈來愈亮，遙遠的後代子孫明白一切都即將改變了。黑夜很早就降臨不列顛。而曙光終於在卑微、貧窮、野蠻、墮落、分裂，但有生氣的英格蘭展現。不列顛曾經是整個世界裡的活躍部分，卻一度成了蠻人之島；它曾經是基督教的，現在則變成了異教徒的領地。它的居民曾經對善盡規畫，擁有廟宇、市場與學術機構的城市感到欣慰而樂在其中，也曾經培育了工匠與商人、精通文學與修辭的專家。四百年來這裡秩序井然、法律完備，財產受到尊重，文化日益昌盛。但如今這一切都絕跡了。之前這裡的建築物大都是木製而非石砌。人民整個喪失了書寫藝術。有些慘不忍睹的、北歐古文的塗鴉，是他們彼此隔著距離傳達思想與願望的唯一方法。蠻族衣衫襤褸，缺乏之前用來激勵與維持日耳曼部落的嚴格軍事原則。有時這塊土地被稱作「國王」的小流氓帶來的混亂與衝突所蹂躪著，沒有任何事物值得冠上國家之名，甚至是部落之名。然而這是個過渡時期，十九世紀的學者都認爲它是人類進程中向前邁出的一步。我們很可能像是從恐怖的、無休止的夢魘中醒來，見到了徹底衰敗的場面。破壞羅馬文化的野蠻掠奪團體並未力圖恢復舊觀，而且會無限期地沈溺在污穢之中。不過有一項事實不然──一股新的力量正在大海另一邊翻騰，緩慢地、一陣一陣地、痛苦地在文明的廢墟中移動，最後由不同的路徑到達這個不幸的島嶼。根據普羅科匹厄斯（Procopius）[1] 的說法，歐洲大陸的亡魂都是由粗魯的船夫卡戎（Charon）[2] 用渡船送到不列顛。

　　在羅馬佔領不列顛的頭兩個世紀，基督教並沒有被立爲羅馬帝國的宗教，而是在帝國制度的寬容之下，與許多其他教派一起成長。不過，一個不列顛基督教會出現了，並派遣主教參加早期的會議，而且如同我們所見，有足夠的活力從它本身獨立的心靈探索中發展出貝拉基的異端。這塊土地遇到了邪惡的日子，與撒克遜人長

期鬥爭中決一勝負時，不列顛教會與其他殘存者便退到這個島嶼的西方。作戰的種族彼此之間有極大的鴻溝，以致於不列顛的主教在任何時候都不會想把入侵者變成基督徒。或許他們沒有機會使入侵者皈依基督教。隔了一段時間之後，他們當中有位領導者──就是後來著名的聖大衛（St. David）──完成了今日威爾斯普遍的皈依。除此之外，不列顛的基督教便在它的避難所苟延殘喘，很可能即將滅亡，只不過還呈現出不凡的迷人性質。

聖派翠克（St. Patrick）大概住在塞汶谷，是羅馬統治下出自名門的不列顛人。他的父親是基督教的執事，羅馬公民，也是市政會議的成員。五世紀初，有一天一夥愛爾蘭入侵者來到這個地區燒殺擄掠。年輕的派翠克被擄走，在愛爾蘭被販賣為奴。他住在康瑙特（Connaught）還是烏斯特（Ulster）這個疑問頗有爭議，因為證據互相矛盾。兩個版本都很可能是真的，兩個行省都聲稱有這項殊榮。有六年之久，姑且不論是在何地，派翠克都在養豬；而寂寞引領著他從宗教中尋找安慰。派翠克受到奇蹟提示打算逃亡，雖然大海遙隔不知多少英里，他仍舊到達了一個港口，找到了船，說服船長讓他上船。我們發現派翠克在諸多奔波之後到了馬賽（Marseilles）──當時從東地中海往西散布新修道院運動的中心──外海的一個小島，後來他與奧沙主教杰曼厄斯（Bishop Germanus of Auxerre）交往。他懷著熱切的期望，希望以德報怨，並在愛爾蘭以前擄他的人當中傳布福音，經過奧沙主教十四年的訓練，以及為了可能是孤身的冒險做好自我準備之後，派翠克於四三二年揚帆返回他之前已經離開的荒涼區域。他很快就成功了，而且注定永垂不朽。「他將已經存在的基督教加以組織，使仍屬異教的王國皈依，並且使愛爾蘭接觸到西歐教會，使它成為普天下基督國度正式的一部分。」在屬於較低的層次上，人們永遠記得派翠克驅除愛爾蘭地上所有蛇類與爬蟲，而他的名聲也因此在各朝各代都很響亮。

因此在愛爾蘭，而不是在威爾斯或英格蘭，基督教正在黑暗中燃燒發亮，而且福音書是從愛爾蘭被帶往不列顛的北方，首次對

皮克特入侵者施展它救贖的魔力。在聖派翠克死後半個世紀才出
生的科倫巴（Columba）【3】繼承了派翠克的教會，受到其恩典與
熱情浸染，證明是這種信仰的新擁護者。科倫巴的門徒們從他在
愛奧納島（Iona）的修道院出發，前往不列顛的斯特拉斯克萊德
（Strathclyde）王國、北方皮克特人的部落以及諾森布里亞的盎格
魯王國。科倫巴是蘇格蘭基督教會的創立者，因此聖派翠克曾經攜
往愛爾蘭的訊息，又越過狂風暴雨的大海傳了回來，在廣大地區散
布。不過，經由科倫巴的傳道而到達英格蘭的基督教與在歐洲的基
督教國家更為人普遍接受的基督教兩者之間有個差別：它在形式上
有修道院，而它從東方行經北愛爾蘭找到了新家的過程中，都並未
觸及羅馬的中心。凱爾特人的教會因此接納一種由教會治理
（ecclesiastical government）的方式，它是由組織鬆散、僧侶與
傳道者的團體所支持的，而這個方式在這些早期有決定性的階段
裡，與羅馬教廷（the Papacy）遍及全世界的組織並沒有關聯。

　　　　＊　　　　＊　　　　＊　　　　＊　　　　＊

　　儘管旅行緩慢、消息稀少，羅馬教廷很早就開始注意到聖科倫
巴的苦行成果。羅馬教廷的興趣不僅被福音書的傳播，而且也被這
些新基督教徒可能透露出偏離真理的任何事所激起。它帶著感謝的
心情，看到一個熱烈的基督教運動在這些北方島嶼進行；同時也帶
著關切，因為看到這個運動一開始便與教廷毫無關係。這時就是羅
馬主教首次關心到，所有基督的羊都應當集中到一個羊欄的時候。
在北方這裡有著明顯的熱忱，但信仰在這裡卻很難散播，尤其是個
別地散播。

　　由於種種原因，包括福音書的傳布，在六世紀最後的十年中便
決定了應當派一位嚮導兼教師到英格蘭去傳播、鼓動這種信仰，使
異教徒皈依，並且使得不列顛基督徒與教會主體之間產生有效而實
用的聯合。為了這個崇高的任務，後來被稱為「至聖」（the Great）
的羅馬教皇格列高里（Pope Gregory），與教會的政治家在羅馬
集會，選出一位可以信託，又有修養的僧侶，他的名字是奧古斯丁

（Augustine）。一如在歷史中為人所知的，聖奧古斯丁於五九六年在充滿希望的贊助下開始他的傳道工作。其中肯特始終是不列顛島嶼與歐洲接觸最密集的地區，在所有不同的時期，文化都是首屈一指。肯特的國王娶了克洛維（Clovis）的後代——法蘭克國王的女兒伯莎（Bertha），現在則於巴黎登基。雖然伯莎的丈夫仍在祭拜北歐的神祇索爾（Thor）與沃登（Woden），但伯莎王后已經透過宮廷的圈子傳布真理。為她主持禮拜的牧師是位誠懇、精力十足的法蘭克人，被授以全權，因此已經對西歐占優勢的信條存著接受情緒的肯特人民，受到了強大的衝擊。聖奧古斯丁在肯特登陸上岸之際，便已知事前有人做了很多準備，而他的抵達注入了一股行動的氣氛。在那位法蘭克公主的幫助之下，聖奧古斯丁讓埃塞伯特國王（King Ethelbert）皈依了，而埃塞伯特國王之前因為政策理由，一直對這一步感到遲疑。聖奧古斯丁在古代不列顛聖馬丁（St. Martin）教堂的廢墟上重建了坎特伯里的基督教生活，而這個地方注定要成為英格蘭信奉宗教的中心與顛峰。

埃塞伯特是英格蘭的大領主，對於南部與西部的王國都行使威權而頗有成效。他的政策富有技巧，而且雄心勃勃；他對基督教虔誠皈依，但也追求世俗目的。他自己身為英格蘭基督教唯一的統治者，位居在可以伸手援助不列顛小國國君的立場，並且使用基督教信仰做為團結的保證，建立了他在全國的最高地位。毫無疑問，這種情形也與奧古斯丁從羅馬帶來的觀念一致，因此在七世紀初，埃塞伯特與奧古斯丁便召開不列顛基督教的主教會議。會議的地點選在塞汶谷，它位於英格蘭領地與不列顛領地之間的前哨，遠在肯特王國的範圍之外。這時出現了一個能夠使兩個民族在基督名下達成和解，獲得普遍而又持久和平的機會，在這個安排之下，埃塞伯特與他的子孫可望成為繼承人。不過能夠擁有賢明與仁慈的政治的這個希望並沒有實現，我們為此感到遺憾。之所以未能實現，是由於兩個各別的原因：首先，不列顛的主教性情沉鬱而多猜忌；其次，聖奧古斯丁的態度高傲，不夠圓滑。

　　會議共舉行兩次，其間有一段間隔。討論的議題在表面上都僅限於有趣的，而不會有爭議的部分。其中至今仍在辯論的復活節日期，以及剃髮（tonsure）的形式。奧古斯丁力主只剃頭頂的羅馬習俗，而不列顛的主教們大概都模仿德魯伊教由耳朵中央部分剃起，在前額留瀏海的方式。它是種對於怪異風格所做的選擇。有些事情或許能夠加以調整，但是也有很多其他事項僅是在會議上被公開且敷衍地討論了一下而已，而重大的議題就在善意的氣氛中決定，或者確實被壓縮而拋諸腦後了。

　　但是不列顛的主教們都被注意到，他們並無心投入羅馬強而有力的擁抱之中。他們長久以來防衛基督教信仰，抵抗恐怖的殘忍行為與壓迫，何以現在要被一位撒克遜人擔任的肯特國王指導呢？何況他的皈依還是最近的事，他在政治上的大計不論表面上看來如何鼓舞人心，其實不都很平淡無奇嗎？第二次會議以完全決裂告終。當奧古斯丁發現自己面對著他視為毫無道理的偏見與由來已久的敵意，當他看到了少數幾個被說服的主教被他們的同志譴責為走回頭路的人與叛徒時，他很快地轉而求助於威脅的手段。如果不列顛的基督教徒不接納現在所做的公平提議，羅馬的影響力與威望就會制裁英格蘭。撒克遜的軍隊將會受到羅馬以及主要的基督教會傳統的祝福與支持，而這些信仰已久的英格蘭基督徒的喉嚨被新皈依的英格蘭邦國給割斷時，沒有人會表示同情。這位聖徒大呼：「如果你們不能從你的朋友那裡得到和平，你將會從你的敵人那裡得到戰爭。」但是，這並不比不列顛人兩百年前面對的情形來得嚴重，這是他們聽得懂的語言。會議因此不歡而散；這裂痕永遠無法填補。為了要與信基督教的不列顛做甚至最小的接觸，羅馬透過埃塞伯特與肯特王國所做的進一步努力，都被斷然地拒絕了。

　　奧古斯丁的傳道工作因此縮短，莊嚴地告一結束。除了在聖保羅（St. Paul）教堂舊址上的教堂，對麥利特斯（Mellitus）授予聖職成為東撒克遜的主教外，他很少想在肯特以外的地方使人改變宗教信仰。他從輕率地賜給他的「英格蘭人的使徒」這個封號，幾

個世紀以來都享受到曾經使這個一度聞名的羅馬統治下大不列顛行省重新皈依基督教信仰的美名；這個光環一直到比較晚近的時代都還籠罩著他。

　　　　＊　　　　　＊　　　　　＊　　　　　＊　　　　　＊

　　幾乎過了一個世代，來自羅馬的特使才開始滲入英格蘭的北方，讓人民歸到基督教的旗下；那時在政治的與朝代發展的痕跡中使得這一切發生了。由於一連串的勝利，東盎格魯的雷德沃爾德國王（Redwald）已在英格蘭中部自迪河（the Dee）至恆伯河一帶建立了廣大的領地。憑著雷德沃爾德的協助，一位流亡的小國國君艾德溫（Edwin）得到了諾森布里亞的王位。後來艾德溫用自己的才幹，一步步贏得了英格蘭的最高地位，甚至於在他的盟友雷德沃爾德去世之前，他已經被承認為是全英格蘭王國──肯特除外──的大領主，安格塞島（Anglesey）與曼島（Man）也都被他的船艦降伏了。艾德溫不僅建立了他個人的首要地位，他建立的同盟也使得稍後在麥西亞與西塞克斯國王統治下的英格蘭王國相形失色。艾德溫娶了一位信仰基督教的肯特公主，而他也早已答應尊重她的宗教。結果，她於六二五年由坎特伯里前往艾德溫在約克的都城，她的扈從中有第一位到北英格蘭的羅馬傳教士保利努斯（Paulinus）。他是二十四年前聖奧古斯丁在世時，首次到不列顛的特使。

　　關於艾德溫，我們對他有一致的看法：「當時不論艾德溫拓展的領地是什麼地方，不列顛都和平安詳，像家家戶戶仍在說的，一位帶著新生兒子的婦女從海到海走遍這個島嶼都不會受到任何傷害。這位國王如此在意國家的利益，以致於他在大道附近看到清泉，便令人樹立柱子，掛上適當的飲具供旅人解渴，沒有人會為了其他目的而去破壞它們，這主要是因為他們很怕國王，再不然就是他們很愛戴他。」艾德溫恢復了羅馬作風：「他的旗幟不但在戰役中要高舉在他的前面，甚至在和平期間他帶著侍衛武士巡視他的城池、市鎮或行省時也是如此。當他以羅馬方式行走於街道的任何地

方，掌旗官常常都走在他的前面。」

　　這就是保利努斯求助的這位小國國君全盛之日的情況。保利努斯使得艾德溫皈依了，而形狀像英格蘭雛形的諾森布里亞廣大王國，其人民也信仰了基督教。但是這個受到祝福的事件本身卻帶來了快速、悲慘的後果。諾森布里亞的大領主地位受到麥西亞——或者我們應說是英格蘭中部地區——彭達國王（Penda）的痛恨。六三三年，彭達這位異教徒與北威爾斯信奉基督教的不列顛國王卡德渥倫（Caldwallon）反常地結盟，目的就是要推翻艾德溫的領主權，以及毀掉諾森布里亞的霸權。在此可以注意到歷史上首次不列顛與英格蘭並肩作戰，政治的力量一度證明強過宗教或民族的力量。在頓卡斯特（Doncaster）附近的一場惡戰中，艾德溫戰敗被殺，其頭顱被放在佔領的約克壁壘上示眾，不過他並非被斬首的最後一人。可能約克長久以來就是軍團的家，保留著羅馬—不列顛的傳統，這些傳統導致他們歡迎不列顛的勝利者。艾德溫是到當時為止統治這個島嶼的最偉大國王，他突然遭到這樣的毀滅，同樣帶來了快速復仇的報應。不列顛的卡德渥倫在諾森布里亞奏凱歌。現在不列顛人盼望已久向撒克遜敵人報仇的機會終於來了，在那裡等的是信奉最誠者償還非常久遠，但非常沈重的債務。我們幾乎已重現包迪西亞的精神。

　　但是諾森布里亞固有的權勢很大，而被殺的艾德溫的名字與聲譽響徹這塊土地。艾德溫的繼任者奧斯瓦德（Oswald）出自伯尼西亞（Bernicia）王室，而伯尼西亞就是這個王國的兩個行省之一，同時奧斯瓦德發現他自己成為這群近來才皈依為基督徒、容易被激怒的撒克遜戰士的首領。艾德溫去世的一年內，奧斯瓦德就在沿著羅馬長城爆發的苦戰中，摧毀了卡德渥倫與他的不列顛部隊。這是不列顛人與撒克遜人之間最後的激戰，而必須承認的是，不列顛人在軍隊指揮與運氣方面都很糟。他們曾經與異教徒撒克遜的密德蘭人聯手，為了過去的委屈進行報復，以及利用英格蘭人的行動使這塊土地不能統一。他們曾損害了所信奉之基督教的光明與希

望，而現在他們自己也被推翻，被棄置到一旁。他們長久對抗入侵者的故事便這樣不光榮地告終；但是對我們的故事而言，重要的是這個很長的故事終於結束了。

西不列顛人的狂野暴行曾經使得北方所有撒克遜人團結起來，而現在卡德渥倫的敗亡與西不列顛人在諾森布里亞遭到掃蕩，是與國王彭達抗爭的序曲。彭達被撒克遜部落視為帶來無窮苦難與殺戮的人，因為彭達與世仇締結了可恥的盟約。不過彭達也曾使得國家昌盛了一陣子，他以麥西亞的力量維繫索爾與沃登的權利長達七年之久，他也擊敗了奧斯瓦德，削掉其首級並大卸八塊；但是奧斯瓦德的弟弟——奧斯威（Oswy）——在幾年之後報了家仇，彭達死於他自己的劍下。因此諾森布里亞的霸權由其人民經歷的劫難與陰影中重新崛起，並且比以前更為強大。

埃塞伯特國王企圖藉著基督教將英格蘭與不列顛重新團結起來，但是他失敗了，不過卻為諾森布里亞宮廷留下了在不久的將來遵循的方向。羅馬當局指望約克與英格蘭軍隊成為有組織基督教國度希望之所寄，而不是坎特伯里與不列顛軍隊。災難已經波及諾森布里亞，保利努斯匆匆由海路奔回坎特伯里。保利努斯或是奧古斯丁都不是擅於面對野蠻戰事的人，他們都受過羅馬教廷教義、利益與政策的周延訓練，兩人都不是殉道者或傳播福音者的材料。而這一次不列顛人的入侵太兇猛。可是保利努斯的助理，一位名叫詹姆士（James）的執事，在整個戰爭中盡忠職守，不斷地在擄掠殘殺之中傳道並且為人施洗。而比他的工作更為重要的，是塞爾特人在聖艾丹（St. Aidan）的指導下，對諾森布里亞所做的傳道工作。塞爾特的傳教士使得麥西亞、東盎格魯、諾森布里亞大部分地區都恢復信奉基督教，因此基督教信仰的兩股清流再度在英格蘭會合，而未來將會看到兩者為了奪取最高地位而做的鬥爭。

隨著彭達的敗亡，與所有激情被釋放後的情緒高漲，盎格魯撒克遜人的英格蘭全都確實地恢復基督教的信仰，現在已經找不到異端橫行在其中的王國，除了私下堅信沃登而遭到忽視的個人之外，

這整個島嶼都信奉基督教。但是這個令人感到驚奇的狀態，僅管隨後可能會帶來許多祝福，不過當時卻被英格蘭人與不列顛人之間製造的新分歧給破壞了。不列顛人與英格蘭人之間本來就有著深仇大恨，現在又加上了對教會政治的不同看法，而到最後幾乎就像基督教與異教分開一樣地，這兩個種族也分道揚鑣。因此，議題不再是這個島嶼是否屬於基督教的或異教的信仰，而是這個島嶼會盛行羅馬形式還是塞爾特形式的基督教。這些不同的歧見在所有相關團體之間的辯論，長達幾個世紀之久。

六六三年所舉行的惠特比宗教會議（the Synod of Whitby）試圖解決這些歧見，而且大部分都獲得成功。會中成為關鍵的議題是不列顛的基督教是否應當遵守基督教世界的一般生活方式，或者是北方塞爾特教會的修道院所實踐的清規。這項議題一直懸而不決；但在做了許多值得稱讚的學術演講之後，終於做成了決策，即諾森布里亞教會應當是羅馬教會以及天主教系統中一個明確的部分，麥西亞不久之後也是如此。雖然塞爾特人的領袖與他的追隨者對這項決定感到厭惡而退回愛奧納，而愛爾蘭的教士也都拒絕順服，但是這項決定的重要性依然不能低估。如此一來，英格蘭教會的每位成員所看到的，不是各個城鎮與遠方奉行嚴格生活戒律、看法狹窄的修道院成員所控制的宗教，而是打開窗口看到的一個世界邦國與天下大同的遠景。這些事件使得諾森布里亞達到極盛，在不列顛，信仰、道德言行以及涵蓋這個島嶼六分之五的教會政府都達成了統一。在宗教領域，不列顛已經走出具有決定性的一步，這個島嶼上的人們現在全都信奉基督教，而其中較重要與較有權力的部分，也直接與羅馬教廷產生關聯。

羅馬當局對於奧古斯丁或保利努斯的傳道工作幾乎沒有理由感到滿意。羅馬教廷明白，為了指導與治理不列顛的基督教，而透過肯特王國所做的努力是一種錯誤。它現在採取一個新辦法，來說明天主教會普天一致的特性。六六八年羅馬當局挑選出兩位使者，帶著亮光進入北方的迷霧。第一位是小亞細亞的原住民，來自土耳其

塔爾蘇斯（Tarsus）的西奧多爾（Theodore）；第二位是非洲人，
來自迦太基的哈德里安（Hadrian）。這些傳道士比他們的前輩堅
強，他們正直的性格在所有人面前燦然生光。他們到達坎特伯里之
際，整個英格蘭只有三位主教前來迎接，而他們的工作完成時，盎
格魯教會（Anglican Church）[4] 便堂而皇之升起了主教法冠的
門面，至今尚未減緩其光芒。西奧多爾於六七○年去世之前，主教
轄區的數目已經由七個增加到十四個，西奧多爾藉著其行政技術給
予這教會一種新的凝聚力。這位亞洲人是英格蘭最早的政治家，並
且以豐碩的智慧引導英格蘭前進。

＊　　　＊　　　＊　　　＊　　　＊

　　接下來的是盎格魯撒克遜出現各式各樣國王爭奪領導權的事
件，這長久而又錯綜的敵對情形佔據了整個七、八世紀。對於在這
個時期渡過一生的那些人而言，它極為重要，但是它其實在之後的
歷史過程中只留下很小的印痕，幾句話便足以交待完。諾森布里亞
的首要地位受到了威脅，最後因為它所處地理位置與資源上天生的
弱點而被終結了，因為它容易受到四面八方的圍攻，其中包括來自
北方的皮克特人、來自西方不列顛人的斯特拉斯克萊王國，來自南
方的麥西亞，還有那些因為平定彭達並且對他的擁護者施予懲罰而
感到苦惱、深具戒心的密德蘭人。國王之間彼此的爭戰使得國力耗
盡，其中有些聰明的部落首領偶爾會得勢，但大抵上這些敵對情況
令諾森布里亞難以忍受，雖然做過很大的努力，但身為這個島嶼上
領導地位的諾森布里亞仍不免一蹶不振。

　　不過，諾森布里亞很幸運，在這個衰落時期有位我們之前提到
的編年史史家，他說的話在過去長時期的沈默之後冒出來，傳到我
們的面前。能幹的修道士貝德，在教會不為人知的隱蔽之處默默地
工作；現在他走上前來，成了這些迷朦時代來自不列顛群島最有效
的，也是唯一可以聽得到的聲音。貝德不像吉爾達，他撰寫歷史。
吉爾達被冠上「智者」的稱號，而「可敬的貝德」之名仍會聲振遐
邇。貝德試圖獨自為我們繪製，並且盡其所能解釋盎格魯撒克遜教

會第一階段的景象：一個信奉基督教的英格蘭，被部落的、領土的、朝代的以及個人的宿仇弄得四分五裂，成了伊莉莎白時代一位古物學家所稱呼的「七王國」（the Heptarchy）──各具有不同的實力，全都信奉基督的福音書，拼命要以武力與詭計降服彼此的七個王國。幾乎恰好一百年的時間，從七三一年到八二九年，是各方人馬奉行同一信條，卻彼此相殘劫掠，不休不止的戰爭時期。

　　撒克遜人的英格蘭領導權傳給了麥西亞。差不多有八十年之久，麥西亞的兩位國王都宣稱他們擁有在恆伯河以南英格蘭全境的統治地位。埃塞博德（Ethelbald）與奧法（Offa）各自統治了四十年。埃塞博德在成為貴族之前是一位流亡人士，他身為逃亡者，與僧侶、隱士以及聖人結交。在獲得權力的同時，他並沒有棄絕對於基督教的虔誠，但是他發現自己極其受到肉體的引誘。聖格思拉克（St. Guthlac）曾經在他不幸與貧窮之際安慰他，但是聖卜里法斯（St. Boniface）卻不得不譴責他放蕩不羈。

　　在性的事情方面，道德意識已經演變得很堅固，以致於教會信徒可以為國王烙上淫蕩的醜名。來自日耳曼的卜里法斯譴責埃塞博德犯了「雙重罪」（twofold sin）；因為後者利用其王室地位為自己謀取其他方式得不到的好處，在修女院胡作非為。關於埃塞博德這位君主的編年史少之又少。他對家人表現慈善；維持法律與秩序；七三三年他突然襲擊西塞克斯；七四○年他將諾森布里亞許多地區變成了荒原，當時諾森布里亞被騷擾的首領正在與皮克特人奮戰。在這最後的勝利之後，埃塞博德自封為「南英格蘭之王」兼「不列顛之王」，在恆伯河以南，這些聲名倒還說得過去。

　　　　　*　　　　　*　　　　　*　　　　　*　　　　　*

　　埃塞博德最後被他的衛兵們弒殺，由一個比埃塞博德更加偉大的人所繼承。關於統治第二個四十年的奧法，其事蹟幾乎無人知曉；但是不僅在英格蘭全境，甚至在歐陸都可以見到其權力的痕跡。奧法是與查理曼（Charlemagne）[5]同時代的人，他的政策與歐洲的政策交織在一起；他有首位「英格蘭人之王」的名聲，自從

羅馬時代迄今，他與歐陸有了首次的爭執。

查理曼期望他的一個兒子娶奧法的一個女兒。現在我們有了英格蘭人受到尊重的證明，也就是奧法要求他的兒子必須同時娶查理曼的一個女兒。神聖羅馬帝國的這位創立者起初對於這樣擅自主張平等大發雷霆，但是一會兒之後就發現與奧沙重新恢復友好關係不失爲權宜之計。因爲「英格蘭人之王」似乎已經對歐陸的商品實施禁運，而這種報復所造成的不便，迅速克服了查理曼所有的傲氣與情緒。奧法不久就成爲羅馬皇帝「最親的兄弟」，我們也看到查理曼同意安排，根據古代貿易習俗，爲了兩國的商人著想，必須要有大型的相互保護貿易制度。顯然討論中的商品是來自法蘭西，與英格蘭交換斗篷的「黑石」，猜想應當是煤。討論的還有難民與引渡的問題。查理曼有興趣將一個在封齋期吃肉的人遣返，而奧法回送了一支古代寶劍與一件絲質斗篷當作禮物。因此我們看到奧法公認與歐洲最偉大的人物地位相等，而顯然此時這個島嶼強權有一定的分量。強大帝國的君主不會因爲不重要的人物而爲他們的子女訂定婚約，也不與不重要的人物推敲商業條約的細節。

一切都在變遷中，這兩階段的長期統治所給予的好處已經再度恢復這個島嶼的地位，使它成爲世界上被認可的成員。我們知道奧法不但自立爲「英格蘭人之王」（rex Anglorum），而且還是「英格蘭人全島之王」（rex totius Anglorum patriae）。史家指出這個「英格蘭人之王」的說法，正是我們歷史中的里程碑。一位英格蘭的國王統治著這個島嶼的最大部分，他的貿易很重要，他的女兒們都是查理曼大帝兒子們適合的配偶。我們幾乎完全透過其加諸鄰國的影響力而對奧法有所了解。從邦國的紀錄當中，可清楚地知道他鎮壓了塞汶谷的小國王（under-Kings），在牛津郡擊敗了西塞克斯人，並且降服了柏克郡（Berkshire），將東盎格魯（East Anglia）的國王斬首，是倫敦的主人，剷除了亨吉斯特在肯特建造的修道院，並且以極其嚴厲的手段撲滅了肯特人的反叛。因此他在肯特發號施令，他將造幣廠奪到手，將他的大名鑄在坎特伯里大主

教發行的錢幣上。其中一枚錢幣說出了它本身古怪的故事。它是一枚金質的第納爾（dinar），是從阿拉伯的鑄模巧妙地拷貝下來，上面還壓印著「奧法王」（Rex Offa）的銘文。坎特伯里造幣廠顯然視這枚阿拉伯幣僅是裝飾；如果所有的人知道它上面寫的是：「除了一人之外便別無真主，而穆罕默德（Mohomat）是他的先知」，他們一定驚恐莫名。奧法與教皇建立了很好的共識，這位至高無上的教皇也稱他為英格蘭人之王。七八七年教皇的特使在奧法的廳中高興地接受招持，並且因為奧法保證尊敬聖彼德（St. Peter）而感到安慰。這些聲明都由每年給予教廷的小額奉獻予以實現，其中部分奉獻是不知不覺地用這種宣揚相反信條的異教徒錢幣所支付的。

　　我們研究奧法，就好像地質學家沒有找到化石，而只找到一個凹下去的形狀──毫無疑問，一個具有不凡力量與身材的生物曾經住在其中。阿爾昆（Aecuin）[6]是這個時期查理曼宮廷中少數紀錄者之一，他用這樣的詞句對奧法致詞：「你是不列顛的光榮，對付其敵人的寶劍。」我們看到紀念奧法的巨大紀念碑，它就是建立在已皈依的撒克遜英格蘭人與尚未被征服的不列顛人之間的堤溝。現在情勢已經改變了，那些從未對古老信仰遲疑，曾經常常維持其獨立性的人，生活在荒山不毛之地，看到成功的掠奪者在此耀武揚威，甚至備極尊榮，他們因為這個事實而對人類的生活展開全新的評估。這條堤溝橫跨許多丘陵與山谷，在塞汶河河口至麥西河（Mersey）鄰近地區的森林留下一些間隙，證明了奧法主政時期國家的巨大威權。這場求生的奮鬥何其殘酷，為了獲得足夠食物而使得身心都得到滿足，不僅是家庭的，而且是整個民族的何等重大關切的事情，這座延伸甚遠的壁壘可能主要是單獨一個人一生心血與意志的作品。當我們回想起這個事實便不免會感到驚異。它傳達一個概念：奧法王國的幅員廣大，軍力強盛，這等功業除非是以有效的政治權力做為基礎，否則是無法構築的。「奧法之堤」顯示了政策與人力，在許多部分它都遵照不列顛人喜歡的路線，史家下結論

認為它是邊界，而不是堡壘工事，是源自為了共同利益而達成的協議。它並不像安東尼烏斯與哈德良的那些長城，是分隔野蠻與文明之間的羅馬長城，反而是一個神聖條約的表現，這項條約長久以來解決了奧法對於不列顛人入侵所帶來威脅的難題，因此使得奧法沒有後顧之憂，可以去與歐洲大陸談判及爭論。

　　＊　　　　＊　　　　＊　　　　＊　　　　＊

　　藝術與文化在秩序的軌道中成長。英格蘭人已經由歐洲大陸帶來了生氣勃勃的蠻族藝術與原始樸實的詩歌。這種藝術一旦在這個島嶼上立足，便深受塞爾特人追求線條與色彩的天賦所影響；這種天賦雖然曾經受到羅馬觀念的壓制，但是羅馬當局一鬆手之後，它便再度脫穎而出。基督教給予他們一批新的，可以裝飾的題材，在聖地福音書（Lindisfarne Gospels）與英格蘭北部雕塑的十字架上都可以看到成果。那整個以修道院為發源地，其中的斷簡殘篇都已經流傳到我們手中的有教養與文明的世界，至此已經蔚然成形。貝德被公認為當時最偉大的學者，由於他的影響，這個世界後來採用基督誕生為紀元元年的記載方式。曼茲柏立（Malmesbury）的奧爾德赫姆（Aldhelm）是當時歐洲最受歡迎的作家，而再也沒有任何作家能在歐洲大陸的修道院裡製造更多的副本。方言詩方興未艾，散文著作的藝術已經首先在西塞克斯起步。另一位西撒克遜人，來自艾克希特（Exeter）境內克雷迪頓（Crediton）的卜里法斯是日耳曼的使徒。的確，在八世紀英格蘭曾經佇位於西方文化的最前鋒。

　　比較黑暗的幾個世紀混亂得不成章法，其歷史隱晦不明，幾乎所有在這段時期生活過的人都覺得它們毫無意義。但是經過混亂之後，我們看到了一個新的意志在穩健地成形。具有獨特性格的英格蘭，可能尚未成為世界文明的一部分，就像之前的羅馬時代一樣；但是一個新的英格蘭出現了，較以往更加接近全國統一，並且具有本土特質。此後所有的人都將看到一種不朽的精神挺立於世。

【1】　譯注：Procopius(490?-562?)，拜占庭史家寫關於拜占庭皇帝查士丁尼一世統治時期的歷史，著作分《戰爭》、《建築》和《祕史》三部分。

【2】　譯注：希臘神話中駕舟帶入往陰間者。

【3】　譯注：St. OColumba（521-597），愛爾蘭基督教修士，西元五六三年與十二名信徒去愛奧納島建立教堂和修道院，向蘇格蘭傳教，使蘇格蘭奉基督教，遂被尊爲聖徒。

【4】　譯注：即英格蘭國教。

【5】　譯注：Charlemagne(742?-814)，即查理大帝，法蘭克國王(768-814)，查理曼帝國皇帝（800-814）稱查理一世。

【6】　譯注：Aecuin（732?-804），英格蘭神學家和教育家，改革天主教儀式，把盎格魯撒克遜的人文主義傳統公詔到西歐，著有教育、神學、哲學等方面作品。

第六章　維京人

在羅馬帝國敗亡之後，就輪到勝利的蠻族對基督福音著迷，受到它的吸引。雖然在放棄罪惡的成就方面並不比今天信奉宗教的男女來得好，但是他們都有共同的教旨與啟示。有一種將歐洲所有民族聯合起來的鎖鏈。有一個國際組織在每一個國家都有機構，它是當時最有權力的，也是唯一有凝聚力的結構，羅馬教皇率領這個國際組織，以宗教的——或至少教會的——形式，恢復了專制君主們消逝的威權。基督教會成了學問與知識的唯一殿堂，它的通道與迴廊保護著古代所有的劫後財物，它在人類的鬥爭與錯誤中提供「人類愁苦的最後慰藉，以及對世俗權力的最後遏制。」因此，在異教徒文明之光絕對不會完全熄滅之時，新的光輝不僅在我們這個島嶼上，甚至在整個歐洲，照耀著各個蠻族，使他們發出讚歎。各個蠻族都被基督教的啟示馴服了，而他們的人性也提升了，從幼發拉底河至波因河（the Boyne）的每個地方，舊的神祇都被他們棄之不顧，基督教的教士可以走遍四方，在每個城鎮都會發現通情達理的修士會，以及即使有時顯得質樸，但卻眾所周知的好客性格。

羅馬帝國傾圮的年代，社會環境動盪不安而且不重視學術，知識分子全都先在教會找到安身立命之所，後來並從那裡操作權力，從事政治的人就是由這裡培養出來的。實質上壟斷學術，加上精於文筆，使得教會人士成了當時橫傲、兇猛部落首領不可或缺的幫手，所以神職人員成了宮廷的公僕，有時還是宮廷的政治家。他們自然而又不可避免地變成羅馬的地方行政官，穿著他們的袍服，直到今日也是如此。得意的粗俗蠻族本身不知不覺地對一種結構屈服，依賴著這個結構，在無數次永不休止的權力鬥爭中都證明了這樣的結果。在黑暗時代的劇變與失序之後，當最終黎明再度降落不列顛島之後，她醒了過來，看到了一個同樣已深深地改變了，但是缺乏形式，絲毫不見莊嚴的世界。空氣中的微風甚至更加溫和。

已皈依之異教徒的熱忱，帶來了危害，並展開了新災難。教會

根據其精神，必定會反覆灌輸溫和與慈悲的概念，而它也會因為宗教熱忱與自我利益而在各方面加強本身的權力。入侵者子孫的謙卑與信仰具有人性的弱點，而這些弱點則暴露在有組織的剝削之下。這種發生於六世紀與七世紀的剝削，在許多國家都導致教會獨占財富與土地，而這與教會掌控事件的能力則不成比例。呈現在我們眼前的是虔誠而難以控制的基督教國家；它們在宗教上團結一致，在世俗上卻苦於宿仇；它們蒙受神恩，但絕對懷有野心。

　　就在這個已甦醒的、恢復活力的、結合鬆散的社會，出現了兩波驚天動地的攻擊。第一波攻擊來自東方。穆罕默德（Mahomet）在阿拉伯展開了伊斯蘭教（Islam）尚武的神聖旗幟，他從麥加（Mecca）向麥地那（Medina）的著名逃亡，被稱為「徙志」（Hejira），移居的時間為六二二年，穆斯林（Moslem）的紀元便由此算起。在接下來的十年，穆罕默德與他的繼任者——哈里發（Caliphs）——使他們自己成了整個阿拉伯、波斯、拜占庭帝國大部分地區，與北非整個海岸的主人。在下一個世紀初，伊斯蘭教跨過了直布羅陀海峽而盛行於西班牙，伊斯蘭教最後在那裡立足，時間長達八百年左右。法蘭西有陣子似乎也要對它屈服，但是七三二年阿拉伯人被查理曼的祖父——查理‧馬特爾（Charles Martel）——在普瓦蒂埃（Poitiers）擊退。因此遠從麥加來的這一切伊斯蘭教霸權，就停在差不多快接近這些島嶼的距離之內。

　　不過對於不列顛而言，還保留著第二波的入侵。它來自北方，維京人（the Vikings）在斯堪地那維亞（Scandinavia）已預備好他們航海的長船（long-boat）。 阿拉伯異教徒與北歐海盜的雙重進犯，使歐洲衰弱的生命困擾了十個世代之多，一直要到十一世紀中古時代的基督教國家擁有了包含許多維京人皈依基督教的後裔的鐵盔甲封建騎士，才使得阿拉伯人無法越過雷池進行征服，並且建立了支持基督教會的龐大、有戰鬥力的軍隊。

　　　　　＊　　　　＊　　　　＊　　　　＊　　　　＊

　　以牙還牙。撒克遜海盜當初給予不列顛人的一切，經過了四百

年之後，都還給英格蘭人了。八世紀時，斯堪地那維亞展現出一派
極欲征服他人的景像。挪威、瑞典與丹麥都產生了成群、勇猛的征
戰之士，他們除了具有尚武的特質之外，還是強大的海盜。他們的
實力與人口都自然而然的成長，渴望冒險，再加上王朝紛爭糾結不
清，使得種族力量向外迸發出來。毫無疑問，丹麥人或北方人
（Norsemen）受到來自亞洲俄羅斯大草原的新壓力而被迫西遷，他
們自願遷移，而他們勇武驚人。有股四處劫掠的兵力由瑞典向南出
擊，不僅抵達君士坦丁堡，而且在它後面也留下在許多世紀之後影
響俄羅斯歐洲領土（European Russia）的有力種子。另一支由挪
威乘長船至地中海的分遣隊，劫掠了這個內海的沿岸，之後才遭到
西班牙與非洲北海岸的阿拉伯等王國費力擊退。第三支遠征隊伍將
斯堪地那維亞的海盜帶到不列顛群島、諾曼第、冰島，不久後就越
過大西洋到美洲大陸。

　　丹麥人與挪威人的關係糾纏不清。有時他們勾結出擊，有時他
們彼此惡鬥，拼得你死我活，但是對於撒克遜英格蘭而言，他們都
以無情禍害的形象出現，他們殘忍得令人無法置信。他們不是食人
族，但都習慣將戰敗敵人的屍體放在大鍋中，插在烤叉上，烹製
勝利大餐。北歐人與丹麥人於愛爾蘭打了一戰之後，愛爾蘭當地居
民——他們本身並不太苛求——對這種令人噁心的習慣表示憎惡，
而假使保持中立立場去問這些蠻族為何如此，得到的答案竟然是
「有何不可？如果他們勝了，也會對我們如法炮製。」據說斯堪地
那維亞的這些獵人從來不會為他們的罪，也不會為他們朋友的死亡
哭泣。不過，可以確定的是，這些出襲作戰隊伍在他們定居的地
方，立刻就顯現出奢侈的習慣。他們沐浴，穿絲質袍服；他們的船
隻攜帶帳篷與床具供岸上使用；他們的戰爭首領在滲透的每塊土地
上都實行一夫多妻制，在東方迫不及待置放許多妻妾。有位從事征
服的首領享有坐擁八百以上姬妾之名；但這大概是聖經裡的描述。
九三六年愛爾蘭人奪下利姆立克（Limerick）時，當地許多之前落
到劫掠者手中的婦女之美，與她們的衣著絲綢刺繡，弄得愛爾蘭人

神不守舍。當然他們不久後就恢復了自持。

　　＊　　　　＊　　　　＊　　　　＊　　　　＊

　　維京人的精神存於長船之中。他們設計的船隻在八、九世紀已經到達完美的境界，它的喫水量很淺，可以揚帆遠溯河流，或者在無數溪流與海灣下錨；它的線條優美，結構柔軟，可以在大西洋最猛烈的暴風雨中行駛。

　　我們對這些船隻知之甚詳。目前已經有六艘船隻被挖掘出來，它們差不多都完美無損。其中最著名的一艘是一八八〇年在挪威戈克斯台德（Gokstad）一個塚中挖掘出來的，它幾乎很完整，甚至連水手的烹飪鍋與西洋棋盤全都具備。有人在一九四四年將它精確地重新量過：這艘船屬於中等規模，從船首至船尾長七十六英尺六英寸，船幅寬十七英尺六英寸，船體中部喫水僅二英尺九英寸。它具有魚鱗式的外殼（Clinker-built），由每邊十六塊堅實橡木船側板製成，用木釘與鐵螺絲釘栓緊，再用動物毛髮編成辮狀的繩索堵好船縫。它的船板皆用紉皮纖維繩索繫住肋骨，給予骨架很大的彈性。它有個用寬鬆未釘釘子的木板所做成的甲板，它的藏貨一定都放在現在已經毀掉的有鎖櫥櫃中。它的桅竿插在一個巨大、牢實的木墩裡面。柯林烏教授說（我日前已經修正了他的描述）：「這個木墩被十分巧妙地撐住，以致於桅竿挺立，紋風不動，船隻輕而有彈性的框架沒有承受任何壓力。」它每邊有十六隻槳，長度不等，分別為十七英尺與十九英尺；較長的槳用在船首與船尾，這兩處的舷緣都高於水線。舷緣的造型都很美，而且穿過在主列板上所切開的環形槳架，都與遮板（shutter）十分配合，將船槳收到船上時遮板便合起來。它的舵安裝在船舷尾側，是個很大的、板球擊球板形狀的短槳，上面裝配著一個活動的舵柄，藉著聰明的設計牢固在船上，而使得葉片能全力發揮。船桅高四十英尺，有配備又長又重的帆桁，使用方帆。它能載較小的船或小舟，發現它時正載有三艘小船。這艘在戈克斯台德挖掘出來的船可載人員達五十人；如果有必要，可另外載三十名戰士或俘虜，在任何天氣下，於海上活動達

一個月之久。

　　正是許多不同尺寸的這種船，載著維京人搶劫文明世界，攻打君士坦丁堡、包圍巴黎、建立都柏林以及發現美洲。它的圖像在我們面前升起，生動且鮮明；雕工精細的龍形船首；高大而呈弧形的船尾；長排的盾牌，黑黃二色交替，沿著船邊擺放；鐵製刀斧閃著光，殺氣沖天。進行過偉大海洋航行的長船，多少都有比較結實的構造，並且有較高的乾舷（freeboard），而一八九二年曾重新製作這艘船的模型，並且由一群挪威航海員，以四週時間航行越過大西洋。

　　然而這個展示海權的一流器械，若是沒有人使用它，就變得一無用處。所有的人都是志願者，在有顯著能力的領導者下組成團隊。在英雄傳說中我們讀過由「鬥士或好漢」組成的船員；船員無疑是從許多申請者當中挑選出來的，他們善於掌舵或划槳，一如他們擅長用劍。相關規定或早期的「戰爭條文」（Articles of War）相當嚴格，在這些船員加入後即立刻管束他們。年紀在十六歲與六十歲之間的人都有機會被錄取，錄取的人都得經過力氣與敏捷度的考驗。婦女不許登船。消息必須對船長單獨報告，在戰爭中所有奪得之物都必須堆起來或放在柱子上，根據規則出售或分掉。戰利品是個人的；也就是說，它並不是根據斯堪地那維亞法律所規定，必須傳給親屬的財產。他有資格要求將戰利品隨他一起埋葬。

　　查爾斯‧阿曼爵士（Sir Charles Oman）說：「如果對戰的一方在任何數目上都與之相等，維京人就常能固守地盤；但是當整個地方居民都被喚醒，許多郡的人蜂擁前來抗敵，他們就必須知道可能會寡不敵眾。」只有實力非凡的艦隊集中在一起的時候，北歐人才敢提議與敵手在曠地一搏。戰鬥不太像搶劫，而且也不是他們的目的。如果這塊土地上有聚集壓倒性兵力，那麼入侵者便會再度上船，駛往某個沒有聚集好兵力的行省重行肆虐。而他們不久後就學會了在陸地上迅速獲得機動的力量。他們一到海岸，就搜盡鄰近的馬匹，載著搶劫物越過土地。他們無意像騎兵那樣作戰，搜尋馬

匹是為了行軍快速。首次提到在英格蘭的這種做法，是在八六六年，當時「異教徒的大軍來到東盎格魯，見到了騎馬的部隊。」[1]

　　當我們在思考這些海上盜賊野蠻的惡行，像任何海盜一樣的可恥，或厭惡他們有如惡徒一般的破壞與殘酷行徑時，我們也必須記住：是紀律、堅毅、袍澤之情、尚武的美德，使他們成為當時世界上遠超越所有挑戰的，最可怕與最大膽的種族。

　　　*　　　　*　　　　*　　　　*　　　　*

　　大約是在七八九年的某個夏日，「天真的英格蘭人在平原上正自得其樂享受清靜，將他們的牛套上犁之際，」消息傳到了國王的官員——多徹斯特（Dorchester）的地方官（Reeve）——那裡，說三艘船已經抵達了海邊。這位地方官「跳上馬，帶著幾個人馳往港口（大概是波特蘭），認為來者是商人而非敵人。他像個有權勢的人發號施令，命令將他們送往國王的城鎮；但是來者將他和與他一起的人當場就殺了。」這只是兇殘鬥爭的牛刀小試；隨著風水輪流轉，這鬥爭還會侵擾、蹂躪英格蘭達二百五十年之久。它是維京時代（the Viking Age）的開始。

　　七九三年，一個元月的早上諾森布里亞海岸林迪恩法恩（Lindisfarne）的富有修道院，突然遭到來自丹麥強大艦隊的攻擊。他們洗劫了這個地方，喫光了牲畜，殺了許多僧侶，帶著豐足的黃金、珠寶、聖徽以及所有在歐洲奴隸市場可能賣得好價錢的僧侶等戰利品揚帆而去。這次襲擊事前經過仔細的策畫，在任何援助能到達這個島之前，海盜便於嚴冬以完全突擊方式執行襲擊。有關這場殘暴殺戮的消息傳遍各地，不僅是英格蘭，而且還及於整個歐洲；教會的大聲吶喊就像是一記警鐘。諾森布里亞人阿爾昆（Alcuin），由查理曼的宮廷寫信回家慰問他的同胞：

　　看！我們與我們的祖先在這塊美好的土地上居住有三百五十年了。以前在不列顛沒有出現過像我們正在受到異教徒所施加的恐懼一樣。他們所完成的這種航行，過去被認為是不可能的。看哪！聖

卡思伯特（St. Cuthbert）的教堂濺上了基督教士的鮮血，它的全部裝飾被洗劫一空。……在那個地方，自從來自約克的保利努斯離去，基督教信仰在我們心中之後，現在開始有了悲痛與災難。……這種悲痛的預兆在之前便出現了。……在約克鎮封齋期（lent）期間，那種血雨代表著什麼惡兆呢？

次年，北歐襲擊者捲土重來，在加洛（Jarrow）登陸。入侵者遭到頑強的攻擊，同時也受到惡劣天氣的騷擾。最後入侵者的「國王」被俘，被處以極刑，逃掉的人將十分恐怖的故事帶回丹麥，以致於英格蘭的海岸有四十年未曾遭到蹂躪。在此期間，維京人無意聚眾入侵或征服，但是卻運用他們的海上力量，在蘇格蘭的東海岸與蘇格蘭島嶼做了些小型的登陸。而迄今在這些島嶼上找到安全靜修場所的修道院群居地，現在卻成了特別容易受傷害的獵物，它們的財富與遺世獨立，都成為最吸引海盜的寶庫。艾奧納於八○二年遭到掠奪與破壞。愛爾蘭的宗教場所也成了吸引搶掠貪婪的獎品，從那時起它們的苦難便沒有休止。教會發揮活力，盡全力修復殘垣頹壁，但維京人的行動擁有很大的選擇權，容許有個恢復的間隔期，然後再捲土重來。艾奧納被洗劫了三次，而啓達（Kildare）修道院被洗劫了十四次以上。

做海盜已經成了穩定的職業，教會是他們永遠的補充寶庫。查理曼時代的歷史學家埃金哈德（Eginhard）紀錄下這些持續不斷的蹂躪，新的恐懼陰影已經傳遍基督教國家。不過，並沒有因此而採取什麼有效的措施，而襲擊的事業如此有利可圖，所以整個斯堪地那維亞的人都想試一下。像一位蘇格蘭歌頌者描寫他們的那樣子：「這些北方國家心情愉快、四肢靈巧、勇敢的紳士們。」每年有不斷劇增的人數揚帆從事劫掠，勝利凱歸而致富；他們的典範鼓舞了所有大膽的人與年輕的後輩。其他艦隊擺出的陣勢更廣，它們侵入地中海。查理曼由納磅（Narbonne）附近一個城鎮的窗口向外凝視，看著這些不懷好意的船隻經常出沒海岸，並發出了令人印象深

刻的警告，怒潮即將來臨。

     *　　　　*　　　　*　　　　*　　　　*

直到八三五年，暴風雨猛然爆發，大約有三、四百艘船隻組成的艦隊，大規模地從事掠奪，划槳駛到英格蘭、法蘭西與俄羅斯的河流。英格蘭的南方經常遭到攻擊達三十年之久；巴黎被包圍不只一次；君士坦丁堡招致猛襲；愛爾蘭許多港口城鎮皆陷落並且被佔據；維京人並在奧拉夫（Olaf）率領下建立了都柏林。許多例子顯示，當時的襲擊者都在被征服的領土上定居下來。瑞典的襲擊者侵入了俄羅斯的心臟，統治河上市鎮，把持住貿易並要求贖金。挪威的維京人來自氣候更加嚴苛的地方，他們發現蘇格蘭的島嶼都很適合定居，他們在昔德蘭群島（the Shetlands）、法洛群島（the Faroes）與愛爾蘭建立殖民地；他們也抵達了格陵蘭與斯通蘭（Stoneland）[2]，揚帆到聖勞倫斯河（St. Lawrence），他們更發現了美洲；但是他們對這一切成就並不重視。

有很長一段時間北歐人在不列顛或法蘭西沒有得到永久的據點。直到八六五年歐洲大陸的抵抗已經暫時變得更頑強之後，丹麥人才開始大舉入侵諾森布里亞與英格蘭東部。

撒克遜英格蘭在這個時候正好比令人垂涎欲滴的果實，等待他人收割。入侵者闖入了一度由「撒克遜海岸公爵」防護的整個東海岸，將帝國的堡壘化成了廢墟，埋葬在土裡達好幾個世紀之久。羅馬的平底長船並沒有在巡邏航道上搖槳，帝國政府並沒有指派偉大統帥或軍團馳援。而這裡到處都是大修院、教堂，甚至大教堂；它們在這個飢餓的時代擁有金錢、珠寶等寶藏，還有大量儲存的食物、酒以及那些為人所知的奢華之物。虔誠的英格蘭人十分實際地接受付錢給教會便可以解決罪惡的觀念。他們的罪很多，而且經常懺悔，教會也因此興旺了起來。這裡到處都是利劍可以輕易贏得的獎品。

英格蘭人從過去就對教會做不當的奉承，這時候還加上了處置失當的軍事管理。他們的防禦制度被修改，以便在寸草不生的山地

保護古代不列顛人的劫後餘生者，或防禦阻止撒克遜鄰居入侵的邊境。地方貴族響應其首領或國王的召集，可以要求身強力壯的耕植者在自己的地區服役四十天左右。這些勞役都是心不甘情不願的，一旦結束之後，軍隊便行解散，而不會注意到可能在活動中的敵人，也沒表現出在遭受到可能的戰爭時所能發揮的效用。現在英格蘭人遭遇一種不同形式的敵人。丹麥人與挪威人不僅有海上武力長久以來授予的突擊優點，他們還表現出在陸上的活動力與技能。他們吸收了強化營地的習慣，幾乎和羅馬人完全一樣，而他們的戰略也受到高度的稱讚。在這些策略中，「佯退」是最頂尖的一招。我們一再談到英格蘭人讓異教徒大軍潰敗，但是最終丹麥人都佔據了戰場。有一天他們的領袖正在圍攻一個城鎮，這時卻宣布他要死了，並請這個地方的主教為他舉行基督教葬禮。這位值得尊敬的主教對這項皈依感到高興，同意允其所請；但是當去世維京人的屍體被帶入市鎮以便舉行基督教葬禮時，陪伴在屍體身邊的人才被發現都是貨真價實的武裝戰士，他們喬裝打扮穿著喪服。後來他們毫不費事地洗劫屠殺。關於維京人的作戰風格與習俗，有許多這種經由側面告知得到的消息。事實上，他們都是有史以來曾經出現過的最膽大妄為、陰惡險詐的海盜與貪得無厭者；而且由於撒克遜人的組織缺點很多，再加上這個時期的情況，維京人比起任何模仿其熟練手法的那些人，能夠更加充分地實現他們的欲望——而欲望漫無止境。

       *   *   *   *   *

在維京人的傳說中，這個時期沒有人比雷格納‧羅德布洛克（Ragnar Lodbrok）或「毛馬褲」（Hairy-breeches）更著名。雷格納在挪威出生，但是他與丹麥統治家族有關聯，在年輕時便已是襲擊者，「跨海西征」是他的座右銘，他的船首已由奧克尼群島（the Orkneys）排列到了白海。八四五年雷格納率領維京艦隊溯賽納河而上攻擊巴黎。這場殺戮後來退敗了，因為瘟疫在未能預見的情形下對這些海盜從事報復。之後他率領機動部隊轉向攻打諾森

布里亞，在這裡命運再度逆行。根據斯堪地那維亞的故事，雷格納被諾森布里亞的埃拉國王（King Ella）所擒，丟入蛇穴就死。他在一大堆盤繞在一起、令人討厭的奎蛇[3]之中唱完了他的死亡之歌。雷格納有四個兒子，而當他躺在這些分泌毒液的爬蟲當中，他發出了有力的威脅：「如果小豬們知道老公豬在過什麼日子，牠們現在就會發出不平之聲。」北歐的吟唱詩人告訴我們他的兒子接到了這個消息時的情景。「錚錚硬漢」比約恩（Bjorn）緊抓住他的矛柄，指甲印都留在上面了。費特司克（Hvitserk）正在下棋，但是他手指將棋子抓得太緊，血開始從指甲流了出來。「蛇眼」西格德（Sigurd）正用刀修著指甲，而不停地修到冒出骨頭。「無骨」伊瓦爾（Ivar）要求知道他父親被處決的細微末節，他的臉「變得忽紅、忽青、忽而蒼白，他發怒到要氣炸了。」[4]

有一種復仇的規定——兒子應遵照這個方式向他們父親的兇手報仇。人人皆知此為「血紅的鷹」（Blood-red eagle）：兇手的肉與肋骨必須割下來，以一種似鷹的形態鋸開，然後盡孝的兒子用他的手把仍在跳動的肺扯出來。這就是傳說中埃拉國王遭到的末日。但是英格蘭實際遭到的後果很嚴重。「無骨」伊瓦爾是一位長於指揮、擅於奸詐的戰士，他是九世紀最後四分之一的日子裡斯堪地那維亞入侵英格蘭的幕後主使人物，他策畫征服東盎格魯、在諾森布里亞的德拉（Deira）、麥西亞等地的偉大軍事行動。直到之前為止，伊瓦爾都一直在愛爾蘭作戰，但後來他於八六五年出現在東盎格魯。八六六年春天，他以船隊為主組織大軍，此時全都不為戰鬥而為爭取機動而登上駿馬，沿著羅馬大道北馳，並渡過恆伯河。

伊瓦爾包圍約克。而——太遲了——之前侍奉兩位敵對國王而各擁其主的諾森布里亞人，現在忘記了他們的宿仇，團結一致。他們在約克城前攻擊丹麥大軍。起初他們很成功，異教徒被逐退到城牆邊。但是城中的防衛者突然出擊，在一片混亂中維京人大砍大殺，將他們全部擊敗，也殺掉了他們的兩位國王，完全摧毀了他們

的抵抗力。這就是諾森布里亞的末日。英格蘭的北部永遠再也未能恢復它之前的權勢。

就像霍奇金（Hodgkin）對它所做的記述：

學校與修道院都衰退而走入晦暗或蕩然無存；曾經產生貝德與阿爾昆，曾留下名為盎格魯藝術的偉大石製十字架，做為盎格魯詩文——凱德蒙（Caedmon）所寫詩歌與《基督受難十字架的景象》（the Vision of the Rood）——的這個王國，隨著八六七年戰敗後，沈落到晦澀蠻族習俗的舊生活中了。……一個王朝被粉碎了，一個宗教半死不活，而一個文化歸於野蠻。【5】

德拉姆（Durham）的西米恩（Simeon）在約克這場災難性的戰役一百五十年之後著述，強調這些悲嘆之情：

大軍到處襲擊，使得每個地方都血流成河、悲傷哀切。襲擊者到處使用火與劍破壞教堂與修道院，當他們離開一個地方時，當地除了沒有屋頂的牆壁之外，沒有留下任何豎立的東西。毀滅是如此之鉅，以致於今日幾乎都看不到那些地方所留下的任何東西，也看不到它們從前偉大的任何跡象。【6】

但是伊瓦爾的目標是征服麥西亞——所有的人都知道，這個地方幾乎一百年來都代表著英格蘭的實力。伊瓦爾陳兵在諾丁罕（Nottingham）前面，麥西亞的國王向西塞克斯求援，西塞克斯的國王已經去世，他的兩個兒子——埃塞雷德（Ethelred）與阿爾弗烈德答應允其所請，行軍馳援，並且與他聯手攻擊圍城者的陣線；但是麥西亞人臨陣退縮，寧可陣前談判。伊瓦爾在戰爭中打打談談，他不曾危害約克與里朋（Ripon）的教堂，他願意在諾森布里亞立一個名為埃格伯特（Egbert）的人做傀儡國王。而在結束八六八年的軍事行動之後，藉著一項成為諾丁罕之主的條約，伊瓦爾便

在約克過多以鞏固自己的力量。

　　在丹麥人從事他們令人懼怕的征服事業，由東盎格魯延伸，降服麥西亞、蹂躪諾森布里亞之際，西塞克斯王與他的兄弟阿爾弗烈德建立了他們的實力。他們的命運在天平上精密而危險地移動，以致於只要在他們的負擔上增添最小一點砝碼，都將是生死攸關。因此當伊瓦爾在破壞了諾丁罕條約，讓東盎格魯的國王埃德蒙德受盡磨難之後，突然離開英格蘭而且不再回頭時，那可是一種解救。烏斯特（Ulster）的編年史解釋說奧拉夫與伊瓦爾──挪威人的兩位國王──於八七○年再度由蘇格蘭到都柏林來，「非常大的一批俘虜，英格蘭人、不列顛人、皮克特人都被當作戰利品帶往愛爾蘭」。但是當時也有這樣最後的登錄：「八七二年。伊瓦爾──全愛爾蘭與不列顛的挪威王──結束了他的生命。」伊瓦爾征服過麥西亞與東盎格魯，他奪下斯特拉斯克萊德王國的主要據點──敦巴頓（Dumbarton），滿載掠奪物，看起來英勇無敵，後來在都柏林定居下來，兩年後在那裡安然去世。虔誠的編年史家描述說他「睡在基督懷中」，如此一來他生前死後或許都擁有最好的結局。

＊　　　　＊　　　　＊　　　　＊　　　　＊

　　之後來自丹麥的襲擊者每年都會停留得較久一點。在夏天，艦隊就開來搶劫與破壞；但每年的發展趨勢都愈來愈像是來這塊比較溫和、比較青翠的土地遊蕩玩耍。戰士們因為進行襲擊而長期離鄉背井，而這塊被征服的土地確實夠好，好到最後他們決定將妻子與家人接過來居住。在海盜與劫掠之後，拓居的過程也在發展。但是丹麥人的拓居地與之前撒克遜人的拓居地並不相同；它們都是大軍的營地，其邊界是由一連串有防禦工事的城鎮所供養的戰鬥前哨。斯坦福、諾丁罕、林肯、德比（Derby）、列斯特都是新的入侵武力的基地，在這些前線基地的後方，作戰十年的士兵都會變成下一個十年的殖民者與地主。丹麥人在英格蘭的居留地主要都是軍事方面的。他們用劍開路，然後在這土地上生根住了下來，這種戰士型的農夫一開始便堅持擁有與普通農民不同的身分，他們在這土地上

定居，沒有任何團結的國家組織能將他們驅走。撒克遜人原來是不為人知的海上後裔，他們待在這裡已有四個世紀之久，有資格被認為是這塊土地的擁有者，而現在他們幾乎完全屈服於丹麥人的入侵。就如同歷史上每個重大變動的關頭一樣，他們之所以沒有對入侵者完全屈服，全都是由於在一個混亂與衰敗的紀元中，會突然像幽靈般出現一位偉大的歷史人物，拯救生民於水火之中。

【1】　Anglo-Saxon Chronicle, A.D. 866.

【2】　即現今的拉布拉多。

【3】　譯注：歐洲的小海蛇。

【4】　From the Vikings and ther Voyagers, by A. Maclallum Scott, "The Universal History of the World," ed. J. A. Hammerton, vol. iv.

【5】　R. H. Hodgkin, History of the Anglo-Soxons, vol. ii, p.525.

【6】　Quoted in Hodgkin, vol. II,p.524。

第七章　阿爾弗烈德大王

我們在阿色耳（Asser）的紀錄中，已經頗為詳細地得知阿爾弗烈德的故事。阿色耳本來是聖大衛修道院的一位僧侶，後來成了瑟本（Sherborne）的主教。這位主教很自然會詳述了他心目中這位英雄的宗教態度與道德特質；但是我們必須記住，儘管阿爾弗烈德健康不佳，他仍以身為獵人而知名，他的父親在他童年時曾帶他前往羅馬，因此他對這個大千世界有生動的體會。阿爾弗烈德一開始擔任他哥哥埃塞雷德的副指揮，而埃塞雷德就是國王。他們兩人之間並無任何妒嫉之事，但是脾氣顯然有異：埃塞雷德的宗教觀傾向於認為信仰與祈禱是降伏異教徒的重要因素，而阿爾弗烈德雖然也很虔誠，卻更強調政策與武力。

在較早的年代，麥西亞國王的地位從來都不很出名，而其國王都犯下了嚴重的錯誤，與坎特伯里的主教轄區發生爭執。八二五年，麥西亞的軍隊入侵西塞克斯，被阿爾弗烈德的祖先——國王埃格伯特——在斯文敦附近的艾南敦（Ellandun）擊潰了，整個南部與東部都趕快與這位勝利者謀和，而大主教的所在地肯特，與當時英格蘭的首席王國西塞克斯聯合起來，建立一個很紮實的南方集團。這件事本來就是西撒克遜人許多世代以來的政策目標，如今則及時地在對抗北方的入侵之時達成。西塞克斯很有戰略地位，它以面北的尖峭山脊為屏障，這裡沒有任何一條像過去得以讓丹麥人用他們的長船深入麥西亞心臟的那種又長又緩慢的河流。此外，西塞克斯還發展出一種地方組織，使它受到攻擊時有優秀的恢復能力：位居郡首之尊的郡長（alderman）可以視情況而自由行事。這種制度事後證明有很多優點。在限定的地區內為了民政或軍事目的，各自接受一位指揮或統督的治理，或僅由一位國王親自將部落團結起來，這在古代部落王國當中是一項重大進步。當肯特、諾森布里亞與麥西亞的王朝都消失了的時候，所有的眼光遂都轉向西塞克斯，那裡有個皇室，這個皇室在最初幾年不停歇地走回到撒克遜人的拓

居地。

　　丹麥人佔領了倫敦，他們的大軍並在里丁（Reading）自行加強防務，而當時倫敦尚未成爲英格蘭的首都，而只不過是麥西亞王國的城鎮。他們再向前推進，在柏克郡的高原上遇到西撒克遜的武力，就在此處，八七一年一月發生了亞士當（Ashdown）戰役。雙方都將其軍力各自交由兩人指揮。埃塞雷德因爲祈禱而耽誤了作戰時間。維京人持著彩繪鮮明的盾牌與旗幟，他們的華美裝飾與金手鐲，使得西撒克遜人有些相形失色。維京人慢慢地迫近，將盾牌與武器敲得嘩啦啦直響，並且發出綿長而重複的、目中無人的吶喊，雖然沒有大量使用弓箭，但標槍戈矛開始橫飛。國王仍在祈禱，有人警告他說必須馬上加入這場戰役，但他卻對大家宣布上帝至上。根據阿色耳主教曾「眞正目睹」的記述：

　　但是阿爾弗烈德看到異教徒迅速來到戰場準備作戰，……不能再忍受敵人的攻擊，他必須選擇整個撤退，或是不等待他的兄長便開始打起來。最後他像隻野豬，領著基督教的軍力勇猛地對抗敵軍。……事實上國王尚未駕到。因此，靠著上帝的指引與依賴祂的幫助，阿爾弗烈德有條不紊地命令士兵排成盾牆（Shield-Wall）陣式，並且隨即揮動他的軍旗以此陣勢對抗敵人。[1]

　　這場戰鬥時間漫長，打得相當辛苦。埃塞雷德國王已經盡了他精神上的職責，馬上與他的弟弟會合。主教說：「異教徒已經奪下了高地，基督徒必須仰攻山丘。在那裡我們看到一棵發育不全的刺棘樹（thorn-tree），然後雙方隊伍在這棵樹四周遭遇，所有的人都大聲吶喊——其中一方爲了做惡行歹，另一方則爲生命與他們所愛的人及鄉土而戰。」最後丹麥人讓步，被一個勁兒猛追，逃回里丁去了。丹麥人夜幕低垂也在奔逃，他們整夜與次日都在逃；整個亞士當的土地——意謂柏克郡的丘陵——都遍布他們的屍首，其中還有一位維京國王與他五位伯爵的遺體。

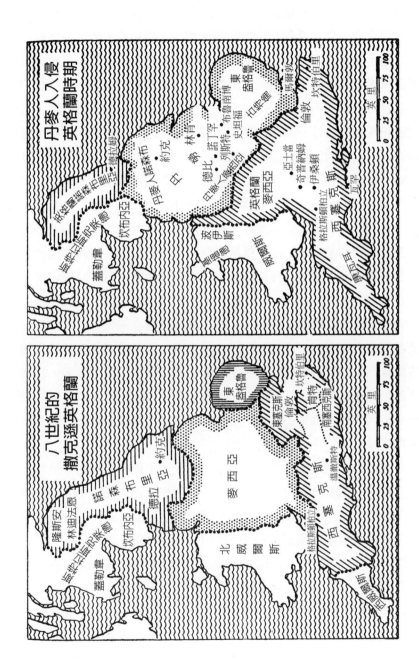

　　這場勝利並沒有粉碎丹麥大軍的力量；兩週之內他們又來到戰場。但是亞士當之役在歷史性的衝突當中，由於茲事體大而佔有一席之地。如果西撒克遜人被擊敗了，整個英格蘭就會陷入異教徒之手而成為無政府狀態；因為他們打贏了，所以這個島嶼上的基督教文明逐得以存在而不滅。這是入侵者在這個戰場上的首次敗績，撒克遜王國中的最後一個王國抵擋了外來的侵略，而阿爾弗烈德則讓撒克遜人再度對他們自己產生信心。他們可以在公開戰鬥中守住自己的土地。這場在亞士當衝突的故事都是撒克遜作家一代代珍藏的記憶，它是阿爾弗烈德初出茅廬的第一仗。

　　八七一年一整年兩軍都在死戰。國王埃塞雷德不久後病逝，雖然他有年輕的子女，但誰是他的繼任者則毫無疑問。阿爾弗烈德年方二十四即當上國王，在風雨飄搖之際繼承大統。戰鬥時起時落，勝負不定，丹麥人從海上大量增援；所稱的「夏軍」（summer army）「數量多到數不清」，「急於對抗西撒克遜大軍」，抵達此地並與他們會合。一共打了七、八場大戰，就我們所知，丹麥人通常都掌握戰局。阿爾弗烈德大約登基一個月之後的某個夏天，在威爾頓（Wilfon）——自己國家的心臟地帶——確實遭到敗績。他的士卒因為死亡與逃棄而減少，維京人在戰場上佯裝撤退的計謀再度獲得了成功。

　　在這場不幸之後，阿爾弗烈德認為在他仍擁有軍隊時，最好與敵人謀和。我們不知道情況如何，不過無疑這麼做得支付重大款項。《編年史》（Chronicle）簡潔地提到：「撒克遜人與異教徒謀和，條件是後者應當離開他們的領土，而後者也這樣做了。」不過實際上維京人花了三、四個月的時間才撤退到倫敦，似乎是在等待對方支付丹麥金。然而阿爾弗烈德和撒克遜士兵在所有這些戰鬥中已經使維京人深信他們的武力不容小覷，而且藉著這項不光彩的條約與頑強的軍事行動，阿爾弗烈德獲得了五年時間來鞏固他的權力。

　　現在很難去分析導致丹麥人與阿爾弗烈德講和的原因。他們都

確信只有長期血戰，才能做西撒克遜的主人；雙方都愛好戰爭，而且曾經激戰，兩方除了傷疤與屍首之外，都沒有什麼其他好炫耀的。但是阿爾弗烈德常常指望入侵者本身內部意見分歧，而這些分歧在異教徒軍中所產生的緊張，證明了他的策略有理。

丹麥人仍舊掌握著倫敦，一面後移到當時已完全臣服的密德蘭。「麥西亞人已與這軍隊講和。」麥西亞的國王伯格雷德（Burgred）於八七四年被逐出海外，在教廷的憐憫庇佑下死於羅馬。阿色耳說：「在他被放逐之後，異教徒便將麥西亞人的整個王國收歸於他們領主的管轄之下。」他們使用到現在也常有人仿效的方式治理當地：找了一位當地人，那個人在獻出了人質以及發誓「他不會阻撓他們的願望，以及會對任何事都順從」之後，成了一位傀儡國王。

＊　　　＊　　　＊　　　＊　　　＊

但是在這個世紀最後四分之一的時間中，微妙、深刻的改變籠罩整個「異教徒大軍」（Great Heathen Army）。阿爾弗烈德與西塞克斯的人民都證明是很頑強的敵人，而且不易臣服。有些丹麥人想在他們已經占領的土地上定居，其餘的人則想在適當的時刻繼續作戰，直到征服整個國家為止。或許這兩股人行動一致，前者提供可靠及牢固的基地，後者作為遠征的武力。因此，在打垮斯特拉斯克萊德王國，帶走了農業倉儲與工具之後，差不多半數的海盜在諾森布里亞與東盎格魯定居了下來，他們在此耕地維生。這是一大改變。我們必須記住他們的紀律與組織：船艦團隊，一起行動，從此便在陸上像士兵一樣作戰，他們所有拓居地都是軍事組織。水手變成了士兵，士兵變成了自耕農。他們保留著獨立精神，為了重大目的而受到袍澤之情與紀律的規範，而獨立精神正是這個長船種族的命脈。

英格蘭的整個東部因此接納了這一類耕種者，他們除了共同防禦的目的之外，不對任何人表示忠誠；他們已經用劍贏得了土地，只對能使他們保有土地的軍事組織效忠。由約克郡到諾福克一帶，

這類強壯挺拔的人遂落地生根。隨著時間的逝去,他們忘記了海上生涯,他們忘記了干戈征戰,只想到土地——他們自己的土地。他們喜歡這種生活,雖然他們足以稱得上是有技術的農人,但卻沒有什麼可以用來教導原住民;他們沒有帶來新的工具或方法,但是他們下定決心學習。

他們並沒有完全依靠他們自己的勞力,他們一定利用了以前的土地所有主與其農奴。土地都依照能支撐一家人生計的單位予以分配。在規定的條件下以及一定的時間內八條牛所能犁掘的範圍,成了保有地(holding)的衡量尺度,而學者對這尺度頗多爭議。他們本身苦幹實幹,但是顯然也使用當地人民。

因此丹麥人的拓居地在許多方面都與四百年前撒克遜人的拓居地有異,不過倒是都沒有驅除原住民之意。兩種語言之間並無極大差異,而生活方式、耕種方法也都十分相合。殖民者——他們當時已經變成那樣了——將他們的家人自斯堪地那維亞接來,但是他們一定也與徵用的英格蘭人建立起自然的人際關係。這些健壯的,以劍為傲而且成功使用劍的個人,其血液自此混入這個島嶼民族之中,讓這個島嶼民族添加了一種活潑、有力、持久與復甦的特質。就像加入相當少量特別金屬的合金而使得鋼鐵變得更堅硬一樣,這種以土地所有權為基礎的強烈個人主義傾向,後來不僅在血液中,而且在英格蘭政治上扮演了堅定不移的角色。在亨利二世(Henry II)的統治時期,在失序許久之後,制定了偉大的法律,開放了王室法庭,這些堅強農夫的子孫——不僅只是「佃農」(sokemen)或獨立的農人,還有地位更小的人們——都被認為仍非常有自信。此外,三百年的苦難也不曾摧毀他們原有的堅定性格,也沒有摧毀他們對於這塊被征服土地的深情。這些傾向在英格蘭歷史中繼續扮演著閃爍發光的角色。

這些被改造與被安撫的海盜或水手,隨身帶來了許多丹麥的習俗。他們有個不同的標記法,如果他們聽到這個標記法被描述成「十二進位法」(duodecimal system)則會感到驚惶。他們以十二

代替十來思考。而在我們自己的日子裡，在東盎格魯的某些地區，在市集日還可以聽到「長的一百」（即一百二十）這個說法。

　　他們對社會正義有個看法，與莊園制度下撒克遜人所抱持的看法不同。他們的習慣法漸漸成形，這無疑是對於撒克遜習慣法的改進。

　　我們沿著東盎格魯進入一個丹麥的影響力持續存在的區域。早在諾曼征服（the Noman Conquert）之前，它就發展出一種特殊形式的農業社會，保留著許多斯堪地那維亞的特色，自由人身分的農夫在其中持有他自己的特色，成功地抗拒當代走向莊園制度的趨勢。[2]

　　斯堪地那維亞人統治的英格蘭出現了自由的農民人口，不過稅賦與防禦的重擔，使這些人在西塞克斯與英格蘭的麥西亞都生活艱難。他們與原來的入侵者關係非常密切，以致於學者們要從十一世紀的「土地清丈冊」（the Domesday Book）當中尋找方法，才能推估維京人軍隊在九世紀時的規模。我們不久後將目睹盎格魯撒克遜的君主即使在對抗丹麥人的戰鬥中獲得最後勝利之後，仍然在他們定居的地區——即所知的丹勞地區（Danelaw）——提供公正而表示敬意的條件。這種情況一直到他們皈依基督教之後才改變，這些種族不可避免地被融入在一個國家的身體與靈魂裡。這些考量可能恰當地填補上阿爾弗烈德靠著英勇戰鬥與政治上的丹麥金所得到的五年喘息時間。在這段時間裡，維京人的領袖哈夫丹（Halfdene）像伊瓦爾一樣離開了人間，受到破壞與劫掠的教會對他的殘暴予以回報，上帝終於宣布懲罰他，使他瘋狂，並且身帶異味，讓他的同伴都忍受不了。

　　在丹麥人蹂躪的諾森布里亞境內的林迪斯法恩，傳說著一個悲慘的故事。喪失地位的僧侶放棄了他們遭到蹂躪、污染的聖堂，肩上扛著聖卡恩伯特的遺體與聖艾丹的遺骨。在七年的海陸兩路朝聖

之後，他們自己在史翠河旁的切斯特（Chester-le-Street）以聖卡恩伯特的教會財產重新建立教堂。在整個北方對於聖卡恩伯特的尊敬，為他的主教轄區帶來了很多的財富，以致於九九五年它的主教開始在德拉姆的岩石上建一座大教堂。聖卡恩伯特的遺骨就收藏在那裡，他的聲望甚隆，直到十九世紀德拉姆的主教都是「公國君主兼主教」（Prince-Bishops），在英格蘭東北部有很大的權力。

　　*　　　　*　　　　*　　　　*　　　　*

　　阿爾弗烈德以高價買到的停戰時間過去了。古特倫（Guthrum）——異教徒軍隊裡機動性高又好戰的新領袖——已經擬定了征服西塞克斯的大計。陸上軍隊向接近波特蘭岬（Portland Bill）的瓦罕（Wareham）挺進，海上部隊則在普爾港（Poole harbour）與古特倫會師，他們在這個區域為自己設防，並且開始從四方襲擊，猛攻阿爾弗烈德的王國。這位審慎的國王設法求和，提出賠償，在此同時他似乎很有可能已經在瓦罕非常靠近敵人，包圍住陸上的敵軍部隊。丹麥人收下了黃金，並且「憑聖戒發誓」他們會離去，並忠實遵守和約；但隨即他們使用了所有形容詞都不足以形容的奸計，他們突然飛奔而至，奪取了艾克希特（Exeter）。阿爾弗烈德命令他的步兵全部上馬隨後追趕，但是到達得太遲了。「他們都藏在要塞之中，使人無法與之對戰。」但是讓所有的異教徒知道毀誓的結果吧！一場可怕的暴風雨痛襲海上敵軍部隊，而部隊正設法從海上與他們的同志會師。他們在斯溫納吉（Swanage）附近遭到暴風雨的打擊，那個時候咸信它是由萬能的神親自指揮。一百二十艘船隻沈沒，而這些發假誓的搶劫者全都罪有應得，死亡超過了五千人，因此整個仔細設定的計畫便四分五裂。阿爾弗烈德看守與圍困著艾克希特，在八七七年發現他的敵人有心再締和約。他們以更為順從的莊重誓語發誓守約，不過他們守誓大約只有五個月。

　　在八七八年元月，阿爾弗烈德的運氣大為逆轉。他的總部與宮廷都位於威特郡的奇普納姆（Chippenham）。當時為主顯節前夕

（the Twelfth Night），撒克遜人在這些苦惱的日子裡以慶祝教會的節慶來使自己爽快，振奮一下，因此離開防衛崗位去做虔誠的禮拜，或者甚至喝醉了。肆虐的敵人乘機襲擊，而西塞克斯的軍隊本來是泰晤士河以南英格蘭的唯一保證，正在被打得潰不成軍。許多人被殺，大部分的人溜回他們的家裡，一支很強大的分遣隊逃到海外。難民逃到法蘭西向法王求助，雖然希望渺小。只有一小撮官員與私人隨扈自行隨同阿爾弗烈德躲在索美塞特（Somerset）的沼澤與森林中，以及泥沼環繞的阿薩爾尼島（Athelney）。這是阿爾弗烈德運氣中最差的時刻，甚至要過幾個月之後他才能夠開始打游擊戰。阿爾弗烈德「在苦難中與侍衛武士及家臣過著不安寧的生活。……因為他身邊已經沒有糧食可以供應，所以他經常出擊，偷偷或公開地從異教徒與臣服於他們統治之下的基督徒那裡搶東西。」他像很久以後羅賓漢 [3]（Robin　Hood）在社塢林 [4]（Sherwood Forest）那樣子過活。

　　這是為每個時代孩子們製作那些玩具的重大時刻。我們看到這位戰士兼國王化裝成遊唱詩人在丹麥人軍營中彈豎琴，我們看到他表演，充當撒克遜主婦的廚房小廝。阿爾弗烈德與餅乾的故事首先出現在阿色耳主教所著傳記的最後版本裡，它是這樣說的：「阿爾弗烈德大王當時在牧牛人那裡短暫棲身。有一天發生了這樣的一件事，身為牧牛人妻子的村婦要烤麵包，國王正在爐邊準備他的弓箭與其他武器，而這位婦人看到麵包因而都燒起來了；她衝上前去將麵包自火上移開，一面用下面這些話（奇怪的是，這些話以拉丁文六步格的詩原封不動地記錄下來）斥責這位勇敢的國王：『哎呀，小伙子，你看到麵包燒起來了，為什麼不將它翻動一下，尤其你是這麼喜歡吃熱的麵包。』這位被誤導的婦人根本沒有想到她正面對曾經與異教徒奮戰，並且贏得許多次勝利的阿爾弗烈德國王講話。」昔日堅決的英格蘭人運氣很背，古代不列顛的直系子孫被圍困在山中，很可能正咧嘴笑著——邋遢、悲慘，但是尚未被征服。

　　丹麥軍隊的領袖在這個時候都確信支配權已經在他們的手中。

而對西塞克斯的人民而言，似乎一切都已經成了過去，他們的部隊被驅散了，國家被侵佔了；他們的國王如果還活著，也是藏匿中的逃犯。阿爾弗烈德能夠在這樣子的困境中充分運用他的威權，與他的臣民保持接觸，正是其特質的絕佳證明。

在封齋期接近尾聲之際，丹麥人遭到了未曾預期的不幸。二十三艘船的船員，在威爾斯施暴肆虐之後駛往德文，行軍去攻擊阿爾弗烈德在艾克斯木（Exmoor）的一個據點。這個地方易守難攻，但是

在包圍艾克斯木時，他們以為國王的武裝待衛會馬上因為飢渴而棄守，……因為這個堡壘缺乏水的供應。

在基督徒忍受任何那樣的折磨之前，受到蒼天的啓示，認為不管是戰死或是得勝都會比較好，因此在天亮時，他們突然衝出去抵抗異教徒。在第一次攻擊下，他們便使得大多數敵人伏屍沙場，包括他們的王。僅有少數奔得快的人，逃回到他們的船上。[5]

八百名丹麥人被殺，戰利品包括一面被施了魔法，稱為「渡鴉」的旗幟。據說它是雷格納·羅德布洛克的三個女兒在一日之間縫成的，「在每次戰役中，他們都以這面旗幟做他們的前導。如果他們將要打勝仗，圖案中央的渡鴉便似乎展翅欲飛，彷彿它是活的。」但這一次它並沒有展翅，而是毫無生氣地掛在它的絲絨摺層中。這個事件證明丹麥人是不可能在這些情勢下得勝的。

阿爾弗烈德因為這個消息而感到振奮，再度上戰場而繼續對敵人從事「綠林好漢之戰」，同時派遣他的信差，決定五月底召集民兵。這消息獲得普遍迴響，國王也仍然受人愛戴，他活在世上並且活躍的消息在各地都引起了歡騰，所有的戰士又歸來重聚。畢竟，這個國家仍陷入被征服的危險中，國王是位英雄，而戰士們總都可以再度返家。索美塞特、威特郡與漢普郡的部隊都集中在雪爾塢（Selwood）附近。靠近這三個郡的某個地點被選中了，我們可以

由此看到阿爾弗烈德還得窮研戰術。不過在此又有一支軍隊，「看到了國王，他們接待他，彷彿他在經過那極大的苦難之後死而復生，他們的心中都充滿了喜悅。」

在士卒熱情退去之前必須力求一戰。丹麥人仍在奇普納姆享受他們的劫掠物。阿爾弗烈德挺進到伊桑頓（Ethandun）──現今的愛丁頓（Edington），並且就在這光禿禿的高原上打了他所經歷戰爭中最大型、達到最高點的一場戰役。一切都賭下去了。雙方的戰士都下馬步戰，馬匹都送到部隊後方。士兵排成了盾牆，鎧甲彼此撞擊，他們用刀劍與斧頭戰了好幾個鐘頭。但是異教徒因為違背誓言，已經失去了上帝的恩寵；最後由於這個或是其他的原因，他們從這個殘酷、劍斧交鳴的戰場上逃走了。這一次阿爾弗烈德的追逐成果輝煌。維京人軍隊裡的國王古特倫，英格蘭王國最近的主人，發現他自己被困在軍營中。阿色耳主教說：「異教徒因飢寒交迫、恐懼萬分，終於滿懷失望，乞討求和。」他們提議不講價，阿爾弗烈德想帶走多少人質，便帶走多少。

但是阿爾弗烈德的眼光放得更遠，他竟然想要這些野蠻的敵人皈依基督教。將施洗當作戰敗的處罰可能失去它的宗教特質，畢竟宗教的運作是很神祕的，但我們仍禁不住詫異為什麼這些堅強的劍士與海盜能在一天之間有所改變。的確，對被擊敗的維京人軍隊而言，這些集體皈依已經成了一種形式。據說有一位年老的退伍軍人宣稱他曾經這樣施洗了二十次，並且抱怨供應給他的白麻布僧袍（alb）沒有達到中等的標準。阿爾弗烈德有意與古特倫締結持久的和約，他將古特倫與其軍隊掌握在手中。他原本可以使他們受困糧竭而被迫投降，屠殺他們到只剩下一個人，不過他反而期望與他們平分土地。這兩個種族，儘管給予或受到可怕的傷害，仍應當和睦共處。阿爾弗烈德在軍營中接見古特倫與三十名海盜首領，他擔任古特倫的教父，將古特倫由聖洗盆（font）中拉起來。阿爾弗烈德款待古特倫長達十二天之久，給予古特倫及其戰士價值連城的禮物；他稱古特倫為兒子。

這種克服整個情勢力量的最高權力，在大勝或大敗時都能維持不偏不倚，在面臨災難之際不屈不撓，在命運好轉時仍冷靜以對，在一再受到背叛後仍舊對人保持信任。這一切特質提高阿爾弗烈德的形象，使他位於蠻族戰爭的混亂之上，而臻於不朽榮耀的顛峰。

*　　　*　　　*　　　*　　　*

在伊桑頓勝利之後的十四年間，沒有出現任何嚴重的丹麥人攻擊事件，根據當時的標準，儘管人心不安、社會動盪，但仍見得到和平。阿爾弗烈德努力不懈使王國強盛，他對丹麥人在東盎格魯定居感到滿意，而且與受到騷擾的麥西亞王國培養出最好的關係，而麥西亞王國是丹麥人的屬國，儘管丹麥人大體上並未佔領這個王國。八八六年阿爾弗烈德將他的長女嫁給護國公埃塞雷德，而埃塞雷德正在努力承受逃亡的國王伯格雷德丟給他的負擔。麥西亞王室與西塞克斯王室已經互相通婚數次，這種做法最後保證了南方與密德蘭的合作。

這種統一的結果首先便是八八六年倫敦的復甦。倫敦長久以來是基督教英格蘭的商業中心，古羅馬曾經認為在位於泰晤士河所有道路與海路交匯之處的這個橋頭堡，可以發展為這個島嶼上最大的商業兼軍事中心。現在這個城市即將要成為國都。我們在《編年史》中讀到：「阿爾弗烈德國王恢復了倫敦。所有的英格蘭人——他們之中那些擺脫丹麥束縛的人——都求助於他，然後他就將這個市邑交給郡長埃塞雷德管理。」重新獲得倫敦似乎曾經歷過不少激戰與殺戮，但是關於這件事卻不曾有任何記載，我們知道的僅僅是表面事實而已。阿爾弗烈德在勝利之後，把民眾組織成一支能夠作戰的防禦武力，並大力整頓他們的城牆。

阿爾弗烈德國王主要致力於恢復防禦，以及提高西撒克遜武力的效率。他改組「民兵」，將它分成兩類，實施輪流服役，雖然如此軍力可能較小，但是務農士兵（peasant soldier）卻受到鼓勵不會在長時間的軍事行動中逃亡，因為他們知道他們的土地正受到半數留在家中的民兵照顧。阿爾弗烈德的改革溫和，顯示他必須克

服很大的困難，並且證明了當時即使國家在存亡危急之秋，都幾乎不可能使英格蘭人備戰。阿爾弗烈德藉著市邑加強全國防禦，由英格蘭海峽而下，然後越過塞汶河口，回到泰晤士河谷，各自指定一個區域，派人看守城牆並且修補防禦工事。阿爾弗烈德也看到英格蘭海權的願景，因為要在一個島上獲得安全，就必需掌握海洋。他在船艦設計上做了很大的新進展，希望能以數量較少但體積大很多的船艦，以寡擊眾打敗維京人在船隻數目上的優勢。這些結論直到最近才變得過時。

　　然後阿爾弗烈德國王下令比照丹麥人的戰艦長船來建造，這種長船比其他的船幾乎長一倍。有的船艦有六十隻槳，有的更多。它們比其他船快，比較穩，也比較高。它們的形狀不像弗利斯蘭人（Frisian）的船，也不像丹麥人的船；但是對英格蘭人自己而言，它們似乎可能最富有用途。【6】

　　但是這種大船不是他們那些沒有經驗船員的技術所能夠掌控的，《編年史》說在一次行動中，九艘這種船迎戰六隻海盜船，結果「極為難看地」衝到岸上去了。只有二隻敵船落入阿爾弗烈德之手，他下令在溫徹斯特（Winchester）絞死他們的船員，因而稍為感到釋懷。但不管怎麼說，英格蘭海軍的起始，一定與阿爾弗烈德國王連結在一起。

　　雖然情況十分混亂，不過在八八六年倫敦再度被征服之後，締結了明確的條約。簽約兩方所使用的詞句都具有重要意義：阿爾弗烈德這一方出現「英格蘭國家的諮議大臣」的字眼，而古特倫的一方則是「住在東盎格魯的人民」。丹勞地區的體制完全以軍隊及被臣服的居民為基礎，當時還沒有考慮過採取邦國（State）的形式。另一方面，英格蘭人已經實施「國王與智人會議」的制度，沒有人比阿爾弗烈德本人更積極推動這個觀念。這項條約所畫定的政治邊界上溯泰晤士河、利河、沿著利河到源頭，然後直往貝德福德，經

過烏茲河（the Ouse）至瓦特林街，對於過了邊界的地區並未簽任何協定。這條邊界並未依照任何大自然的邊界，它只不過認定在無人地帶有個戰線罷了。

　　這項條約的第二部分難以理解，而且具有啓發性。雙方都熟悉「身價」的觀念。爲了處理無政府狀態下產生的無休止謀殺與身體傷害，無論如何都得同意一個補償或報仇的尺度。沒有任何事物能阻止丹麥人殺害及搶劫英格蘭人，反之亦然；如果要有任何停戰，雙方便必須同意「身價」。丹麥的與英格蘭的佃農各自價值二百先令，地位較高的人即有八又二分之一純金記號的身價。古特倫接受條約中的這個條款，事實上他正打算要求對方不要對英格蘭臣民與丹麥臣民的身價給予差別待遇。阿爾弗烈德已經取得很重要的成果，證明了他的眞實權力。

＊　　　＊　　　＊　　　＊　　　＊

　　阿爾弗烈德國王的《法律書》（Books of Laws）或《法令》（Dooms），如同在肯特、西塞克斯、麥西亞的法律中所宣布的一樣，企圖將摩西法典與基督教原則及日耳曼的舊習俗混合在一起。他將黃金律（the Golden Rule）顚倒過來，他不說「對其他人做那些其他人會對你做的事」，而採用比較內斂的原則──「不要對其他人做那些你們不希望其他人對你們所做的事」；除此之外，他還添加了自己的看法，「法官將此訓誡牢記在心中，便能對所有的人主持正義；他不需要其他法典，只要讓自己認爲是原告，考慮什麼樣的裁決才會讓自己滿意即可。」阿爾弗烈德在序文裡謙遜地解釋說：「我不曾大膽想用文字撰述自己的許多法律，因爲我無法說我的繼任者會批准什麼。」阿爾弗烈德的法律，由他的繼任者繼續發揚光大，而變成了郡法庭與百戶區法庭行使習慣法當中的重要部分，在「懺悔者」聖愛德華（St. Edward）法典的名下，諾曼的國王都對阿爾弗烈德的法律表示尊敬，而經由封建時代精通法律者的改編之後，終於建立了習慣法（the Common Law）。

　　阿爾弗烈德國王用各種方法獎勵宗教與學問，尤其重要的是他

設法促進教育的普及。他致烏斯特主教（the Bishop of Worcester）
的詔書被保留了下來：

　　我想要知會你，我時常記得智者以前在英格蘭民族神聖與世俗
的教團當中擔任什麼樣的職位；而那些歡樂時光瀰漫在整個英格蘭
整個民族當中，在當時有管理臣民的國王，他如何服從上帝與祂的
神職人員。國王似乎一方面在他們的範圍之內維持太平、道德與他
們的威權，另一方面他們擴大了海外的領土，以及在戰爭、繁榮及
智慧當中有所長進，……以及外國人如何爲了求智慧與指導而來到
這塊土地上。……可是如今這種智慧在英格蘭民族中被拋棄得乾乾
淨淨，以致於恆伯河這邊幾乎沒有人能瞭解以英格蘭文字所寫的彌
撒書，或將一封信由拉丁文譯成英格蘭文；而我認爲這樣的人在恆
伯河的另一邊也寥寥可數。【7】

　　他設法改革在混亂之中已經變得相當墮落的修道院生活。

　　如果任何人沒有得到國王或主教的許可，自女修道院帶走一位
修女，他將付一百二十先令，半數給國王，半數給主教。……如果
那位修女活得比誘拐她的人還久，她將無法承繼他的財業；如果她
生了小孩，這孩子所繼承的財產也不會比他母親所繼承的多。【8】

　　在這一切審視的最後，我們要談到關於阿爾弗烈德所做的歷史
研究。阿爾弗烈德曾經編纂《撒克遜編年史》（Saxon
Chronicle）。早期記載的細目都是支離破碎的這個事實，使人相
信編纂者並沒有發揮他們的想像力。從阿爾弗烈德國王那時候起，
這些細目便很明確，有時很豐實，有時是用史家的領悟力與說服力
撰寫而成的。
　　我們橫跨許多世紀注意到這位指揮若定、滿腹韜略的有識之
士，用同等的力量放在戰鬥與正義兩者身上：使用武器與策略禦

敵；在橫逆與危險之中珍視宗教、學問與藝術；將一個國家團結
起來；一直設法化解這個時代的宿怨與仇恨，尋找會讓這塊土地
更好的和平。

　　據說，對智者而言這位國王是位奇才。阿色耳寫道：「從嬰兒
時期起，阿爾弗烈德的心中便充滿了超乎一切對智慧的熱愛。」阿
爾弗烈德宮廷的基督教文化與維京人生活毫無憚忌的野蠻作風，呈
現出強烈的對比。歷史較久的民族要去馴服這些戰士們，教導他們
和平的藝術，並且使他們體會共同定居而生存的價值。我們正注視
著一個國家的誕生。阿爾弗烈德致力的結果，撒克遜人與丹麥人未
來在共同信奉基督的英格蘭會結合成一體。

　　在諾曼大領主制度的嚴峻時代，阿爾弗烈德國王是燈塔之光、
撒克遜成就的光明象徵、民族的英雄。在不停歇的丹麥戰爭中，這
位國王教導英格蘭人勇氣與自立自強，以民族信心與宗教信仰支持
他們，勵行法治實施良政，並且以編年史記下他們的英雄事蹟，而
這些素材在傳奇與歌謠方面都相當受歡迎。

＊　　　＊　　　＊　　　＊　　　＊

　　最後的一場戰爭等候著阿爾弗烈德國王。在維京人的故事中它
算是一場危機。八八五年維京人數以百計的船艦與一支四萬人的大
軍駛到了賽納河，他們使用戰爭中所知的每樣裝備包圍巴黎，花了
一年多的時間攻城。他們被法蘭克人一座用來過河的加強防務橋所
阻，所以他們必須將長船拖到陸上較高的地區，途中所經之處都變
成荒地；但是他們始終無法攻下巴黎。武侯奧多伯爵（Count Odo）
保衛巴黎而對抗無恥的海盜，而到處都有人要求法蘭克人的國王前
來拯救首都。然而查理曼大帝（Charles the Great）並沒有將他
的本事傳給他的子孫們，這些子孫的紀念碑上所得到的綽號足以證
實他們是虎父犬子。禿頭查理（Charles the Bald）已經死了，胖
子查理（Charles the Fat）代而執政。這位可憐的病人最後被逼
著聚集大軍前往巴黎馳援，他的戰鬥全都徒勞無功，但是這個城市
始終在一位有決心的城守領導下屹立不移。維京人的攻擊後來變得

有氣無力，終於潰敗。所有的記錄都很混亂，我們得知這個時候維京人也正在與日耳曼軍隊奮戰，其中一次戰役的溝塹中都堆滿了他們的屍體。顯然維京人入侵西歐的動作遭到了抵抗，雖然抵抗看來沒有效率，他們卻不能順利克服。六年來維京人蹂躪著法蘭西北部的內陸，而飢荒在他們之後接踵而來，最富庶的地區都被洗劫一空。他們能掉頭到什麼地方去呢？因此他們再度指望著英格蘭，經過一段時間的太平之後，那裡可能又已經聚集了一些財富。在歐洲大陸他們的旗幟正紛紛倒下，但或許這個島嶼可能再度成為他們的獵物。霍奇金（Hodgkin）在他令人讚揚的記述中說道：「它是一個飢餓的，掉頭向英格蘭找尋食物與搶劫財物的怪物。」一群異教的流氓與海盜已經掌握到一個有效的海上武力，但是他們面對著一夥他們必須提供食物與管理的可怕老兵，並且必須為他們提供種種殺戮。由這樣的人制定計畫，入侵英格蘭的確是他們在黑暗時代考慮周詳與精心準備的惡行。

　　古特倫於八九一年去世，他向阿爾弗烈德發誓但怠於遵守的和約告一結束。突然在八九二年的秋天，一支擁有二百五十艘船且充滿敵意的艦隊在林普尼港（Lympne）海岸外出現，帶著已經蹂躪過法蘭西的「異教徒大軍」入侵英格蘭。這個艦隊的後面還跟著八十艘船，運來第二批在歐洲大陸受挫的襲擊者，後者駛往泰晤士河，在它靠近席亭邦恩（Sittingbourne）的密爾頓（Milton）南岸安頓下來。如此一來肯特兩面受敵。這次大規模的合力攻擊是阿爾弗烈德國王生平遭遇到的第三次求生奮鬥。所謂的英格蘭人——併肩作戰的麥西亞人與西撒克遜人——已經享有十四年並不算很安靜的太平，他們乘此機會發展防禦。許多南方的城鎮都加強了防禦工事，也就是「市鎮」（burhs）。「民兵」在組織上已經有所改進，雖然它基本的弱點不曾根除。財富與食物已經重新聚集起來；行政機構也很安定，所有的人都對阿爾弗烈德國王效忠。阿爾弗烈德國王並不像查理曼，因為他有個英勇的兒子。年方二十五歲，愛德華（Edward）已經能率領他父親的軍隊上戰場。而麥西亞人也出現了

一位埃塞雷德，他與那位西撒克遜的王子倒是頗相配的同伴。國王
此時的健康不佳，時常見不到他站在軍隊的最前方；我們只有看到
他幾眼而已，此時偉大的戰爭情節，理所當然地都以年輕的領袖為
中心。

　　英格蘭人在這第三次的戰爭中打敗了維京人。入侵者掌握著大
海，由南北兩端嵌制住肯特半島。阿爾弗烈德國王試圖將他們收買
過來，的確延擱了他們的全力攻擊。他勸維京人的領袖黑斯坦
（Haesten）至少讓他的兩位幼子受洗，同時也給了黑斯坦很多錢，
交換了和平誓言，而他只不過等著毀誓。同時，丹麥人無情地進行
襲擊，阿爾弗烈德設法喚起英格蘭採取行動。八九三年由已經在諾
森布里亞與東盎格魯定居的丹麥老兵所組成的第三支遠征隊伍乘船
繞過南海岸，登陸且包圍艾克希特。同時，現在年輕的領袖則都在
奮戰。顯然他們有支很強的馬隊，雖然他們的確並非我們現在稱呼
的騎兵，但是卻也有很高的行動力。他們在現今的奧特勻特
（Aldershot）撲向一縱隊的襲擊者，將其擊潰而且追逐了二十英
里，直到他們高興地游過泰晤士河，在科恩（Colne）後面尋找掩
蔽。不過後來高興不起來的是，這兩位王子的軍隊不夠強大，無法
重新發動攻擊，而且他們也已經用完了糧食。因此，他們只好放棄
這場追逐，任由敵人逃脫。

　　丹麥人已經在倫敦下方，泰晤士河上的班弗利（Benfleet）加
強他們自己的防禦工事。據說他們的泥土防禦工事直到今日都還可
勾勒出輪廓，他們從戰敗恢復之後，在據點留下適量的衛戍部隊，
便從那裡出擊從事劫掠。王子們現在便攻打此地。在這些戰爭中很
少能猛攻一個防守堅強的地方；但是阿爾弗烈德國王的兒子與女婿
帶著從倫敦來的大軍撲向班弗利，「使敵人奔逃，並猛烈地攻下這
個城堡，拿下裡面所有的東西、財物以及婦孺，全數帶往倫敦。而
他們不是粉碎所有的船隻，便是燒掉它們，再不然帶回倫敦與羅徹
斯特」《撒克遜編年史》便是這麼記載的。十九世紀正在建造一條
鐵路的時候，在班弗利的位置發掘出燒焦的船隻碎片與無數的骨

骼，在這個被奪下的大本營裡，勝利者找到了黑斯坦的妻子與兩位兒子，這些都是價值連城的人質，阿爾弗烈德國王在當時大受抨擊，而且後來也如此，這是因為他將他們歸還給黑斯坦。阿爾弗烈德基於廣義的仁愛立場送回了黑斯坦的妻子。至於那兩位兒子，他們都受了洗，阿爾弗烈德成了其中一位的教父，而麥西亞的埃塞雷德則是另一位的教父。他們因此是信奉基督的異教徒，國王保護他們免受其父親誤啟戰端的後果。在九世紀，正值這個王國拼命與野蠻的劫掠者奮戰之際，這種行為很難令人了解；但這正是後來國王被稱為「阿爾弗烈德大王」的原因之一。戰事仍繼續進行，但是截至此時紀錄卻顯示黑斯坦之後再也沒有戰鬥。憐憫與騎兵二者的交互作用並非徒勞。

在這場殘酷的戰爭中，維京人動用了三支軍隊：黑斯坦由歐洲大陸帶來的盛大軍隊、在林普尼港附近登陸的軍隊以及來自丹勞地區的軍隊。但是到頭來他們在全面長期戰鬥中都被來自麥西亞、西塞克斯與威爾斯的基督徒完全擊敗了。

另一樁事件也值得注意。《撒克遜編年史》提到：

在冬天（八九四年至八九五年之間的冬天）來臨之前，丹麥人……拖著他們的船從泰晤士河與利河溯流而上……在倫敦市鎮（Lunden burh）上方二十英里處建立了一個堡壘。……在八九五年的秋天，國王在靠近這市鎮的地方紮營，同時收割稻穀，如此丹麥人就不可能剝奪他們的收成。然後有一天國王騎馬到利河邊，注視一個也許可以被堵住的地方，這樣子敵人便無法將他們的船帶出去。……他在河的兩邊建了兩個堡；……然後敵軍察覺到他們無法將船駛出去，因此就將船留下來，落荒而逃。……在倫敦市鎮的人拿走了這些船，他們不能拿走的，便予以破壞；所有值得拿的東西，他們都帶入了倫敦市鎮。

八九六年戰爭逐漸弭平，維京人的實力在這時似乎正在衰退，

他們有的人做鳥獸散，有的人在丹勞地區定居，有的人返回法蘭西。《編年史》對這場戰爭做了總結，說道：「上帝慈悲，（丹麥的）軍隊並不曾害慘了英格蘭民族。」阿爾弗烈德防衛這個島嶼家園已經善盡其力，他用策略與武力在英格蘭保住了基督教的文明，他建立了強大南方的實力，此實力自此時起一直支撐著不列顛與後來帝國的許多重擔。阿爾弗烈德解放了倫敦，而很幸運地，他身後留下了子孫，這些子孫如同我們所將要看到的，有幾代繼續以勇氣與成就推動他的未竟之業。

＊　　　　＊　　　　＊　　　　＊　　　　＊

阿爾弗烈德於八九九年駕崩，但是他與維京人的抗爭卻經歷了奇怪的對比階段。阿爾弗烈德的子嗣成為英格蘭人一連串偉大的統治者，同時他的鼓舞也使得基督教的士卒屢傳捷報。阿爾弗烈德的兒子愛德華立即被封為國王，是軍隊裡一位令人敬畏的領袖。後來愛德華與他的遠親埃塞沃德起了一場爭執，後者逃到丹勞地區，激起諾森布里亞與東盎格魯的維京人重新入侵他的故土。九○二年埃塞沃德與丹麥王越過了泰晤士河在克里克雷（Cricklade）上游的河區，蹂躪威特郡的一部分領地，而愛德華為了報復，下令用肯特與倫敦兩地人馬組成的軍隊入侵東盎格魯。愛德華的軍隊蹂躪了中盎格魯（Middle Anglia），但是肯特人的分遣隊撤離得太慢，被激怒了的丹麥人追上而與之大戰。這場戰役丹麥人是勝利者，他們大肆屠殺；但是如命運所定，丹麥王埃里克（Eric）與叛教者埃塞沃德都戰死沙場。新王古特倫二世（Guthrum II）根據阿爾弗烈德八八六年的條約與愛德華講和，但是加了一些條款，顯示情況已經改變。現在丹麥人被認定是基督徒，將支付什一稅（tithe），同時教區的教士一旦在宗教節日或節慶期間欺騙他的教徒，將被處以罰金。

然而九一○年丹麥人自己卻破壞了條約，在麥西亞又重燃戰火。愛德華與艦隊在一起，但已經派遣西塞克斯與肯特的主力前往援助麥西亞人，兩方在斯塔福郡的提頓荷（Tettenhall）激戰；最

後丹麥人遭到決定性的失敗。這次英格蘭的勝利是兩方長期鬥爭的一個里程碑。在諾森布里亞的丹麥軍隊永遠未能自戰役中恢復元氣，而丹麥人佔據的密德蘭與東盎格魯遂門戶大開，供英格蘭人征服。之前麥西亞與西塞克斯都是防禦者，時常被迫遭遇最悲慘的困境，但是現在潮流已經逆轉，輪到丹麥人提心吊膽。

愛德華的妹妹如同我們所知，嫁給了麥西亞的埃塞雷德。埃塞雷德於九一一年去世，他的遺孀埃塞佛莉達（Ethelfleda）繼承他的地位，並且比他更為卓越。在那野蠻的時代，一位女性統治者的崛起足以表示她擁有非比尋常的特質，後來長者愛德華（Edward the Elder）——他以後被人如此稱呼——與他的妹妹「麥西亞人的女勛爵」共同進行全國性的戰爭，達到了阿爾弗烈德從來未曾冀望的輝煌成功。這兩個王國的政策，因為血統與需求而連結在一起，完美合諧地向前邁進，而丹麥人下一次的猛襲遭遇到他們有信心、行動快速的抵抗，不久就瓦解了，之後他們便從容不迫地完全征服丹勞地區與它的五個市邑。這樁任務花費了十年，兄妹同心協力朝他們各自的前線挺進，並且在每個階段加強他們征服城鎮之防禦工事。九一七年，愛德華猛攻貝德福德附近的坦普斯福德（Tempsford），古特倫王被殺，東盎格魯的全部抵抗正式潰散，所有丹麥領袖對愛德華臣服，奉他為他們的保護者兼領主。根據丹麥的習俗，他們的生活權利與莊園都還給了愛德華。同時，「麥西亞人的女勛爵」征服了列斯特，甚至連約克也表示臣服。不過在此成功之際，埃塞佛莉達卻去世了，而愛德華正匆匆前往塔姆沃思（Tamworth），應麥西亞的貴族之邀取得這個空出來的王座。

阿爾弗烈德國王之子現在是恆伯河以南全英格蘭無庸置疑的國王，北威爾斯的大領主都趕快表示永遠效忠。愛德華於隨後兩年向北方推進，在曼徹斯特（Manchester）、赤夏郡（Cheshire）的特瓦爾（Thelwall）、以及皮克地區（Peak Country）的貝克威（Bakewell）等地建立要塞。諾森布里亞的丹麥人看到他們的末日迫近了，看起來彷彿廣大且持久的統一大業即將要完成了。長者愛

德華得意洋洋，安享太平，又統治了五年，他於九二五年駕崩，其威權與才華傳給了第三位了不起的君主，而這位君主在各方面都能繼續進行他祖父與父親的工作。

【1】 Hodgkin, vol. ii, pp. 544-545.
【2】 Sir Frank M. Stenton, the Danes in England, 1927, p.13.
【3】 譯注：英格蘭民間傳說中劫富濟貧的綠林好漢。
【4】 譯注：傳說中羅賓漢嘯聚的巢穴。
【5】 Quoted in Hodgkin, loc. cit., vol. ii, pp. 565-566.
【6】 Quoted in Hodgkin, vol. ii, p.584.
【7】 Quoted in Hodgkin, History of the Anglo-Saxons, p.609.
【8】 Ibid., p.612.

第八章　撒克遜的黃昏

阿塞爾斯坦（Athelstan）是西撒克遜偉大國王中的第三位，他根據王室傳統，尋求與丹勞地區未被征服的部分建立和平關係；但是九二六年他於發生爭論時揮軍進入約克郡，在那裡自立爲王。諾森布里亞臣服了；蘇格蘭人及斯特拉斯克萊德的國王都承認阿塞爾斯坦是他們的「父與領主」，威爾斯小國國君都同意進貢。其間還出現一個不寧靜的插曲：九三三年發生過對抗蘇格蘭人的軍事行動，然後這場戲劇當中所有被打敗的角色在九三七年全體背叛，重新燃起戰火。整個北不列顛——塞爾特人、丹麥人、挪威人、異教徒與基督教徒——在蘇格蘭人國王君士坦丁（與都柏林奧拉夫的領導之下，加上來自挪威的維京人增援部隊，共同形成了一個敵對的陣線。在這種情形下，部隊調動時都不能浪費性命或時間。冰島的英雄故事與英文詩歌中都爲我們記錄了之後的戰鬥，根據故事裡的說法，阿塞爾斯坦向他的敵人下戰書，與敵人正式會戰，而他們對此欣然表示同意。這位英格蘭國王甚至建議找個地方決一死戰。這些軍隊，在民不聊生的時代裡可說是陣容盛大，並且彷彿像是參加奧林匹克運動會地各自就位，同時也有許多談判動作出現。這簇人馬殺氣騰騰彼此炫耀盾牌與刀槍，隔著一個狹窄的空間互相嘲弄；一方面諾森布里亞人與冰島的維京人激戰，另一方面則與英格蘭軍隊進行猛烈的廝殺。在這場拼鬥中，雖然諾森布里亞的統帥逃走了，英格蘭人也被打敗了，但是次日，實力的考驗眞正上場，對戰的人馬都盡量耀武揚威，然後就全心全意用矛、斧、劍進行攻擊。整天猛戰不休。

布魯南博（Brunanburh）一役原始的勝利之歌讓我們看到盎格魯撒克遜人的心智充滿了樸素的意象與戰爭的歡愉。「阿塞爾斯坦國王，伯爵的領王、貴族的庇護者，與他的兄弟艾德蒙王儲（Edmund the Aetheling），在此用劍鋒於布魯南博之役中屠殺而贏得了長久的光榮。他們劈開了盾牆陣，用錘鍊的武器砍斷戰矛，

殺掉敵人退避……蘇格蘭人與船艦……退避三舍。……戰場染上了戰士的鮮血！隨後太陽高懸天上……這偉大的星辰如上帝的燭光何其璀燦，直到這高貴的創造物匆匆西沈。戰場上橫臥著士兵，許多人都被標槍擊倒在地，北方人都被刺殺，倒在他們的盾牌上。蘇格蘭人也是如此，他們都對打仗感到厭倦，已經飽嘗痛苦。他們在身後留下了是飽餐腐屍利嘴灰羽的大烏鴉、白尾黑氅的鷹、貪婪的戰鷹，以及灰色的野獸──林中之狼。」

　　英格蘭人獲得了壓倒性的勝利。勝利者所稱呼的「做僞證者」君士坦丁逃回北方，而奧拉夫帶著殘兵敗卒退回都柏林。阿爾弗烈德國王的孫子──英勇的阿塞爾斯坦──成了西歐最早的君主之一。阿塞爾斯坦在錢幣與特許狀上都自封「全不列顛之王」（Rex totius Britannia）。

　　這些說法在歐洲大陸上都爲人接受。阿塞爾斯坦的三位姐妹分別嫁給卡洛琳王朝（Carohingian）的國王「單純者」查理（Charles the Simple）、卡佩王朝（Capetian）的國王「偉大者」休（Hugh the Great）、以及撒克遜人奧圖（Otto）──也就是未來的神聖羅馬皇帝。阿塞爾斯坦甚至立了一位宣誓效忠，並在約克受洗做爲其家臣的挪威小國國君。人們再次希望這長期的爭鬥已經終結；但是爭鬥實際上仍持續存在。阿塞爾斯坦在布魯南博之役的兩年後去世，他的異母兄弟，一位年方十八的青年繼位，而先前被打敗的武力在此時再度起來反抗他。艾德蒙憑著其民族精神屹立不移，他在位僅僅六年，於九四六年去世，不過他不曾對人割讓寸土。他的兄弟伊德雷德（Edred）是阿爾弗烈德國王之長子愛德華最年幼的兒子，即將由他繼承大業。伊德雷德也對抗著所有統治者而維持著王國，而且憑武力打敗他們，似乎永遠撲滅了諾森布里亞的叛亂火焰。

　　　　＊　　　　＊　　　　＊　　　　＊　　　　＊

　　歷史學家都認定九五四年是維京人在英格蘭歷史上重要序篇的結尾。自從維京人猛攻這個島嶼以來，已經有一百二十年之久了，

而英格蘭的基督教社會一直在奮鬥求存也長達四十年之久，其中的八十年有五位戰士兼君主——阿爾弗烈德、愛德華、阿塞爾斯坦、艾德蒙、伊德雷德——先後擊敗了入侵者。英格蘭現在又重新統治全國，雖然因爲時光流逝而使得統治形式有所改變，然而就在這種統治之下，這塊土地上生長出一個根深蒂固於東部大平原的丹勞地區，而且在英格蘭國王的威權下，丹麥人的血統與習俗仍在那裡存活下來。

　　在艾德加（Edgar）輝煌與太平的統治時期，這種長期所建立的制度達到完善。重新征服英格蘭的工作，伴隨的是有意識的行政權改組，這種重組從當時到今天都管理著英格蘭制度的發展。首先是郡，各郡有其郡守（sheriff）或地方官，這些人直接對王室負責。郡的次級單位——百戶區（hundred）——被創立了，而且城鎮都做了防禦的準備。一個由郡法院、百戶區法院（hundred court）與市邑法院所組成的精密制度支持著法律、秩序與追捕罪犯。稅賦都重新估算過。最後，隨著軍事與政治的復興，也帶來修道院生活與學習的復甦，以及英格蘭本土文學的肇始。這個起源於英格蘭的運動進行得很緩慢，但是由這個世紀的中葉起便邁開大步行進，而與歐陸的宗教復興產生接觸。坎特伯里主教鄧斯坦（Dunstan）以及同時代比他年輕的人——烏斯特的主教奧斯瓦德（Oswald）與溫徹斯特主教埃塞烏德（Ethelwold）——的工作，是要在修道院內恢復嚴格遵守的宗教儀式，因此在愈來愈多的僧侶被選入主教轄區之際，主教團同時也間接地被改造了。另一個令人感到滿意的——即使是附帶的——結果，是學問的推廣與生產華麗彩飾的手抄本。在當時的歐洲，這種需要相當普遍，許多這樣的手抄本旨在給予世俗之人宗教上的教導，它們都是用英文寫的。我們得知恩斯罕大修道院（Eynsham）的院長艾爾弗芮克（Aelfric）所寫的天主教訓誡（Catholic Homilies）是以英文作爲文學語言的第一項成就；而英文在整個歐洲確實屬於首先達到這種卓越程度的方言。不論我們由何種觀點看它，九世紀是英格蘭命運向前走的決定性一步。儘

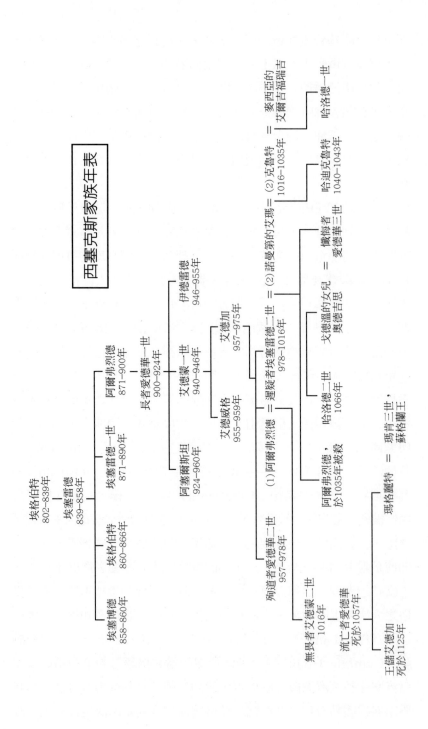

西塞克斯家族年表

管君主政治隨著艾德加的去世而悲慘地衰退，但這個組織與英格蘭文化都已經牢牢生根，足以在不到一個世紀的時間之內接連遭遇兩度外力征服而仍可以存活下去。

對當代人而言，這個王國的統一似乎是隨著九七三年在巴斯的加冕禮而大勢底定，從此之後所有的加冕儀式也都以此為基礎。在每個郡、市邑與百戶區都規矩地設有法院；貨幣只有一種，度量衡制度只有一套。建築與裝飾藝術都正在復興；學問開始在教會中昌盛；社會上有種文學語言──純正英文（king's English）──所有受過教育的人都用它來寫作。這個島嶼已經恢復了文明，但是當時撫育它的政治結構卻將被推翻。直到此時，擁有武力的強人都擁有家族。一個稚幼、懦弱、遊移不定、沒有信仰、行事欠考慮的傢伙，此時繼承了戰士的王位。這塊土地太平了二十五年，英格蘭人在緊張與危險中顧盼自如，在英勇的統治者領導下英勇無敵，但太平也使人變得柔和，人們受此影響而走向鬆懈。如今得面對「遲疑者」艾塞雷德（Ethelred the Unready）的統治日子。這種表達方式傳遞出一個真相──實際上「遲疑者」同時意謂著艾塞雷德是「不明智者」（the Ill-counselled）或「不納忠言者」（the Redeless）。

九八○年又開始有了嚴重的侵襲。切斯特受到愛爾蘭人的蹂躪。南安普頓的人民遭到來自斯堪地那維亞與丹麥劫掠者的屠殺，珊內特（Thanet）、康瓦耳與德文全都遭到屠宰與劫掠。有一首關於九九一年「馬爾敦之役」（the Battle of Maldon）的史詩，內容提到丹麥人在馬爾敦之東的諾昔島（Northey Island）列陣以待，英格蘭人在黑水（Blackwater）河口的南岸與之對峙，後來戰役轉到連結諾昔島與歐洲大陸的，漲潮時會被淹沒的堤道（causeway）。維京人以他們特有的方式討價還價：「為了你們的安全，趕快將戒指送過來；你們最好納貢，免得我們大動干戈，免得我們彼此苦戰。……有黃金便辦理停戰。我們將帶著貢金上船，航海而去，與你們和平相處。」

　　但是東塞克斯的郡長伯提諾斯（Byrhtnoth）回答：「聽著！流浪者，聽他們這些人在說些什麼？他們將會納貢的是戈矛、致命的標槍與昔日的刀劍。……這裡站著一位不算差勁的伯爵與他的人馬，他們將防禦這塊土地，艾塞雷德的家園，我親王的人民與田地。異教徒將在戰場上覆亡。對我而言，你們現在已經深入我們的土地，如果不打一仗便挾帶貢金前往海上對我們似乎是太可恥了。你們不會那麼輕鬆地獲得我們的寶藏；在我們付貢金之前，首先將苦戰一場，讓你們嚐一嚐我們的矛尖與刀刃。」[1]

　　這些激昂的叫陣對於事件本身毫無幫助。潮水正在退落，同時雙方正在交換這些嘲罵，而堤道此刻露出來了，英格蘭人天眞地同意讓維京人過來在南岸列陣，以便能公平地打一場。說時遲那時快，英格蘭人就打敗了，伯提諾斯的許多部下都逃走了；但是他的一夥武裝待衛，知道即使會全盤皆輸，仍奮戰至死。然後接下來的就是最可恥的付丹麥金時期。

　　我們見過阿爾弗烈德國王統治的時期，對於用錢還是用武從來都不會猶豫。艾塞雷德用錢而不用武，他用起錢來數目有增無減，但得到的回報卻一直遞減。他在九九一年付了二萬二千磅的黃金、白銀以及入侵者的口糧做爲賄賂。九九四年，他花了一萬六千磅，不僅得到短暫的休息時間，而且還有襲擊者奧拉夫的受洗，這算是一種恭維。一○○二年他用了二萬四千磅白銀再換取了進一步的停戰，但是這一次他自己卻破壞停戰。英格蘭人在沒落衰退時吸收了大量的丹麥佣兵爲他們服務，艾塞雷德懷疑這些危險的助陣者會密謀奪取他的性命，他受此驚惶打擊，便計畫幹掉在英格蘭南方所有領他的薪水或住在這塊土地上的丹麥人。這個兇殘的計畫於一○○二年在聖布萊士節（St. Brice's Day）執行，而受害者當中有耿妮爾德（Gunnhilde），她是一位維京重要人士的妻子，也是丹麥王斯汶（Sweyn）之妹。斯汶矢言復仇而絕不和解，對付可憐的島民長達兩年之久。艾克西特、威爾頓、諾威治與塞福德全部記錄下大屠殺的事，顯示出斯汶施行報復範圍之廣。復仇者的憤怒並未被滅

散的血液平息，而僅只暫時被饑饉給阻止。由於丹麥軍隊無法在這塊已遭受破壞的土地上過日子，遂於一○○五年先行離去返回丹麥，但是一○○六年的紀錄都顯示斯汶捲土重來，蹂躪肯特，洗劫里丁與瓦陵福（Wallingford）。最後艾塞雷德花了三萬六千磅白銀——相當於三、四年的全國收入——換到了一次短命的停戰。

現在英格蘭人拼命建造一支艦隊。曾經一度激起迦太基人在絕望中做最後努力的情緒，促使這窮困、心碎、徹底挨餓與被劫掠的人民以這種力氣建造出來大批船隻。新的艦隊於一○○九年集結在桑威赤（Sandwich）。但是，《編年史》說：「我們沒有好運，也沒有值得尊敬，以致於船艦武力對這塊土地沒有任何用處。」指揮官忙著爭吵，有些船在戰鬥中沈沒了，其他的在暴風雨中失蹤了，其餘的被海軍將領可恥地放棄了。「然後，後來船上的人將剩下的船帶到倫敦，他們讓全國人民的努力這樣輕鬆地化為烏有。」一○一二年有項最後付款給維京人的紀錄，這一次被強索的白銀高達四萬八千磅，壓迫者藉著洗劫坎特伯里，拘留大主教阿爾佩吉（Alphege）要求贖金而執行收錢工作，最後還殺了這位大主教，因為大主教拒絕逼迫其教徒募集這筆錢。《編年史》記載：「所有這些災難透過政策不當而降臨在我們身上，因為貢金不是在適當時間提供給他們，他們也都尚未遭到抵抗；但是，每當他們肆虐殘民得逞之際，就有人與他們締結和約。儘管有這種和約與貢金，他們還是成群結隊到每個地方去，侵擾我們可憐的人民，並且殺害他們。」

進一步詳述不絕於耳的悲慘事件是徒勞無益的。在較早的年代，那樣的恐怖情形因為沒有做紀錄而仍不為人知，明滅不定的光，正好足夠照在這個像是地獄的場景上，使我們感到徹底的淒涼、無理的悲慘與殘酷。此外，一○一三年斯汶在他的幼子克魯特（Canute）陪同之下再度來到英格蘭，鎮壓了約克郡的丹麥人及丹勞地區的五個市邑，他接受諾森布里亞與丹麥統治下麥西亞大領主的稱號，而且征戰洗劫了牛津（Oxford）與溫徹斯特，對外宣布

成為英格蘭之王；而艾塞雷德前往諾曼第公爵（the Duke of Normandy）那裡避難，因為公爵曾娶了他的妹妹。在這些勝利的凱歌嘹響之際，斯汶於一○一四年去世，於是干戈暫歇。英格蘭人再度向艾塞雷德求助宣稱：「沒有哪一位領主能比他們自然的領主更值得尊敬，只不過他們希望他的統治能比以前還要更好。」

　　但是年輕的丹麥王子克魯特馬上開始要求他在英格蘭的王位。此時阿爾弗烈德大王一脈的火焰再度在艾塞雷德的兒子——不久被稱為「無畏者」艾德蒙（Edmund Ironside）——心中燃起。艾德蒙年方二十便已揚名各地，雖然他的父親宣布他是叛逆，因為他的行事完全不服從他的父親，還聚集武力，在輝煌的軍事行動中連續施出重擊。艾德蒙贏得了戰役，解除倫敦之難，與各種陰謀搏鬥，所以人心都歸向他。被破壞的土地上萌生出新的武力。艾塞雷德死了，艾德蒙身為英格蘭人的最後希望被擁戴為王，儘管處於一次大敗的劣勢，他還是夠堅強，先分割出一部分的王國，然後自行團結他的武力重新奮鬥。一○一六年艾德蒙才二十二歲便去世了，而整個王國都陷入了絕望之境。

　　向來在政治上扮演重大角色的教會貴族，長久以來都強調聖鄧斯坦（St. Dunstan）關於悲愁即將來臨的預言。在南安普敦，甚至在艾德蒙還活著的時候，英格蘭世俗人士的與宗教的首領便已同意永遠放棄艾塞雷德的後代，而承認克魯特為王。所有道德與軍事的抵抗在丹麥人面前全都崩潰了。艾塞雷德的家族從皇室一脈中被刪除了，西塞克斯王室最後的兒孫都逃亡流放了。年青的丹麥王子興緻勃勃地接受了全體卑屈的歸順；雖然要得到地位並予以穩固還需要許多流血的行徑。克魯特對全國承諾在宗教與世俗事務上都會恪盡國王職責。英格蘭的權貴們同意以巨大的賠償金收買丹麥軍隊；新國王遵守「他靈魂的誓言」，由他的首領們支持，保證統治天下。那便是英格蘭領袖與丹麥領袖鄭重簽訂的協定。如同蘭克所言：「王室的權利、卓越地位與最早的拓居地連結在一起，這些拓居地已經完成了王國的團結，並將它由最壞的悲慘境地拯救出來。

而王室在一個道德淪喪、災禍頻仍的時刻，被具有盎格魯撒克遜與丹麥根源之宗教與世俗的首領們給趕走了。」[2]

  *   *   *   *   *

  君主的建立可以依循三個原則：征服，此點無人能夠爭辯；世襲權利，這一點相當受人尊敬；以及選舉，它則是前述二者之間的一種協調。克魯特便是以最後一個原則為依據而開始治理國事。在阿爾弗烈德國王與克魯特身上這種早期英格蘭關於王權與公正政府的理想，可能是受到圖拉眞皇帝典範的影響。圖拉眞皇帝是教皇格列高里派遣出去第一批傳教士之中的寵兒，有證據顯示關於他的美德故事在教堂禮拜儀式中都用英文高聲朗誦。克魯特可能研究過，確實也效法這位奧古斯都皇帝（the Emperor Augustus）的泰然自若。每個人都知道克魯特給予諂媚他的人教訓，就像坐在海邊奮力禁止潮水湧進。克魯特強調遵從治國所依據的法律，而他本身甚至在軍事方面就服膺王室部隊的規定，在很早的時刻他就解散了丹麥大軍，並且相當相信那些被貶抑的英格蘭人的忠誠。克魯特娶了艾塞雷德的遺孀——諾曼第的艾瑪（Emma of Normandy），因此先發制人阻止了諾曼第公爵代表艾塞雷德後裔而採取的任何繼承行動。

  克魯特成了北方的君主，算起來他一共統治了五、六個王國，征服英格蘭時，便已經是丹麥國王，並且也聲稱為挪威國王，蘇格蘭為他效忠，維京人的權力雖然已經受到毀損，但仍然伸展到整個世界，其範圍由挪威直到北美，並經由波羅的海遠及東方。但是克魯特在所有版圖中，選擇英格蘭做他的家與首都，歷史告訴我們，他喜歡盎格魯撒克遜的生活方式。他希望被視為是「艾德加的繼承者」。艾德加十七年的太平治世與後繼的時代相比，仍舊光芒四射。克魯特根據法律治國，並且昭告天下法律的施行一定要嚴正超然，不受他的行政威權的羈絆。

  克魯特修建教堂，並且表示對基督教信仰與教皇的王權（diadem）有著至高的忠誠，他紀念被其同胞殺害的聖艾德蒙與聖

阿爾佩吉，並虔誠地以盛大的排場，將他們的遺物帶回坎特伯里。一〇二七年克魯特以過客身分，從羅馬用欣喜與寬宏的詞句寫信給他的臣民，承諾以平等正義治理政事，並且特別強調支付教會的規費。克魯特的女兒嫁給了羅馬皇帝康拉德（Emperor Conrad）的長子，後者將其帝國擴展到越過什列斯威（Schleswig）而到達艾德河（the Eider）的兩岸。這些了不起的成就，不僅有著上帝的祝福與運氣的照拂，而且大都歸諸他自己的個人特質。我們在此又看到了一位偉人有力量，由無休止的紛擾中建立秩序，使國家趨於和諧與統一，我們同時也見到了缺少這種能耐的人便必須付出讓許多人受盡不可估計痛苦的代價。

有些關於克魯特的早期紀錄，生動地描繪出他的性格與心情。「他進入修道院受到大禮接待的時候，一舉一動都很謙卑；目光帶著萬分敬意注視著地面，而淚如雨下——不，或許應該說淚如江河——他誠敬地尋求聖徒的介入。但是當他要做王室的獻祭時，啊！他時常都是淚眼婆娑地注視地面！他多麼頻繁地搥打他高貴的胸膛。他時常誠心祈禱表示他可能不值得上天對他那麼地仁慈。」[3]

但是由兩個世紀後英雄故事中所摘錄的這一段，形象卻有所不同：

克魯特王與烏爾夫伯爵（Earl Ulf）下了一陣子棋之後，國王假走了一步，伯爵就從國王那邊拿走了一枚騎士的棋子；後來國王重新將這枚棋子放回棋盤上，並且告訴伯爵他要走另外一步；伯爵因此生氣，將棋盤掀了，站起身來拂袖而去。國王說：「逃吧，烏爾夫你這個可怕鬼。」伯爵在門邊轉過身來說：「……在赫爾吉河（the Helge River）瑞典人正把你當狗一樣的打，我匆忙趕來救駕，你並沒有叫我烏爾夫可怕鬼。」伯爵然後就走出去前往就寢。……翌晨，國王正在著裝，並對他的侍童說：「你去把伯爵殺了吧。」

這個侍童走開了一會兒，然後回來了。

國王說：「你把伯爵殺了嗎？」

「我沒有殺他，因為他到聖魯西烏斯（Saint Lucius）教堂去了。」

有一個人叫做伊瓦・懷特（Ivar White），是挪威出生的挪威人。他是國王的朝臣兼侍從。國王對他說：「你去把伯爵殺了。」

伊瓦就到教堂去，在唱詩班席上，將劍刺穿了伯爵，使他當場死亡。然後伊瓦手中持著沾血的劍去見國王。

國王說：「你把伯爵殺了嗎？」

「我已經把他殺了。」他說。

「你幹得很好。」

「在伯爵被殺之後，僧侶關上了教堂，並且將門都鎖了。國王被告知此事，便派人傳話給僧侶，命令他們將教堂打開，唱歌做彌撒。他們依國王命令照做了；國王來到教堂，賜給這個教堂一大筆財產，因此這個教堂就有了一個很大的領地，這樣一來這個地方的地位便提升得很高；而從那時起那些土地就永遠屬於這個教堂。」[4]

　　　*　　　*　　　*　　　*　　　*

同時，在英吉利海峽的對岸有一個新的軍事強權正在成長崛起。十世紀初葉，在諾曼第建立的維京人居留地已經成為法蘭西境內最富活力的軍事邦國。在不到一百年的時間內，海上的流浪者已經自行脫胎換骨變成了一個封建社會，那樣的紀錄雖然存在，卻被傳說蓋住了。我們甚至從來都不知道是否這個諾曼（Norman）邦國傳統上的建立者羅洛（Rollo）是挪威人、丹麥人，還是瑞典人。諾曼人的歷史是由羅洛與西法蘭克人（the West Franks）的國王「單純者」查理所締結的「埃皮河上的聖克雷條約」（Saint-Clair-sur-Epte）開始，這項條約確定法蘭西國王的領主權，並且界定諾曼第大公國（the Duchy of Normandy）的邊界範圍。

在諾曼第有某個階級的武士與貴族，他們因為服兵役而擁有給予的土地，並以同樣的方式將土地分租給地位較低級的佃戶。諾曼

人渴望合法性與邏輯，想出了一個社會全體恪守的藍圖，命令皆全力執行，不久就從其中產生了優秀的軍隊。除了公爵以外，沒有人能建構碉堡或加強自己的防務。公爵的宮廷包含他自己的家臣、教會的顯要人士以及比較重要的佃農——他們不僅要替公爵服兵役，還要在宮廷中親自伺候公爵。此處行政管理集中。在諾曼第全境，對於公爵的決策與權益這方面的事務都由子爵們（Vicomtes）維持——他們不僅是公爵產業稅賦的徵收員，而且實際上與朝廷保持密切接觸，使監督像英格蘭各郡縣這等區域之工作進行得非常順利完美。諾曼第公爵們與教會建立的關係，成了中古時期歐洲的範本。宗教領袖是公爵領地（domains）內修道院的保護者與恩主，這些公爵歡迎十世紀宗教上的復興，並且獲得宗教領袖們的恩寵與支持。但是教會也一定由公爵來任命主教與大修道院院長。

英格蘭未來的統治者就將來自於這個剛強而組織完備的土地。一○二八年至一○三五年間，諾曼第公爵羅伯特的維京本能使得他認真地策畫入侵事宜，雖然他的去世與沒有留下合法繼承人使得這項計畫擱置，不過也只擱置一會兒時間而已。

諾曼第公爵羅伯特的妹妹艾瑪這號人物，這個時候隱約出現於英格蘭史當中。艾塞雷德當初娶她，是出自於合理地想與歐洲最有活力的軍事邦國結上血緣關係，來補充他每下愈況的武備；克魯特娶她的目的，是讓自己有個統一的英格蘭。關於艾瑪的特點與言行，所知者幾乎等於零，不過，歷史上卻鮮有婦女能夠屹立在那樣值得注意、聚集在一起的武力中央。事實上，艾瑪有兩位丈夫、兩個兒子，他們都是英格蘭的國王。

一○三五年克魯特去世，他的帝國隨他而逝，他留下三個兒子——兩個是前妻所生，而一個叫哈迪克魯特（Hardicanute）的兒子是艾瑪所生。這些兒子都是無知且粗野的維京人，許多人都將注意力朝向舊西撒克遜一脈的代表——阿爾弗烈德與愛德華——艾塞雷德與艾瑪當時因為流放而住在諾曼第的兒子們。長子阿爾弗烈德，史家均稱他為「天真王子」（the innocent Prince），他於一

〇三六年匆匆趕往英格蘭，表面上是去探視重做孀婦的母親——前王后艾瑪。西塞克斯伯爵戈德溫（Godwin）是英格蘭丹麥居住地區的領袖，他擁有相當不錯的能力，並且左右政局。魯莽的阿爾弗烈德被捕，他的私人隨從都被殺掉，而這位不幸的王子本人眼睛也被弄瞎了，在這種情況下，他不久就在伊里（Ely）的修道院結束了生命。這件罪行的責任一般都歸咎於戈德溫，而繼承的問題就這樣子簡化了，克魯特的兒子們共分父親的遺產。斯汶在挪威統治有一段時間，但是他統治英格蘭的兩位兄弟都很短命，六年之內英格蘭的王位又再度空了出來。

戈德溫繼續做這塊土地上的領導人物，現在成了島上事務的主人。艾塞雷德與艾瑪剩下的兒子愛德華——命運多舛的阿爾弗烈德的弟弟——仍在諾曼第過著流亡的生活。在無政府狀態死灰復燃的這些日子裡，所有的人都一心嚮往安定的制度，而這只能在修道院中找到。阿爾弗烈德國王顯赫的一脈擁有無與倫比的資格與頭銜，五、六代以來曾經抵抗丹麥人矛頭的，便只有撒克遜的修道院。西撒克遜一脈是歐洲最老的血統。兩代以前，卡佩家族（the house of Capet）只不過是巴黎與法蘭西島（Ile de France）的領主，諾曼人的公爵都是維京流浪者。一種崇高與敬畏之感仍屬於任何能夠聲稱是「偉大國王」的後裔者，與任何屬於埃及與不朽古人的後代。戈德溫發現他可以立愛德華為王來鞏固他的權力，同時將英格蘭人與丹麥人的支持合在一起，因此他與這位流亡者討價還價，揚言除非所提條件能夠被對方接受，否則他將要扶持克魯特的姪子登基。這些條件中的第一條是限制諾曼人在英格蘭的影響力。愛德華沒有任何困難，因此他榮歸故國並且加冕稱王；在接下來的四十年中，除了其間短暫的間隔之外，英格蘭主要都由戈德溫與他的兒子們治理。烏斯特的《佛羅倫斯編年史》說：「他意氣洋洋，志得意滿，彷彿他統治著國王與全部的英格蘭。」

愛德華是個安靜的人，也是個虔誠的基督教徒，不喜歡戰爭，也不太有行政管理的才能，他的諾曼教養使他樂意而和平地傳播諾

曼影響力，只要戈德溫伯爵允許便成。因此諾曼的高級教士出現在
英格蘭教會，諾曼的文書人員出現在王室，諾曼地主出現在英格蘭
的郡裡。為了使一切平順，愛德華不得不迎娶戈德溫年輕、漂亮的
女兒；但是同時期的作家向我們保證，這種結合最多不過是一種形
式而已。根據傳說，這位國王是一位好心、虛弱、肥胖的白化病患
者，有些稍後的作家察覺到，在他少數幾次應付包圍著他而看起來
令人畏懼的盎格魯撒遜戰士時，有一股潛在的力量。然而，他在生
活中主要的興趣是宗教方面的，而且他年紀愈長，外表便有增無減
地愈像僧侶。在這些嚴苛的時期，愛德華大體上扮演著類似亨利六
世（Henry VI）在玫瑰戰爭中（the Wars of the Roses）同樣
的角色，而隨著歲月流逝，他的聖潔使他得到好報，人民對他崇
敬，因為他的美德而原諒他的弱點。

同時，戈德溫家族在君主之下維持著獨裁作風。裙帶關係在那
些日子中不僅可以眷顧一個人的家人，它幾乎是統治者可以獲得代
理官員一職的唯一途徑，而宗親連繫關係雖然時常起不了作用，但
至少保證對利益的某種認同。雖然沒有人蒐集相關的統計資料，但
是在這些古老的時代中有種普遍的印象，即一個人可以信任他的兄
弟、或他妻子的兄弟、他的兒子，遠勝過信任陌生人。因此我們不
能因為戈德溫伯爵將英格蘭王國瓜分給親戚治理而急著譴責他，當
然我們也一定不會因為其他權貴對這種權力與恩寵的分配大表不滿
而感到驚奇。在英格蘭的宮廷中，諾曼人的影響力與盎格魯人的影
響力之間若干年來都在進行著冷酷的陰謀。

一○五一年危機出現，宮廷中的諾曼人成功地驅逐戈德溫，並
且逼迫他流亡。在戈德溫逃亡的期間，據說諾曼第的威廉
（William of Normandy）曾正式訪問英格蘭的「懺悔者」愛德
華，尋求繼承英格蘭的王位，而愛德華非常可能答應威廉的請求。
但是次年戈德溫以在法蘭德斯（Flanders）募集的武力做為後盾而
回來了，他的兒子哈洛德（Harold）也給予許多積極幫助，父子兩
人聯手逼愛德華國王恢復他們的權力。最後在這個國家中許多主要

的諾曼代理人都被驅逐了，這塊土地到處都再度感受到戈德溫家族的威權，他們能夠直接控制的領土，是從瓦許至布里斯托海峽（Bristol Channel）畫一條線的整個南方。

在戈德溫的權力恢復了七個月之後，他於一〇五三年去世了。自從克魯特拔擢他至顯赫的地位，他已經渡過三十五年的政府生涯，而他的長子哈洛德繼承了他的偉大產業。哈洛德現在充分扮演著克魯特的角色，在接下來十三年充滿危險的歲月中擔任英格蘭實際的統治者。雖然敵對的盎格魯-丹麥伯爵們從事對抗，對仍舊依附在「懺悔者」愛德華宮廷的諾曼人唱反調，但戈德溫父子在我們現今稱爲君主立憲的制度下維持統治。哈洛德的一位弟弟成了東盎格魯伯爵，戈德溫的第三位兒子托斯提格（Tostig）向諾曼人獻殷勤，又極得國王愛德華的寵愛，因此得到了諾森布里亞伯國封地，剝奪了那些地區原來伯爵們的權利。但是不久後戈德溫家族的內部出現問題，哈洛德與托斯提格馬上成了死仇惡敵。哈洛德將全部的幹練、精力與機敏都用來保住這塊國土的統一，但即使如此，如同我們將要見到的，兄弟的鬩牆使這塊土地成了外國人的獵物。

　　＊　　　　＊　　　　＊　　　　＊　　　　＊

在「懺悔者」愛德華統治期間結束之際，英格蘭的政治弱點遍布。相當具有藝術價值的彩飾手抄本、雕塑、金屬作品與建築仍在生產或流行，宗教生活蓬勃，健全法律與行政管理的基礎也維持不墜，但是阿爾弗烈德國王後裔的美德與精力已經耗盡，撒克遜的修道院本身也在衰退中。一連串意志薄弱的王親貴冑，大多數都短命，死後沒留下子嗣。甚至有很多小孩的「遲疑者」艾塞雷德也死得相當早，此刻僅有一位多病的年幼王子與他的姐妹和這位上了年紀的君主代表這個曾經擊敗維京人，再度征服丹勞地區的戰士王朝。大的伯爵在各自的領地中則變得獨立自主。

雖然英格蘭仍是歐洲唯一有王室財務部的國家，全國各地的郡守都必須向它報告，但實際上王室對於郡守的控制已經變得很散漫了。國王大部分靠他的私人財產度日，並且盡其所能由他的家臣治

理。修道院殘留的權力實際上受到一小群盎格魯 - 丹麥貴族的掣肘。英格蘭國王獲得支持的主要基礎永遠都是遴選出來的樞密院，其成員後來從沒有超過六十人，他們以一種含混的方式視他們自己為全國的代表，而事實上它是個集合廷臣、有勢力的武裝侍衛及教士的委員會。但這個「智者」的集會絕對沒有具體呈現國家的生命，它削弱了王室的行政權力而未增加自己本身的力量，它的特性與品質普遍衰敗，它有落入大家族手中的傾向。由於中央權力衰退，各個郡的地方首領都議論紛紛，圖謀不軌，他們追求私人與家族的目標，只知道他們自己的利益。人民不僅被許多相互衝突但微不足道的當權者所阻，也因為撒克遜地區與丹麥地區之間的習俗大大有別而感受到不便。荒謬而反常的情況與種種矛盾阻礙司法的運作。土地佃租的制度因地而異，從西塞克斯的完全莊園到北方與東方丹勞地區的自由社區都有這種情形。領主與土地之間沒有明確的關係，大鄉紳為國王服務是個人職責，與他自己擁有的土地沒有關係。這個島嶼已經對歐洲大陸不太仰賴，而且已停下了前進的腳步，海岸與城鎮二者的防禦都遭到忽略。對於即將前來的征服者而言，這整個系統——社會的、道德的、政治的與軍事的——似乎全都相當衰弱。

我們對「懺悔者」愛德華的形象是模模糊糊、有如雲霧、虛弱不堪的，而由他擔任忠僕的教會所精心培養出來的中古時期傳說給我們的印象，反而比他還深。撒克遜英格蘭的燈火要熄滅了，就在聚集的黑暗中，一位善良、灰鬚的先知家預言了結尾。愛德華臨終時談到正降臨在這塊土地上的一個邪惡時代，他受到啟示的喃喃細語將恐怖輸入了聽者的耳中。只有曾經擔任戈德溫忠僕的斯蒂甘特大主教(Archibishop Stigand)毫無所動，並悄悄地向哈洛德說，年齡與病痛已經剝奪了這位君主的神智。因此在一○六六年一月五日，撒克遜諸王一脈宣告結束，這些不久之後將被征服的英格蘭人的情緒，在這個艱辛時期，與教會的感激結合在一起，形成光環，圍繞住這位王室人物的名聲，而且隨著歲月流逝，他的精神成了大

眾崇拜的目標。愛德華位於西敏寺的神龕是朝聖的中心，愛德華則於一一六一年被封爲聖徒，多少世紀以來都活在撒克遜人民的記憶裡。諾曼人對愛德華的名聲也很感興趣，對他們而言，他是位國王，或者如他們所說的，藉由他的智慧，王室才交給了諾曼人的公爵。因此雙方都稱頌愛德華的死後名聲，直到英格蘭於百年戰爭（Hundred Years War）使用聖喬治（St. George）的名字時，「懺悔者」聖愛德華更成了王國的主保聖人（patron saint）。但是聖喬治無疑更適合這個島嶼人民的需求、心境與性格。

【1】　Kendrick's History of the Vikings, p.259.

【2】　History of England, vol. i, p.25.

【3】　From the Encomium Emma Regina, in Langebek, Scriptores Rerum Danicarum （1773）.

【4】　From the Heimskringla of Snorre Sturlason.

第二部

國家的形成

第九章　諾曼人的入侵

　　英格蘭受到派系林立、彼此敵對的困擾，有很長的時間都處在國外勢力的虎視耽耽之下。斯堪地那維亞人設法恢復克魯特的帝國，諾曼人則聲稱他們的公爵持有其表親愛德華對於登基的承諾。諾曼第的威廉有著王族血統的出身與艱困的生涯。對這兩個渴望這塊土地的強權而言，這個獎品實在夠滿足它們各自的野心，而兩者在初步階段中同時採取行動則共同分攤其優勢。

　　　　　＊　　　　＊　　　　＊　　　　＊　　　　＊

　　某天早上，羅洛的第四代子孫——諾曼第的羅伯特公爵（Duke Robert of Normandy）——正騎馬前往首都法來茲（Falaise），看到一位皮匠的女兒阿麗蒂（Arlette）在溪流中洗布巾。羅伯特的愛意立刻滋生，他將阿麗蒂帶進他的城堡，儘管他已經娶了一位有氣質的淑女，但仍與阿麗蒂共度他的餘日。他們這個浪漫而不守成規的結合，在一〇二七年生下一子，就是日後鼎鼎大名的威廉。

　　威廉七歲時羅伯特就去世了，在那個無情的時代一位未成年者要繼承父位可說是危機四伏。擔任威廉監護人的顯赫貴族逐一暴斃，整個諾曼第彼此敵對的勢力都想乘機而動。他們要讓一位私生子統治嗎？一位皮匠的外孫要擔任許多戰士家族的君主嗎？這個私生子的污點揮之不去，深深地溶入威廉的本性裡面，使他怨恨，但也使他堅強。多年之後威廉包圍亞倫森城（Alençon），當地民眾隨便地將皮革在城牆上掛出來，並且大呼：「給皮匠用的皮革！」威廉對這種嘲弄進行報復，他蹂躪了這個城鎮，並將其中的主要居民斷肢或剝皮。

　　法蘭西國王亨利宣布承認這位未成年者，並使他安坐在公爵寶座上，他成了威廉在封建制度下的監護人與大領主，若非如此，這個孩子幾乎存活不下來。一〇四七年威廉年滿二十歲，有一項對付他的可怕陰謀正在籌畫中，不過他在叛亂開始的時候千鈞一髮逃過

一劫。密謀的人提議瓜分威廉的大公國，他們對他們之中的一個人宣誓，並保證將公爵的頭銜賜給那個人。威廉正在這個有叛徒的國家心臟地帶行獵，貴族們計畫逮捕他，而他的弄臣卻闖了進來及時警告他趕快逃命。到了天光破曉時刻他已經騎馬跑出四十英里外，而有一陣子待在法萊茲。威廉知道自己實力不足以應付危機，便馬不停蹄去向他的大領主——法蘭西國王——求助。威廉的請求沒有遭到拒絕，亨利國王出兵，在沙丘谷（Val-ès-Dunes）一役中，雙方都出動騎兵作戰，最後叛軍被擊潰了；從此以後，威廉的諾曼第公爵地位穩如泰山。

在既存的社會系統中有足夠發展出世仇的空間，在某些采邑甚至有家族戰爭，但是當國家大權落入很強的君主手中時，這些事都會受到限制，不過這一切卻無法阻止一個好戰的社會快速地成長，這個社會的俗世原則與軍事原則都是國際性的。在這個層級制度裡的每個階級對於最高領主的親近感、土地與戰鬥力的結合、宗教事務上對於教廷威權的接納，將在歐洲各地持續擴大成長的鐵甲武士與貴族都團結了起來。除了全盤接受普世的基督教會，這個社會還加上戰士貴族階級的概念。這個階級受到騎士精神的鼓舞，並且基於持有土地的兵役制度而結合在一起；隨著這個制度，披甲的騎兵遂躍升到戰場中的最高地位，不僅從事征服，而且還要進行統治的新武力因此誕生。

在當時的封建世界，這種新組織的戰鬥品質都沒有提升到諾曼人那麼高的水準。威廉是一位戰爭高手，因此給予他的小公國某些聲望，而這是三十年前在克魯特態度堅定、眼光敏銳的政府統治下所不曾享有的。威廉與他的騎士現在都以不畏不懼、愛好冒險的眼光眺望這個世界。好戰之士除了天生的雄心壯志，還有很好的理由注視著英吉利海峽的另一邊，威廉像他的父親一樣，與英格蘭的撒克遜宮廷保持著密切的連繫，並且已經開始注意以戈德溫與其子哈洛德為主之盎格魯-丹麥一幫支持者的動向。

命運很驚人地落到這位諾曼公爵的手中。大概在一○六四年的

某次巡視中，哈洛德的船被風吹到了法蘭西的海岸，在那裡坐鎮的朋塔歐伯爵（the Count of Ponthieu）將所有遭到船難的船員與他們的裝備都當作是貴重的發現。朋塔歐拘留哈洛德，勒索他所值的大把贖金。諾曼宮廷與英格蘭宮廷在這個時候的連繫相當親密而友善，於是威廉請求釋放國王愛德華的侍衛武士，而且是先禮後兵。朋塔歐伯爵心不甘情不願地放棄了天降橫財，引著哈洛德到諾曼宮廷。威廉與哈洛德一見如故而結交，撇開政治不談，他們兩人惺惺相惜；他們的手腕上都停著獵鷹，打獵作樂。哈洛德出陣與威廉並肩抵抗不列塔尼人，或在危險的打架中巧妙地助拳，後來他受到威廉的尊崇並封為騎士。但是哈洛德盼望未來要繼承英格蘭王位，而這也是值得他贏到手的獎品。哈洛德在他母系方面有著小小的一脈皇家血統；但是威廉，經由他的父親，卻對這島嶼的王座有著比較明顯的、至少不太隱晦的權力。威廉決心堅持這個權力。威廉看到哈洛德在「懺悔者」愛德華領導之下掌握的權勢，如果「懺悔者」殞天之際他在場的話，他可能極為輕鬆地將它變成主權。威廉邀請哈洛德簽訂和約，藉此他自己將成為英格蘭國王，而哈洛德成為西塞克斯整個壯麗領地的伯爵。哈洛德因為此舉而感到安心，並且娶威廉的女兒。

一幅記錄這個王朝編年史的掛毯具有不可抗拒的魅力，它敘述著此一協議的故事。一般人都認為這個掛毯是威廉的妻子瑪蒂爾達王后（Queen Matilda）所設計，但實際上卻是威廉的異母兄弟奧多（Odo）——拜約（Bayeux）主教——指導的英格蘭藝術家所設計的。它當然是諾曼的版本，而且許多世代以來都被諾曼的史家聲稱是威廉侵略英格蘭的充分正當理由——當時侵略者已經需要正當理由。而撒克遜人則堅信這僅僅是諾曼人的宣傳，這個證據只用於慣常的衝突。然而，哈洛德大概曾向威廉鄭重宣誓放棄英格蘭王位的所有權利與大計；而且有可能如果他不這樣做，他就永遠見不到王位或重返英格蘭。

這個使得哈洛德成為威廉人馬的誓言，因為一個詭計而加強了

其封建意義，當時的人對這個詭計感到新奇，然而卻很適合他們當時的心態。在哈洛德宣誓的祭壇下面，隱藏著神聖的遺物，後來有些作家都說那是聖艾德蒙的一些遺骨。如此更具說服力的誓言便有基督教世界承認的三重神聖性，它是個超級誓言：承擔未知的責任而仍然約束著哈洛德。然而，並不能就這麼認為這兩個人之間的這項交易不合理，因為哈洛德在那個時候大概已經看到對他自己未來有利的遠景。

這個時候威廉已經鞏固了他在國內的地位，他已經摧毀對手與野心親戚的叛軍，建立了防禦不列塔尼的西方邊境；西南方，他征服了源自北法蘭西最強統治王朝，也就是金雀花王朝（Angevins）的曼因（Maine），他逼使在他青年時期保護他的巴黎勢力必須尊重他的男子漢氣概；他與法蘭德斯伯爵（the Count of Flanders）的女兒瑪蒂爾達結婚，使他在東側得到一位有用的盟友。

同時，哈洛德獲得了自由，正在英格蘭理政，受到人民真心的接納，並且日漸成功。一○六六年一月，「懺悔者」愛德華駕崩，我們相信他已經寬恕了曾經受到引誘而犯下的世俗罪過。雖然愛德華在垂危之際據說曾對威廉承諾，不過最後他應該還是推薦了年輕勇武的諮議大臣兼指導哈洛德，做為智者會議所推舉的最佳王位人選。無論如何，哈洛德在一○六六這個重大的年分，被倫敦、密德蘭、南方等地欣然地接受，並在西敏寺大教堂極盡隆重地加冕而成為國王。

這件事重新開啟了戰爭的大門。法蘭西曾有一位原來非王室成員的卡佩（Hugh Capet）成為國王的前例，但是這種事遭到貴族強烈的痛恨，他們的傲氣、共同觀念、情緒等正有增無減地對西歐灌輸。每位胸懷大志的大鄉紳聽到哈洛德的加冕，都意識到一種侮辱，以及大有使用才能與刀劍的機會。而且，封建世界的整個結構都是以神聖的誓言為基礎，騎士階層與教會對於毀誓者都會聯手大力譴責。對哈洛德而言，更不幸的是坎特伯里的斯蒂甘德大主教曾由一位分裂教會的（schismatic）教皇那裡接受白羊毛披肩帶

（pallium），因此羅馬無法承認哈洛德是國王。

　　就在這個時刻，萬能的上帝從天界做了個曖昧的手勢。在哈洛德加冕時出現了有尾的彗星（或稱「有髮的彗星」）；它以前曾預示耶穌的誕生（the Nativity of Our Lord），現在則被天文學家稱爲哈雷彗星。神爲了世俗的目的，在日月星辰的天體運動中簡略地露了一手，這個例子顯然可能經過靈巧的解釋而變得對哈洛德有利。但是征服者自有說法，在他們的眼中這個預兆表示一位褻瀆神的新貴即將覆亡。

　　兩個入侵的計畫都迅速地準備妥當。第一個計畫來自斯堪地那維亞。克魯特在挪威的繼承者下決心要恢復他們擁有英格蘭主權的傳統。哈洛德同父異母的弟弟托斯提格被逐出了他在諾森布里亞的伯國，因爲被流放而充滿復仇的情緒。當他詳述這個島嶼的危機，以及島上防禦貧弱而不堪一擊的訊息時，一支遠征軍已經正在籌備之中，哈洛德‧哈德拉達國王（King Harold Hardrada）出發前往英格蘭要獲取王位。哈德拉達起初乘船到奧克利群島，集合由蘇格蘭群島及曼島所徵募的兵卒，並且與托斯提格於一○六六年的夏末帶著一支艦隊及大軍前往英格蘭的東北岸。

　　英格蘭的哈洛德因此面對來自東北方與南方的雙重入侵。一○六六年秋天，他在聽說哈德拉達與托斯提格在船上指揮的挪威艦隊已經駛到恆伯河，打敗了艾德溫伯爵（Earl Edwin）與莫卡伯爵（Earl Morcar）麾下所徵的兵員，而且在約克附近的史坦福橋紮營後，哈洛德表現出所擁有的好戰個性。他正在倫敦等著看那支入侵隊伍會先在什麼地方攻擊他時，消息傳來了。哈洛德率領丹麥的王室部隊匆匆從羅馬大道趕往約克，所到之處他都呼籲徵募兵員助陣，他的行動快捷，使北方的入侵者完全措手不及。就在艾德溫與莫卡被打敗的五天之內，哈洛德便到了約克，就在抵達的同一天行軍到距離城十英里之處，準備與挪威軍隊作戰。

　　戰役開始了。英格蘭人衝鋒，沒有甲冑的挪威人起初保持著他們的陣式。過了一會兒，挪威人被那時常用的佯退詭計所騙，打開

了他們用盾牌排成的壁壘，由四面八方進攻，而這正是哈洛德等待的時機。武器開始交鋒，殺氣衝天。哈德拉達的喉嚨被射中一箭，托斯提格擔任起總指揮，堅守著他「大地蹂躪者」（Land-ravager）的旗幟。在戰事暫歇之際，哈洛德向他的弟弟提出和議，並且願意安頓所有仍然活著的挪威人；但是「挪威人全部集合在一起，表示他們寧可前仆後繼戰死沙場，也不願接受英格蘭人的安頓。」[1]哈洛德英勇的侍衛流著維京人的血液，他們衝鋒陷陣直搗敵方中軍，隨著一聲吶喊，仗又開始打起來了。在這個時刻，留在糧船上的一批人馬抵達，前來拯救入侵者。他們與其戰友不同，全部身披堅甲，但是因為急行而連氣都透不過來，而且筋疲力竭。他們將鎖子甲卸下丟在一邊，將他們的命運投入戰場，與他們身處困境的朋友並肩作戰，而且幾乎全部戰死。得勝的哈洛德將哈德拉達葬在他曾不屑地答應後者的英格蘭七英尺黃土之下，但是他饒了後者的兒子奧拉夫一命，讓他與他殘存的支持者平安離去，而托斯提格為他的浮燥、惡毒心腸送了一命。雖然史坦福橋之役現今已經被哈斯廷（Hastings）之役掩蓋了光芒，但它仍有權被視為英格蘭史上最具決定性的一場交戰，從此斯堪地那維亞人再也無法威脅英格蘭國王的威權或這個王國的統一。

就在這勝利時刻，消息從南方傳到了國王耳裡，說「野種威廉」已經在佩文昔（Pevensey）登陸。

＊　　　＊　　　＊　　　＊　　　＊

「征服者」威廉（William the Conqueror）入侵英格蘭的計畫弄得像是商業大計。雖然諾曼第的資源顯然不足以擔當這項任務，但是威廉在封建世界中名震遐邇，這位擁有許多疆土的好戰貴族，毛遂自薦想實現攫取與分治英格蘭的想法。不過諾曼第的貴族在里耳（Lillebonne）會議上拒絕支持這項大計，他們認為這是威廉個人的冒險之舉，而不是諾曼第的冒險事業，但是他們之中大多數的人還是提供了騎士與船隻的配額，因此不列塔尼派了一支人數很多的部隊。必須記得的是羅馬統治時期的不列顛一些最佳人士都

在此地找到了避難所，他們確立了有力的血統，以維持古典年代及不列顛民族的延續。法蘭西全國對此都深感興趣。從法蘭德斯，甚至阿爾卑斯山再過去的地方都有傭兵前來投效，來自南義大利與西班牙的諾曼人，包括貴族與武士，都響應此一號召。這項征服大業中的投資比例以騎士與船隻的數目做爲代表，另外也明確保證，被屠殺英格蘭人的土地將依貢獻的比例均分，視戰場上良好表現所分的紅利而定。一○六六年的夏季，這一大批貪圖土地、渴望戰爭、膽大妄爲的海盜，愉快地在索美河河口的聖瓦雷利（St. Valery）附近集結。自春天起他們便在法蘭西的所有港口建造船隻；到了八月初，一支相當壯觀的艦隊，載著大多數地位崇高、氣質不凡人物，大約爲數七千名的鬥士，準備追隨著名的諾曼第公爵去分享英格蘭的土地與財富。

但是風向不對，整整六週裡沒有一天吹南風。這支由各批人馬組成的軍隊完全不受封建制度的忠誠、愛國情操或道德名目的約束，開始爭吵及抱怨，只有威廉身爲總指揮的命令與期望中可能得到的豐富搶掠物才能將他們團結在一起。最後，他們對於天氣不得不採取極端的手段，聖艾德蒙的骸骨從聖瓦雷利的教堂被取了出來，在海邊舉行盛大的軍事與宗教儀式。這一招證明有效，因爲風正好就在第二天轉向，雖然不是向南，可是刮向西南。威廉認爲這已經夠了，便示意啓航。整個艦隊帶著補給、武器、鎧甲與大群戰馬，下海出發。爲了使整個艦隊航行在一起，威廉已經做了特別安排，並要所有船艦在索美河河口會合，晚上公爵還在桅竿頂上掛起一盞特別明亮的燈，次日早上所有船艦都駛往英格蘭的海岸。公爵的船速較快，立刻發現他自己已單獨駛至英吉利海峽的中線。威廉停下船來「彷彿在他自己的大廳」與他的幕僚下屬共進早餐，並且暢飲美酒，餐後他自己以熱情的口吻發表談話，談他的大業，以及將帶給所有參與此舉的人各種獎品與利益。

九月二十八日艦隊在遠方出現，全都安全地在佩文昔灣（Pevensey Bay）下錨，登陸的過程沒有遭到任何抵抗。當地的

「民兵」這一年已經奉召去看守海岸四次；而依英格蘭的作風下結論，表示危險既然沒有來便是過去了，所以他們就自行解甲返家。像故事所說的，威廉登陸，一下船便跌在地上。他將這預兆變成了對他有利的解釋：「瞧！我已經用我的雙手拿下了英格蘭。」他忙著整編他的軍隊，奪取在南塞克斯的補給，建造防禦工事來保護他的艦隊與基地。兩星期過去了。

　　同時，哈洛德與在史坦福橋被屠殺得所剩無幾的侍衛，騎著小馬叮噹叮噹地走過瓦特林街，日夜兼程趕往倫敦。哈洛德在倫敦召集他能夠找得到的所有武力；在西塞克斯與肯特，大多數貴族都急迫地加入他的麾下，並且帶來了他們的家臣與地方民兵。他們在倫敦僅僅停留了五天，便行軍前往佩文昔，並於十月十三日傍晚在可直接通往首都的道路旁的山丘坡上布下陣地。

　　當時的軍事專家就像今日的一樣，都批評哈洛德孤擲一注馬上求戰。北方伯爵艾德溫與莫卡的忠心頗為可疑，他們帶著大量增援部隊匆匆南下，但是哈洛德無法確知他們會加入那一方。最後，他們「都從這場衝突中抽身而退」。有些人認為哈洛德應該使用一千一百年前卡西維努勒斯用來對付凱撒的戰術應戰，但是這些批評人士忽略了一項事實，那就是當時的羅馬軍隊僅是由步兵組成的，而不列顛人只有戰車手與騎兵；而此時威廉公爵的軍隊主要是弓箭手輔助的騎兵，哈洛德只有使用馬匹運輸的步卒。騎兵繞著步兵打轉並且進行騷擾是一回事，而成群的步卒使用戰術抵抗騎兵是另外一回事。哈洛德對他令人懼怕的戰斧手有很大的信心，他精神奕奕地在十月十四日早上布下他的盾牆陣式。現今對於當時交戰的人數有很大的爭議，有些權威人士認為有五、六千名諾曼武士與重騎兵，加上幾千名弓箭手，迎戰八千到一萬名戰斧手與長矛手，而事實上雙方的人數可能都還要再少一點。也許是黎明的曙光初現，威廉便從佩文昔的營地出發，下定決心全力一試；而哈洛德在八英里外嚴陣以待。

　　戰役一開始，曾經要求先攻的吟遊詩人武士（minstrel knight）

艾福‧泰勒佛（Ivo Taillefer）便騎馬衝上山丘，將他的矛與劍
拋向空中，並在到達英格蘭大軍陣前將它們接住，然後衝鋒深入敵
陣直至陣亡。威廉率領的披甲武士騎馬衝鋒，但因行動笨重遲滯，
未能打垮英格蘭人密集、井然有序的陣式。箭如雨下，攻擊中的騎
兵都抵擋不住，威廉左翼的騎兵被弄得七零八落，迅速撤退奔下山
丘。哈洛德的右翼成員主要是地方「民兵」，他們看到這個情景，
便散開陣式窮追。威廉在中央坐鎮，便將有紀律的騎兵隊掉過頭來
攻擊這些民兵，將他們砍得身首分裂。諾曼人重新擺好陣式，開始
對英格蘭人做第二次一連串的衝鋒，將他們衝成幾段，承受屬害的
箭矢攻擊。時常有人說起這部分的行動很像滑鐵盧（Waterloo）一
役的下午，內依（Ney）[2]的騎兵耗盡氣力攻擊不列顛的方陣，被
砲火轟成數段。在這兩個例子中，吃盡苦頭的步兵都屹立不移。據
說諾曼的騎士從來沒有遇到過如此頑強的步卒。他們完全無法突破
盾牆；他們遭到戰斧、標槍或陣後扔來的石頭等武器靈活的攻擊，
而箭雨使得傷亡更加慘重。據說英格蘭人擠得太緊，以致於傷者無
法移動，死者在地面上幾乎找不到倒下來的空間。

　　在達成任何戰果之前，這個秋天的下午已接近傍晚，威廉下令
採用由來已久的佯退之計。他已經看到哈洛德的右翼在首次擊退諾
曼人之後準備離開他們的陣地，他現在便籌畫表面上顯然潰不成軍
的假撤退，但同時卻掌握著強大的軍力。哈洛德身邊的侍衛都嚴守
軍紀，守住陣式，但是訓練較少的部隊在這樣戰鬥了許多鐘頭之後
不禁放鬆下來，因爲他們看到敵人奔逃，以爲這證明了他們是不可
抵抗的。他們由於得勝的衝動而向前衝，結果到半山腰就被威廉的
騎兵砍殺。黃昏愈近，在哈洛德國王與他的大旗旁邊戰鬥的只剩下
英勇的貼身侍衛，他的兄弟格斯（Gyrth）與洛夫萬（Leofwine）
都已經陣亡。威廉現在指揮他的弓箭手向空中射箭，箭落在盾牆的
後方，其中一支射穿了哈洛德的右眼，造成了致命傷。哈洛德跌倒
在他的王家旗幟腳下，到死都沒被人征服，不過這可算不上什麼尊
榮。這場苦戰現在已成定局，哈洛德最後組成的軍隊被擊潰了，雖

然沒有覆亡，他們撤退到後面的樹林裡。身先士卒，並且騎死三匹戰馬的威廉，可以宣稱他們已經獲勝。不過，零星的追逐仍然受到重挫，哈斯廷山丘反面的斜坡突然有一道深溝，大批諾曼騎兵跌落其中，被埋伏在樹林中憤怒的英格蘭人所殺害。

駕崩的哈洛德國王赤身露體，僅僅用一件紫袍裹住，被人藏在海灣的岩石之間。他的母親請求以與他體重相等的黃金交換屍體，允許她將他葬在聖地，但未能如願。諾曼公爵的回答是，將哈洛德安置在拼死防禦的撒克遜海岸上，會更加適合。哈洛德的遺體後來被轉到他創立的瓦珊寺（Waltham Abbey）。雖然現在英格蘭人再度被征服，對新王朝俯首稱臣，但哈洛德之名應當在這個島嶼永遠受到尊崇，因為他與他的侍衛都為了英格蘭不屈不撓奮戰到底。

【1】　From the Heimskringla Saga of Snorre Sturlason.

【2】　譯注：Michel Ney（1269-1815），法蘭西元帥，驍勇善戰，參加過滑鐵盧戰役。

第十章　征服者威廉

　　入侵的大軍已經在戰場紮營，但威廉公爵知道他的功業才不過開始而已。一年多以來他便一直在策畫如何入侵英格蘭與要求得到王位，在他登陸後一個月之內，已經殲滅了唯一有組織的撒克遜軍隊，殺掉他的對手。但是近年來使這個島嶼分崩離析的內部裂痕，為征服英格蘭的任務增添了新的危險，正是這種讓攻城略地獲得成功的島內不團結情形，使得降服對方的時間變得很綿長。北方與南方的撒克遜領主們可能進行無休止的地方性鬥爭，並切斷與歐洲大陸的連繫，因此威廉便謹慎地開始向倫敦挺進。

　　威廉是在現今文明時代眾所皆知「恐懼」[1] 學說主要的提倡者；這種學說便是透過血腥無情的殺雞儆猴手段所進行的集體恐怖行動（mass terrorism）。現在威廉擁有由諾曼人、法蘭西人、不列塔尼人共同組成的精兵，經由肯特向首都進軍。起初並沒有任何當地人前來軍營對他表示效忠，隆姆尼（Romney）的人還殺害了一批諾曼騎士，後來他們遭到了報復。這個消息傳遍全國，人們「像停在傷口上的蒼蠅一樣」群起前來歸順，以免遭到同樣的命運。這些事件的傳說都深入民心。

　　威廉抵達倫敦附近，採取迂迴路徑繞著這個城市行軍，殘酷地使周圍的田野荒廢而將它孤立了起來。威廉從紹斯瓦克（Southwark）前往瓦陵福，然後經由奇爾屯（Chilterns），而在這裡的撒克遜首要名流與教會人士柔順地前來軍營尊他為王。耶誕節那一天，約克大主教奧爾德雷（Aldred）在西敏寺教堂為威廉加冕，使威廉成為英格蘭國王。威廉在恆伯河以南的英格蘭全境建立了他的霸權，於威廉在外出征的這兩年中代為統治諾曼第的公爵夫人瑪蒂爾達，在一○六八年渡海而來，她也在聖靈降臨節（Whit Sunday）於西敏寺大教堂加冕成為王后，而在這一年稍後，她在英格蘭的土地上生下一子亨利（Henry），這算是王朝穩定的象徵與預兆。

　　北方仍在撒克遜的領主，也就是不受鎮壓，並且還繼續反抗的艾德溫與莫卡的統治之下，威廉於是集合軍隊向他們進軍。許多世代以來都能在那個鄉野、劫後餘生者及他們子孫的記憶中，找到威廉在北方的行蹤。東西兩岸整個區域都被弄得一片荒涼，被追逐的人都躲到約克郡的密林山谷中避難，結果飢寒交迫而死，或者為了食物而賣身為奴。很多年之後，這個「荒原」以及路邊有餓死骨、屍體腐爛的故事都還在流傳。一○六九年的耶誕節，威廉在約克過冬，之後繼續追逐人犯。當時英格蘭只有切斯特尚未遂行「征服者」的心願。一○七○年深冬，威廉行軍穿過英格蘭。這個城鎮應召投降，並且聽命建立城堡。

　　恆伯河以北的英格蘭現在受到諾曼人的控制，建立起遼闊的里奇蒙伯國（Earldom of Richmond），掌握著約克郡及相鄰郡縣的廣大財產。德拉姆的主教轄區重新改組，地方政府掌握大權。顯然諾曼第擁有武力與想法，將撒克遜人的英格蘭全部納入版圖，但是威廉能否保住他征服英格蘭的整個成就而不受外力挑戰，則要等到他晚年才塵埃落定。英格蘭被征服的時期可說是危機四伏，在入侵之後至少有二十年的時間，諾曼人是在一個充滿敵意的國家中紮營的軍隊，靠著據點的堡壘壓制居民，而撒克遜人則抵抗到底。傳奇故事與編年史為我們描述出鄉紳赫里沃德（Hereward the Wake）在伊里周圍廣闊沼地所做的最後抵抗，一直到了一○七一年，也就是哈斯廷之役五年之後，赫里沃德才被殺。在赫里沃德的反抗行動中許多撒克遜的大鄉紳也都陣亡了，這個階級最適合的新領袖在此時崛起，伊里堡的建立象徵著他們舊秩序的終結。

　　此時也出現其他的內部紛爭。一○七五年心懷不滿的諾曼騎士在密德蘭、東盎格魯、威爾斯的邊境發起嚴重叛亂。一位曾與威廉締結和約的殘存撒克遜領袖沃爾塞奧夫（Waltheof）加入了他們的陣營，而威廉國王必須從諾曼第匆匆趕回來消滅叛軍。撒克遜的人民支持征服者平亂，民兵出陣，遭到報復的只有沃爾塞奧夫。當時心向撒克遜的修道院編年史家都敘述沃爾塞奧夫在溫徹斯特城外丘

陵遭處決的動容場面，中古的傳奇故事將威廉晚年的命運歸諸這次
處死沃爾塞奧夫的罪孽。沃爾塞奧夫被處死也標明了英格蘭最後終
於歸順，諾曼人的城堡看守著城鎮，諾曼人的領主掌握著土地，諾
曼人的教會保護著人的靈魂。整個英格蘭有位主人，征服已經完
成，重建的工作於是開始。

　　被征服者是多麼悲哀啊！現在諾曼人在英格蘭的土地上紮穩了
根基，成了土地與一切豐實成果的主人。從安茹（Anjou）、曼
因、不列塔尼，甚至阿爾卑斯山脈與庇里牛斯山脈（the Pyrenees）
另一邊過來的武裝戰士，根據他們的階級與本事，佔有莊園與郡
縣，著手使他們自己安穩無虞。到處都有城堡興起。起初這些城堡
都不是一百年以後的巨大石造建築，它們當時只不過是加強防禦工
事的軍事哨站，包含一個土製堡壘與粗木障礙物，以及用原木搭建
的中央核心堡壘。騎兵們可由這些據點突然出擊，去統治與剝削四
鄰。他們的最頂端是威廉，他活躍而又無情，從征服大業中得到樂
趣，要求他的跟隨者隨時為他效勞，他則對所有盡責的人給予很好
的官職。

　　在諾曼人居住於此的早期，他們並未借用島嶼人民的禮節，借
用的習俗也是微乎其微。當時唯一的文化是法蘭西文化，劫後餘生
的撒克遜重要人士都將子弟送到法蘭西的修道院去接受教育。英格
蘭人重複古代不列顛人的經驗，能學法語的人全都學法語，就像從
前包迪西亞同時代的人都學拉丁語。起初征服者都鄙視粗魯的英格
蘭人是村夫，並且用利劍與鋼刀加以統治，但是他們不久便依真正
的諾曼方式與自由的居民通婚，並且認同英格蘭的歷史。

　　比起威廉在英格蘭的工作，更值得注意的是事實上這位諾曼第
公爵一直涉及數不盡的陰謀及面對與法蘭西國王的衝突。雖然英格
蘭是一個比諾曼第更有價值的領地，但威廉與他的兒子們永遠都對
歐洲大陸的土地更有興趣。法蘭西的國王一直把削弱諾曼第公爵的
勢力一事視為他們的首要任務，何況這些公爵現在已經變得十分強
大，他們的前哨距離巴黎只有二十多英里而已。因此便產生了一場

鬥爭，直到一二〇三年約翰王（King John）失掉諾曼第時才獲得解決。同時，許多年過去了，瑪蒂爾達王后在盧昂（Rouen）擔任能幹的攝政，但是她卻爲兒子們的騷亂所苦。長子羅伯特（Robert）是一位從事十字軍運動的武士，行事魯莽、揮金如土，像他父親一樣喜愛作戰冒險，但是卻沒有父親無情的天分或牢靠的實際目的，他痛恨威廉長命不死，而不耐煩地要求繼承諾曼大統。身爲父親的威廉多次被通知而必須渡過英吉利海峽去懲治反叛的城鎮，先發制人阻止他兒子與法蘭西宮廷的密謀。後來羅伯特被逐出他父親的土地，在法蘭西的菲力普王（King Philip）位於熱貝瓦（Gerberoi）的城堡避難，威廉不聽勸解，對他進行征討，父子兩人在城牆下都拉下面甲單打獨鬥起來。羅伯特傷了他父親的手，將威廉打下馬來，若不是一位英格蘭人——瓦陵福的托吉格（Tokig）——及時相救，羅伯特會將他父親殺了。托吉格攙扶這位被打倒的「征服者」重新上馬，父子兩人因爲這番突來的遭遇而清醒過來，和解了一段時間。

瑪蒂爾達去世了，而隨著年歲的增長，威廉在情緒上變得愈來愈火爆。因爲法蘭西時時劫掠，觸動了他的怒火，他越過邊界，縱火行兇直到抵達曼特斯（Mantes）的城門。他手下的諾曼人突襲這個城鎮，在恐怖洗劫之餘還到處縱火。他騎馬穿過街道，馬匹在殘火餘灰中絆了一下，他撞到了馬鞍的鞍頭。威廉在痛苦中被送往盧昂的聖熱瓦塞（St. O. Gervase）小修道院，他在這個城鎮的高處度過了一〇八七年的夏天，與重傷搏鬥。死亡漸近之際，他的兒子威廉（與他同名）與亨利都來到他的身邊，其中威廉因爲孝順而被提名在英格蘭繼承其父「征服者」的大統之列。粗魯的羅伯特最後將統治諾曼第。至於最小的兒子亨利，則只得到五千鎊銀幣，再加上一個預言，提到有朝一日他會統治一個由盎格魯人與諾曼人聯合起來的國家。這個預言後來證明並非只是空洞的祝福而已。

知道「征服者」正垂垂待斃之後，他的臣民都惶恐萬分。一位很強的統治者結束生命之後會有什麼樣的麻煩呢？一〇八七年九月

九日星期四，盧昂大教堂早上的鐘聲響徹了四處的丘陵，威廉駕崩，他的威權消逝。卑鄙的隨從剝光了屍體的衣衫，將停放威廉的臥室搶劫一空。盧昂的教會人士將威廉送往他曾經在康城（Caen）建立的聖史蒂芬（St. Stephen）教堂。威廉最後的旅程甚至都受到打擾。在墓地，一位名叫阿斯西林（Ascelin）的人大叫，說他的父親曾被這位死去的公爵剝奪了土地，而在所有人面前要求受驚的教士們還他一個公道。教士們付出了六十先令，「征服者」這才很沒光采地入土爲安。但是威廉的功業長存。編年史家記述：

「威廉是一位非常嚴厲、粗暴的人，因此沒有人敢做違反他意願的任何事情。他讓行事違背他意願的伯爵帶上腳鐐手銬，他將主教逐出他們的轄區，將大修道院長逐出修道院轄區，將大鄉紳下獄，最後他連親兄弟奧多（Odo）也不放過；奧多是諾曼第一位非常有權勢的主教，是國王之下的首號人物，並且在英格蘭有個伯國。威廉將奧多置入牢獄。不過就其他方面而言，威廉在這個國家所塑造的良好治安令人難忘，任何老實的人胸懷黃金，在他的王國旅行絕不會受到傷害；沒有任何人敢打另一個人，不論後者對他做了多少壞事。如果任何男人違反一位婦女的意願而與她私通，就會立刻被去勢。

「威廉統治著英格蘭，而由於他的老練，調查徹底，所以他知道什麼人隱藏土地、以及這些土地的價值，然後便將它置於紀錄中。威爾斯也在他的權勢掌握之中，他在那裡遍建城堡，完全控制了這個民族。同樣地，他因爲實力強大，便也將蘇格蘭收爲己有。由於繼承，所以諾曼第的土地也是他的。他也統治曼因郡：如果他能多活兩年，他還可以運用他的審愼，不動一兵一卒而征服愛爾蘭。在他的時代，人民的確都受到很多壓迫，受到很多很多的傷害。」

在這一點上編年史家突然寫下詩句：

他建立了城堡

而窮人飽受壓迫。
國王是那樣的嚴苛，
剝奪他子民許多馬克
的黃金，與千百鎊的白銀，
這些他都以力奪取，毫不顧正義。
取自百姓，而他根本不需要如此功績。
他陷入了貪欲，
最愛貪婪。
他爲獵物做了最大的保護，
爲同樣的事頒訂法令，
誰要是殺了雄鹿或母鹿
都應當使其失明。

他保留著雄鹿與野豬，
同樣深愛公鹿
彷彿他是牠們的父。【2】

　　諾曼人將他們以兵役爲基礎的土地保有權制度引進了英格蘭，由上而下安置了一個軍事階級。不僅在戰事方面，在社會上層也發生了一場革命。威廉的首要目標是獲得善戰的精兵；騎士服役的年限與其卓越臣民應提供的人員配額，比起他們所持土地上盛行的社會關係，更讓威廉感到興趣。諾曼人在這裡是少數，他們已經摧毀了撒克遜的統治階級，而以異族身分統治著英格蘭，但是龐大的居民面對這種變遷只受到間接的影響，封建的上層結構多年來都不穩定，同時卻又令人印象深刻。這個國家的新主人對於他們土地的所有權（title），以及這些所有權如何配合盎格魯撒克遜的英格蘭習俗與法律，有著沒完沒了的爭議。主教轄區與大修道院抱怨的分貝特別高，王室特使必須一再召開郡法庭的大會來調停這些爭執。終於在一〇八六年，對國王封建家臣的整個財富狀況做了一次公開的

盛大調查，而國王自己的收入便來自這些家臣，於是便完成了所謂的審理或說明，其細微與規律的程度在那個時代可謂獨一無二，在後來的許多世紀裡也是無可匹敵的。許多英格蘭村莊的歷史開始登錄到土地清丈冊上面。這次著名的調查結果顯示英格蘭的基本結構與它的農民生活，很少受到入侵的震盪而有所改變。

但是舉行這了不起的稅冊調查顯示出危機。諾曼人在英格蘭的衛戍部隊受到來自海外其他要求權利者的威脅。斯堪地那維亞的統治者們仍然渴望得到這個一度在他們帝國之西的島嶼。他們曾於一○六九年支持北部的起義，而再度於一○八五年以更大的力量揚言要從事干預，一支艦隊已經裝配完備，但是因為它的首領遇害而永遠沒有啟航。威廉也採取了預防措施，所有由於征服而引起的封建爭議都變得必須迅速予以處理，而土地清丈冊就是在這個威脅的陰影下編纂完成的。一○八六年威廉在沙利茲伯里（Salisbury）召集英格蘭全境內所有土地擁有者，不論他是誰。國王需要全部有資產的封建佃農保證對他效忠，而這個重大的團體便藉著對威廉個人的誓言與忠誠而自我約束。

諾曼人在英格蘭的成就不僅是軍事方面的。雖然騎士服役影響著財產的持有，因而創造了一個新的貴族階級，但是英格蘭撒克遜人的許多風俗習慣仍保留了下來。諾曼人是行政人員與律師，而不是立法者。諾曼人的政府中心是王室法庭（royal Curia），這裡是最後的上訴法院與監督的工具，在這裡保存與發展著盎格魯-撒克遜王國管理財務與秘書工作的方法。撒克遜地方政治的整個制度——郡縣、郡守、法庭——在未來大有用處，因而都存活了下來，國王透過這個制度與全國維持著廣泛的接觸。事實上，「征服者」就靠這些途徑為土地清丈冊蒐集情報。不僅法庭，還有像丹麥金那樣的賦稅，都因為諾曼人的歲收而保留了下來。郡縣募集的地方民兵在征服之後仍然存在，可供威廉與他的繼承者使用。因此在之後的英格蘭政府中，諾曼人與撒克遜人二者的制度都不知不覺、深深地混合在一起。

　　在某些方面，這一切都加速走向莊園制度，而這個制度在盎格魯-撒克遜人統治下的英格蘭，至少確定在西塞克斯，是行之有年的一個過程。但是即使在西塞克斯，「領主與手下之間的連繫主要是人際間的關係」的這個觀念仍舊存留著，以致於一位自由人可以離開一位領主去投靠另一位領主，而他的土地也隨著他而轉移。另一方面，諾曼封建制度的本質是，不論這個人做了什麼事，土地仍保留在領主名下。如此一來，這個以土地堆建的金字塔便一層層疊上去，直到最高的國王，全國的每一畝土地都可以藉某種形式的服役，登記為某人所持有。但是這個人除了必須持武器向領主服兵役以外，還有在百戶區法庭及郡縣法庭出庭的服務義務；這些法庭——除了各種的豁免之外——都是國王的法庭，執行舊的習慣法。保存百戶區、郡法庭、郡守等舊例，都是英格蘭封建制度與歐洲大陸封建制度之間的重大區別。在英格蘭，國王無所不在——在諾森布里亞與在密德瑟斯（Middlesex）都一樣，在任何地方的罪行都是妨害他的治安。如果國王想知道任何事，他就告訴他的官員，也就是郡守，請郡守組成一個陪審團將事情查出來，再不然過幾天，國王就會叫某些受尊敬的人士到西敏寺去向他稟奏。但或許當他們到了西敏寺，是向國王稟奏之前國王誤聽讒言，而他們也不會繳付任何稅金，一直要等到國王改變想法為止。我們看到了十七世紀憲政議題在此時已現端倪。在諾曼人統治的日子裡，英格蘭除了倫敦之外便沒有任何大型商業城鎮，如果威廉沒有保留郡縣與百戶區做為居住與活動的單位，那麼除了大型貴族家族之外，便沒有抗拒或制衡中央政府的團體。

　　在諾曼人的拓居地此時也埋下了憲政所允許的反對力量的種子，它的影響即使不在控制政府，但卻也無意粉碎政府。這種潛在的反對力量存在於郡縣中，存在於較小的貴族與他們沒有封號的子孫當中，存在於保安官與郡的騎士當中。他們自然是為了王室與平靜的生活而存在，因此許多世紀之後，他們都向都鐸王朝的國王靠攏，而在另一個時代又與議會站在一起反對王室。不論其他任何事

物有何改變，他們都永遠留在那裡。他們之所以在那裡，是威廉發
現他們單獨便能管理舊西撒克遜組織，而且極其方便。威廉並無意
讓人待他如同他對待法蘭西國王的那個樣子，他曾經看到一個國家
被分成許多大領地的壞處，也因為看到這個壞處而受益。英格蘭的
各個小領地都有國王的官員擔任首長，這正好給予國王為了法律與
財政的所有目的而需要的權力均衡，但是同時卻不會讓小領地成為
反叛的單位。在哈斯廷一役之後，舊的英格蘭貴族都消逝無蹤，但
是在土地清丈冊上，我們後來稱作郡的鄉紳的言論都被引用，並且
具有決定性。就是這個階級——在鄰里中值得尊敬，並且有閒暇去
郡守的法庭，之後並前往西敏寺的人，在這個過程當中，皮姆家族
（the Pyms）與漢普頓家族（the Hampdens）乘勢崛起。

　　征服英格蘭是諾曼民族的至高成就，它將英格蘭的歷史重新與
歐洲連結起來，並永遠防止它飄流到一個斯堪地那維亞帝國較為狹
窄的軌道上。從此之後，英格蘭的歷史便與英吉利海峽南方民族與
土地的歷史並駕齊驅。

　　　　　　＊　　　　　＊　　　　　＊　　　　　＊　　　　　＊

　　征服英格蘭對教廷的影響更加廣泛，而且使人受到鼓舞。主教
轄區、大修道院與其他很高的職位現在都當然由諾曼人擔任，島國
的習俗都被海外最新的時尚所取代。這個征服的時代及教廷多方面
的改革，與希爾德布蘭德（Hilderbrand）——他在一〇七三年成為
教皇格列高里七世（Gregory VII）——所發起提升教廷權力運動
的時間巧合。英格蘭在新領袖的統治下被帶入了這個運動的最前
鋒，全國各地紛紛出現新的大修道院，證實了征服者的虔誠，雖然
實際上很少新貴族世家能得到舊有的財富或地位。這些修道院與主
教轄區是主要的宗教及智識中心，一直到一個世紀之後，因為大學
的興起才被掩蓋了光芒。新的教廷人士甚至比貴族更沒有想過要在
諾曼征服時的歷史上畫下任何深刻界線。慢慢地，但是很確定地，
法蘭西人開始尊崇舊的英格蘭聖徒與英格蘭聖壇，維持與鄧斯坦時
代在宗教生活方面的連續性。在坎特伯里前後兩位大主教蘭弗朗克

（Lanfranc）與安塞姆（Anselm）的領導下，教廷受到時代中兩位偉大人物的統治，而且透過他們得到了無可估計的利益。

威廉在他一○六六年遠征時得到教皇的充分支持，他的旗幟受到了正統信仰的祝福。眾所皆知威廉是一位熱心的宗教改革者，而撒克遜教會被人認為是心胸狹隘與態度頑強的，自從丹麥人入侵以來，就沒有經常支付每戶每年須向教廷繳納的一便士奉金（Peter's Pence）。斯蒂甘德僅只受到宗教分離論者教皇班尼狄克九世（Benedict IX）的祝福，兼任溫徹斯特與坎特伯里的神職。面對如此濫用職權，威廉挺身而出，成了教廷的忠實信徒。一旦俗世的征服已經宣告穩定，威廉便轉向宗教領域。重要的任命是坎特伯里的大主教之職，斯蒂甘德被廢，由蘭弗朗克繼任。蘭弗朗克是一位具有高度行政管理能力的隆巴德人（Lombard），曾經在北義大利著名的學校以及諾曼的貝克大修道院（Abbey of Bee）受過訓練，還做過這個大修道院的院長。蘭弗朗克很快地對英格蘭教會（English Church）灌輸新的生命，在一連串自狄奧多爾（Theodore）的時代以來便未曾舉行過的會議中，組織與紀律都有所改革，較舊的轄區從村莊遷移到了城鎮，從塞西（Selsey）遷到了齊切斯特（Chichester）。新的英格蘭教會席位都建立了。到了一○八七年，石匠著手建造七座新的大教堂。在這同時，由克倫尼士修道院（Abbey of Cluny）興起的修道院運動也開始在英格蘭散布。英格蘭教會被征服這一事件，將它自曾經停滯的閉塞心態中救起，在蘭弗朗克與繼任者安塞姆的領導下，英格蘭教會再度與基督教會更寬廣的歐洲生活及智識傳統產生接觸。

消失已久的羅馬帝國的精神，由於天主教會的努力而獲得復興，再度返回我們的島嶼，它也帶來了三個最有支配力量的觀念。首先，當時的歐洲沒有容納民族主義或者甚至民族性的空間，一個關乎行為與法律的普通準則，在歐洲將得勝的好戰階級都團結了起來，而且超乎民族的水準。第二，君主政治的觀念，它的意思是國王是官僚體系階級的代言人以及經常發生利益衝突的仲裁者。第

三，屢屢得勝的天主教會，以一種新奇的方式將羅馬的帝國主義與基督教的倫理合併在一起，其中彌漫著那個時代社會制度與軍事制度的影響，關心著它本身的利益與威權，但是仍然保留著智識與藝術所遺留下來的一切。

【1】 Wirtten early in 1939.
【2】 Anglo-Saxon Chronicle, in English Historical Documents, vol. ii. (Eyre and Spottiswoode, 1953.)

第十一章　動亂中的成長

在諾曼人征服英格蘭之後的第一代塑造了一個時期，這個時期勝利的軍隊與社會階級正在奪到手的土地上安頓下來，並且強逼撒克遜英格蘭社會裡自由人與領主之間的關係從原本純屬人際關係的型式轉變爲一種封建型態，亦即雙方的關係是建立在以土地爲基礎的互動連繫上。在征服者威廉的統治下，這個過程嚴格而徹底，在他的兒子威廉——綽號「盧弗斯」（Rufus），意即面色紅潤的——統治下，這個過程不但更嚴格，而且反覆無常。況且，「征服者」這位還活著的次子登上英格蘭的王位也並非毫無爭執。威廉一世畫分英格蘭與諾曼國土的決策，結果帶來了新的煩惱。勢力較大的貴族們在英吉利海峽兩岸都擁有財業，因此他們現在都得依照封建制度對兩位有主權的領主效忠，所以他們便自然地設法使其中一位與另外一位競爭。羅伯特公爵與威廉二世都不滿意這種畫分，而他們的手足之情並沒有減緩他們的貪念。在威廉・盧弗斯在位十三年期間，盎格魯-諾曼王國一直因爲手足相殘與連續的貴族反叛而動盪不安。英格蘭的撒克遜居民，唯恐重新陷入征服之前的混亂狀態，因此都支持國王對付所有叛徒。民兵服從，隨時應召，像一〇七五年支持征服者威廉一樣，在戰場上支持威廉・盧弗斯，因此威廉・盧弗斯終於能夠將昆布蘭與威斯特摩蘭（Westmorland）收歸到他的王國之內。曾經使「征服者」煩惱很久，不負責任的羅伯特，最後突然發揮俠義精神，參加第一次十字軍運動去了，而以一萬馬克的代價，將諾曼第典當給盧弗斯。

＊　　　　＊　　　　＊　　　　＊　　　　＊

十字軍運動的精神激起整個西歐的人心已經有一段時日，西班牙的基督教王國早已領導對阿拉伯人的聖戰。十一世紀結束之際，在東邊一千五百英里的地方出現了基督教王國的新敵人。塞爾柱土耳其人（Seljuk Turks）正緊逼位於小亞細亞的拜占庭帝國（Byzantine Empire），並且經由敘利亞到聖地，騷擾從歐洲

來的朝聖者。拜占庭皇帝向西方求援。在一○九五年，長期夢想爲基督教王國收復耶路撒冷的教皇烏爾班二世（Pope Urban II）呼籲歐洲的騎士宣誓參加十字軍，其呼籲立即有了驚人的回應，不過這回應起初導致災難性的結果。一位名爲隱士彼得（Peter the Hermit）的遊方僧響應號召而武裝，他的傳道十分有力，以致於一○九六年有熱忱但毫無紀律的兩萬人（其中大多數都是不擅戰爭的農民）在他的領導下由科隆（Cologne）出發前往東方。他們這批人之中曾眞正到達聖地的少之又少，在行軍通過匈牙利與巴爾幹半島（the Balkans）之後，絕大多數都死於小亞細亞群山之中土耳其部落的箭矢之下。

所謂的「人民的十字軍」（People's Crusade）就這樣一敗塗地。但是到了現在，歐洲的權貴爲了這個運動集合在一起。四支大軍，各自大概擁有一萬人，由那個時代勢力最大的貴族率領，其中之一便是布戎的戈弗雷（Godfrey de Bouillon），他們分別從法蘭西、日耳曼、義大利與「低地區」（the Low Countries）到君士坦丁堡會合。而拜占庭皇帝現在感到很困擾，他曾盼望西方派一些能夠有效管理的傭兵充當增援部隊，不料在他首都周圍紮營的是四個強大而且有野心的軍隊。

這批十字軍經由拜占庭皇帝的領土行軍進入土耳其部落控制的土地，這塊土地曾經因爲陰謀以及嚴重的爭執而遭受毀壞，而這時也發生激烈戰鬥。十字軍在小亞細亞殺出一條路，於一○九八年包圍並且收復原先被土耳其部落佔領的安提阿（Antioch），這裡一度是基督教信仰的偉大堡壘。一位英格蘭王子，王儲艾德加（Edgar the Atheling）──「懺悔者」愛德華的侄孫──指揮一支英格蘭艦隊，從敘利亞（Syrian）的外海到達安提阿，此舉使得十字軍士氣大振，並且獲得了援助。如此一來，由於命運奇妙的轉向，取代撒克遜王室一脈的繼承人，便與取代「征服者」威廉的繼承人──諾曼第的羅伯特──聯手抗敵。

由於土耳其部落的親王之間意見不和，加上土耳其部落與埃及

蘇丹（Sultans of Egypt）之間相互猜忌，十字軍更能向前挺進。一○九九年六月七日，他們抵達長久以來追尋的目標，於當時尚在埃及手中的耶路撒冷附近一帶紮營，而七月十四日這個城市在他們的攻擊下陷落。布戎的戈弗雷拒絕在基督的聖城戴上王冠，但是被擁為統治者，並贏得「聖墓防衛者」（Defender of the Holy Sepulchre）的封號。阿斯凱隆（Ascalon）一役又打敗了來自埃及的援兵，使得勝利更加穩固。因此許多重要的十字軍都返回家園，差不多有一個世紀之久都是混雜著各國的騎士——通常全部稱作法蘭克人（Franks）——統治著巴勒斯坦境內與敘利亞沿岸一連串的基督教公國。長期身為入侵受害者的西方基督教世界，最後在反擊之下，在東方世界贏得第一個重要的立足點。

＊　　　＊　　　＊　　　＊　　　＊

　　盧弗斯在國內的強取豪奪以及兇狠作風，已經惹火了他統治下的所有貴族。一一○○年的秋天，他在新林（New Forest）行獵之際不知道被誰一箭射穿了腦袋。他留給後世的印象是橫征暴斂的雜稅與聲名狼藉的道德罪行，但也為他的繼承者留下一個服從的王國。盧弗斯統治下的進步主要是財政方面的，但是新的封建君主將制度建立得更加穩固，對於領土的掌握範圍也比盧弗斯登基時更遠。「征服者」威廉安頓在威爾斯邊界（Welsh Marches）的諾曼領主緊緊掌握住威爾斯的南部，而北部的郡縣也終於受到諾曼人的控制，同時畫定防禦蘇格蘭人的邊界。盧弗斯粗暴的手腕使得封建關係遍處創傷，不過也因此加強了國王的權利。

　　亨利親王（Prince Henry）是王室兄弟中最年輕的一位，曾經是盧弗斯在新林致命行獵團體中的成員。並沒有證據指稱亨利涉及兄長之死，但是他確實沒有花費時間在悲悼上。他直接奔往王室在溫徹斯特的財庫，在與財庫的保管人激辯之後奪得了財庫。顯然他代表著領導階級意見強勢的姿態，而他對此也自有政策。對一般人來說，亨利的學問使得當時社會稱呼他為「滿腹經綸之士」（Beauclerc）。亨利訂下了一個他的繼承者將會遵從的慣例，也就

是登基的同時宣布特許狀，他憑著這點設法安撫因為前一任國王貪得無厭、不夠圓滑而疏遠的教會以及國家當中的強大勢力，他保證貴族與教會的權利將受到尊重。在此同時，亨利體認到他父親與兄長在位時撒克遜人忠心的價值，於是他承諾對這個被征服的民族保持公道，並執行「懺悔者」愛德華的法律。亨利知道因諾曼第從英格蘭脫離所引起的摩擦絕對無法紓解。羅伯特公爵已經在十字軍的回程上，準備贖回他的抵押物諾曼第，英吉利海峽兩岸的貴族也將從這一對兄弟鬩牆當中拼命討價還價而各自得利。亨利希望至少有部分的英格蘭撒克遜人民支持他為王，所以與瑪蒂爾達（Matilda）結婚。瑪蒂爾達是撒克遜人，也是要求英格蘭王位最後碩果僅存者的姪女，以及之前英格蘭國王們一脈相承的後裔。這件事不免讓諾曼的貴族狐疑萬分，不過由於貴族都受到特許狀的安撫，接受了這具有決定性的行動。不間斷互相通婚的過程，得到了最高度的認可。

　　現在亨利已經準備好要面對羅伯特，不管後者什麼時候歸來。而在一一○○年九月，這件事終於發生。在英格蘭，因為宿仇引起令人熟悉的叛亂事件，在此馬上又重新上演；在接下來的六年中，國王根據他父親的遺囑奮戰以保持他的封號。有勢力的蒙哥馬利（Montgomery）家族在英格蘭帶頭反抗，但由於亨利一連串堅定不移的圍攻，這個家族的據點逐一陷落，亨利最後摧毀了他們的權勢，將他們的產業併入王室。但是禍根仍留在諾曼第，因此一一○五年亨利在鞏固了他在英格蘭的地位之後，便越過英吉利海峽；一一○六年九月在廷其布萊（Tenchebrai）展開了自哈斯廷之役以來最重要一役。亨利大獲全勝，諾曼第承認亨利的威權，對於盎格魯-諾曼人政治的控制也從盧昂傳到了倫敦。曾經全心全力為亨利而戰的撒克遜人，視這一役為他們對哈斯廷一役所做的軍事報復，他們與王室有種新的袍澤之情，同時王室又與瑪爾蒂達結婚，因此他們自己至少感到消除了先前某些被征服之痛，而由於心頭的恥辱已除，剩下來的結果不管如何還可以忍受。透過這兩個影響深遠的

因素，這個島嶼上便建立了某種廣泛的統一。

＊　　　　＊　　　　＊　　　　＊　　　　＊

現在繼承王位的問題已經沒有挑戰了，英格蘭的國王已經在英吉利海峽兩岸建立了威權。撒克遜的人民證明他們忠心耿耿，而比較有權勢的貴族都已經被天威攝伏，外來的危險都已經被消除，亨利有時間能夠專心整理內政，加強國土全境的王權。他設法賦予盎格魯-諾曼國王身分嶄新而有權力的職能。在中古時期的歐洲還殘存著一種國王身分高過封建領主的傳統，國王不僅是封建金字塔的頂點，而且是接受抹聖油的，上帝在世間的代理人（Vicegerent）。羅馬帝國的崩潰並沒有完全摧毀羅馬主權的概念，亨利現在便著手將這種國王身分的觀念移植到盎格魯-諾曼國度；這樣做不論是否有意，他都在幫忙恢復英格蘭人視國王為和平的保持者與人民保衛者的觀念。

政府的中心，也就是王廷，是一個很難界定的團體，其中包括由於封建職責而必須參加會議的國王土地承租人（tenants-in-chief），以及那些為政府服務與為王族盡職的君主私人僕役。亨利明白王室僕役都是次要貴族的成員，若是能夠讓它形成一個永久的核心，便能對勢力較大的封臣形成制衡。這就是民事行政機制首次試探性的、溫和的、暗示性的開端，而這種機制在它所能掌控的範圍內將比起過去已知的任何辦法都更有效率、更加持久。這些官員不久便發展出他們本身的既得利益，像柯林頓（the Clintons）與巴塞特（the Bassetts）這樣的家族，如同編年史家所描述，都是「出身寒微」，受到國王「提拔而為他服務」；他們都在王室職務上鞏固自己的地位，因而創立了實際上所謂的文官階級。

任何政府的權力最後必得仰賴財政，因此在收集與管理歲入的事務上，這個嶄新的角色變得相當明顯。在封建社會中，王室的私人資源與公共資源毫無區別，國王只不過是國家最大的地主，郡守不僅徵收給王室的稅賦與罰金，而且還有來自王室財產的收入；郡守每年向王室財庫繳清應交付款項的時候，都要對其郡縣繳交的確

實數目負責。亨利手下的官員創立了一個處理郡守及郡守經手事務的特別機構，也就是財政部（Exchequer），它一開始時仍僅只被當做爲了財政目的而開的法庭會議，但是漸漸地卻有了它自己的生命。它的名稱來自羅馬人爲了方便計算較大數目而設計的，畫上格子的木板（chequered board），它的方法包括保存書寫的紀錄，其中最重要的文件像是煙斗筒捲（Pipe Roll）捲起來的形狀。如此一來，國王更能確實掌握國家的財政，最早的王室行政管理特別部門就這樣誕生了，到現今都還存在。

亨利留意將郡守置於日益嚴格的控制之下，在他的統治期間有幾項任命都是爲了要整頓郡守的人事。在動亂的時代，郡守的職位都會落入強大的貴族之手而變成世襲，國王注意到不論是什麼時候，只要有可能，他們都會由自己的人把持其中的要職。最肥沃的一個歲入來源即是法庭對違法犯人所處的罰鍰。貴族像國王一樣馬上明白了這個道理，因爲莊園上的法庭爲他們提供重要的收入，這些收入能夠武裝家臣，在他們的領地之內，他們對幾乎全部的世俗人民都掌有司法裁判權。但是在郡法庭與百戶區法庭，王室則可自行引用舊的撒克遜司法制度，這些由來已久的制度可以用來對抗貴族的封建法庭。亨利因此修改與規範郡法庭的管轄範圍，使所有的人都注意到全國只有王室司法制度。國王的官員——他們成了法官——在偶爾的巡行中行使這種司法，而他們的性質與功能，正好使他們不但時常與卑微的告狀者及犯人發生衝突，同時也與盛氣凌人的軍事權貴發生衝突。

國王遂與貴族進行全國性的競爭，看誰最值得擁有法律上的好處。他透過對郡守的控制，將君主制度與舊的撒克遜地方司法制度結合在一起。在土地清丈冊調查之際，「征服者」便已經立下了範例，將歐洲大陸上藉著發誓告知實際情形而蒐集情報的制度，與藉著郡及百戶區收集情報的英格蘭組織合而爲一，而他的兒子爲了其他的目的，繼續並且加強這個過程，經常由派遣出去的官員到王國各地召開郡法庭，調查對王室歲入的所有權，以及聆聽王室有興趣

的案子，而亨利二世在位時，這些王室官員所做的地方調查就產生了影響深遠的後果。編年史家對於亨利一世頗多嘉許，他們表示：「他是個好人，民眾對他至爲敬畏，他在位之日，沒有任何人敢傷害另一個人。」他們獻給他「正義之獅」（the Lion of Justice）的封號，而且沒有人想過要奪走它。

我們必須視亨利一世的統治是中央政府憑著靈巧與明快的會計與文職制度，以頗爲精確的形式建立起國家架構與資源的一個時期。在這個過程中，這塊土地上地方政府所依賴的封建領主都被激怒了，因此隨著歲月推移，王室威權與封建領主之間的緊張日增。國王雖然看重所有人，但卻愈加保護人民對抗地方統治者的不公義與善變。另一方面，也有許多的行政管理大加讚揚的範例，原因是諾曼人的眼睛雪亮，明白早年的劫掠與貪欲是相當卑劣的，一個被封建貴族把持與剝削的國家人民，經常是地方領主壓迫的受害者。我們因此看到人民開始依附國王或中央政府，這種依附使得王室添增了新的力量來源；這種力量有時即將來臨，有時卻離得很遠，但永遠——尤其是在貧弱、失序的時期之後——都是由強勢而公正的統治者將它集中以供己用。

＊　　　＊　　　＊　　　＊　　　＊

盎格魯-諾曼國度現在變得十分強大，亨利成了英格蘭、諾曼第、曼因的領主。一一〇九年，他唯一的合法婚生女兒瑪蒂爾達與羅馬帝國皇帝兼日耳曼國王的亨利五世訂婚。另一方面，英格蘭與諾曼第在廷其布萊一役之後重新聯合，激起了法蘭西的仇視。十二世紀之初王室威權在巴黎復興，隨著路易六世（Louis VI）的登基，法蘭西的君主政治開始擁有真正的實力，爲了法蘭西的安全，最終必定得破壞盎格魯-諾曼的團結。諾曼第公爵嚴格說起來應當是法蘭西國王封建制度下的臣民；而淪爲俘虜的羅伯特公爵有個兒子，正好提供法蘭西國王無數的干預藉口，不斷地提供機會給不滿的諾曼貴族。這些諾曼貴族的介入，逼得亨利在他統治的晚年干預北法蘭西的政治。亨利在諾曼第的地位不斷地受到羅伯特的兒

子——威廉‧克利托（William the Clito）——要求權力的威脅，克利托一直到一一二八年逝世爲止都受到路易及毗鄰安茹邦國的支持，而同時安茹對亨利在曼因的權利也有所爭議。一場消耗國力的戰事使得亨利統治的晚年籠罩烏雲。從軍事觀點來看，亨利能夠輕鬆掌握他自己的軍隊，對抗法蘭西能夠投入戰場的任何軍隊。

可能被視爲惡運的事正介入其中。國王有個兒子，也就是他的法定繼承人，無可爭辯的繼位者，當時許多的希望與保證都寄託在這位年方十七的年輕人身上。一一二〇年的冬天，他正乘著王室遊艇「白船號」（the White Ship）從法蘭西旅遊歸來，船在諾曼第的外海觸礁，除了一個人之外，其他乘客全都溺斃了。這位王子當時的確登上了救生艇，但後來他返身去拯救他的妹妹。在這種危急關頭，人人平等的原則表現得十分強烈，船上的許多人爲了求生都跳入這艘救生艇，結果把它弄沈了。兩個人——一位是船上的廚子，一位是騎士——還在海上飄浮，騎士把頭伸出水面問道：「王子在那裡？」廚子回答：「全都淹死了。」騎士說：「那麼！英格蘭的一切都完了。」然後便兩手向上一伸。後來廚子安全地回到岸上，帶來了這個傳聞，沒有任何人敢將這件事稟奏國王。最後亨利聽到這個惡耗，「從此再也沒有笑容」。這遠不只是爲人父母者因爲失去獨子而感到憂傷痛苦，它也預兆著亨利整個一生力求鞏固的制度及期望破碎了。爭執不休的繼位問題再度困擾著英格蘭，導致無政府狀態的力量在成長，每個貴族都在城堡中衡量著一旦王位空缺時，他自己的機會如何。

有兩位爭取這個地位的人，他們各自都有相當的權利。國王有位女兒瑪爾蒂達，英格蘭人稱她叫穆德（Maud）。不過，雖然諾曼人的法規中並沒有舍拉法（Salic Law）[1]，但是爭吵不休、喜歡披甲乘馬上陣的貴族，對由女人來統治的觀念並沒有什麼好感。與穆德相爭這個權利的是史蒂芬（Stephen），「征服者」的女兒阿德拉（Adela）之子。史蒂芬身爲布洛伯爵（Blois），是諾曼貴族的領袖，在英格蘭擁有很大的產業，在他的哥哥放棄了權利

之後，他就成了名正言順的繼承人。封建制度完全依靠宣誓效忠的精神而存在，在基督教國家裡對於違誓的指控幾乎可以致人於死，只有獲得重大的戰功才能贖罪及免罪。但是現在進退兩難，每個人只能根據他的利益與野心去自行解決，徹底而真正的全面墮落。

亨利王在他鬢白的晚年設法以女兒穆德擔任女王來填補這個空缺，他利用他的餘年力圖為家族繼位問題建立一種「實事求是的認可」，這樣將可使他廣及四方的疆土免於內戰。穆德十三歲時便已經嫁給了神聖羅馬皇帝。一一二五年，在「白船號」沈沒的五年之後，神聖羅馬皇帝去世，她成了一位二十二歲的遺孀兼女皇。我們對這位了不起的公主有很多紀綠，據說「她有男人的天性與女人的身軀」，性情剛烈、傲氣十足、個性堅強、憤世嫉俗，為政治而不為其他動盪的激情而活。她適合在任何戰爭中擔當她的角色，可以做英格蘭任何一位最偉大國王的母親。

亨利經過深思熟慮，將他所有的希望都寄託在女兒的身上。在兩個個別的場合中，他將嘮嘮叨叨的貴族召集在一起，要他們鄭重宣誓支持穆德，接著為了加強她統一的威權，同時為了避免安茹在他死後對諾曼第提出權利要求，他將穆德嫁給了安茹伯爵，這樣便將法蘭西北部最有權勢邦國的利益與英格蘭這個家族的繼承連結在一起。英格蘭的人民在往後的年代都沒有反對過女王，而且女王或許也為他們鞠躬盡瘁。但此時在這裡出現了很大的分裂，一場所有團體與對此感興趣的人都會選邊站的爭吵，聚集在一起的政治人物都在等待國王駕崩。由教會均衡力量所支持的貴族在這個重要時刻關心的，是限制王室的權力，以及重新取得他們對本身地區的控制，現在他們在王室威權的分裂中看到了機會。

在給予這個島嶼三十年的太平秩序並讓大部分的撒克遜人習於諾曼人的統治之後，亨利一世於一一三五年十二月一日去世，他深信他的女兒穆德將繼續進行他的大業。但是穆德與她的丈夫那時在安茹，史蒂芬早一步飛快地從布洛返回，取道前往倫敦，要求繼承王位。此時世俗的力量分成幾派，而教會的裁定將具有決定性。史

蒂芬有個優勢，那就是他的弟弟亨利爲溫徹斯特主教，在會議中發言極有分量。史蒂芬得到亨利的幫助，便與教會談妥條件，而這樣子受到支持後，便加冕抹油成爲國王。不過，在部分條件裡提到國王應當鬆綁嚴厲的中央控制，前兩個朝代便是在這項事務上冒犯許多貴族。

此外還有其他的糾葛。亨利一世有一個私生子，是格羅徹斯特的羅伯特（Robert of Gloucester）。他是一位傑出的戰士，也是西陲（the West Country）[2] 有權勢的權貴，被認爲是無私貴族的罕見範例。羅伯特並沒有將他與兩位合法繼承人中任何一位競爭的機會估計得很高，幾乎一開始他就忠心支持他的異母姐妹穆德，而成了史蒂芬的一名死敵。

建立在如此受爭議立場的王室繼承，只有擁有卓越技巧的君主才不會受到責難。我們愈思考現代政府的缺點，我們將愈能體諒這些時代的種種困難。史蒂芬在他統治的早期就失去其實力中三個主要因素的支持。貴族們當中除了那些受到新君主寵愛的之外，都確信這是等了好久，終於可以施壓來要求權利的時刻。嶄新的文職官員——經由家族關係連結在一起，擁有知識、著述，並且受過行政管理訓練的大官——開始疏遠新國王。史蒂芬懷疑沙利茲伯里的主教羅傑（Roger）將要改變立場，便將這個執掌行政的大家族成員予以囚禁，這個舉動使許多高級教士受到冒犯，因此使得教會大力反對他。上層、中層、下層人士對史蒂芬都有重大的不滿。

借用《盎格魯-撒克遜編年史》中的文句：「當叛徒察覺到史蒂芬國王是位溫和的人，心腸軟，待人好，賞罰不明時，他們就做出所有恐怖的事。他們對他效忠、宣誓，但是他們並不忠實。」

受到英格蘭衰敗的誘導，蘇格蘭的大衛王（King David）越過「邊界」，要求得到諾森布里亞。約克大主教得到北方很多郡縣的支持，對大衛王攻擊，他展示約克郡聖徒的旗幟，而在以後爲人所知「聖旗之役」（the Battle of Standard）的諾塔勒頓（Northallerton）血戰中，殺退了入侵者。這種形勢不但沒有使得

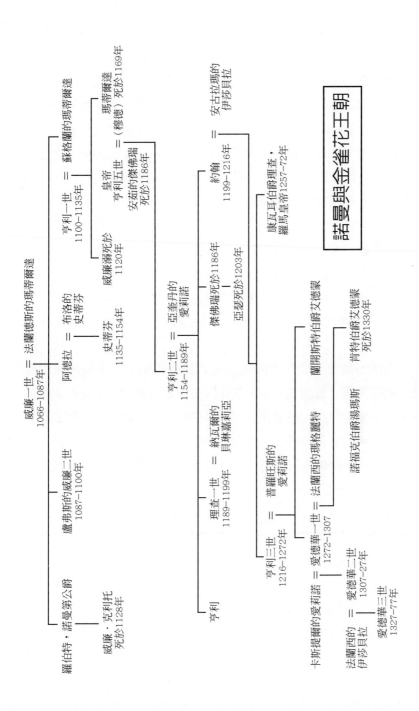

諾曼與金雀花王朝

不滿者感到挫折，反而成了內戰的前奏。一一三九年穆德擺脫了將她留在法蘭西的糾纏，進入這個王國要求得到她的權利。就像史蒂芬之前所做的，穆德也在教會找到了重要的支持。曾在亨利一世統治下治理英格蘭的人，因為史蒂芬對貴族的態度軟弱而與他作對，此時加入了他的敵營。一一四一年爆發了多多少少因為反對史蒂芬統治的叛亂，他本人在林肯之役（the Battle of Lincoln）之後成了階下囚。溫徹斯特主教，也是史蒂芬的親兄弟以及迄今史蒂芬的主要支持者，現在也倒向穆德這一方。差不多有一年的時間，穆德雖然沒有加冕，卻控制著英格蘭。但是倫敦人經過某種磨難之後，喜歡她的程度卻比不上喜歡史蒂芬的程度，他們憤怒地起來反抗，將她逐出首都。穆德持續不屈不撓地奮戰，但是加諸這個制度的壓力已經太大，這個島嶼因而逐漸演變出令人惶惑的內戰，在接下來的六年，這個國家的大部分地區都法治廢弛，也談不上安寧。

　　　　＊　　　　＊　　　　＊　　　　＊　　　　＊

　　內戰的爆發，成了貴族首次成功對抗國王中央集權政策的反應。史蒂芬面對著強勁對手，無法保持王室的權利。王室的歲入減少了，王室對行政的控制也倒退了；機制本身經過一段時間之後，大部分都變得沒有效用了。貴族的司法裁判權重新維護其機制，因而貴族的城堡使得人民深為敬畏。似乎分裂的繼位問題已經破壞了諾曼諸王的功業。

　　在無政府狀態之際，沼澤地區（the Fen Country）[3] 特別遭到了兇殘的恣意破壞。一位在彼得波羅（Peterborough）的僧侶在《盎格魯 - 撒克遜編年史》中對該地受苦受難的狀況做了詳盡的描述：

　　「每位有權勢的人都建造城堡對抗國王，……城堡建造完成之後，裡面住滿惡棍與歹人。然後他們抓住那些他們認為擁有任何財產的人，不分晝夜，不分男女，為了勒索金銀將他們全部下獄，並且用無法言喻的酷刑折磨他們。……他們讓幾千人餓死。我既無法也不可能談談他們對這土地上悲慘的人所施加的種種恐怖與折磨。

在史蒂芬擔任國王之時，這種情形延續了十九個多天；而且變本加厲。他們時時向村莊抽金子（稅），當悲慘的人已經不再有金銀可以繳納時，他們就搶劫與焚毀所有的村莊，因此你可能走上一整天，在村莊裡永遠找不到人影，也沒有人在耕種田地。穀價高昂，肉類、乳酪及牛油亦然，因為它們在土地上已經蕩然無存。悲慘的人都因為饑饉而餓死；有的人一度是富人，也開始行乞尋找救濟；其他的人則背井離鄉逃亡。……人們不論在什麼地方耕地，都寸穀不生，因為田地早就因為那樣的摧殘，全都荒蕪掉了；他們都說，基督與他的聖徒都睡著了。」

另一位作家是溫徹斯特的僧侶，他以同樣的口吻描述著降臨到英格蘭他那個地區的種種災難：「對某些人來說，原本對於家國的愛變成了厭惡與悻悻不平，他們寧可離鄉背井遷往遙遠的地區。其他人希望得到保護，在教堂周圍建造由籬笆編成的矮小茅屋，在恐懼與苦惱中度日。有的人缺糧，便以古怪被禁的東西——狗肉與馬肉——為食；其他的人為了減輕他們的飢餓，便吞食未經清洗、未加烹煮的草木樹根。在所有的郡中，一部分居民因為饑荒的壓力都成群地衰弱去世，同時其他人攜帶妻子兒女倉皇流亡。你可能看到著名的村莊空無一人，因為鄉村的人不分男女老少都已經離開了；一一四三年逼近秋天時，田地作物結實而待人收割，但是耕種的人都已經因為饑荒與隨之而來的瘟疫而死光了。」[4]

這些恐怖景象可能還不足以代表整個國家。在英格蘭大部分的戰鬥都是零星、地方性的，但是這些動亂卻深深陷入人民的意識。這才明白對於生命與財產的安全而言，強而有力的君主政治是多麼重要的制度。史蒂芬在位時的種種事件，強迫所有的人都得忍受，而要求君主政治，再也找不到比這更好的理由了。人們回顧以往，都渴望亨利一世有效率的政府。但是一位比他更偉大的人其實就在他們的身邊。

*　　　*　　　*　　　*　　　*

一一四七年格羅徹斯特的羅伯特去世，穆德的領導權也漸漸傳

到她的兒子手上。金雀花王朝的亨利（Henry Plantagent）生來便是要建立帝國，他的祖父富爾克（Fulk）曾將安茹的土地——包括安茹、土蘭（Touraine）與曼因——經營成一個在法蘭西無人可超越的侯國，在資源上還超過諾曼第。一一四三年耶路撒冷國王富爾克駕崩，留下兩個兒子繼承他那危機四伏的王位，而第三個兒子傑佛瑞（Geoffery）做爲他法蘭西領地的繼承人。傑佛瑞與穆德聯姻，已將諾曼的土地與安茹的土地聯成一體，而他們的孩子於一一三三年誕生起便被承認爲「許多民族之王」。他當時最爲人所知的名字是費茲女皇的亨利（Henry Fitz-Empress）；但是他將他的家徽——金雀花（Planta Genesta）——帶入英格蘭的歷史，後來的世代便以此名做爲這個偉大朝代的名字，也就是金雀花王朝（the Plantagenests）。亨利具體表現出他們所有的能力與活力，以及很多熱烈而無情的殘暴；這種殘暴，據當時的人悄悄地說，並不是從凡人的力量傳給安茹家族，而是和撒旦結合而有的。

一一四七年，未滿十五歲的亨利曾積極地維護他對於英格蘭土地上王位的權利，不過他的小隊追隨者被史蒂芬的人馬擊敗，亨利因而到諾曼第避難，而穆德女皇在次年也放棄了她微弱的成功希望，與她兒子同住。穆德還有十九年的生命，但是她從此再也沒有回到英格蘭。虔誠的工作填滿了她的許多日子。但是在亨利凱旋後的許多年中，她在諾曼第以及世襲安茹領地扮演著攝政的重要政治角色。穆德在英格蘭爲了尋求王位而做的許多干預動作，時常都被人指控爲傲氣凌人，但是她在晚年證明自己是兒子賢明的諮議大臣。

亨利於一一四九年專注於企圖進一步攫取英格蘭的計畫，但是這項由蘇格蘭國王與切斯特伯爵代表他所發動的軍事行動最後卻一事無成。有幾年比較平靜，史蒂芬不太安穩地掌握著英格蘭。同時，一一五〇年亨利的父母封他爲諾曼第公爵。次年亨利的父親傑佛瑞去世，也使得亨利成爲安茹、土蘭與曼因三地的伯爵。亨利憑著很高的封建地位，前往巴黎對他的領主——法蘭西國王——表示

效忠；而事實上他憑藉當時為人接受的法律，已經擁有法蘭西這個國家的絕大部分。

路易七世（Louis VII）是「懺悔者」愛德華在法蘭西的化身，他忠實而單純地奉行基督的法律，他白天的時間全花在奉獻上面，晚上的時間全用在守夜與悔罪上面。在路易七世離開自己的小教堂時，會因為等候在場最謙卑的人先走而延誤整個朝政，然而這些虔誠的、可為典範的習慣並沒有使他的皇后對他親愛一點。亞奎丹的愛莉諾（Eleanor of Aquitaine）憑她本身權利便是一位母儀天下的王妃，她的血液中有著南方人的熱情。她早已抱怨她「嫁了一位僧侶而非國王」。這個時候亨利這位虎背熊腰、面色紅潤、「容貌似火」、談吐輕快，精力充沛的青年突然以她丈夫最體面的家臣身分出現在她丈夫面前時，她便立刻下了決定。教皇對於地位高的封建首領俯首聽令，而愛莉諾名義上遂以血親不宜婚配的理由於一一五二年與路易七世離婚。這位在法蘭西宮廷裡頭暈目眩、時常禱告的國王恍然大悟、張開眼睛後所看到的事，卻是兩個月後愛莉諾突然嫁給了亨利。因此半個法蘭西脫離了皇室的掌控而到了亨利的手中。激情與政治如此快活地結合在一起還真是罕見，這段姻緣是這個時代政治上最燦爛的一筆。亨利後來承認了他的計謀，而這些計謀相當膽大妄為，也受到歐洲人的讚揚。亨利方才十九，愛莉諾大概已經三十歲了；他們將彼此的領地聯合起來，便有了共同抵抗所有外來者的理由。路易七世得到心靈方面的安慰；但是即便有這些安慰，他還是因為政府的種種問題而動搖。

在這對王室佳偶面前，處處都有戰爭。波亞圖（Poitou）、聖東吉（Saintonge）、佩里戈德（Périgord）、利茅辛（the Limousin）、安古木瓦（the Angoumois）與加斯孔尼（Gascony）都要求加入諾曼第與安茹，對奧文尼（Auvergne）與土魯斯（Toulouse）要求封建主權，因而使封建的基督世界目眩神迷、感到震撼。各地的人對這種權力的集中———也就是原來許多民族與邦國因為長久宿仇或利益分歧而彼此不相往來，但現在由於私情熾烈

而突然攪和在一起的景象——都大大搖頭。四面八方的統治者都與這位新貴對峙：法蘭西國王確實有各種可以想像得到的理由；英格蘭的史蒂芬國王對亨利擁有諾曼第公國的封號表示有異議，雖然他並沒有渡過英吉利海峽從事武力干預；香檳伯爵（the Count of Champagne）、佩爾什伯爵（the Count of Perche）及亨利的親兄弟傑佛瑞全都不約而同，持充分的理由對他展開攻擊。

婚後一個月，這些敵人便集中起來攻打諾曼第。但是年輕的亨利公爵把他們擊退了，他們就這樣破裂而潰不成軍。諾曼大軍再度證明了它的戰鬥品質，亨利在他二十歲之前已經掃平了諾曼第的叛軍，使安茹恢復平靜。之後他立刻轉往英格蘭，一一五三年一月英勇登陸。英格蘭原本已經被內戰弄得人心惶惶，現在全國人民都一心向著他。梅林（Merlin）[5] 曾經預言有一位解民倒懸的人；難道亨利流的血液不是可以追溯到「征服者」威廉，以及經由他的祖母瑪蒂爾達——亨利一世之妻——而追溯到塞德里克與長久消逝的盎格魯-撒克遜血統嗎？迎接亨利的是島民如火如荼的希望。亨利登陸之後，在他找到的第一座教堂跪下來，「像士兵一樣，祈禱有個安身之地」的時候，一位教士道出了整個國家的期望：「看！領主和統治者來了，王國就在他的手中。」

接下來便是戰役：在曼茲柏立（Malmesbury），特別由萬能上帝指揮的凍雨打在他敵人的臉上；在瓦陵福，由於神的介入，史蒂芬國王在行動之前有三次跌下馬來。魅力、恐懼和成功與亨利這位年輕有為的戰士形影相隨，他不但有劍，還有封號與功績。另一方面，貴族看出僵局對他們最有利；他們既不想要一位勝利的史蒂芬，也不想要一位凱旋的亨利。國王的勢力愈弱，貴族的勢力便越強。一一五三年在溫徹斯特締結了一項條約，史蒂芬遵守約定收亨利為義子，同時也指定亨利為繼承人。史蒂芬承諾：「王國的事務上，我一定聽公爵的意見行事；但是就英格蘭整個領土而言，在公爵的領地與我自己的領地，我都一定會行使王室的正義。」亨利對此表示尊重，並做了所有正式服從的表示。一年之後史蒂芬駕

崩，亨利便被擁戴加冕成為英格蘭國王，社會上普遍瀰漫著希望
與歡欣，這景像超過了自阿爾弗烈德大王以來任何君主意氣昂
揚的盛況。

【1】　譯注：不准女人繼承土地或王位。
【2】　譯注：英格蘭西南部諸郡。
【3】　譯注：位於劍橋與林肯郡一帶。
【4】　Translated from Gesta Stephani, ed. Howlett, p. 99.
【5】　譯注：中世紀傳說裡的魔術師與預言家，亞瑟王的助手。

第十二章　金雀花王朝的亨利

　　亨利二世的登基，開啓了英格蘭歷史上一個最富意義的與決定性的時代。這位新的君主統治著帝國，而且像他的臣民所說的，詔書的傳送範圍可以「由北極洋到庇里牛斯山脈」。英格蘭對他而言只不過是一個領地——最實在的，但或許是最不吸引人的領地。可是他給予英格蘭那種如同在奧蘭治的威廉（William of Orange）的時代，對於國家統一的成長不可或缺且有約束力的內部控制。亨利被英格蘭人與諾曼人共同接受爲這兩個民族與整個國家的統治者。關於哈斯廷戰役的記憶在他個人身上可說是一團混亂，在巧取豪奪的貴族因爲內戰而產生不忍卒睹的無政府狀態之後，他的發號施令當然令人注意。因此亨利雖然是法蘭西人，言語與作風均屬法蘭西式，但是他卻以一種輪廓至今猶存的方式塑造這個國家。

　　英格蘭在過去一百年來被當做入侵軍隊的紮營地，以及動輒爭吵互鬥的軍官及其後代的戰場之後，終於成爲一個以基督教與緬懷古羅馬音訊的拉丁文明爲基礎的統一王國。金雀花王朝的亨利首先將英格蘭、蘇格蘭、愛爾蘭帶入一種共同的關係，他重建了祖父亨利一世在時機尚未成熟時所建立的王室政治制度，重新樹立以財政部與司法部爲依據的中央權力基礎，而這種權力在最後超過了「征服者」威廉的封建制度。國王採用與維護王室命令在郡與市邑發揮作用的盎格魯-撒克遜自治傳統，他發展「巡迴裁判」（assizes），並使之成爲常態機構，保存至今。全世界的英語民族都由英格蘭習慣法而並非由羅馬法加以管理，這個事實也要歸功於亨利，他設法藉著「克拉倫登律令」（Constitutions of Clarendon）穩定教會與國家之間的關係，也強迫教會在俗世所扮演的角色上順從國家的生活與法律。但是在經過拼命奮鬥之後，他必須從這種努力中撤退。而在幾世紀之後，亨利八世（Henry VIII）爲他的前人報復，摧毀位於坎特柏里的聖湯瑪斯聖壇。

　　對於這位天賦異秉，讓人羨慕的人，有一幅描繪他的生動圖

畫：結結實實、身材粗短、頸如公牛、臂膀有力，兩手粗糙多毛；
因不斷地騎馬而兩腿內彎；頭大而圓，赤髮剪成平頭；臉多雀
斑；聲音沙啞刺耳。熱愛逐獵；至於他的其他情人，不僅教會不表
贊同，也讓王后愛莉諾感到痛恨；節衣縮食；整天關心公眾事務；
不停地跋涉；心情變化無常。據說他在緊急危險之秋常常都好整以
暇；但是壓力一減輕，他的脾氣就變得很壞，而且喜怒無常。「他
對陣亡將士比對活著的士卒溫柔，對損兵折將的損失所感到的悲
傷，遠多過從存活者的愛戴中所找到的安慰。」他在許多領地馬不
停蹄地奔馳，其他人或許以為他應該在法蘭西的南方，他卻意外地
抵達了英格蘭。他在各個領地巡視時，車上都載滿了沈重的，他當
天所處理的公文宗卷，而他的朝臣與扈從都上氣不接下氣地跟在他
的身後。有時候他指定早早啓程，但自己卻一直睡到中午，所有的
車子、駄馬都滿載一切在等候他起駕；而有時候他早在他訂好的時
間之前好幾個鐘點就已離去，弄得每個人都要拼命追才能趕上他的
行程。在英格蘭，還有在其他更大的產業上，一切都受到他的塑造
與調動，他經常巡視它們，從來都不掉以輕心。

　　但是這位十二世紀的君主雖然喜愛追求情欲與消遣，也很愛記
恨與玩弄計謀，卻並不是位唯物論者；他是接受過抹油儀式的領主，
與坎特伯里大主教——「那兩隻強壯的、拖著英格蘭犁的牛」——
共同掌握著全體臣民對他的忠誠。他早晚禱告、時時恐懼永恆的天
譴、時常盼望著陰間更大的王國，他時時受到悔恨的侵襲，心中充
滿了悔意，他希望能從今世與來世得到所有可能的歡樂與滿足。對
我們而言，他被描繪成常常爆發情感，以致於情緒時好時壞。他絕
對不是一位隱遁的君主，當時的國王都像美國現代的總統一樣，可
以接近上下各階級人士，人民隨時因為有事而突然找他，帶給他消
息、詳論大勢、奢談願景、提出種種抱怨，貴族與朝臣也待在國王
身邊，當著國王的面高談闊論，而弄臣在國王旁邊是非常重要的
聆聽者，他無拘無束、充分自由、時而公正地譏諷所有的人。

　　很少有普通人能像亨利二世這樣過著如此充實的生活，如此深

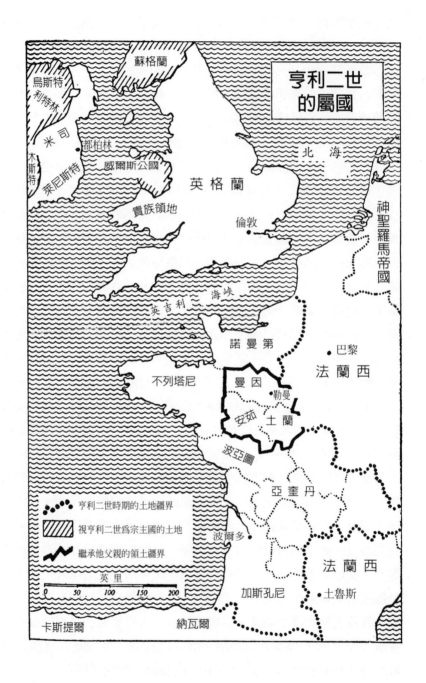

亨利二世的屬國

蘇格蘭

烏斯特

利特林

米 司

木斯特

萊尼斯特

都柏林

威爾斯公國

英格蘭

北　海

倫敦

神聖羅馬帝國

貴族領地

英吉利　海峽

諾曼第

巴黎

法蘭西

不列塔尼

曼因

勒曼

安茹　土蘭

波亞圖

亞奎丹

波爾多

法　蘭　西

亨利二世時期的土地疆界

視亨利二世為宗主國的土地

繼承他父親的領土疆界

英里

0　　50　　100　　150　　200

加斯孔尼

土魯斯

卡斯提爾

納瓦爾

沈地飲著勝利的甘醴與憂傷的苦酒。晚年他與愛莉諾分離，她已年
逾半百，他才四十有二，據說他愛上了「可愛的羅莎蒙德」（Fair
Rosamond），一位上層社會的美麗少女；而世世代代的人都沈浸
在王后愛莉諾浪漫的悲劇中，愛莉諾藉著一條絲線為線索，看穿了
在塢茲托（Woodstock）保護著這對情人的迷霧，她要那位不幸的
鳩佔雀巢者在用匕首自盡與鴆酒斷魂之間做出選擇。一些擾人的調
查者已經推翻了這個精彩的傳說，但是它確實應當在任何值得享有
其名的歷史中找到一席之地。

　　這就是成功解決史蒂芬留下的麻煩與四分五裂繼承問題的那個
人，在他登上英格蘭王位之前，他已經打過捍衛其繼承歐陸大統的
許多戰爭當中的第一仗。自從一百年前強大的諾曼政權在法蘭西西
北部出現以來，法蘭西的君主就不眠不休地對抗大公國與伯國對中
央政府的侵襲。諾曼第、亞奎丹、不列塔尼三地的公爵，安茹、土
魯斯、法蘭德斯、布倫四地的伯爵，雖然在形式與法律上都是法蘭
西王室的諸侯，卻與另一群封建體系下的土地主要承租人聯合，渴
望得到獨立的主權；在君主勢力不張時，他們似乎快要達成其野
心。哈斯廷之役使得法蘭西勢力最大的臣民諾曼第公爵成了英格蘭
國王；但是亨利二世於一一五四年在這個島嶼上即位，卻使得法蘭
西受到更危險的威脅。一直到那時為止，利用勢力過度強大的臣民
去對抗另一位臣民，在政治上永遠是紓解之道。十一世紀安茹與諾
曼第之間的鬥爭曾經使得法蘭西國王大樂，因為他隔山觀虎鬥，看
到他的兩個大敵在互相拼搏。但是一旦亨利二世成了英格蘭國王，
又是諾曼第的公爵，而且兼任亞奎丹、不列塔尼、波亞圖、安茹、
曼因、基恩諸地的領主，成為從索美河到大過半個法蘭西的庇里牛
斯山脈統治者時，封建領主之間的權力均勢便被破壞了。

　　路易七世此時發現他並不是面對十二個分裂與猜忌的公國，而
是單獨一個，而且資源遠遠超過他自己的王國，而他幾乎不是一個
能面對如此情勢的人。他已經蒙受因為與愛莉諾離婚，而她又與亨
利武力合併與血液交融之後所造成無法挽救的不幸：她為亨利生了

幾個兒子，卻只爲路易生了幾個女兒。不過，法蘭西國王還有一些優勢。他一生都在設法對抗金雀花王朝的人，而在過了差不多四個世紀的奮鬥與摧殘之後，歐洲最後的勝利還是歸於法蘭西。安茹帝國的確在地圖上比在現實中來得威武，它是個混雜的，由許多邦國胡亂編織而成的集合體，僅只因爲婚姻而結合在一起，它們在目的與實力上都不夠統一。而英格蘭與歐洲大陸帝國的唯一連繫，是亨利與他的一些權貴在英格蘭海峽兩邊都擁有土地，沒有一個單獨的中央政府可以拿來炫耀；它們的行政管理與習慣法都不一致；也沒有共同的利益或忠誠感。路易七世與雄才大略、作風積極的亨利相鬥，便顯得很軟弱；不過時代潮流卻順著鞏固法蘭西君主政治之路而走，到了路易卸下統治王位時，它還比路易剛登基時要穩固得多。

　　法蘭西人的方法很簡單。亨利繼承了廣大的產業；但是也隨之繼承了地方上對封建領主的不滿。路易不能使得安茹伯爵去對抗諾曼第公爵，但是他仍舊可以在安茹與諾曼第四處鼓動地方的宿仇與小戰爭，而逐漸削弱封建統治者——原則上是他的諸候——的實力。利用家族紛爭也是個會產生成果的辦法，在亨利二世統治的晚期，他的兒子們欲望強烈、情緒激動並且傲氣凌人，他們都受到路易七世與他的繼位者——有才略的菲力普・奧古斯塔（Philip Augustus）——的利用而反抗他們的父親。

　　　　＊　　　　＊　　　　＊　　　　＊　　　　＊

　　我們可能會問，所有這些事如何影響到英格蘭的日常生活與歷史呢？普通人對於一連串在遙遠土地上爲個人利益而從事的封建鬥爭、異國統治階級的爭執，了解都很少，也不那麼喜歡去了解。但是這些事長久以來都加重了他們朝聖時的負擔。許多世代以來他們之中最勇敢的人才，都因爲追求英格蘭在法蘭西土地上進行統治的夢想，而戰鬥葬身在羅亞爾河（Loire）的沼澤地，或法蘭西南部烈日炙烤的山丘下。爲了這個夢想，兩個世紀之後英格蘭人在克雷西（Crécy）、普瓦蒂埃、亞金柯特（Agincourt）幾場戰役當中

高奏凱歌，或者在黑王子（the Black Prince）[1] 令人畏懼的里摩（Limoges）行軍中餓斃。他們爲了這個夢想，將肥沃的法蘭西變成了沙漠，甚至於那裡最需要的野獸都因爲飢渴而死。在整個中古世紀英格蘭史中，英格蘭與法蘭西的戰爭是個無法終止的，而且時常都很重要的主題，它探索與貼近英格蘭人生活所能到達的每個層面，塑造與形成英格蘭的社會與各制度的形態。

　　沒有任何事件能比亨利二世與他最偉大的臣民兼舊友——坎特伯里大主教托瑪斯・貝克特（Thomas Becket）——之間的齟齬，使我們更加了解英格蘭十二世紀的政治。我們必須了解這項衝突的嚴重性。封建時代基督王國的軍事國家，在宗教事務上聽從教會的意見，但它從來不接受世俗權力轉移成教士威權的觀念。但是教會由於貴族在瀕死痛苦之際急於關切他們死後的生命，不斷地施予遺贈而富有起來，變成了社會當中最有勢力的地主與資本家。羅馬在這戲劇中對幾乎所有演員的迷信，使用了宗教信仰藝術。國家的權力經常受到有說服力的宗教挑戰，教義的問題可能已經獲得妥善解決，但是一個國家的政府如何能在兩個彼此衝突、各自都對有限的國家資源要求擁有權力的情況之下運作呢？這場衝突並不限定在英格蘭，就像它當時存在的狀況，它是歐洲世界的根本問題。

　　在「征服者」威廉統治下，英格蘭靠著圓熟與妥協避開了宗教派系問題，在蘭弗朗克的領導下，教會與王室合作，互相加強而抵抗騷動的貴族或被壓迫的庶民。但是現在一位偉大的人物屹立在宗教組織的頂峰，他就是國王的朋友貝克特，他曾經是國王的諮議大臣，或者像蘭克起初說的，「若用差堪比擬的說法，他是國王最信任的內閣官員」，他在內政與外交方面都曾忠心地爲他的主人服務，他也曾經重新整頓一種用金錢來折算個人服兵役的「兵役免除稅」（scutage），這項稅最後深深地影響了封建制度，他也曾經在獲得不列塔尼一事上扮演重要角色。亨利國王確實感到貝克特是自己的心腹——不僅是臣僕，而且是共同大業中忠實的戰友與同僚。靠著國王直接的影響力與貝克特個人的努力，貝克特才被選爲大主

教。

　　從那個時候開始，貝克特的所有才能與衝勁都進入了另一個管道。像亨利五世（Henry V）從一個嬉玩遊樂的王子脫胎換骨，一夜之間成為威嚴英雄兼國王的這種情形，現在在貝克特身上出現了。他的私生活永遠都虔誠而正直，他當然曾經對政治事務熱衷，不過並不是王座背後的陰鬱人物。但是在過去身為朝臣與貴族時，他曾在豪華堂皇方面爭勝，在生動的壯觀排場中擔任他的角色，而他現在設法極度節儉，期望將聖徒的名聲與尊榮攬於一身。貝克特將他過去在政治圈運作的方式，應用在教會圈當中以達成同樣的野心；而在這兩方面他都表現傑出。貝克特現在對於教會與王室無數交錯的各種功能，都擁護教會對抗王室，他將天主教會的普世觀念，以及遠遠超越我們島嶼彊界以至涵蓋歐洲以及延伸到神祕崇高境地的教廷威權，賦予這種積極進取的過程。貝克特在巡遊過歐洲大陸，並與法蘭西及義大利的宗教顯要開過祕密會議之後返回英格蘭，決定要建立教會超然的層級制度，使其不受國王所代表的國家之管束。如此一來，他展開了聰明的蘭弗朗克終其一生都在努力避免的衝突，不過這個時候，英格蘭的民情已告成熟，可以接受關於這個議題的鬥爭。

　　在鬆散而未定義的情形下，撒克遜人統治下的英格蘭曾經顯示長久以後伊莉莎白時代改革者所要重溫的理論。兩者都認為由上帝指定的君主不僅要治國，而且要保護與指導教會。不過在十一世紀，教廷在教皇格列高里七世與他的繼任者治理下被重新輸入了活力，羅馬提出與國王在所有世俗的與宗教事務上均有主權的傳統觀念幾乎不能相容的權利要求。格列高里運動（Gregorian Movement）主張教會的管理應當掌握在教士們的手中，並受到教皇的監督；根據這個觀念，國王只不過是個世俗之人，他的唯一宗教職責便是服從這個層級組織，教會是個分離於俗世的團體，有它自己的忠誠與它自己的法律。到了亨利二世統治的時候，主教不僅是宗教方面的官員，還是一位大地主，在俗世方面與伯爵相等，他

可以將部隊置於戰場，也可以驅逐他的敵人，而敵人可能是國王的朋友。那麼，誰來任命主教呢？而主教一旦受到任命，如果教皇命令做一件事，國王卻命令做另一件事，那麼他該向誰盡責呢？如果國王與他的諮議大臣都同意通過與教會法律相反的法律，那麼主教要對那一項威權表示適當的服從呢？因此產生了在授職（Investiture）問題上所象徵帝國與教廷之間的大衝突，而在亨利二世與貝克特之間的授職爭執便是這個島國的版本。

亨利二世與貝克特之間的鬥爭被爭吵不休的技術細節弄得混淆不清。不過，有充分的理由相信這項爭吵應該是為了行政管理的事件，而不是為了緊要關頭的重要信條。王室憎恨教會要求干預國事，但是在中世紀，沒有任何國王膽敢率直地質問教會，或者更如同亨利希望限制教會的影響力那樣，想過要毅然的決裂。一直要到十六世紀，與教廷衝突的英格蘭國王才敢駁斥羅馬的威權，赤裸裸地宣布國家至上，甚至在宗教事情上亦然。在十二世紀，唯一的實際可行之道便是妥協。教會在這個時候卻無意討價還價。在每個國家，世俗的權力都開始挑戰教會，但是卻難以達到目的，至少在中歐地區，這鬥爭最終僅以耗盡神聖羅馬帝國與教廷兩者的元氣而結束。

英格蘭的教會像貴族一樣，自從「征服者」威廉與他忠實的蘭弗朗克在世之日起便權勢大增。史蒂芬在他困難之際曾經對教會處處讓步，當時教會的政治影響力到達了頂點。亨利覺得這些讓步損害到他的權利，於是他計畫要重新奪回這些已喪失的權利，而第一步就是在一一六二年任命他信任的臣僕貝克特擔任坎特伯里大主教，並且相信他會因此得到主教團（the Episcopacy）的默認。事實上，亨利為教會提供了一位精力充沛而且頑強固執的領袖，他忽略或錯過了貝克特在態度變化上所顯示的惡兆，而開始走向他的第二步，在一一六四年頒布「克拉倫登律令」。在這些律令中，亨利相當真誠地要求重申王國的慣例要與史蒂芬在位的無政府狀態時一樣，他設法回溯三十年，並且宣告史蒂芬屈服讓渡的影響力無

效。但是貝克特堅拒，他認爲史蒂芬的千依百順是教會不能取消的
利益，他拒絕讓它們消失。雖然貝克特在名義上接受「克拉倫登律
令」，但他馬上就因爲國王在他的大主教轄區套用律令而與國王不
睦。一一六四年十月，貝克特應召出席大議會解釋他的行爲時，
高傲地否認了國王的威權，而將他自己置於教皇與上帝的保護之
下。

　　這樣一來，貝克特就撕裂了到目前爲止被認爲在英格蘭境內最
主要的統一，拿著宗教武器對國王宣戰。貝克特的反抗態度強硬，
在歐洲大陸尋求庇護，而同樣的衝突在歐洲大陸已經使得日耳曼與
義大利感到困擾，不過在英格蘭，統治階級的整個想法都受到這嚴
重爭執的震動。這爭執持續了六年，其間這位坎特伯里大主教就留
在法蘭西過他的流亡生活，僅僅在一一七〇年，他與國王之間的爭
執才在土蘭境內的弗雷泰瓦（Fréteval）出現表面上的和解。各方
顯然在原則上都放棄權利：國王並沒有提到他的權利與慣例，大
主教也沒有應請宣誓。貝克特得到承諾可以安全歸國，並且擁有
他的轄區。之後國王與大主教（Primate）於一一七〇年在秀蒙
（Chaumont）會晤，貝克特在結束時說：「我的領主，我的心告訴
我說，我要與你分離，這一生你將再也見不到我。」國王問道：
「你把我當作叛徒嗎？」首席主教回答道：「陛下，你隔那裡還遠
著呢！」；但是他回到坎特伯里，決定要向教皇尋求無限制的逐出
教會權力，以便整治教會的力量。他寫道：「親王貴胄愈有力、愈
剛烈，則棍子要愈強硬，鎖鏈需要更堅固，才能綑住他，使他守規
矩。」他說：「我要到英格蘭去，我不知道是否走向安寧或毀滅，
但是上帝已經安排好我的命運。」

　　貝克特不在英格蘭的時候，亨利二世決定爲年輕的兒子亨利加
冕，平安地登基，這項儀式在約克大主教及其他六位主教的協助下
完成了。貝克特痛恨這個行動，認爲是侵犯了他轄區所保有的權
利。在弗雷泰瓦協定之後，亨利認爲既往不究，但是貝克特則另有
看法。

貝克特在多年流亡之後返國時受到歡迎的情形令人吃驚。僧侶在坎特伯里將他當作是上帝的天使一般接待他。他在講道中說：「我前來是要與你們一起殉難。」而且又說：「在這個教堂中許多人都有心殉道，上帝將馬上增加他們的人數。」他得意洋洋地行過倫敦街頭，對發出懇求的、情緒極高的人們散發施捨物。然後他就迅速地驅逐曾經參加年輕亨利加冕禮的教士，而這些不幸的教士與高級教士因而投奔身在諾曼第的國王。他們口中所說的教會不只是要挑戰，而且實際在進行上叛亂與僭越王權，他們說：「大主教準備要扯掉年輕國王頭上的王冠。」

金雀花王朝的亨利二世原本就很情緒化，當他接到這些消息時，身邊有許多騎士與貴族，他激動萬分，對著他們大叫：「真是一群傻瓜與懦夫，王室養育他們，他們之中居然沒有任何一個人為我向這個鬧事的教士從事報復！」另一個版本是：「向這個暴發戶一樣的神職人員從事報復！」國王立刻召開會議，策畫再次確定王室威權的措施，但其實它主要是緩和國王的憤怒。三思而行仍屬上策。在這個暴烈而又血氣衝動的社會中存在著種種緊張，王國不可能可以支撐由教會與國家兩邊引發的可怕衝突。

但同時，一連串的動作都在進行。四位騎士輾轉聽到了國王的悻悻之詞，他們很快地奔往海岸，渡過了英格蘭海峽，馳往坎特伯里，在一一七○年十二月二十九日，他們在大教堂中找到了大主教。這場面與這個悲劇都很著名，他持著十字架與主教法冠面對著他們，就像是在戰事行動中毫無所懼、充滿決心，儼然是演技高手。在發瘋一樣的談判之後，四位騎士便撲向他，用劍將他砍倒，讓他像凱撒一樣地流血，身上帶著一、二十個傷口像在狂呼復仇。

這樁悲劇對於國王而言是個致命的打擊。殺害上帝一位重要的僕人，就像是毀掉封建制度的誓言，打擊著這個年代的人心。整個英格蘭都充滿恐懼，全國人民都稱讚死去的大主教是一位殉道者；就好像他的遺物可以醫治不癒的疾病一樣，他們只要一摸他穿過的袍子便能減輕病痛。此時所犯下的確實是萬死莫贖的罪行。亨利聽

到這個駭人的消息，不禁憂傷恐懼而倒在地上，他試圖著手進行與
敵對勢力在所有細膩法律程序上的對抗，都被一個野蠻、血腥的行
徑所抹殺；雖然他從來沒有想過會做出那樣的事來，但是他自己當
著許多目擊者所說過的氣話，至少在那個年代，會將謀殺的罪過，
更糟的是褻瀆神明的罪過，加在他的身上。

　　隨後幾年，亨利都在設法拼命表現贖罪而想恢復他曾經喪失的
一切。他朝拜這位遇害大主教的聖壇，他自行公開悔過，在幾次週
年祭典中，他將衣服褪至腰際，謙卑地下跪，甘受得勝的僧人鞭
笞。不過，我們認爲顯然由同時代圖片中用樺木條所施的體罰，主
要屬於象徵性質。在這種展示痛悔與順從的情形下，國王不屈不撓
地拼命想要重新奪回國家的權利。藉著一一七二年的阿弗朗什折衷
案（Compromise of Avranches），亨利以比較輕鬆的條件與教
廷講和。對許多追根究柢的史家而言，事實上而不是形式上，亨利
在生命盡頭時重建了「克拉倫登律令」的主要原則，而這些原則畢
竟與英格蘭或任何剛健、理性的民族會想要使用的法律是一致的。
肯定的是，騎士可以在聖戰中重新獲得拯救。但是貝克特眞誠的犧
牲並不是完全白費：一直到宗教改革之際，教會都保持著獨立超
然、不受王室威權控制的教會法庭制度，以及向羅馬上訴的權利，
貝克特就曾經因爲這兩個重點而反抗國王。

　　這些撼動著人們的心靈，曾經那麼嚴格，然而不分勝負地以戰
鬥解決的熱烈爭執，是這個時代特性的證明。在一些大國的現代衝
突與革命裡，主教與大主教成群地被送入了集中營，或是在十分溫
暖、燈光照耀的監獄走廊被手槍射中頸背。我們有什麼權利誇耀擁
有比亨利二世時代更高的文明呢？因爲在道德上表現冷漠而容忍，
並且披上科學種種方便的外衣，我們都更加深深地陷入了野蠻的
行爲。[2]

　　　　　＊　　　　　＊　　　　　＊　　　　　＊　　　　　＊

　　貝克特死後，亨利國王又活了十八年，就某種意義而言，它們
是光榮的歲月。整個歐洲都對亨利版圖之遼闊而感到驚異，他於一

一七一年還為他的版圖添上愛爾蘭的領主地位。透過他幾位女兒的婚姻，他與西西里的諾曼國王、卡斯提爾（Castile）國王、以及「薩克森之獅」亨利（Henry the Lion of Saxony）——最有權力的日耳曼王子——聯合起來。外交人員在北義大利的隆巴德（Lombard）各城市裡散布亨利的影響力。皇帝與教皇都以基督與全歐洲之名邀請他領導新的十字軍，並擔任耶路撒冷國王。的確，繼神聖羅馬皇帝腓德烈・巴巴羅薩（Frederick Barbarossa）之後，亨利是基督教國家的不二人選，同時代的人猜測他的目的是為了在義大利贏得一個王國，帶上皇帝的冠冕。

然而亨利也很清楚，他的顯赫是屬於個人的，它的特性是脆弱而短暫的；他也有密雲籠罩的家族憂鬱。在這些歲月中他遭到兒子們不少於四次的背叛，他對前面三個兒子都提供了閃亮的封號：亨利擁有諾曼第、曼因、安茹；理查（Richard）被賜予亞奎丹；傑佛瑞則得到不列塔尼。這些孩子都是安茹樹幹上典型的枝椏。他們想要權力以及封號，他們都不尊敬他們的父親，他們受到母親——現在分居而住在波亞圖的愛莉諾王后——的慫恿，在一一七三年到一一八六年間以各種聯合方式反叛亨利。在各個場合中，他們都能夠得到虎視眈眈之法蘭西國王的積極支持。亨利寬宏大量地對待他忘恩負義的孩子，但是他心中不存有任何幻想。國王命令在西敏寺的王宮大廳裝飾許多圖畫，其中一幅是四隻小鷹以母鳥為食，第四隻棲息在母鳥的脖子上，準備啄出她的眼睛。據說國王曾經說：「這四隻小鷹是我的四個兒子，他們迫害我甚至一直到我死都不停下來。他們之中最年輕的一個，我現在情深意摯地抱著，終有一天他會比他的哥哥更加嚴重、更加危險地侮辱我。」

所以事情就會是那樣。他曾經努力提供約翰與他兄長相等的繼承權，但約翰卻加入最後對抗他的計謀。一一八八年，年輕的亨利死後，亨利二世還活著的長子理查聯合法蘭西國王菲力普，對他宣戰。亨利此時已經病重垂危，在勒曼（Le Mans）被打敗了，退到土蘭。他在反對他的陰謀者名單中看到了他深愛的兒子約翰的

名字，便放棄了掙扎求生的意願，喘著氣說：「讓事情如他們所
願。」「丟臉，一位被打敗的國王可眞丟臉。」就這樣說著，這位
堅強、兇暴、才華洋溢、孤獨的人於一一八九年七月六日在夕嫩
（Chinon）與世長辭。虔誠的人都受到教導，要把這個令人憂傷的
結局當做是上帝對謀害貝克特的人進一步的懲罰。那就是世間權力
的苦味，它也用來矯正榮耀。

【1】　譯注：即威爾斯親王愛德華。
【2】　Written in 1938.

第十三章　英格蘭習慣法

　　金雀花王朝的成員都是粗暴的君主，而這個時代的民情也很激烈。不過，這裡的激烈指的是朝氣蓬勃，並非指頹廢成風。英格蘭曾經出現比亨利二世還要偉大的戰士兼國王，也出現比亨利二世更敏銳的外交家，但是他們之中沒有任何人對我們的法律與制度留下較深的影響。亨利二世不可思議的狂熱與活力並沒有在政治、戰爭、狩獵上耗盡，他像諾曼的前人以及他的兒子一樣，擁有處理政府與法律等問題的本能，他在這方面有所成就。他從事的戰役名稱已經隨著沙塵消逝，但是他的名聲則將與英格蘭憲法（the English Constitution）和英格蘭習慣法（the English Common Law）長存於世。

　　這位偉大的國王當時可說是相當幸運。威廉一世與亨利一世帶給英格蘭，或者是說在英格蘭維持著統治方式，他們的繼任者則透過這些方式經營這塊土地。但是他們自己僅僅只能緩慢而小心地行動，務必使得全國安於新法律與新統治者的管理。不過，在一一五四年，安茹的亨利來到一個差不多有二十年的時間都處於無政府狀態，準備好讓中央強權接手治理的國家。亨利是法蘭西人，是法蘭西大半土地的統治者，他爲此任務展現許多本領，諸如前瞻的眼光、廣博的經驗以及一種力量，使他能毫不猶豫使用狡猾手段。史蒂芬統治的時代災難頻仍，這使得亨利二世下定決心不但要抑制貴族的獨立，重新奪回前任國王的失土，而且還要向前邁進一步。莊園的法庭甚多，而地方權貴執法的品質也隨著鄰里之間的習俗與心情而異，他爲了取代這種情形，便企畫了一個王室法庭系統，用來行使所有英格蘭的人以及全人類都習慣使用的法律。

　　這個動作並非沒有危險，但國王夠聰明，知道如何可以避免直接的攻擊，因爲他與「征服者」威廉都知道，染指傳統權利的神聖性會惹來災難。面對這個障礙，亨利便以慣例對抗慣例，爲革新披上受尊敬而保守作風的外衣。他小心地尊敬既有的形式，但設法延伸舊的原則，並對它們賦予新的意義。不成文的憲法將國王傳統權

利的限制界定得相當模糊，這一點是日後亨利可以靈活發揮之處。
在諾曼人征服英格蘭之前，有許多世紀教會與國王彼此曾經是無政
府狀態領地上的敵人，但卻沒有延伸過君主司法權的問題。亨利專
注在撒克遜「國王的太平」的彈性概念上，利用它將所有刑事案件
拖入國王的法庭：每個人都有他自己的太平，破壞它便是犯罪，而
一個人愈重要，他的太平被破壞的情形就愈嚴重。國王所賜的太平
在一切太平中居於最高位，破壞它的人都會在國王的法庭受審。但
是國王所賜的太平有其限制，僅只包括當著國王的面、在國王的大
道或土地上所犯的罪行，一旦國王駕崩，他所賜的太平便隨他而
逝，人們就可以隨心所欲爲所欲爲。亨利開始小心翼翼而不大肆張
揚地宣稱國王所賜的太平應延伸到整個英格蘭，不論它在何地被破
壞，犯罪的人都應該在國王的法庭受審。他提出吸引民事案件在國
王法庭受審的好處，就是國王法庭可以在審判不公的案件中聽取上
訴，以及保護擁有土地的人。亨利並沒有炫耀他將要進行的事，他
所做的改變未經立法而逐漸引進，所以它們起初幾乎沒有被人察
覺。幾乎沒人知道這些革新是在哪一天完成的，但是在國王駕崩的
時候，聰明的人回顧過去，發現亨利二世坐上英格蘭王座的三十五
年中，有許多事已經有所改變。

　　但如果亨利要在法律的領域假裝是一位保守主義者，他的言行
就必須前後一致。「強制」在他的計畫中扮演不了什麼角色，他的
政策首要原則是吸引案件到他的法庭，而不是強行審理它們。至於
需要用餌將訴訟的當事人拉進王室法庭，國王就必須對他們提供比
在他們領主那裡所能得到的更好的審判。因此亨利在王室法庭中爲
了訴訟當事人開設了一種新的訴訟程序──由陪審團審判。當代的
人稱它爲「王室的恩賜」（Regale quoddam beneficium），這個
描述闡明了陪審團的起源，以及它在習慣法的成功建立過程中所扮
演的角色。亨利並非發明陪審團，他只是讓它有新的用途。陪審團
的觀念是法蘭克人對英格蘭法律制度的一大貢獻，它的起源遠早於
過去卡洛琳王朝諸王的作法。在起源方面，陪審團是王室行政的方

便工具：國王有權召集一群人宣誓，為任何有關王室利益問題的真相作證。「征服者」威廉便是透過陪審團這個早期形式決定了在土地清丈冊大調查當中的君主權利。亨利二世察覺到這樣一個訴訟程序中的各種可能性，便將一直僅供行政目的而使用的一項工具，應用在法庭的普通用途上。

僅僅只有國王有權召集陪審團。亨利也就沒有將這個權力賜給私設的法庭，限制那些在王室法官之前尋求審判的人才有權如此。它是個精明的措施。一直到當時為止，民事案件與刑事案件都是透過宣誓、神判[1]或決鬥來判決。法庭命令訴訟當事人當中的一個人召集一群人，這一群人會為他的訴訟案件受審而宣誓。如果他們宣誓不實，人們希望上帝會懲罰他們，或者在一位神職人員的監督之下，判他拿一塊火紅的烙鐵，或吃一口麵包，或是被拋入水池中，如果烙鐵沒燙傷他，或麵包沒有噎住他，或是因為池水拒絕他而讓他沈不下去，那麼就判定是天意賜予看得見的徵兆，表示受審人是清白無辜的。決鬥或者是打鬥審判法是諾曼人的新制度，它根據的是戰鬥之神（the God of Battle）將加強正直者臂膀的理論。這個制度有一陣子很受歡迎，用來判定有關土地的爭端，不過修道院與其他有實力的地主都採取了預防措施，雇用鬥士來保護他們的財產與權利。所有這些作法為辯論法律的觀點留下很小的餘地。在一個比較理性的年代，人們開始不信任那些古怪的行為。的確，教會在大憲章（the Magna Carta）受到簽署蓋印之際拒絕承認神意的判罪方式，因此由陪審團判決很快就受到喜愛。但是舊的訴訟程序仍然苟延殘喘，如果被告寧願將他的案子交給上帝判決，沒有人能夠禁止他，所以神判並沒有徹底廢止。後來的年代便出現因為遭受慢慢施壓而強迫被告把自己交給陪審團審判的恐怖案例。時間將這辦法淘汰掉了，然而一直到一八一八年還有訴訟當事人上訴要求以打鬥方式進行審判，這使得法官都感到手足無措，最後逼迫議會廢止這種古代的訴訟程序。

亨利二世的陪審團並不是我們現在所熟知的陪審團，當時它有

著各種不同的形式，但是所有形式與現今的陪審團都有一個主要的差別：陪審員都是證人，也都是裁判事實的法官，挑中的都是正直誠實的人，倒也還不是因為他們不偏不袒，而是因為他們最可能知道真相。對於訴訟案件事先一無所知的現代陪審團，被證實很晚才出現在王室法庭。訴訟的程序很含糊。而且由遙遠地方召往西敏寺的陪審團也可能不情願前來，畢竟行程太長，路上又不安穩，或者最後只有三、四個人到達。另一方面法庭也不能久等，因為休庭所費不貲。為了避免審判的延擱與不必要的支出，訴訟當事人可能同意借助由旁觀者所組成的陪審團。少數幾個知道事情真相的陪審員將他們的所知所聞告訴旁觀者，然後這整個團體交出他們的判決。有時候陪審員剛好一知半解，便乾脆不做陪審員而改任證人，將他們的證據在公開的法庭上交給完全由旁觀者組成的陪審團。我們或許可以猜測，這樣或類似這樣的事便是真正發生的情形。關於證據的法律不斷發展，也逐漸出現改變。到了十五世紀改變正在進行，但是舊的觀念仍然殘留，而且甚至早在都鐸王朝時代，陪審員若做出不當判決，可能會因為做偽證而受到審判。

陪審團制度已經到來，代表著英格蘭司法；因為只要一個案件由十二位誠實的人加以審查，被告與原告都會得到保障，不會受到法律武斷的歪曲。也就是這個特點，使得英格蘭法庭施行的法律，與根據羅馬法而施行的歐洲大陸法制系統有所區別。因此，舊的原則便保存在中央集權化的歷史發展過程中，並且持續到今天；這個原則便是法律來自人民，而非國王所頒定。

這些方法使得正義得以伸張。由陪審團進行審判變成流行，專職的法官擺脫了地方的偏見，他們的看法遠在無知的相關領主或其管家之上，他們擁有國王召集陪審團的權力，能夠更加快速地判決，並有很強的威權執行判決。亨利因此必須幾乎無中生有，建立王室法庭的完整系統，以便吸收大批湧進的新工作。他求助的工具是王室樞密院，透過這個內部機構有規律地完成全部政府事務。王室樞密院是後來大法官法庭與財政部、議會、習慣法法庭，以及都

鐸王朝與斯圖亞特王朝（Stuarts）所依賴之特權法庭（Court of Prerogative）的共同起源。在亨利二世統治時期之初，王室樞密院幾乎不區別地處理各種行政事務。在司法方面，會影響王室歲收的財政部法庭（the Court of the Exchequer）正開始成形。過去大體上王室樞密院幾乎只不過是國王的封建法庭，國王像其他任何領主一樣，主持其家臣之間的審判。但是在亨利二世統治之下，這一切有所改變。國王審判的功能愈來愈專門。在亨利二世兒子的統治時期，王室樞密院開始分成二個大法庭——王座法庭（the King's Bench）與民事訴訟法庭（the Common Pleas），它們與財政部法庭形成了習慣法制度的骨幹，如此一直維持到十九世紀。另外也時常任命巡迴法官——巡迴中的司法——在郡中聽審所有各種事務，他們的法庭都被納入王室審判的軌道。

　　但是所有這些僅只是第一步。訴訟當事人急於要得到王室的審判，而亨利也必須提供方法將案子從領主的法庭移到國王的法庭之內，對此亨利使用的是王室的書面命令。無論如何，必須正式地尊重貴族的權利，但是為了享受王室法庭的權利，人們便可能要求特別形式的案件歸於國王的法庭審理。亨利根據這個情形發展了許多方案或書面命令，各自適合某一類型的案件。任何人因為某種衝突，可以將他自己的案子配合某種王室書面命令的字句，就可能有權利要求國王主持正義。書面命令的文句都很死板，但是此時仍可能有新的書面命令公布。大約八十年來它們的數目一直在增加，而隨著各種新形式的產生，封建法庭便挨上新的一記悶棍。一直要到十三世紀蒙福特（Simon de Montfort）反叛亨利三世時，書面命令的繁複情形才受到抑制，規定數目必須訂在兩百項以下。這個制度持續了六百年。不過時代改變，社會本身必須適應那種絕不通融的框架，英格蘭的法律無可避免地因為古語風格與法律上的衝突而變得窒礙難行。案件的整個審理過程可能要依賴因它而開始的書面命令，這是因為每項書面命令都有它特別的訴訟程序、審判的模式、最後的補救辦法。因此撒克遜形式主義的精神存活了下來。亨

利二世只能將變得不太死板的訴訟程序緊扣在法律上面，粉碎早期
法庭的原始方法。然而書面命令制度儘管很累贅，卻賦予英格蘭法
律一種保守主義的精神，從那個時候起便守護與維持著英格蘭法律
的持續性而不曾中斷。

　　　　＊　　　　　＊　　　　　＊　　　　　＊　　　　　＊

　　英格蘭法律的一則格言說到，有關法律的記憶始於一一八九年
理查一世登基之時，這個日期是因為技術上的原因而由愛德華一世
的法令所訂立的。不過，它幾乎不可能選擇得更為恰當，因為隨著
亨利二世統治的結束，我們已經站在英格蘭法律史中一個新紀元的
門檻上。隨著王室法庭的建立，在全國給予同樣的正義，舊有五花
八門的地方法律迅速地粉碎了，對整個土地與所有人可共同使用的
法律取代了地方法律的地位。一位現代的律師若回到亨利前任者的
英格蘭，會發現他自己置身於陌生的環境中，但是若有著亨利遺贈
給他兒了們的法律制度，這位律師應該就會感到賓至如歸。這就是
對這位偉大國王成就的蓋棺論定，他已經立下了英格蘭習慣法的
基礎——繼承的後代會以其為基礎持續發展，或許在設計上會產生
改變，但是它主要的輪廓將不會有所更動。

　　就是在這些正在成形的重要歲月中，英語民族開始設計今天實
質上還存在的、判決法律爭執的方法。一個人僅能判定被清楚界定
的、為法律所知的民事或刑事犯罪。法官就是裁判，他依據當事人
提出的證據進行裁決。證人必須公開地宣誓做證，他們被審問與接
受交叉審問，不過並不是由法官進行，而是由訴訟當事人自己或他
們在法律上合格的與私下雇用的代表來進行。他們證言的真實性不
是由法官，而是由十二位「正直誠實的人」來權衡，只有在陪審團
裁定事實之後，法官得到授權而根據法律處刑、懲罰或罰鍰。如果
沒有考慮到仍然使用於這世界大部分地區的另一種制度，這一切可
能就會顯得非常平淡無奇，甚至有點陳舊。在羅馬以及由它衍生的
制度之下，在那些動盪時代的審判，甚至在今日某些國家中的審
判，時常是一種嚴格的訊問。法官可以自行調查民事上的不法或公

共的罪行，而那樣的調查大都不受任何限制。嫌疑犯會遭受私下訊問，而且必須回答所有問題，由法律顧問擔任他的代表之權利也有所限制，對他不利的證人可以祕密地或於他不在場時進行做證，而只有在這些訴訟過程已經完成之後，才會制定與公布對他的控訴或指控。因此時常發生祕密恫嚇、逼供、嚴刑伺候、以及受到勒索而表示認罪的情事。這些邪惡的危險在六個多世紀以前就從英格蘭的習慣法中根絕掉了。到了亨利二世的曾孫愛德華一世去世的時候，英格蘭的刑事與民事訴訟程序已經形成了一種模式與傳統，今天大體上還管理著英語民族。在所有的權利與爭執中——不論它們是否關係到美國中西部的牧地、加州的油田、澳大利亞的大牧羊場與金礦，或者是毛利人（the Maoris）的領土權——根據由英格蘭習慣法演進而來的訴訟程序與模式，這些規則無論如何在理論上都已經通行無阻。

這種情形並不限於審判如何進行。應用在那些有些是熟悉的、有些是新奇的問題上面的法律，在實質上都是英格蘭的習慣法。關係到謀殺、偷竊、土地所有權以及個人自由的法律，全都隨著許多其他事物，一起傳到了新世界；雖然它時常遭到修正以配合時代的狀況與特徵，卻從指導著十二世紀英格蘭人生活與命運的法律那裡，毫不間斷地傳了下來。

當時它大部分都是不成文法，而在英格蘭大都仍舊如此。例如英格蘭的法令仍舊沒有包含對於謀殺罪行的界說，因為這種情形就像許多其他法律一樣，都以居民所宣稱的，法官所闡釋、發展、使用的這塊土地不成文法的習慣做為基礎，律師只能藉由研究古代判決的記錄與報告來確定它。為了這個緣故，他們已經在很早的年代就做了安排。亨利死後一個世紀，律師們在倫敦自行組成專業社團，名為法學協會（the Inns of Court），一半像學院，一半像法律學校，但是主要是屬於世俗的，因為並不鼓勵學過羅馬法或羅馬教會之教會法規的神職人員參加。他們出版每年度法律報告或當時所稱的「年鑑」（Year Books），法官都承認年鑑的權威，它

們也就不間斷地印刷了近三個世紀。不過在這期間，只有一個人企圖對英格蘭習慣法做一般性、涵蓋一切的陳述。大約在一二五○年左右，一位巡迴法官布雷克頓的亨利（Henry of Bracton）出了一本將近九百頁的書，書名是《討論英格蘭法律與習慣的小冊子》（A Tract on the Laws and Customs of England）。幾百年來沒有出現類似的作品，亨利樹立了一個典範，自此時起在整個英語世界裡爲人所效法，更不用說習慣法是對它的解釋與評論，而因此鼓勵與幫助後來的律師與法官去發展與拓展它。一個權力至大的國家以羅馬方式加諸臣民的法規彙集與規範，實在有異於英格蘭的精神與傳統。法律早已存在在那裡，在這塊土地的風俗習慣之中，而這只是一件靠著勤勉研究與比較先前案件有記錄的判決便能發現它，以及在法庭面前將它應用到特別爭執上的事情而已。習慣法也隨著時間而有所改變，亨利二世在位時期的律師都深研第十世紀他們前人所做的陳述，以及作者從來無意說明的意義與原則，並且將它們應用到當時新面對的情況與問題當中。沒有什麼大不了的事，他們有前例可循。如果律師能向法官表明習慣或類似它的事物已經被人承認，並在較早的相似案件中據之以行，如果它符合他所認爲的公正，符合社會當前的感覺，他就更會遵照它的規定來裁決他所要處理的爭執。這種廣爲人知的「個案法」緩慢持續成長，就像在其他國家藉著成文的工具——例如人權宣言、美國獨立宣言——內篇幅甚多與言語堂皇的條款、以及憲法上對民權的保障中所安置的一樣，爲個人掙得許多同樣的自由與權利。但是英格蘭的司法進展地十分謹慎，甚至連大憲章的制定者都不曾企圖建立新的法律或宣布任何廣義的一般原則。這是因爲君主與臣民實際上都受到習慣法的約束，而英格蘭人的自由並不是依賴國家任何的法令，而是依仗自由人組成的陪審團所宣布遠古緩慢成長的習慣上，這些陪審員都是在公開的法庭上對一件件的案子做出他們的判決。

【1】　譯注：借助「神」的力量用水、火等考驗當事人，以確定被告人是否有罪或敗訴的原始審判方式。

第十四章　獅心王

　　第一次十字軍東征之後於耶路撒冷建立的基督教王國，在「聖殿騎士團」(the Knight Templars)與「救護團騎士團」(the Knight Hospitallers)的捍衛之下，已經在不牢靠的情勢中屹立了一個世紀，它之所以能繼續存在，大半由於四周穆斯林國家極不團結。終於在土耳其人、或薩拉森人(the Saracens)當中出現了一位偉大的民族領袖，將穆斯林的力量團結起來。一一六九年薩拉丁(Saladin)成了埃及的維齊爾(Vizier)[1]，不久之後便自行宣布擔任蘇丹。論身世薩拉丁是個庫德人(Kurd)，論文化他是個大馬士革人(Damascene)。薩拉丁的權力馬上伸展到敘利亞，包圍十字軍位於黎凡特海岸(Levantine coast)的許多侯國，他於一一七四年佔領大馬士革(Damascus)，接著於一一八三年佔領阿勒波(Aleppo)。耶路撒冷的基督教社會以及這裡的國王盧辛倫的蓋伊(Guy of Lusignan)對逐日增加的危險感到焦急，先是將受到威脅的王位獻給法蘭西的菲力普，然後獻給亨利二世，使得西歐充滿了求救的呼聲。但是西歐諸國的王親貴胄這時候爭吵不休，失去了及時做出有效措施的機會。一一八六年，薩拉丁宣布從事聖戰，他對好戰的群眾承諾在今生可以獲得戰利品，在來世可以得到永恆的幸福，於是大批人馬朝耶路撒冷挺進。戰場上列陣與他們對抗的基督教佔領軍或許足足有一萬人，但是在乾燥的沙漠中還是處於劣勢，於哈丁(Hattin)被人數佔有極大優勢的敵方斬殺成數段。國王、聖殿騎士團的大團長與許多勢力很大的貴族都成了階下囚。一一八七年十月，耶路撒冷投降，隨後除了泰爾(Tyre)、安提阿克與的黎波里(Tripoli)之外，整個巴勒斯坦與敘利亞再度落入穆斯林信徒之手。

　　這些事件使得整個歐洲感到震驚，教皇與西歐基督教國家全體都感到恐懼，教皇的特使來往於宮廷之間，叮囑基督徒要和平相處，並且對異教徒作戰。西方三個大國的君主都響應這個號召，密

集的行動激起了英格蘭、法蘭西與日耳曼的騎士精神。畫卷顯示聖墓（the Holy Sepulchre）被薩拉森騎兵戰馬踐踏的情形，不只是出身名門之士，在某種程度上這使得所有階級的人都大爲激動。當時的文學都表現出許多年輕的十字軍戰士帶著憂傷情懷，離開家園及所愛的人，前往遙遠未知的、充滿危險的地方。戰爭及冒險的吸與引力當時盛行的犧牲奉獻及神祕主義的浪漫情懷完全結合在一起。在日耳曼，美因茲的帝國議會（Diet of Mainz）鄭重「宣誓」向聖地「從事遠征」；法蘭西與英格蘭的國王都同意聯合組成十字軍，不過並未因此停止他們之間的直接鬥爭。除了宗教上的呼籲，收稅人還另在一旁施壓，對於所有不曾宣誓參加十字軍的人都要徵收「薩拉丁什一稅」（Saladin tithe）。另一方面，准許所有的十字軍戰士免除稅賦，以及停止支付債務。因此從來未曾派往東方的最強大軍隊組織起來了：日耳曼在腓德烈‧巴巴羅薩（Frederick Barbarossa）的旗幟下集結了一支大軍；斯堪地納維亞的一支艦隊載了一萬二千名北方人（Norseman）通過了直布羅陀海峽，如此一來歐洲軍隊便突然武裝進逼亞洲。同時，第一位拯救者蒙特菲拉特的康拉德（Conrad of Montferrat）也從君士坦丁堡火速趕來，解了泰爾之圍，並且開始包圍亞克（Acre）。

　　在這些風起雲湧的事件中，亨利二世於憂傷與災難中去世，他並沒有企圖指定由何人繼位，所以王位自然地傳給理查。這位新王曾經舉兵對抗過他的父親，所以他對父王之死很少感到悲戚，他跪在父王的靈柩旁背誦主禱文，背誦的時間不足儀式規定，然後立刻轉身從事他對國土的職責。儘管有著這些無情的特質，人們仍然在他的身上看到爲其軍事名聲增加光采的寬洪大量。在理查統治時期之初，他便立下了一個傑出的典範：他在反叛父王之際，甚至曾在亨利二世於勒曼一役潰敗時不披鎧甲，身先士卒帶著騎兵緊追不捨。在被擊敗的軍隊後面屹立著亨利忠實的戰士威廉‧馬歇爾（William the Marshal）。馬歇爾與理查交鋒，最後使得理查求饒。理查處於劣勢時大喊：「饒我一命！」，因此馬歇爾便以矛刺

死王子的座騎，並且不屑地說：「我一定不殺你。魔鬼可能要宰你。」面對這種丟臉與侮辱還不如死掉算了。因此當馬歇爾與他的朋友現在都得轉而對這位新國君效忠時，不免焦急地等待他對他們的處置。但是理查國王馬上將往事拋開，他尊嚴而又超然地談到這件在他心中記憶猶新而又不免憤慨的事件，他批准這位忠僕的所有職位與榮譽，並且派遣此人到英格蘭以他之名代為行事。理查讓威廉娶了彭布羅克（Pembroke）富有的女繼承人，這使得馬歇爾立刻成為英格蘭最有權勢的一位貴族。的確，令人注意的是國王對曾經忠心支持他父王而反抗他的人寵愛有加，甚至於反而對曾經與他一同叛變的人有所不利。

＊　　　　＊　　　　＊　　　　＊　　　　＊

　　理查是英雄模子鑄出來的，具有獨特的美德與過失，誠屬中古時代最迷人的一位人物。他曾被描述是騎士時代的代表人物與典型形像。在當時徽章上的獅子圖案是人們大為稱道的標誌，而不只一位國王曾設法將自己與獅子的名聲連結在一起。理查國王的當代人稱他為「獅心王」（Coaur de Lion）時，是對百獸之王致上持久的頌讚，英格蘭人民很少因為他的功績而感謝他，卻因為他的冒險而對他感戴萬分。獅心王在位十年內，僅僅兩度在英格蘭待了短短幾個月，然而對他的回憶卻永遠攪動著英格蘭人民的心，似乎在許多世紀都呈現出戰士的形態。理查國王在所有勇武事蹟與戰爭中都很光采，他身軀高大、外型俊秀、膽識過人、體力強健，玩刀弄槍最為熟練，他喜歡單打獨鬥，毫無惡意地視他的敵手是幫助他成名的必要因素；他喜愛戰爭，然而並不是為了爭取光榮或達到政治上的目的，而像其他愛好科學或詩文的人一樣，是因為相鬥時的刺激與得勝時的光榮。他整個人的性情受到這種情形的調和，加上他有軍事指揮官的最高才能，於是對於戰爭的熱愛，使他發揮身體與心靈的全部力量。

　　理查國王雖然是個血氣方剛、性情猛烈的人，但他為人衝動，以致於既不十分陰險詭詐，也不會殘暴成性。他會輕率地冒犯他

人，但也準備隨時寬恕他人；他豪爽大方，幾無止境；在戰爭與戰事策畫上他考慮周詳，在執行上技術高超；但在政治方面他有如稚童，機敏與經驗都很缺乏。他憑著喜惡而做政治結盟，他的政治宏圖既沒有統一性，目的也不明確。他憑藉軍事天才贏得的優勢，都因為在外交上表現笨拙而揮霍殆盡。前往因他奮勇戰鬥才贏得的西西里的東美西納（the East Messina）時，他輕易地被人說服，而與處事圓滑但不忠實的盟友菲力普‧奧古斯特共享勝利的成果，而這場勝利若是能聰明地運用，或許可以阻止這位法蘭西國王的狡猾計謀。理查國王放棄了到手的、富庶且易防守的塞浦路斯（Cyprus），甚至比贏得它還來得輕易，他的一生像一場盛大無比的炫耀展覽，結束的時候只剩下空蕩蕩的平原。

　　理查國王的心擺在新的十字軍東征上面。這個任務似乎是為他打造的，它對他天性中的每種需求都具有吸引力。拯救聖地使它免於遭受異教徒的污染，身為國王帶著騎士隊伍衝鋒陷陣，並為上帝所能接受的一項特殊義舉奮鬥，是完全能使他感到滿足的一種激勵。英格蘭人會很高興他們的國王能夠照料他們的事務，賜予他們太平與秩序，鼓勵他們日益成長的繁榮，在全國主持正義。但是他們瞭解十字軍運動是個崇高而神聖的大業，教會也教導他們，說十字軍運動會以不為人們所察覺的方式將祝福帶給他們。理查在一場儀式中特別隆重地加冕，這場典禮極盡這個島嶼上君主制度中最古老形式與傳統儀式之能事，時至今日的加冕禮仍然遵守著它的所有要素。此後，國王為了基督的聖墓，實際上等於將國土廉價出售，因為他必須不顧一切為了到遙遠的巴勒斯坦出征而募集金錢。他出售國家的官職；他對徵稅做出嶄新而具有革命性的重大要求；他要求「免服兵役稅」──付錢可免除兵役的辦法；後來並重新引進「犁頭稅」（carucage），對每一百英畝土地所徵的稅。如此他便可以補充資金以進行聖戰。

　　在家族中最可信賴的成員──也就是年老的母后愛莉諾──監督之下，理查國王將國事託付給兩位首席司法官（Justiciar）──

伊里主教威廉・朗香（William Longchamp）與德拉姆主教休・普賽特（Hugh Puiset），然後於一一九〇年的冬天啓程赴戰。理查國王曾經答應法蘭西的菲力普要娶後者的妹妹愛麗絲（Alice），關於愛麗絲的傳言，除了容貌之外，一切都不可取。菲力普聲稱理查曾經引誘過愛麗絲，這件事使得這兩位君主的感情不睦，但不管這事情的眞相如何，在理查已經行軍越過法蘭西而啓航往西西里，在那裡過多之後，他的母后將他早已認識而且也仰慕，而現在下定決心要娶的納瓦爾（Navarre）國王之女貝琳嘉莉亞（Berengaria）帶給他。「獅心王」應該是爲了愛情而非爲了政策結婚，但是拒絕愛麗絲這件事卻阻止了法、英兩國國王結盟。而這種結盟曾被認爲對於他們在十字軍中的袍澤情相當重要。菲力普並未因爲得到一萬馬克的補償而對這種公然侮辱感到安慰，英格蘭與法蘭西的失和並未被淡然地擱到一邊，因猜忌與爭吵，使得兩個盟邦的部隊在西西里的冬天都過得很不舒坦。

　　同時，腓德烈・巴巴羅薩已經率領他的日耳曼大軍於一一八九年五月由雷根斯堡（Regensburg）經由匈牙利而前往君士坦丁堡。就在抵達拜占庭帝國的邊境時，問題出現了。君士坦丁的繼任者仍舊統治著歐洲的巴爾幹半島（Balkan）與小亞細亞廣闊的疆土，皇帝伊薩克二世（Isaac II）這個時候已經與薩拉丁結盟，只有在十字軍對這些希臘教會分離論者形成的威脅底下，日耳曼的大軍才在一一九〇年三月底被容許自由通過博斯普魯斯海峽而到亞洲的海岸。巴巴羅薩行軍通過小亞細亞到達西里西亞（Cilicia），在此處這位四十年前曾參與第二次十字軍東征的老將，在卡利卡努河（Calycadnus）溺斃，一說是他的座騎在淺灘失蹄滑倒致死，一說是他不夠謹慎在餐後於河中洗澡所致。他的若干部隊往回走，其中許多兵卒在安提阿克死於瘟疫。巴巴羅薩的大軍本來是日耳曼的精華，最後幾乎不到一千人在他兒子的率領下，於一一九〇年十月抵達亞克前面的十字軍營地。但是這些人繼續守約。英法聯軍直到一一九一年的春天才離開西西里，菲力普啓航直赴亞克，理查暫時停

在塞浦路斯。理查與當地的希臘統治者不和，宣稱他的未婚妻受到了侮辱，於是征服了這個島嶼，在那裡他與貝琳嘉莉亞成婚，一直要等到六月八日他才率領強大的部隊到達亞克。

騎士精神的多采多姿使得第三次十字軍東征的故事很輝煌。歐洲所有主要的王親貴冑現在都排隊團團圍住薩拉丁注定失敗的據點，彼此在英勇與嫉妒上爭強鬥勝。他們的義舉固然神聖，但卻無法阻止他們的彼此爭吵與陰謀。理查國王主宰著大局，他永遠在最危險的地方戰鬥，擊倒最強的敵人，一直與薩拉丁進行談判，事實上幾乎已經達成協定。爲了保住衛戍部隊，薩拉丁提議交付大筆賠償金，交出他之前在耶路撒冷奪取的基督受難的十字架——雖然在一千二百年後這件事並不確定——以及交出信奉基督教的俘虜。但是談判失敗了，理查在盛怒之下屠殺曾經交出來當作擔保的兩千名薩拉遜人質，他抵達亞克還不到五個星期，便成功地攻進了這包圍了兩年的城市。

亞克陷落之際，理查國王身爲戰士的榮耀以及做爲將領的才幹，都已經成爲各國人民談論的題材。但是盟邦彼此間的爭吵使這場戰爭瀕於癱瘓。流亡的耶路撒冷國王，也就是盧辛倫的蓋伊，正在與蒙特菲拉特的康拉德爭執王位，理查幫忙其中一方，菲力普幫忙另外一方。雙方安排好了妥協，但是法蘭西國王立即返國，在法蘭德斯執行他的計畫，打算與親王約翰合謀對付他在國外的長兄。另一方面，奧地利的利奧波德公爵（Duke Leopold）之前曾經遭到理查的侮辱，此時也拂袖離去。在這種情況之下，十字軍雖由理查國王能幹地領導，在阿爾蘇夫（Arsuf）打過勝仗，殺掉了幾千名異教徒，但除了到達一個可以遠眺聖城的高地，再也沒有餘力攻城。國王蒙住了他的眼睛，不忍觀察他無法進入的城市，決定撤退到海岸。一一九二年，理查奪下了雅法（Jaffa），十字軍只能遠眺耶路撒冷，算是再度獎賞自己的成就，之後他們再度沮喪地向後撤退。

此刻由英格蘭傳來的消息令人十分吃驚，以致於理查國王覺得

必須返國不可。他重新與薩拉丁展開談判，甚至提議將他妹妹瓊安（Joan）嫁給薩拉丁的弟弟，做為持久和平的鞏固保證。在苦戰中薩拉遜人已經贏得他們英勇敵人的尊敬。最後終於簽訂了三年停戰協定，同時將海岸城市平分，並開放聖墓做為小型十字軍朝聖之地。征戰到了最後，實際上只達成了讓遊客得以朝聖的結果。蓋伊與康拉德之間為了耶路撒冷王國的鬥爭已經自行解決，因為康拉德在他所提的權利最後被理查承認的時候，卻被「山中老人」（the Old Man of the Mountain）[2] 統治的穆斯林教派所派遣的刺客們刺殺身亡。蓋伊斷絕了重新獲得繼承權之念頭，而從英格蘭國王那裡買下了塞浦路斯，他在那裡定居下來，建立了一個王朝，並且得到騎士團的協助，維持抵抗土耳其人差不多達四百年之久。

一一九三年年初，理查國王啟程返國。他在亞德里亞海（the Adriatic）遇到船難，於是設法喬裝穿過日耳曼，但是他的敵人奧地利公爵立刻找到了他的行蹤。理查被逮捕並囚禁在一個堡壘中。這個獎品價值連城，可無法容許只留在公爵手中，羅馬帝國皇帝也要求得到這位著名的俘虜。有好幾個月囚禁理查的牢獄之地成了皇室宮庭之祕，但是就如同一則可愛的傳奇所告訴我們的，理查忠實的吟唱詩人布朗德（Blondel）從一個城堡到另一個城堡撥弄琴弦，彈奏國王最愛的曲調，終於得到了酬報——理查也撥弄自己的豎琴應答。

*　　　　*　　　　*　　　　*　　　　*

伊里主教威廉·朗香兼任教皇特使、諮議大臣與首席司法官，可謂極盡風光之能事。他曾經忙著以忠誠的心處理理查於一一八九年託付給他的英格蘭大任。他仿效君主的壯麗排場，在國家四處走動時都帶著炫耀地位的侍從，不久便惹火燒身，為他自己招來了嫉妒，還有全體貴族強烈的恨意。他身為國王的忠僕，看到了主要的危險存在於約翰親王的地位過大。理查的放縱讓他的弟弟在國家之內另建了一個國家：約翰掌握著德貝、諾丁罕、索美塞特、多塞特、德文以及康瓦耳（Cornwall）諸郡；在南威爾斯擁有廣大土

地的格羅徹斯特伯爵領地；並且還有蘭開斯特（Lancaster）、瓦陵福、艾爾（Eye）與皮弗瑞（Peverel）幾處的封號。約翰從這些土地所得到的歲收都不向財政部報告，他的郡守只對他一個人負責；這幾個地方的司法事務都由他們的僕人處置，他們的書面命令都是以他之名從他的大法官法庭發出，王室官員與法官都不敢進入約翰統轄的郡。朗香主教決定抗拒這種雙元的政府制度，但他個人的誇耀作風與高傲神氣使得他的困難加倍。在社會地位方面，他出身寒微，在種族方面他是個外國人，他與樞密院的其他成員早已敵對，招惹他們站到約翰那一方，而約翰深知如何利用這些情勢，以便對他自己有利。

一一九一年夏天，這兩派人士公開起了衝突，郎香行軍平定約翰的跟隨者在北密德蘭掀起的叛亂。這是一場嚴重的危機。不過幸好遠在黎凡特的國王派遣盧昂大主教沃爾特‧德‧庫坦斯（Walter de Coutances）回國關心王室。這位大主教成立了第三派人馬——這批人忠於國王，但被郎香冒犯，可是卻也不願支持約翰；當郎香於十月從英格蘭逃走，他就接下了郎香的位置。在同一個秋天，菲力普‧奧古斯特從十字軍東征中歸來，他為約翰的野心帶來了新的機會。這位法蘭西國王注意到理查不在國內的時候有機會粉碎安茹王朝的霸權，並且將英格蘭人逐出法蘭西，而且他發現約翰是個積極主動的夥伴。他們同意由菲力普‧奧古斯特攻擊諾曼第，約翰則在英格蘭響應。

一一九三年年初，社會充滿了危機，一個重大的消息傳到了英格蘭，說國王在「日耳曼某地」成了階下囚。理查忠心的臣民當然全都驚慌失措。約翰宣布理查已死，他身著戎裝，宣布得到王位。英格蘭在理查長期出國征戰時團結在一起，抵抗有權勢與狡猾的勢力，證明了封建時代的人民都很忠君愛國。由於被理查的英雄性格與神聖使命深深感動，使得許多堅定的、沒有參加派別的人都對他效忠，不過歷史上卻找不到他們的姓名；教會對此從來就不曾退縮，盧昂的沃爾特‧德‧庫坦斯屹立不移；母后年已七旬，但精

力充沛，幫助他的長子。這些人控制著樞密院，而樞密院則掌握著國家。海岸全都加強防衛力量，以對抗法蘭西迫近的侵略。約翰的武力最終還是冰消瓦解。四月時有權威消息指出理查尚存人間，緊張情勢即刻解除，約翰親王盡可能地對此事強表歡顏，不過卻偷偷地潛往法蘭西。

＊　　　＊　　　＊　　　＊　　　＊

　　神聖羅馬帝國的皇帝要求十五萬馬克的龐大贖金，這個數字是英格蘭王室年收入的兩倍。在國王獲得自由之前，倫敦方面已經準備好十萬馬克。理查批准了，英格蘭的樞密院也同意了。同時，菲力普與約翰也有所行動，他們向皇帝提議，願支付八萬馬克，以交換讓理查戴著腳鐐手銬直到一一九四年的米迦勒節（Michaelmas）為止，或是每個月支付一千五百馬克，讓理查維持被囚的狀態；或是支付十五萬馬克，將理查交到他們手中。但是皇帝覺得他已經與理查談定此事，反悔將有失顏面，而且他已經與理查定下了贖金數目，固然有點倉卒。菲力普一知道皇帝不會重新與他討價還價之後，就告知約翰一項惡名昭彰的訊息：「小心──惡魔已經鬆綁了。」

　　贖金尚在籌集。這筆贖款撼動了整個王國，然而沒有任何事情會比贖回君主的封建義務來得更神聖，尤其是當君主享有十字軍的崇高地位。首席司法官、大主教們與母后愛莉諾全都忙著從事這個令人感到悲傷的任務。教會面對它的職責，為了贖回在聖戰中失掉的一名十字軍戰士，甚至犧牲大教堂中最神聖的裝飾也是合情合理的。各地都在徵收免服兵役稅，一般基督徒都必須捐出他們財產的四分之一。教會的土地也得承受相等的負擔，他們捐出了金銀餐盤與寶物，有三個修道會直接捐出了一年分的羊毛收成。約翰親王當然樹立了典範，由他所有的郡收集這些稅收，他的執法官員強調所有人都有付款的神聖責任，而他卻將他們展現信仰與忠誠的捐獻成果都留作己用。三方面各自設法收集這筆金錢，雖然英格蘭與諾曼第的抽稅已經到了極限，卻還是無法湊齊所需要的總數。而皇帝知

道他無法得到更多時，只得表示滿意，決定使他的俘虜獲得自由。

　　一一九三年年底，英格蘭支付了規定的頭一批贖款；一一九四年二月初，獅心王理查獲得釋放。他挑了一條路，小心地越過歐洲，避開他在法蘭西的領地，而於三月十六日再度抵達倫敦，他的人民此時雖然一貧如洗，卻仍然很高興能目睹他的聖顏，並對他的名聲引以爲榮。他發現約翰親王再度公開反叛，在法蘭西的援助下占領域堡與招募軍隊。新的首席司法官與樞密院採取行動對付身爲叛賊的親王，而理查強壯的右臂以及他鎮壓叛亂的顯赫名聲，都有助於鎮壓這次的叛亂。約翰再度逃往法蘭西。國王重新在倫敦加冕，儀式甚至比以前更加講究。他如今明白終究要與菲力普・奧古斯特決一死戰，所以他的政府首要的、最終的與唯一的措施便是募款與召集騎士。這些過程一開始都很順利，理查國王於是越過英吉利海峽去防禦他在法蘭西的財產。他沒有再踏入英格蘭，但是英格蘭對他並不怨恨，他所做的一切都是對的，也是適當的。

　　這位強悍的戰士只要一到達法蘭西，其力量就足以恢復邊彊，並將菲力普國王與他的部隊逼入幾乎可憐的守勢。約翰設法求他曾經卑鄙對待的兄長兼領主原諒他。他的請求並非徒勞無功，雖然獅心王充分明白如果約翰的奸計得逞，他將仍舊是日耳曼城堡中的俘虜，被趕下王位，最後甚至難逃一死，而且他的腦子裡全是這些不忠與無端惡行的事，不過他還是原諒了約翰，發揮手足之情擁抱這個弟弟，並將某些產業歸還給約翰，除了由於謹慎而不得不保留住的某些要塞以外。由於這麼做所展現的寬容大度（或許並非因爲這麼做的智慧），理查受到整個基督教國家俗世與宗教社會的全面讚揚。

　　　　＊　　　　＊　　　　＊　　　　＊　　　　＊

　　理查國王在位的最後五年歲月都用來防衛他在法蘭西的領地，以及因爲這個目的而向英格蘭募款。英格蘭這個國家再度由一位副手治理，這一次是休伯特・華爾特（Hubert Walter），一位受過亨利二世正式王室傳統教育的人，他擔任過首席司法官，也擔任過

蘭納夫‧格蘭維爾（Ranulf Glanville）的左右手，他不是封建制度下的業餘人員，而是由訓練與經驗所培養出來的專業行政人員。休伯特‧華爾特當時是坎特伯里的大主教，也是理查的首席司法官，也將成爲約翰王的諮議大臣。因此，有十年時光他儼然身居這個王國的首相之位。在十字軍東征之際他對理查極盡輔佐之力，隨同理查出征，並且在籌措贖金時也名聲卓著。他行事果斷，知識豐富，手腕靈活，將亨利二世設計的強大中央集權政府制度發揚光大。休伯特‧華爾特鶴立雞群，成爲中古時代偉大的行政人員之一。王室的威權在王國北方獲得重伸；各個審理委員會處理未完成的司法與財政事務，其他的委員會藉著地方陪審團的幫助，完成了對王室權利以及司法行政所做追根究柢的調查。一個維持太平的新機制被設計出來了，它可以回溯到保安官的起源；法醫的工作也首次清楚地浮現了出來。盧昂大主教沃爾特‧德‧庫坦斯身爲財政部主管，企圖修改稅賦與現存的軍事制度，開始重新估定土地，予以度量衡標準化，織工與貿易商的弊端都受到整頓或抑制。倫敦等主要的城鎮都被授予新的特許權，而這涉及到地方自治珍貴的特權。在全國東南西北，政府的機制都運作得輕輕鬆鬆、無聲無息。即使有人對於稅捐不滿意，也很少有人敢發言談論此事。有一個名爲「鬍鬚威廉」（William of the Beard）的煽動者發表了類似現代政客脫口而出的情緒之言，結果被判絞刑處死。

　　雖然理查是一位不在其位的國王，他的事業與品行對他的臣民而言都證明只是消耗民力與使人失望而已，但他的王國受苦的程度似乎並沒有像表面上看起來那麼差。貴族的陰謀與約翰親王的詭計，都受到不受個人影響的政府遏制，這個政府是以武力、崇高與根基良好的原則之名進行統治的。亨利二世設計的行政制度──我們或許可以稱它爲行政部門──通過考驗，而且不受王室的干預而自行鞏固其地位，對人民普遍增進方便與益處。讓全國人民都表示效忠的國王，也不再是法律與秩序的唯一保證。此外，英格蘭還有一些其他可以依賴的信心。

在法蘭西，理查與菲力普的戰爭以奇怪的方式進行著。談判持續不停，每年都簽署停戰協定，但只要氣候或交通允許的話，就又破壞協定。理查在研究諾曼第的戰略防禦時，注意到昂德利公社（Andelys）旁邊塞納河（the Seine）轉彎之處升起的一個高峭壁，是通往盧昂的關鍵。雖然受到停戰協定的限制而無法加強防禦工事，但理查不顧這個主教轄區的主教對他所發出的禁令，在一一九六年自行建造他經驗裡所能設計最完美的堡壘。理查稱它為蓋雅德城堡（Chateau Gaillard）或「漂亮的城堡」與「我可愛的孩子」。它是個有三道牆，如今仍聳立在昂德利頂上的巨大石造建築，上面有全部的外堡、橋，以及通入城堡內的水道防禦工事。理查很高興表示它無疑是世界上最強的堡壘。菲力普憤怒地說：「如果它的城牆是鐵壁，我也會將它奪下來。」理查反唇相譏：「如果它們是奶油做的，我也一定會守住它。」命運將與菲力普告別。

一一九七年，早已習慣的小規模衝突與陣前談判、簽訂與破壞停火協定，都被一件兇猛的事件搞亂了。像是打了一仗，理查將法蘭西國王與其所率領的軍隊打得倉皇潰敗，他們穿過吉索（Gisors）的街道。而僅僅十年之前，法蘭西國王與英格蘭國王還曾經在這裡為第三次十字軍東征鄭重宣誓過。

一一九九年，因為永無終結的戰爭而出現募集歲收的困難到達頂點之際，理查聽到了帶給他的好消息。據說在他一位家臣的土地上，沙鹿（Chaluz）堡附近挖出了品質非凡的寶藏：皇帝、皇后、王子與公主的一堆金質圖像被發掘出來了，像中人物都坐在金桌四周。國王聲稱自己是最高的領主而要求得到這筆寶藏，但沙鹿的領主抗拒這項要求，於是國王便包圍領主又小又弱的城堡。包圍的第三天，他深信自己經過艱難考驗的運氣，於是大膽地騎馬靠近城牆，而從十字弓發出來的一支箭射中了他頸旁的左肩。傷口本來就已經很深，為了要切割取出箭鏃而更加重了傷勢。出現壞疽了，獅心王知道他的氣數已盡，堅毅而又平靜地依他所遵守的原則準備歸天。他安排諸事，將他個人的財物分給他的朋友，或者贈送給慈善

救濟的團體。他派人去接在附近的母后愛莉諾前來，宣布約翰做他的繼承人，並且使所有在場的人宣誓對約翰效忠。他下令將射他致命一箭，現在已是囚犯的那名弓箭手帶到他的面前，赦免了這個人，並且賜以金錢。有七年之久理查都沒有告解過，他害怕被迫與菲力普修好，但是他現在以眞誠、可做爲典範的虔誠之心接受教會的儀式，於一一九九年四月六日去世，享年四十二歲。所有的人都一致同意，理查値得與亞瑟王、羅蘭（Roland）[3] 以及傳奇小說中的其他英雄人物並坐於某個永恆的圓桌前，我們相信宇宙的造物主將領會這一點，並不會忘記提供此一圓桌。

　　那名弓箭手被活活地剝皮處死了。

【1】　譯注：穆斯林國家之大臣。

【2】　譯注：哈山·班·沙白（Hassan ben Sabbah），刺客的建立者，以黎巴嫩山寨爲據點，在十一世紀他手下的恐怖分子在波斯與伊拉克巳具有甚大聲勢。

【3】　譯注：法蘭西史詩《羅蘭之歌》的主角，查理曼大帝的外甥，以勇武著名。

第十五章　大憲章

　　約翰親王登上英格蘭王座，成為諾曼第、安茹、土蘭與曼因的領主，同時聲稱擁有對不列塔尼的權利，也是母后愛莉諾領地亞奎丹的繼承人。約翰的性格早已經是家傳戶曉。理查具體表現出人類讚揚的獅子的美德，可是並沒有什麼動物能將約翰矛盾的特質集於一身。他結合了鐵石心腸戰士的無情，與馬基維利那種類型人物的奸詐狡猾與敏銳。雖然約翰時常動怒，「眼睛噴火，臉色鐵青」，卻是以冷靜、非人類的智識來構想與執行種種殘暴行為。修道院的編年史強調他的殘暴、貪婪、惡毒、陰險、色欲，但是其他的紀錄卻表示他時常都很賢明、極端能幹，有時甚至很慷慨。他擁有獨創的、喜歡追根究柢的精神，終生珍視他的藏書。在他身上，金雀花王朝這一家族無休止的精力，提升到不安定的狂暴頂點。真的，一位法蘭西作家[1]曾經設法以沈鬱瘋狂做為藉口來掩飾約翰在道德上的缺陷，但是他對約翰的行為所做的研究，卻指出約翰天生深謀遠慮、耐心靈巧、意志堅定，將行動都付諸實現，只要有一口氣在便可穩坐王位。整個說來，他所面對、搏鬥而大為成功的種種困難值得做冷靜、專注的研究。而且，將這一大串特點加在一起，便將看出不列顛這個國家與英語世界受惠於約翰的罪惡，多過受惠於有德君主的辛勞，因為透過聯手對抗他的許多力量，才得以建立關於我們權利與自由最著名的里程碑。

　　雖然理查曾經宣布由約翰擔任國王，但是關於此項繼位卻存有兩種意見。約翰的兄長傑佛瑞先前已生下一子，即不列塔尼親王亞瑟（Arthur）。可能已經出現的說法是這位亨利二世的孫子屬於兄長一脈，比起約翰更有繼承的優先權，這正是所謂長子繼承權（primogeniture）的法律。威廉・馬歇爾在坎特伯里大主教面前陳述這一點，但是兩人都決定約翰有權繼位；母后愛莉諾支持兒子而反對孫子，因為她從來就沒有喜歡過孫子的母親。所以英格蘭都接受約翰為王而毫無異議。不過在法蘭西的領地都盛行著反對的意

見。不列塔尼特別接納亞瑟。法蘭西的國王與所有關心這件事的法
蘭西人都認爲引起爭議的繼位問題與支持年幼者兩點，都會對自己
有利。曾經支持理查反抗他的父親、支持約翰反抗理查的那些人，
都發現支持亞瑟反抗約翰很合情合理。而且約翰在許多國家大事的
場合態度不敬，因此冒犯了教會，他的輕浮開始出現惡兆：他在盧
昂接過諾曼第公爵象徵性長矛的同時，對隨侍的朝臣講了幾句玩笑
話，結果不小心讓長矛掉到地上。

隨著約翰的登基，法蘭西北部的各個行省有了團結感，它們也
與法蘭西王國更團結；同時，在英吉利海峽的這一邊，英格蘭的貴
族比以前更加傾向有島國的、民族主義的觀念。由於在英格蘭與諾
曼第，授勳與封地漸漸分給盎格魯-諾曼家族的不同支脈，因此英
格蘭與歐洲大陸的連繫正在減弱。再者，十二世紀末葉法蘭西宮廷
皇室權力日益擴大，形成很強的磁力，將歐洲大陸屬地的忠誠都吸
引到巴黎。約翰王發現爲了要擁有他在歐洲大陸的屬地，必須被迫
處於比前任國王更差的劣勢而與人奮戰，而他在英格蘭爲了這個目
的想要增加稅賦也遭受反對。據說大主教在他的加冕禮所做的講道
中曾經提到，英格蘭的君主制度本質上屬於選舉性質而並非世襲性
質。如果像大家所認爲，「懺悔者」愛德華與盎格魯-撒克遜諸王
的傳承是被尊重的，那麼就要舉出包括阿爾弗烈德大王在內的許多
良好前例。如果大主教是以這個意思講道，那麼無疑會得到約翰全
盤同意。但是從王室人物當中挑揀、選擇繼位人選的原則，絕對不
會削弱亞瑟對那塊他想要獲得統治權的區域所提出的要求。

一開始約翰畏懼亞瑟。理查的死訊傳到約翰身邊的時候，他在
亞瑟位於不列塔尼的宮廷內，他趕快逃出那塊危險的地區。亞瑟當
時在勒曼（Le Mans）受到熱誠的接待，他爲了安茹、曼因與土
蘭而向菲力普稱臣。約翰的權力僅僅只達亞奎丹與諾曼第兩地。戰
爭與談判繼續使用前一個王朝斷斷續續的方式進行著，但是在英格
蘭王室這一方卻沒有獅心王理查的那種威望。一二〇二年菲力普在
某些領土上是約翰的領主，他以適當的格式發出一紙傳票，傳喚約

翰到他的朝廷回答波亞圖（Poitou）貴族們對他的指控。約翰回覆他無法服從這樣一個訴訟程序。菲力普回答表示他是以波亞圖伯爵身分受到傳喚。約翰宣布英格蘭的國王本人無法對於那樣的審判表示屈服。菲力普則回辯說法蘭西國王不能因為他的一個家臣剛好獲得另一種高位，便失去了控制那位家臣的權利。所有法律上的權宜之計都用盡了，約翰甚至沒有得到他歸去之後的安全保證與承諾，於是他拒絕前往。也就因為約翰未能對他的君主盡職，他被剝奪了在法蘭西擁有的全部土地。菲力普就這樣擁有那個時候陪審員所承認法律上的權利，遂於一二○二年侵略諾曼第，並且實際上沒有遇到任何抵抗便拿下了許多城鎮。這位法蘭西的國王封亞瑟為騎士，賜予他從約翰那裡剝奪過來的所有采邑，只有諾曼第與基恩（Guienne）除外，並且讓亞瑟與他的女兒瑪麗（Mary）訂婚。亞瑟此時才十六歲。

當我們回想一下，金雀花王朝各個國王都將法蘭西的行省看成是整個英格蘭疆土的一部分時，顯然有一位比約翰更有涵養的人也會對這樣的處理以及後果勃然大怒，而他被壓抑的憤怒轉化成他的敵人未曾預期到的威力。

亞瑟聽說他的祖母愛莉諾在波亞圖的米拉波堡（Mirebeau），她身邊護衛隊的人數不多，便決定包圍這座城堡，猛攻它的外堡，將這位有敵意的重要老太后予以拘禁。在這個緊要關頭，愛莉諾設法傳話給人在勒曼的約翰，她的兒子率領大軍在四十八小時之內行軍八十英里，在破曉時分突襲亞瑟的軍隊，他宣布：「靠著上帝的寵愛而得到好運。」亞瑟與所有並肩作戰的人，包括露西蘭的休（Hugh of Lusignan）及一群叛變的貴族、兩百名以上的騎士，一下子被約翰的權力給攝服，約翰的母親最後從危險的困境中被救了出來。

亞瑟被囚禁在法來茲，然後囚在盧昂，沒有人懷疑他身陷致命的險境。所有那些仍然忠於約翰的不列塔尼貴族都要求約翰釋放這位親王，但約翰斷然拒絕，因此他們馬上叛變。約翰覺得只要亞瑟

還活著，他就會永無寧日。這的確是真的。法蘭西國王利用亞瑟做
為棋子，在整個法蘭西領地造成分裂而帶來的破壞，很可能使得比
約翰高明的人都感到痛苦。亞瑟在圍攻自己祖母的戰鬥中被擒，因
而成了戰犯。亞瑟因為比攻擊這位特別兇暴的國王還要輕微的誘惑
而犯下謀殺罪。沒有人知道亞瑟發生了什麼事。一張無法穿透的紗
降落在盧昂的悲劇上。指揮這保壘的軍官，一位叫做休伯特・德・
柏格（Hubert de Burgh）的人——關於他的詳情容後再述——宣稱
他依照國王的命令，在一二〇三年復活節將他的囚犯交給約翰派來
的幾個人去勢，亞瑟因為受到此驚嚇而去世了。這種解釋絕對無法
緩和在不列塔尼及其他地方所引起的敵意。休伯特後來宣布亞瑟仍
舊活在人間，約翰則說他很欣慰有人不服從他的命令。不過無論這
事情如何，從此再也沒有人看過亞瑟。在當時或以後，亞瑟是因為
約翰下令而遭到謀害一事沒有任何爭議，不過他是否在事前被斷肢
或弄盲的這個問題，則永遠沒有答案。

　　雖然在那個時候，高高在上的貴族與許多平民百姓經常由於仇
恨或手段的因素不經審判而被處死，但是謀害一位地位相當於國王
的人，卻造成了全世界對約翰的不良印象。而且這可憎的罪行並沒
有防止諾曼第領地的喪失，反而加快了喪失的速度。

　　亞瑟已經被除掉了，可是約翰並沒有因為他的罪行而得利。因
為亞瑟只是菲力普・奧古斯特的工具，他的失蹤並不會讓法蘭西國
王堅定的目的改變。針對這樣的堅持，理查曾經喚起人們獻身報
國，但是約翰的天性卻未能鼓舞任何人。不列塔尼與安茹王國的中
部領地紛紛起來叛變。菲力普已經與各個領地講和，並於一二〇三
年復活節由羅亞爾河順流而下來到索木爾（Saumur），在約翰歐
洲大陸屬地的南北之間打入一根深深引起分裂的楔子。菲力普已經
包圍諾曼第，準備攻打安茹權力的據點。約翰注意到他的危險，便
投入財力與補給來加強他的防禦。約翰的軍事位置還沒有陷入絕
境，如果他在一二〇三年年尾一連串兇猛但徒勞無攻的襲擊之後趕
緊離開諾曼第，他可能可以從英格蘭抽調補給，無限期守住這個公

國。但是當菲力普在諾曼第中部逐一奪取要塞時，約翰已經忘魂喪膽，而諾曼人很想為投降找個藉口，而英格蘭人對他們的漠不關心正好給了他們的行為合理的解釋。一二○四年三月，理查王的「可愛的孩子」——情勢危險的蓋雅德城堡——陷落了，通往盧昂的道路就此大開。三個月之後首都本身也被佔領，諾曼第終於成了法蘭西的土地。

英格蘭人對此一損失並不曾痛哭流涕。安茹帝國在它最強盛時便不曾團結過，時間與地理因素都有利於法蘭西一方。諾曼第的分離後來證明對英格蘭與法蘭西一樣有利，它使英格蘭擺脫了危險、需要付出很多代價的分心與糾纏，而將心思與精力用在自己的事務上面；尤其是留下一個有異族根源的統治階級，此後只對英格蘭或至少這島國的事表示關心。不過，約翰當時代的人並不明白這些令人安慰的事情，他們只看到戰敗所帶來的災難與羞辱，以及譴責一位已經不為人民信任，並且與貴族意見不合的國王。

＊　　　＊　　　＊　　　＊　　　＊

亨利二世成功地重建秩序與創立有效率的中央行政管理，為承繼者留下新的困難。亨利二世創造了一個強有而力的工具，因此它需要小心的運作。他只以冒犯特權為代價來恢復秩序。他在財政方面的安排很有原創性，而且嚴格地執行。他的工作在很多方面都侵犯了封建制度的慣例。但由於國王的管理手腕圓熟，以及大眾對無政府狀態的反彈，因此所有這些作為都被人接受了。理查一世再度將英格蘭交到能幹的行政人員手中，而他們嚴格的治理與財政上的機敏所引起人們對他們的直接反感，並沒有波及到在十字軍光環中容光煥發，運氣好而不在國內的國王。但是約翰人在近處，便首當其衝。

約翰像威廉・魯夫斯一樣，必然將他父親建立制度的趨勢推到極限。理查統治期間尚有許多免服兵役稅的欠款未收，而為了抵抗法蘭西國王菲力普・奧古斯特，約翰需要更多的金錢。貴族之間已經開始出現歧見。約翰統治時期的英格蘭貴族已經與諾曼諸侯完全

不一樣，而且並非所有家族都在英吉利海峽的兩岸擁有土地。甚至
理查國王也曾經遭到英格蘭貴族拒絕，不願赴海外作戰。關於海外
服役與支付免服兵役稅的爭議，本質上是貴族騷動不安的根源。約
翰有系統地濫用封建特權，逼得貴族進行猛烈的反抗。英格蘭的社
會正在穩定地發展，階級利益更爲明確。許多貴族把出席宮廷活動
當做是運用影響力的機會，而不是盡責服務的機會。教會的團結在
教士們當中成長，市鎮也傾向合作，新的中央集權政府需要這一
切，但是約翰寧可強調王室權力比較無情的一面。

　　一二○五年危機出現。在喪失諾曼第之後，約翰的母親愛莉諾
也去世了，約翰在歐洲大陸的地位大多是靠她的影響力；大主教休
伯特‧華爾特在生命的最後十年控制著整個行政管理的機制，他的
去世使得約翰失去了唯一的政治家。約翰尊重休伯特的諫諍，休伯
特的威權也位於王室與國家之間。休伯特的去世重新開啓了誰有資
格挑選英格蘭首席主教的棘手問題。

　　這個時候英諾森三世（Innocent III）佔據著教皇的寶座。他
是中古時期最偉大的一位教皇，因政治才幹與外交手腕而知名，他
有意將教會的世俗權力抬高到頂點。約翰與坎特伯里修道院爲了挑
選主持大主教轄區的人這一件事所引發的爭執，正好給予英諾森追
求在英格蘭維護教皇威權的機會。英諾森將英格蘭王室與坎特伯里
教士們所推舉的人選放在一邊，於一二○六年隆重莊嚴地挑選出羅
馬的史蒂芬‧蘭頓（Stephen Langton）。約翰王深信他對教廷有
足夠的影響力，可以使他提名的人選當選，所以事先已經魯莽地承
認了教皇決策的有效性，直到獲悉英諾森已經推薦第三位無可挑剔
的人選時，約翰王不免感到氣憤，這自然是情有可原的。史蒂芬‧
蘭頓是一位極有個性的英格蘭樞機主教，也是巴黎學府中最著名的
一位學者。約翰王在盛怒之下，根本沒有衡量他對手的實力，便對
教會發動不流血的戰爭，而英諾森三世與史蒂芬‧蘭頓都不是受到
威嚇便會投降的人，他們在一個崇拜信仰的時代中比任何世俗君主
擁有更加有力的武器。約翰開始迫害教士，攫奪教會的土地；教皇

從事報復，發布禁令，停止英格蘭的教權。鐘聲沈默不響長達六年以上，教會的門不為虔誠的人而開，死者必須葬在不神聖的土地上，而且也沒有最後的聖餐。約翰的許多臣民都深信他們自己或他們所愛的人會因為這個緣故而遭到天譴。

約翰王對禁令保持強勢反抗的態度，並且加強沒收教會的財產，教皇因而於一二○九年宣布將約翰逐出教會。約翰的臣民因此都紛紛不願對他效忠；而他的敵人則會受到教會的祝福，被當做是神聖的十字軍。但是約翰王很頑固，而且毫不在乎，禁令與逐出教會都沒有對他的心靈帶來陰魂不散的恐懼。的確，它們使他變本加厲，強化了他所採取的措施，到了當代人認為他已經神智不清的地步。向來很有效率的王室行政，在應付面對的財政及法律問題上，或在維持秩序上，都很少遇到困難。禁令雖然是個威嚇，但其實也是個機會，能夠使得約翰的計畫變得更成熟。教士們逃到國外，而王室就將教會的財產當作沒收物而逕行攫取，愈來愈多的主教轄區與大修道院都人去樓空，它們的歲收便被王室的看守者據為己有，因此財政部堆滿了戰利品。要不是與教會不睦以及世俗政治的壓力，王室可能已經建立了要到亨利八世（Henry VIII）之日才能達到的地位。

在喪失了諾曼第之後，約翰從事一連串的宏圖大計，要與歐洲大陸結盟抵抗菲力普‧奧古斯特。他找了日耳曼皇帝鄂圖四世（Otto IV）、土魯斯與法蘭德斯的伯爵為盟友，但是他與教會的決裂加速了法蘭西國王與教皇結盟，而使得情勢變得更加難以應付；一二一三年他必須在臣服與由英諾森能動員軍事與宗教資源所支持的法蘭西侵略之間做出抉擇，而他在國內地位不穩則逼他對此讓步。英諾森很高興能依他自己的條件取得勝利。

不過約翰並未黔驢技窮，他耍了狡猾的一招，將失敗扭轉成像是得勝一樣，也正因為這樣約翰才足以被稱為政治天才。如果他不能佔優勢，他就會屈服；如果他屈服了，他就會後悔；如果他後悔，他的悔恨一定是沒有止境的，他一定不惜以任何代價粉碎敵人

對他的包圍。約翰知道英諾森三世永遠抗拒不了世俗主教的誘惑，所以在這位羅馬教皇面前提議將英格蘭變成教皇的采邑，尊敬教皇為他自己封建的領主。英諾森對於在世俗高位的錦上添花不禁感到雀躍，他原諒了這位有悔意的國王，他將國王與英格蘭的版圖置於他的保護之下，他從約翰手中接下了英格蘭的統治權，並且予以回報，把約翰視作家臣而予以祝福。

　　這一招使得約翰世俗敵人的情勢逆轉。他現在成了教會的寵兒。而曾經集結像十字軍的大軍，為了自身目的而進攻英格蘭的菲力普‧奧克斯特，由於自己的宗教盟友變節而受到了苛待。菲力普氣憤填膺，根本無意放棄他長久以來注視著的獵物，而另一方面，貴族們在這情勢的轉變中也幾乎找不到任何安慰，他們的不滿仍然沒有得到補償，他們的氣憤也沒有平息。甚至於在英格蘭的教會裡都存在著強烈的歧見。英格蘭的主教團看到自己現在必須對羅馬服從，遠超過他們的虔誠與利益所要求的程度，而且也完全與曾經培育過他們的傳統有異。服從羅馬教皇是神聖的職責，但是它會被過度闡釋。史蒂芬‧蘭頓本人是教皇的候選人，也是一位很好的英格蘭人，同樣是一位很好的神職人員，他預見羅馬會毫無約束地剝削英格蘭教會的贊助，義大利被提名的人選將會大批佔用英格蘭教會的聖俸，所以立即成了反對教皇的力量。躺在多佛的約翰國王，一面膽戰心驚，一面卻在算計，同時他也在操縱著全局。他將敵人整得惶恐不已時，自己可能在放聲大笑。

　　約翰與英諾森兩人保持著新的合夥關係，而憤憤不平的貴族則團結在一起受史蒂芬‧蘭頓的領導。此時英格蘭與法蘭西的戰爭仍在繼續進行，約翰要求捐錢與派人服役，更使得貴族怒火中燒。一二一四年約翰王率軍遠征波亞圖，在法蘭西北部由他姪子薩克森的奧圖（Otto of Saxony）與沙利茲伯里伯爵（the Earl of Salisbury）兩人所指揮的軍隊，在布宛因（Bouvines）被法蘭西國王菲力普擊敗。這一仗毀掉了約翰想要合併整個歐洲大陸的希望。約翰在國內的敵人現在又找到了機會，他們制定計畫要約束一位專制且敗戰

國王的統治，公開揚言除非約翰接受他們的條件，否則他們就要造反。但是如果任由他們恣意而行，可能會因為彼此怨恨敵對以及自私的要求，而毀掉他們共同的政治目標，所以大主教蘭頓急於建立公正與和平，便施出調和鼎鼐的影響力。約翰儘管現在是教皇的家臣，也不能忽視蘭頓的諍言。

但是約翰仍舊有最後一項資源。他受到教皇的鼓勵，立下十字軍的誓言，對於反抗他的人發布逐出教會的懲罰，如此一來便使他得逞。一二一三年的情況現在完全反了過來：貴族曾經認為他們是一批對抗被逐出教會之國王的十字軍，現在他們自己反而被置於這項禁令之下，約翰王使用這種迅雷不及掩耳的教皇譴責，使他們喪失了某些可以充當嚇阻力量的優點。貴族們受到國王在國外兵敗的鼓勵，便不顧羅馬教皇的詔令，堅持要達到他們的要求，而教會中有一大批人都與他們站在同一邊。約翰提議將選舉的自由賜給教會，此項用來離間教會與貴族的動作最終徒勞無功。武裝叛變似乎是唯一的解決之道。雖然在這場鬥爭的最後場面中，大主教表示不願走極端而從事內戰，但也是他說服貴族要把他們的要求建立在對古代習俗與法律的尊重之上，也是他給貴族們某種信條，使他們為了本身階級利益以外的事物而戰。經歷亨利二世建立的行政系統四十年之後，現在與約翰對抗的這些人的想法比起史蒂芬國王時的權貴要增進許多，他們已經學會如何做理性與建設性的思考。他們提議為了取代國王的專制作為，不採用封建制度分離主義（separatism）的無政府衰退狀態，而改用一種抑制與均衡的制度，這種制度給予君主制度必需的力量，但同時也會防止暴君或愚人濫用君主制度。一二一五年，貴族的領袖們在微弱的光線下摸索出一個基本原則。「政府」之後意謂著必定非某個人的武斷統治，而習慣與法律甚至必須凌駕在國王之上。或許就是當時才一知半解的觀念，使得貴族的反抗能夠有力地團結起來，使得他們當時所要求的憲章變得不朽。

在六月某個星期一的早上，貴族與教會的人士開始在史丹斯

（Staines）與溫莎（Windsor）之間的隆尼米（Runnymede）大草原上集合。他們之中時時傳來不安的噓聲，許多人都沒有守約前來，而大膽前來的少數人都知道國王永遠都不會原諒這次屈辱。當他做得到的時候，就會對他們窮追搜捕，而這些人正在為他們努力的政治目標賭上性命。他們為國王預備了一個王座與帳篷，似乎這一批有決心的人已經在羊皮紙上擬好了簡短的文件。他們的家臣、身著暗淡色鐵甲的團體與騎兵隊保持在若干距離之外的隱蔽處。因為武裝反叛王室乃是封建時代的滔天大罪。接下來事情都進行得相當快速。一小隊人馬在溫莎那個方向出現，漸漸地人們認出了國王、教皇特使、坎特伯里大主教以及幾位主教的臉孔。他們未經任何儀式便行下馬。某人——大概是大主教，簡短地講了一下所建議的條件，國王立即宣布表示同意，並說應該馬上在他的大法官法庭安排相關細節。以大憲章為基礎的原始「貴族條款」（Articles of the Barons）今日仍存放在大英博物館，於一二一五年六月十五日在一個安靜、簡短的場面中被簽署蓋印而定案，成為我們歷史上最有名的一件大事。後來國王便返回溫莎。大概四天之後，大憲章便謄寫問世了。在未來的年代，它成為約翰王與貴族都不曾想像過的政府系統與治國的原則。

　　　　　＊　　　　＊　　　　＊　　　　＊　　　　＊

　　一二一六年初，約翰國王仍有擊敗反抗的貴族與洗刷隆尼米恥辱的機會，然而夏天尚未結束，國王便駕崩了。大憲章儘管受到教皇的譴責與戰爭的仲裁，仍舊存活了下來。在未來的一個世紀之內，它被重新頒布了三十八次，起初有些實質上的變動，但大抵上仍保留著它原有的特色。之後一直到十七世紀之間幾乎沒有人聽說過大憲章，直到再兩百多年以後，奮力抑制斯圖亞特王朝侵犯臣民自由的反對黨才重新發現它，將它視為團結起來反抗壓迫的呼聲。如此便創造出「英格蘭人民自由的大憲章」的光榮傳奇。

　　如果我們將濫用在大憲章裡的修辭與讚語拋在一邊而研究大憲章本身，我們便可能發現它的內容頗為令人驚訝。它在形式上很像

法律契約，包含六十一項條款，各條款不是處理封建行政與習俗的細節，就是保障大憲章內收錄的承諾以及執行的詳細規定。它完全欠缺任何關於民主政府原則或人權的長篇大論。它並不是關於憲政學說的宣言，而是矯正封建制度中時弊的文獻。大憲章的一開頭便提到免服兵役稅、封地繼承稅與監護權的各種問題。「自由人」這個字眼是封建的技術性名詞，它是否包括比起組成國家主幹的農奴或卑微的階級人數要少得多的富有商人，實在可疑。憲章裡關於國王的部分暗示著未來要好好處理國事的承諾，但是承諾的方式卻只限於尊重貴族階級傳統特權與利益。貴族的部分則被迫為他們的佃戶做某種規定，而施加在約翰身上的限制也同樣模糊地應用到他們（即國王土地承租人）的身上；但是他們所能遵守的程度卻少到只要安全與得體就行了。這些隸農只要受到關心與保護，便被視為是附著在莊園上有價值的動產，而非這個國度的自由公民。

十三世紀成為議會發展與實驗的重要世紀，然而大憲章中並未提到議會或任何代議政治，而僅僅提及貴族階級，關於未來的偉大口號在這裡沒有任何位置。大憲章實際上是一個心懷不滿、堅持特權的統治階級向一位不甘願的國王勒索，對封建制度下種種冤曲所做的平反文件，卻忽視了國王與貴族們必須處理的、某些最重要的事情，例如兵役的期限等問題。

不過，借用一位現代作家的話，不可以把大憲章當作「表現階級自私自利的紀念碑」而將它輕率地棄之不顧。在當時高於農奴身分的所有階級，都積極地想確保土地所有權能夠安全，不受到反覆的侵害。而且最有勢力的權貴除了財產以外，可能持有或時常持有小塊的土地；而這些土地都是因為他擔任騎士服役的期間，因為「農役租佃」（socage）的特權，或者是作為志願的佃農而得到的。因此在確定他們自己是隆尼米的貴族之際，事實上是正在建立整個地主階級的權利，不論他們是擁有百畝的騎士、擁有六十畝的農夫，抑或是小自耕農。有證據顯示全國人民都充分了解他們的行動。一二一八年有一位官員努力憑著書面命令推翻林肯郡的郡法庭

做所的一項裁決。受害者是位大地主，但是整個郡因為他的事業以及「宣誓賜予的自由」而團結起來，並在抗議中聲明：「他們為他、自己以及整個國家社會而一起行動。」

即便十三世紀的權貴很少去了解和在意大眾自由或議會民主制度，他們還是把持著一項將對英格蘭社會與英格蘭制度的發展相當重要的原則。在大憲章整個文件中都暗示它的法律地位凌駕於國王，甚至國王也絕對不能破壞它。在一個全面性的憲章中對於法律至上以及它的表達予以重新肯定，就是大憲章的偉大成就，單單這一點就充分說明人們對它的尊敬確實有理。根據最受人尊敬的權威人士所言，亨利二世的統治時期首創了法治，但是這件工作在當時並未完成，王權仍舊高於法律；亨利所創造的法律系統就像約翰的大憲章，成了壓制的工具。

現在國王首次受到法律的約束。大憲章中的基本原則注定歷經許多世代而存活，並且在一二一五年的封建背景褪色之後還能永垂不朽。大憲章變成了一個持久的見證，證明王室的權力並不是絕對的。

大憲章裡具體呈現的事實以及使這些事實產生的環境，都已經被埋葬或遭到誤解。在封建習俗中長久存在的，關於法律主權的基本觀念，因為它而提升成為國家所依附的學說。而在之後的年代中，國家由於它本身的威權而膨脹，企圖罔顧人民的權利與自由，因此也就有人對此學說一再提出呼籲，而且到現在為止從來沒有失敗過。

【1】　Taine，即 Hippolyte Adolphe Taine（1828-1893），法蘭西文學評論家、歷史學家，著有《英格蘭文學史》等書。

第十六章　準備中

　　約翰王死於勞累，但是他也是死於窮途末路。他在位時治國不善，已經使得反對勢力似乎結合成絕對優勢來對付他。約翰與逼他承認大憲章的英格蘭貴族作戰，<u>而貴族們邀請了法蘭西國王菲力普之子路易進入這個國家做他們的君主</u>，外國部隊與吃苦耐勞的冒險家也隨之而來。恆伯河以北叛亂的貴族有蘇格蘭國王亞歷山大（Alexander）的支持；西邊的叛軍有北威爾斯親王盧埃林（Llewellyn）撐腰；大部分的城鎮都反抗國王；倫敦市民對他深惡痛絕。同盟五軍港（Cinque Ports）[1] 全都落入敵人手中。溫徹斯特、烏斯特與卡萊爾等地在那時本來都因為遙遠的距離而彼此分隔，此時全都團結起來反抗王室。

　　另一方面，變節的國王犧牲了王國的地位換來羅馬教皇堅定不移的幫助。一批戰力很強的佣兵是王國內唯一的正規部隊，他們完全由約翰支薪雇用。有些勢力最大的戰士貴族——可敬的威廉‧馬歇爾與著名而浪漫的切斯特伯爵雷納夫（Ranulf）——以及強大的貴族追隨者都忠於約翰的政治目標。人民被他們主人之間新的不和給弄迷糊了，最後整個傾向支持國王而反抗貴族，當然也反抗入侵的外國人。不過他們所扮演的角色還是被雙方所摧殘。雙方勢均力敵，一切都有演變成長期、頑強的內戰，以及回歸到史蒂芬與穆德時代無政府狀態的趨勢。約翰本人畢生狡猾善騙、精於要弄不法詭計、在宗教政策上出乎意料的急轉彎，但在他一生最後的幾個月裡卻擁有使敵友都大吃一驚的好戰精力與智謀。就在此時他由於疲勞與縱情飲食，使得腹瀉加劇而駕崩。莎士比亞曾經以文字描寫他最後的痛苦：

　　　而你們之中沒有任何人命令冬天到來

　　　將他冰一般的手指伸入我的咽喉……

　　　我乞求冰冷的安慰，而你們卻那樣嚴峻

不感恩，竟然拒絕我那一點心願。

　　國王在這場鬥爭中的戲劇性死亡改變了衝突的情況，但是並沒有結束衝突本身，敵對的各個團體與派系懷有除了治理英格蘭之外的許多目的。路易正在不列顛這個島上作戰，許多人已經對他發誓，回頭信奉一度棄絕的信仰。反叛的領主們都深深地與他們蘇格蘭及威爾斯的盟友勾結在一起，沒有任何一位領主有心想尋求和平。然而反叛的唯一原因與理由都隨約翰而逝。亨利那時是個九歲小孩，也是他祖父龐大帝國所有權利的繼承人。他是堂堂正正的英格蘭國王。能夠根據什麼理由而將父親的暴虐歸咎於這位無辜的兒子呢？歷史已經倏然展開新的一頁，新的羊皮紙是空白一片，等待書寫。各方人馬都考量到了這一點。不過此時約翰依舊受到那些把生命與財富奉獻給國家的人的懷念。威廉‧馬歇爾忠誠而毅然地採取行動，如果他未能盡責，那麼亨利二世所創建強大的中央集權君主制度，以及以它為根基的，在王國內日益成長的文明，都可能退化到封建王朝的七王國（heptarchy）[2] 時期，甚至是更糟的地步。教皇特使確信羅馬的政策不變，那就是幫助威廉‧馬歇爾。幼王於格羅徹斯特加冕，於一二一六年十月二十八日開始他長達五十六年的統治，他讓教皇特使在他的額頭上抹油，而且由於約翰在越過瓦許河時將王冠遺失，所以他的額頭上只放了一個普通的金環。這證明他的統治是完全適宜的。

　　威廉‧馬歇爾年已七旬，不太情願地擔任我們現今稱為攝政的職位，他與之前很可能成為他的敵人，但卻從沒有提出主張的切斯特伯爵——約翰的忠僕休伯特‧德‧伯格——聯合起來。新政府的智慧與弱點同樣地在重新頒布憲章時顯露出來，這憲章曾於一二一五年時被教皇過於鹵莽地廢除。國王一夥人的宗教意向成為主流。保王黨戴白十字架，教會宣揚實際的十字軍運動，反對派系的首領都被逐出教會。亨利在幾年後對主教格羅塞特賽說：「當我們還沒有成熟的時候，當我們的臣民不僅與我們疏離，而且還組織起來反

抗我們的時候，是我們的母親，也就是羅馬教會，一再將這王國置
於我們的威權之下，奉我們爲王，爲我們加冕，將我們置於王座之
上。」

　　它是個充滿動亂與痛苦的統治時期，然而進步的力量堅定地向
前邁進。在鐵砧上敲打著火紅的鐵，鐵鎚打擊所冶鑄出的金屬，會
比之前更加堅硬。在這個時期的人民，由於盎格魯-撒克遜傳統的
權利與法律倒退回古代的水準，全都在教會勢力支持的貴族與王室
傭兵的武裝鐵蹄下受苦。但是人民的主人們也並不團結，因爲嫉
妒、野心、好戰而不和，好幾次更公開地撕破彼此之間的裂痕，被
強烈的民族主義左右而分成許多黨派。它是個衝動與講求實驗的時
代，不受任何一般政治理論的控制。

　　　　　　＊　　　　　＊　　　　　＊　　　　　＊　　　　　＊

　　貴族彼此互鬥、反抗國王，有時與教會並肩作戰，但更常與教
會分庭抗禮，這一切所造成的混亂與千篇一律，使得許多喜好史書
的讀者掩卷不讀。但事實上國王亨利三世挨過了所有麻煩，讓英格
蘭享受到他在童年時期所沒看過的繁榮與太平。殘酷的戰爭與無政
府狀態僅停留在表面，在這之下，處於困境的演員絕大多數沒有想
到跟著潮流前進，而這些潮流在五百年後將在歐洲各地流竄。充斥
在這個中古時代社會的所有重大決策，幾乎都可以向現代世界要求
提出。從衝突中崛起了許多同時是英雄戰士與政治家的人物，但由
於年代相隔甚遠，我們無法見到他們的磨鍊過程，但是他們的功業
與看法卻把我們與他們連在一起，彷彿我們能在早報中看到他們的
言行。

　　我們必須以非常近的距離檢驗一下其中某些人物。偉大的大主
教史蒂芬·蘭頓是一位不屈不撓、永不疲倦、反抗王室、貴族、甚
至教會要求的英格蘭人權締造者。他挺身對抗約翰王，也挺身對抗
教皇，兩者有時都對他極爲不悅，只差沒有奪取他的性命。他是一
位努力透過天主教會促進基督教國家統一，以及爲了英格蘭的權益
而與羅馬教廷對抗的人。他是王室的一位忠僕，同時也是憲章的擁

護者——不論是之前或是當代的內容。身為一位威風凜凜的中心人物，蘭頓實事求是、足智多謀，當被邪惡逼迫時機巧應變，但是他宏大、明智、美好、務實、充滿自由主義的目的始終不變。這個人即使不是我們憲法的建築師，至少也是一位做事可靠、可以信賴的現場監工。

從動盪場面中崛起的第二位人物是休伯特‧德‧柏格。莎士比亞神奇的寫作技巧連續描繪幾個英格蘭歷史中的頂峰，並且用朝陽照射它們，因此所有的人才能看到它們聳立在高低起伏的山丘之上。這些描寫使我們對休伯特更加了解。休伯特是一位軍人兼政治家，具備實際的智慧，他也熟悉宮廷與軍營，熟悉教會與軍旅方面的高級權威人士，能將這種智慧灌輸到自己的行為舉止，甚至天性當中。所有人還知道這位約翰時代的首席司法官感受到了那個統治時期的罪惡與愚行，是這些現象的反對者。威廉‧馬歇爾是位歐洲騎士制度中的明星，休伯特地位在他之下，也是一位傑出的領袖，抵抗當時所有反抗君主制度的人。同時，休伯特不參加交戰之間的任何一個派系，而是英格蘭權力實實在在的擁護者。這個島嶼不應該受到貪婪貴族的蹂躪，也不應該受到外國冒險家的劫掠，甚至更不應該為了教廷的利益而受到不當的摧殘。

藉著陸上與海上的戰鬥，貴族的反叛被鎮壓了。國王的人馬在林肯郡得到神奇而決定性的勝利。史家告訴我們在一整天中，林肯郡的街道上有四百名王室的騎士與六百名貴族互相廝殺，僅僅三百人在戰鬥中喪生。當時的輿論拒絕對這場打鬥賦予戰役之名，只把它叫做「林肯的市集」（the Fair of Lincoln）。在此很難把發生的事描繪出來。人們必定想像每一位騎士平均曾經對付八或十名健壯的侍從；這些幾乎是刀槍不入、身披鎖甲的怪物搖搖晃晃而成群地追逐或砍殺沒有武裝的人，他們相遇時則互相硬拼，或許有時並不是很猛烈。以此為基礎，有著極其複雜的調動與謀略，轉攻側翼，直搗後方，地方叛變者略施小計由祕密港口侵入，這些奇怪的交鋒方式全部使用上了。最後保王黨智高一籌，徹底擊敗叛亂者。

在派系戰鬥中發生了一件意外，首屈一指的叛軍貴族帕奇伯爵
（Count of Perche）托瑪斯，不幸被劍刺穿面甲，深入腦部而一
命嗚呼。但是幾乎對所有其餘穿戴盔甲的人而言，它是一次歡愉的
冒險。勝利者對敵人的家臣與平民大肆報復，對他們搶劫與屠殺。

「林肯的市集」是亨利三世一場陸上的勝利；而休伯特・德・
柏格在多佛贏得海戰，擊敗路易的法蘭西援軍，切斷了叛軍在歐洲
大陸所紮的根。談判在爭戰中持續進行，雙方爭辯不休，同時每一
方都大肆破壞對手的產業，使得它們的居民苦不堪言。休伯特受到
蘭頓大主教與教皇特使的支持，不放棄對大憲章的堅持，雖然這也
是他們反對者在名義上團結的連繫。如同教皇所說的，虔誠的英格
蘭保王黨與教會的利益之間有著不可避免的緊張，不過這些緊張都
沒有實現。王室與貴族達成了妥協，此外在教會方面，英格蘭與羅
馬也達成了妥協。

一年戰事之後，法蘭西的路易被迫於一二一七年離開他的國
家，他的希望完全破滅。為了表示政府說話算話，現在二度頒布大
憲章。一二一九年，年邁的威廉・馬歇爾在勝利中去世，而休伯特
統治這塊土地長達十二年之久。休伯特是一位嚴厲的統治者。在動
亂之際，曾經擔任約翰與威廉・馬歇爾傭兵的福克斯・德・布魯提
（Fawkes de Breauté）變得尾大不掉，企圖擾亂這塊土地上剛獲
得的太平時，休伯特決定驅逐他。一二二四年包圍了兩個月之後，
休伯特奪下了福克斯的貝德福德堡據點，在城牆上絞死了曾經指揮
衛戍部隊的二十四名騎士。次年為了安撫人心，大憲章再度以實質
上的最終形式重新頒布，這樣它就成為英格蘭法律與傳統中一個不
會引起爭論的部分，但是對亨利三世未成年時期的這段動盪歲月來
說，它可能僅僅被視為黨派的文獻，而任其在歷史的檔案中腐朽。

任何行政當局都不免會發生錯誤，而每位政治家有時必須對這
些上級勢力的錯誤讓步。休伯特在他的任期內盡可能不從事恢復國
王在法蘭西領地的這個政策。他對此進行商議，同時癱瘓他人的軍
事行動，以及當戰役不可避免時，籌畫在敵人到來之前便屈辱逃

脫。他阻止從事新的戰爭，但他也堅決抵抗外國的寵臣與冒險家滲
入國內，他抗拒教廷爲了歐洲而不惜代價搜括英格蘭的錢財。他維
持著秩序，當國王成年時，他還抑制國王周圍朝臣的勢力，不讓他
們侵害到憲章。他的觀點完全爲了英格蘭著眼。

　　一二二九年休伯特用盡好意，但厄運已經降臨到他身上。國王
亨利三世現在已經二十二歲，加冕之後帶著他大肆運用封建權力而
募集的大軍到達樸茨茅斯，防禦那些在喪失諾曼第之後仍舊屬於英
格蘭王室的法蘭西產業。休伯特無法控制此事，但是運輸遠征軍這
一件事顯然還是歸他管理。亨利三世找不到等候他的船艦，要不然
就是數量很少，而且船艦上沒有補給與金錢供他在海外揚威，他不
禁勃然大怒。雖然亨利三世通常都很溫和可親、有學者風範及藝術
氣質，此時他卻拔出劍來衝向這位首席司法官，譴責後者有負國王
所託，而且接受法蘭西的賄賂。這的確是個非常不愉快而尷尬的場
面；陸軍希望到海外作戰，海軍與財務部卻無法或不願將他們載往
海外。這場爭吵總算平息下來，亨利三世恢復了他的脾氣，而遠征
軍於次年啓航，休伯特保住了他的官位。但是好景不長，一二三二
年休伯特被一個很小的宮廷派系逐出了權力圈，他的生命受到威
脅，因此在布倫塢（Brentwood）尋求教堂庇護。後來他被拖出這
個避難所，但是那位奉命爲他套上腳鐐手銬的卑微鐵匠卻說即使遭
受什麼樣的死亡，都不願執行這個命令。據說這位鐵匠說了一些
話，史家認爲這些話足以當作休伯特·德·柏格眞正的紀念碑：
「他難道不是時常忠心耿耿拯救英格蘭，使其免受外國人的蹂躪，
並且將英格蘭交還給英格蘭的休伯特嗎？」

　　　　＊　　　　　＊　　　　　＊　　　　　＊　　　　　＊

　　在約翰國王統治時期，世界史中最殘酷的一齣悲劇已經在法蘭
西南部上演。土魯斯伯爵雷蒙德六世（Raymond VI）的領地幾
個世代以來出現一種異教，它在理論上很嚴肅，但在實踐上卻很溫
和。他們被稱爲阿爾比派（the Albigenses）[3]、卡德里派
（Cathares）或「淨化派」（the Purified），駁斥復活、煉獄、地

獄等說法。依他們的看法，地球上的一切生命都是撒旦的傑作。物質的一面不久便會成為過去，而從被詛咒的累贅軀殼中獲釋的靈魂，會在永恆的幸福中重新恢復神性。這個教派的「完人」奉行守貞與禁欲，並且原則上誠心期望死亡的來臨。但是廣大的人民擺脫了超自然恐懼的心理壓迫，就像我們確信的，從那些地區舒適的氛圍裡發展出輕浮的道德觀念與追求愉快的性格。這種興奮感被提升到世俗的榮枯興衰之上，同時擺脫了來世的種種威脅，所有階級也就在其中共享極樂，也從其中發展出風俗文化與信念的熱忱。

　　這樣拋開所有宗教約束的行為，自然不受到教廷的歡迎。西方世界整個的道德架構即使很不穩定，但都是以原罪、聖恩救贖，以及一個有無限苦難刑期的地獄為基礎，只有透過教士的職務才能避開地獄之劫。教廷過了好一段時間才明白這個「新罪」在我們現今所稱呼的法蘭西南部散布的可怕情形與盛大程度。這個挑戰的嚴重性一旦被了解，它的重要性甚至就超過了從異教徒手中拯救聖墓之舉。一二○九年，一支為了不同目的而出征的十字軍出發了，所有在羅馬調度下的世俗武力，在法蘭西菲力普國王領導下，撲向阿爾比派。這個時候在法蘭西零星進行的，焚燒信奉異端邪說者與其他不受歡迎人物的行為，受到了法律正式認可。這種心智能夠想出來窮兇極惡的殘酷手段，用來消滅異端的過程，持續了差不多一個世代。持異端邪說者由「完人」領導，像猛虎一樣的奮戰，視死亡是從肉體詛咒中得到的最終解脫。阿爾比派異端教徒最後被綁在火刑柱上燒死，窮苦饑餓的民眾藏在當地甚多的深山密林之中，對日益迫近的天譴存著許多疑問。因為人類許多紀律與責任，以及教會的威權與維持，都是以天譴為基礎。

　　在這次十字軍出征的所有領導者當中，沒有任何人勝過某位叫做西蒙‧德‧蒙特福（Simon de Montfort），他是巴黎地區一位次要的領主。他在這次戰爭中躍升到指揮的地位，是一位給人深刻印象的領袖。他由於「貴族的神聖大軍、特使、教士建議」而被封為貝西亞（Béziers）與喀卡孫（Carcassonne）兩地的子爵。這位

能幹而無情的人完成了血腥的任務，他在土魯斯圍城陣亡時留下了一個與他同名的兒子，繼承他在那個時代貴族中的崇高地位，並且使得西蒙這個名字流芳百世。

＊　　　　＊　　　　＊　　　　＊　　　　＊

　　休伯特・德・柏格的行徑並非沒有可責備之處，但是他的垮台卻是一些人處心積慮的結果。這些人的目的並非改良行政，而是為了掌權。這項陰謀的領袖是休伯特以前的死對頭——溫徹斯特主教彼德・德斯・羅奇斯（Peter des Roches）。德斯・羅奇斯本人隱藏在幕後，在一二三二年的耶誕節會議上，他的許多朋友們都接下幾乎是整個行政組織中所有舉足輕重的官職，這些人大多像他一樣，都來自波亞圖。而比起德斯・羅奇斯與朋友們的成功，德・柏格的失敗牽涉更多。德・柏格是最後一位曾經掌握全體會議，有時甚至幾乎掌握君主權力的偉大首席司法官。此後王室的官職，例如之前大都仰賴土室旨意與恩寵的納戶部（Wardrobe），使漸漸比充滿貴族權貴的「國家」官職——例如首席司法官——更為重要。當這些職位漸漸由外國入侵者——普瓦提凡人（Poitevins）、薩瓦德人（Savoyards）、普洛凡沙人（Provençals）——擔任的時候，全國貴族對他們便開始充滿敵意。在忠實的威廉王次子理查・馬歇爾領導之下，貴族開始對外國人發出怒吼。德斯・羅奇斯反唇相譏，說國王需要外國人來保護他對抗臣民的陰謀詭計，而大量普瓦提凡與不列塔尼的傭兵到這裡支持德斯・羅奇斯的看法。但是這場鬥爭為時甚短。年輕的馬歇爾與盧埃林親王結盟，將亨利三世追到威爾斯邊界，洗劫士魯斯伯里（Shrewsbury），並且騷擾德斯・羅奇斯的土地。一二三四年的春天，亨利三世被迫接受條件，雖然理查・馬歇爾於四月陣亡，但是新的大主教艾德蒙・里奇（Edmund Rich）堅持要履行條約。普瓦提凡的官員都撤了職，德斯・羅奇斯前往義大利，而德・柏格則光榮地得到歸還給他的封地與財產。

　　普瓦提凡人是亨利三世在統治的中期弄到身邊的一大串外國寵

臣中的第一批人。這些外來者支配國王，壟斷官位，從一個完全不關心國家利益的國度去撈取好處而醜名四播，引起了當地貴族反對勢力的仇視。會感動國王的盡是那些對國王的虛名表現巧言令色，對國王的善變做曲意承歡的人。亨利三世酷愛舖張奢華，自然較爲偏愛來自波亞圖與普羅旺斯（Provence）的才華洋溢冒險家，而不喜歡難以伺候的貴族。中古時代的普羅旺斯是吟遊詩人（troubadour）與騎士精神的源頭，亨利三世爲之傾心。一二三六年他娶了普羅旺斯雷蒙德的女兒愛莉諾。她的許多貧窮男性親戚也隨著她一起來到英格蘭，其中的主要人物是她的四位叔叔。這波新的外國人掌控有利可圖的監護之職、主持婚姻之權、財產歸屬權，以及有俸聖職，而這些權力原來都被心生厭惡的貴族視爲己有的。亨利三世樂於對他迷人的皇親國戚贈送禮物，而他統治時期所有惡行的責任也都落在這些人的肩上，其中最有名望的一位居然是阿爾比派的鎮壓者之子西蒙‧德‧蒙特福，這可眞是歷史上的反諷。

　　在英格蘭出現另一股更爲不滿的情緒，其來源是教廷施加在感恩與虔敬國王身上的影響力。教皇格列高里九世（Pope Gregory IX）拼命與神聖羅馬皇帝腓德烈二世（Frederick II）相爭，比起以往更加需要金錢，而他的特使奧圖對英格蘭的教會改革產生興趣。奧圖在一二四〇年要求得到教士五分之一的房租費與動產，這項要求掀起了一場風暴。伯克郡的教區牧師們對此發布了一項聲明，否認羅馬擁有向英格蘭教會徵稅的權利，並且敦促教皇像其他主教一樣，應當「自力更生」。不過一二四一年年初，奧圖便帶著大批財寶回到羅馬，而教皇爲了酬謝義大利教士的忠誠，一次賜給他們英格蘭空出來的下一任三百個有俸聖職。一二四三年，英諾森四世當選爲教皇，重新提出要求。那一年教皇的使者要求英格蘭的主教，在派定教皇提名的大批人選之前不得指定有俸聖職。羅伯特‧格羅塞特賽是一位學者、科學家、聖徒、牛津學院之前的院長（Master），自一二三五年起擔任林肯主教，他領導英格蘭的教士規避或拒絕教皇的需索。格羅塞特賽成了英格蘭的教士的支持者，

雖然他仍舊相信教皇有絕對的權力，但此舉卻預知了一個多世紀以後約翰·威克里夫（John Wyclif）[4] 對於羅馬宮廷苛捐雜稅與貪污腐敗所做的攻擊。

在教皇的勒索下不堪其苦的教會，與被宮廷得寸進尺冒犯的貴族，因痛恨外國人而聯合起來。一二四四年危機出現，當時有一個貴族的委員會被指定去負責爲國王的一筆俸祿訂立條件。貴族堅持除了某些法官之外，首席司法官、諮議大臣、財務大臣都應該由能夠充分代表他們的大會議裡選出來，國王樞密院的四個成員也要以同樣方式選出來，並且有權召開大會議。國王在痛苦中向教會求助，但是他的呼籲因爲格羅塞特賽的影響而被拒絕了。貪得無厭的普瓦提凡人鼓勵國王對政府要有專制思想，他們的欲望現在還加上國王三位同父異母兄弟的欲望，這三個人是約翰的王后伊莎貝拉（Isabella）在第二次婚姻所生下的路西南兄弟（the Lusignans）。亨利三世改變了口氣，他在一二四八年說：「家臣不能任意評斷他們的親王或用條件約束他。他們應當將自己交給他處置，並且服從他的意願。」這段話後來並沒有爲他弄到金錢，而他的日子因此過得相當拮据。亨利被迫變賣金銀餐盤與珠寶，將新的特權或新賜的舊權利給予那些會出錢買下它們的人。他支付不出薪水，強索禮物，剝削林苑法庭（forest court），並對人民橫徵暴斂。一二五二年亨利三世以十字軍爲藉口，要求從教會的房租費與財產中抽取三年的什一稅。教士聽從格羅塞特賽的意見拒絕交稅，因爲國王沒有批准大憲章。次年格羅塞特賽去世，他到死都不屈不撓對抗教廷與王室的勒索。

同時，亨利三世祕密地接受了歐洲大陸的大恩惠。神聖羅馬皇帝腓德烈於一二五〇年去世，這使得羅馬重新興起將曾經統治過的西西里島與教廷領地統一起來的舊計畫。一二五四年，亨利三世爲他的幼子艾德蒙接受了教廷所提議的西西里王位。這是很愚蠢的一步棋，這項禮物所附的條件更將它升到愚不可及的地步：英格蘭國王將會提供軍隊，並且爲教廷高達九萬英鎊左右的債務做擔保。當

國人知道國王接受了教廷提議之際，便爆發了一場對他表示憤慨的風暴，大會議與教士們都拒絕給予財政上的援助。亨利的愚行彷彿還嫌不夠似的，一二五七年神聖羅馬帝國皇帝選舉的時候，亨利三世的弟弟──康瓦爾的理查──竟然參加競選，而亨利三世大肆揮霍以保證他能夠當選。最後一擊則是國王完全無法抵抗盧埃林的屢次勝利，後者已經於一二五六年將英格蘭人完全趕出威爾斯，並且打算推翻在蘇格蘭的英格蘭派系。國王受人鄙視，信用掃地，心存恐懼，沒有金錢又缺人馬，面對著被觸怒的強大反對勢力。

＊　　　＊　　　＊　　　＊　　　＊

在格羅塞特賽生命中的最後歲月裡，他曾經期望他的朋友西蒙・德・蒙特福有偉大的作為。西蒙娶了國王的妹妹，繼承了列斯特伯國、並且擔任英格蘭在加斯科尼（Gascony）屬地的總督長達四年之久。他身強體壯、充滿活力，國王的寵臣對他相當嫉妒，由於寵臣耍陰謀的結果，他在一二五二年受審。委員最後宣告他無罪，但是為了歸還國王的一筆錢，他不甘願地被解除官職。他與國王的友誼告一結束，一方是輕視，另一方則是猜疑。在這種情形下，人們未曾預期的一個人物就此出現，成為促成貴族與全國反對勢力的領袖。

英格蘭有許多偉大的著名人物，而西蒙與亨利三世的關係受到一項指控的中傷，這項指控說西蒙在娶新娘之前引誘過她。不過這位異族領袖因五位意志堅定的兒子支持，成為英格蘭貴族階級的智囊。漸漸地大多數勢力龐大的封建首領、整個倫敦市、所有下層階級的教士、以及全國人民都支持西蒙。一位宮廷官員在一二五八年七月所寫的一封信被保存了下來，這封信提到亨利國王已經對他感受到的勢不可擋壓力屈服。一個政府改革委員會因此設立，同意「公職只能由英格蘭人擔任」、「羅馬的使者、外國商人與銀行家都應該降格到他們適當的地位」。賜予外國人土地、王室的地位、要塞的保護，全都受到質疑。這位公僕寫道：「貴族們有項困難且無法輕易迅速完成的大任務。他們正在為它奮鬥。希望結果能如其

所願！」

【1】　譯注：中古時期英格蘭東南部專門為王室提供軍艦的五港同盟。

【2】　譯注：指英格蘭歷史七世紀初至九世紀初的七國並立時代。

【3】　譯注：起源於十三世紀法蘭西阿爾比的基督教派別。

【4】　譯注：也作 John Wucliffe（1330?-1384），英格蘭神學家，歐洲宗教改革的先驅，批評天主教會的信仰和行為。曾把《聖經》譯成英語。

第十七章　國會之母

　　對於英格蘭制度的成長而言，在亨利三世紛擾的統治末期裡產生了重大影響。這段時期或許可稱爲議會系統的播種期，雖然只有少數參與播種的人才會預見最後將達到的成果。改革委員會認眞從事它的工作，一二五八年它的提議被納入「牛津條款」（the Provisions of Oxford），而且包括一二五九年在「西敏寺條款」（the Provisions of Westminister）當中做補充及延伸。這項貴族參與的運動比起單純地厭惡王室的外國顧問，有著更深沈的代表意義。這兩套條款放在一起代表利益的大幅度轉移，有別於大憲章只在觀點上的轉移。大憲章主要關心的是定義各種法律要點，而「牛津條款」則優先處理政府必須藉由誰的建議，與透過哪些官員來施政等問題，同時「西敏寺條款」的許多條文標明了對貴族司法權而非王室司法權的限制。現在可以享受亨利二世功業的果實了，這個國家正愈來愈強，愈有自覺與自信。全國的司法活動明顯增加，法官與官員更經常巡視——他們全都依賴地方上的合作——並教導地方騎士要了解政治責任與行政事務。這個形塑未來英格蘭制度的過程，在十三世紀便有了初步效果。

　　在貴族所有要求中的重要部分，是國王應該藉一個「十五人樞密院」來治國，而這個樞密院的成員是由四位人士——其中兩位出自貴族，另外兩位出自王室——共同選出來的。重要的是國王同時使用英文以及法文來發表，這分詔書是從「征服者」威廉以來第一分使用兩種語言發布的公共文件。這個由西蒙・德・蒙佛斯賦予活力與加以控制的樞密院，有一陣子治理著這個國家。樞密院的成員彼此適當地牽制，共同分享較大的執行官職，而將實際的行政事務交給「地位較低的人」，當時人們普遍認爲這麼做令人感到滿意。權貴們一旦守護住自身的階級利益，而且他們的權利——提昇到某種程度便成了國家的權利——都安全無虞時，便不希望將手中的權柄交到同夥的手中。不過，由貴族階級選出的政客組成內閣

（Cabinet），<u>領導受高度訓練而沒有政治地位的公務員工作，這個</u>
<u>觀念持續很久，並且歷經很多次復興</u>。

　　大約在這個時候，議會（Parlement）這個字眼開始流行。一
○八六年「征服者」威廉在發動土地清丈冊調查之前曾對他的賢人
會議成員發表「極重要的演說」。在拉丁文裡這看起來是個「討論
會」（colloquium），而「正式談話」（colliquy）這個字在十二世
紀被普遍使用，指國王與他的權貴諮商。「對王國重要事務」臨時
所做的正式談話，在此時可稱作議會。但是這個字更時常意謂著坐
在西敏寺的官員與法官接受請願、彌補不滿以及一起調整法律的過
程。到了十三世紀，議會已經成了兩個完全不同的，但還是可以一
起合作的機構。

　　如果我們將它們的功能轉化成現代術語，那麼我們就可以說這
第一種大會處理政策，第二種大會處理立法與行政。在會期開始時
對於致詞所做的辯論非常像正式談話，同時議會的會議紀錄就類似
一個法案在委員會的階段。在亨利三世的統治期間，甚至在愛德華
一世的統治期間，這兩種大會的合併絕對不是一個被放棄討論的議
題。英格蘭憲法看起來似乎有點兒像法蘭西憲法那樣地發展，也就
是樞密院中的國王代表真正的政府，而權貴則降至僅僅是貴族而
已，「議會」只不過是法律事務的情報交換所。但實際上我們的歷
史並沒有採取這個路線。首先，權貴在隨後的那個世紀成功地掌握
樞密院，並且將他們的利益視作樞密院的利益；其次，英格蘭的各
個郡都有自己的生活，它們在西敏寺的代表將逐漸發揮其影響力。
但是如果沒有西蒙‧德‧蒙特福這個影響深遠的念頭，這些力量便
不會合併起來形成長久的立法大會。

　　　　　＊　　　　　＊　　　　　＊　　　　　＊　　　　　＊

　　國王與宮廷人士，以及與他們聯合的巨大外國利益團體，當然
都不想無限期地臣服於這些條款的束縛之下，他們為了收復失去的
利益做好了各種準備。一二五九年，國王在法蘭西簽署一項和約，
帶著外國援助的希望從巴黎返國。他的兒子愛德華此時已成了所有

人的明星，這些人仍然期望看到很堅固的君主政治，而這個目標的支持者出現在倫敦與城鎮的窮人與騷亂分子當中。他們對於這場革命——其實它不折不扣就是一場革命——的熱忱並未因爲貴族得勝而得到滿足，因爲新觀念都在醞釀中，不會靜止下來。西蒙‧德‧蒙特福的優點是沒有因爲貴族壓倒王室的勝利而感到心滿意足，他立刻轉頭對付貴族。如果國王受到抑制，那麼貴族在他們的領域中也必須表示出對一般人利益的尊重。中產階級在將貴族帶向最高地位的過程當中曾扮演重大角色，他們對於這些議題所做的要求不應該遭到忽視。爲仕紳階級發言的「見習生」（apprentice）或青年騎士，組成了稱爲「英格蘭青年騎士團」（the Community of the Bachelors of England）的活躍組織，而西蒙‧德‧蒙特福是他們的支持者。不久後，德‧蒙特福就譴責大領主濫用他們的特權，他期望將已經在王室行政中的改革推展到貴族的地盤。他直率地向在英格蘭西南部與威爾斯南部經營廣大產業的格羅徹斯特伯爵理查陳辭，他得到了樞密院頒布的法令，明令大領主應該位於王室的威權之下，而王室的威權——雖然這一點並沒有強調——應該在樞密院之下。此處出現了獨裁的新形式，它是共和國式的獨裁。但是就像這些大膽的觀念時常遇到的情形，它不可避免地要透過一個人或一位領袖來實行，這些發展最終使得貴族們分裂。國王與他英勇的兒子愛德華使用自己所有的資源攻擊相互有歧見的對手，並且覺得可以將這件事付諸一試。

一二六一年的復活節，亨利擺脫了之前他對教皇所許下的誓言，也就是接受「牛津條款」與「西敏寺條款」，他罷免了貴族所指派的官員與大臣。現在有了兩個頭銜相互衝突的政府，它們互相干預對方。貴族召集各郡的代表在聖奧班斯（St. Albans）會晤，而國王則召集他們到溫莎，兩派人士都在爭取大家的支持。貴族獲得國內較多人的贊同，只有格羅徹斯特反對德‧蒙特福而阻礙貴族採取激烈的行動。格羅徹斯特於一二六二年七月死後，貴族人士全支持德‧蒙特福大刀闊斧的政策。內戰一觸即發，西蒙與他的幾個

活力十足的兒子、部分貴族、已經崛起的中產階級，以及在威爾斯的強大盟友，都結合在一起，以令人畏懼的陣勢面對王室的挑戰。

西蒙・德・蒙特福是將軍，也是政客。在他的教育環境中沒有任何事物會向他建議應該怎麼走。有人不以爲然地認爲他對於其行動的意義沒有任何概念。的確，他所建立的功績遠勝過他自己所知道的意義。到了一二六三年九月，已經可以看得出來一個針對他的反彈：他太成功了，因此樹大招風。愛德華操弄著貴族之間的不滿情緒，討好他們的封建與個人的利益，搧動他們對德・蒙特福的嫉妒，因此建立起一個很強大的保王黨。這一年年尾，德・蒙特福必須接受法蘭西國王路易九世（Louis IX）的仲裁，儘管裁決內容不利於他。法蘭西國王忠於自己的君主身分，爲英格蘭國王的特權辯護，宣布兩項條款都不合法。不過由於路易在有生之年被接納爲聖徒，所以這項仲裁便顯得嚴重，而敵對的黨派都已經拿起了武器。在隨後的內戰中，封建人士大抵上支持國王，而人民——特別是城鎮、教會改革派，特別是聖方濟會的修士——都支持德・蒙特福。在許多城鎮都臨時制定了一些新的控制措施，以便擊敗寡頭政治集團對於王室的支持。一二六四年的夏天，德・蒙特福再度到南部解除亨利與愛德華父子施加於同盟五港的壓力。

亨利國王與愛德華王子挾著優勢的兵力，在薩西克斯郡與德・蒙特福相遇，並在劉易斯（Lewes）打了一場惡仗。在某些方面它是埃傑山（Edgehill）一役的前兆。愛德華像四百年後的魯伯特（Rupert）[1]一樣，征服了眼前的一切，不顧一切追逐敵人，不過等他返回戰場，卻發現敗象已露。德・蒙特福作戰的本事高超，經驗豐富，設下了適合戰場狀況的獨特陷阱，當他的中軍被突破時，兩翼重裝甲的騎兵就從兩側撲向王室的主力，粉碎了全部的抵抗。由於德・蒙特福摔過一次馬，所以他習慣坐在豪華而裝飾鮮明的擔轎——像十八世紀將軍使用的馬車——隨軍行動。爲了使自己更加安全，德・蒙特福在擔轎中放了兩、三位人質，並將它安排在擔任中軍的威爾斯人當中，襯著許多旗幟與徽章表示在場。愛德華王子

在衝鋒時擄獲了這件戰利品，並且殺掉了在擔轎中找到的、自家的
倒楣人質。在此同時，國王、他所有的朝臣與主要的支持者都成了
西蒙‧德‧蒙特福的階下囚，活力十足的王子返回時也碰到與他們
同樣的困境。

　　西蒙‧德‧蒙特福在各方面都算得上是英格蘭的主人，如果他
以現代的野蠻方式在歐洲幾個國家內大肆屠殺那些掌握在他手中的
人，他可能可以掌權更長時間。不過當時他們在所有情勢中表現的
殘暴，最後都沒有走向極端。對於爭奪權利的人而言，在生命危險
之際所倚重的絕對不只是以暴制暴，武力縱然有效，但並非至高無
上。德‧蒙特福與被俘的國王以及失敗的一方簽約，根據這項條
約，國王的權利在理論上受到尊重，然而實際上國王與他的兒子都
將受到嚴格的控制。王國大抵上保持著平衡，而從西蒙‧德‧蒙特
福的行動可以清楚地了解，他不但試探反對派的力量，而且有意最
後與他們聯合起來。他將國王掌握在手中，知道自己能夠利用王室
的威權來控制貴族，創造更廣大、更好的政治制度，而且不論他是
否真的致力於此，這種制度必然自動地隨著他的成功而出現。因此
他挾持著意志薄弱的國王與自豪的愛德華王子這二位囚犯，統治著
這塊土地，如此展開了他生涯中第三個、也是最後的階段。

　　　　＊　　　　　＊　　　　　＊　　　　　＊　　　　　＊

　　所有的貴族不論選擇了哪一派，都發現自己受到威脅，這威脅
比之前西蒙‧德‧蒙特福曾拯救過他們的那個還大。西蒙的天才以
及活力，與金雀花王室的權勢以及兇狠中產階級的支持結合在一
起，對貴族特權所造成的威脅，遠比約翰王朝政失修與亨利三世濫
用外國人還要來得嚴重。在這些具有長久重要性的鬥爭過程中，英
格蘭的貴族從來不曾偏離自己的私利。他們在隆尼米曾經為國家的
自由而戰，當時他們認為他們是捍衛自己的特權，而現在他們則認
為西蒙‧德‧蒙特福是他們的敵人。西蒙確實是個獨裁者，他有國
王可供挾持，在他的背後也有社會革命的力量做為後盾。貴族自行
形成了一個堅強的聯盟，並且與不受西蒙控制的所有宮廷力量日夜

圖謀，想要推翻他。

　　此時西蒙・德・蒙特福對於控制歲出與指派官員的九人樞密院將要採取的措施感到滿意：任何長期的財產的授與都可以保留到西蒙於一二六五年召開大會議爲止。這位伯爵的獨裁地位並不是很符合人民期望，然而國家在那樣的混亂狀態中，以致於大環境似乎認爲可以這麼做。北方與威爾斯邊界一帶的反對勢力仍舊很強大，而且行事鹵莽；在法蘭西，皇后與休・比嘉德（Hugh Bigod）及瓦倫（Warenne）兩位伯爵密謀爭取支持；教廷則爲國王撐腰。西蒙・德・蒙特福在同盟五軍港成立了一支艦隊，公開鼓勵私掠巡航，因此控制狹海。不過，他在西方失去了吉爾伯特・德・克萊爾（Gilbert de Clare）的支持，吉爾伯是格羅徹斯特伯爵，也是西蒙以前對頭理查・德・克萊爾（Richard de Clare）之子。吉爾伯特並沒有公開加入保王黨，但卻與他們合謀，並且再度恢復之前他父親與西蒙・德・蒙特福的不和。吉爾伯特於一二六五年被請求到議會，在回答中控指西蒙伯爵爲了自己與兒子們，將王室的歲入與敵對貴族被沒收的財產據爲己有。這些指控有其道理，但克萊爾這麼說的主要原因似乎是他並不曾分到這些戰利品。

　　一二六五年元月，在倫敦召開大會議，西蒙・德・蒙特福召集各郡與城鎮的代表與會。大會議的目的是給予創新的財產授與制度一個合法基礎。大會議就在西蒙的指導下進行此事。不過，大會議的重要性在於它是代表性的集會，而不在於工作內容。這個我們歷史中第一個代議議會所賦予的憲政意義，多少被現代的輿論所低估。西蒙・德・蒙特福召集數量龐大民眾的實際理由，是意圖以支持者來加重他在大會議的分量，而在權貴當中只有五位伯爵與十八位男爵接到召集的書面命令。西蒙退而求取鄉紳及市邑民眾的支持，以對抗權貴的仇視與冷漠，這就是他的訊息與戰術。

　　議會盡忠職守，同意了西蒙・德・蒙特福的行動，並且接受了他包含在條款中的財產授與，但是克萊爾撤退到西部意謂著即將重啓戰端。亨利三世溫順接受西蒙的控制，時時受到國人的尊敬，而

愛德華王子享受到他宣誓不逃亡才能得到的自由。然而貴族的風暴逐漸聚集，西蒙一派人士中也出現了許多岐見，政府遭遇的種種困難也使得人民不再支持它。某日王子與幾位朋友外出狩獵，由於忘了承諾而未返回，他騎馬越過林地，一開始看到一頭公鹿，然後尋找更大的獵物。之後他變成英格蘭最有力量分子所成立之活躍組織的領袖，而毀滅西蒙與西蒙在這段時間的革新，便成了所有成員的至高目標。愛德華承諾支持大憲章、平反冤情與驅逐外國人，團結貴族人士，破壞西蒙的根據地。西蒙‧德‧蒙特福伯爵現在看起來只不過是個人黨派的領袖，他因爲與盧埃林國王之孫盧埃林結成聯盟，所以承認這位威爾斯親王的領土與獨立，但此事損害到他的名譽。在政治上西蒙鬥不過愛德華，而且他也讓自己在軍事上趨於嚴重的不利情況。當愛德華與所謂的「邊界貴族」佔據塞汶谷時，西蒙便被困住，他向東撤退的路被切斷了，部隊被逐回南威爾斯。八月初西蒙做了另一次嘗試，想渡河與兒子西蒙正由東南方帶過來的部隊會合。他成功地通過了烏斯特附近的淺灘，但是他兒子的部隊在凱尼爾沃思（Kenilworth）中了愛德華的計而被擊潰了。伯爵不知道這場災難，他之後也在伊夫夏姆（Evesham）被困，最後一役便於八月四日在這裡發生了。

　　這一仗在大雨滂沱與暴風雨突至的半黑天色下進行。威爾斯人在愛德華的鐵騎攻擊之下潰散，西蒙‧德‧蒙特福身邊的兵卒留下來死戰，直到寡不敵眾而敗陣。西蒙像個英雄，戰死沙場。「邊界貴族」屠殺大批的逃亡者、戰俘，並亂砍死者的屍體。老國王是個悲慘的角色，他曾被西蒙‧德‧蒙特福伯爵挾持著到處走，在此則被伯爵兒子的追隨者所傷，在大呼：「不要殺我！我是溫徹斯特的亨利，你們的國王」表明他的身分時，才逃過一死。

　　　　　＊　　　　　＊　　　　　＊　　　　　＊　　　　　＊

　　偉大的西蒙‧德‧蒙特福伯爵死了，但是他的政治作爲存留下來，在全國流傳既廣且深。在伊夫夏姆一役之後，之前無情而隨便地將沒收的土地賜給他人的行爲，挑起了被剝奪繼承權人士的激烈

反對。在凱尼爾沃思、阿克索姆（Axholme）與伊里三個孤立的地點，西蒙・德・蒙特福的追隨者抵抗到底，在慍怒與絕望中於鄉間四處打劫。政府的力量不夠，無法鎮壓他們。整個國家因此蒙受到混亂與不安。百姓們並不隱藏他們對於西蒙政治目標的偏好，而叛軍與不法之徒則在道路和森林中作亂。此時因為無法保證外國商人的安全，遂禁止他們以國王之名來到英格蘭。情勢逆轉而回歸到封建制度，以及隨之而來的無政府狀態似乎迫在眉睫。由於這些紛擾，教皇克里門四世（Pope Clement IV）與他的特使奧托朋（Ottobon）吩咐政府要節制。在包圍凱尼爾沃思六個月一直沒有成功之後，愛德華明白節制是目前唯一的方式。那些曾經從沒收的土地中受益的人們則強烈反對，格羅徹斯特伯爵因為愛德華否認從事改革的承諾而痛心，感到希望成空。一二六七年年初，愛德華要求驅逐外國人，重新制定條款。為了要執行要求，愛德華進入倫敦，受到全體人民的歡迎，根據「不剝奪繼承權，但須重新購買」的折衷原則，他的行為與其特使的勢力為被剝奪繼承權的人爭取到赦免與很好的條件。一二六七年年尾時，法院推事都奉派到全國各地公平地執行這些條文。當時的紀錄證明了各種擾亂廣布，也證明了地方上曾經有針對官員而反叛的事實，而反叛都是由地位較低的教士、許多修道院長與小修道院長加以支持；另外還有為數可觀的，沒有因為封建制度的連繫而綁在貴族一邊的鄉紳，也都曾經支持過德・蒙特福。

在意志薄弱的亨利國王生命的最後歲月中，西蒙・德・蒙特福已死，而愛德華前往十字軍東征，他享受到比較安寧的日子。大約半個世紀之前，他才九歲，曾經在內戰之際成功繼承了他父親的大統。有時他似乎也會在內戰中駕崩。不過最後風暴總算都過去了，他可以回頭欣賞遠比政治鬥爭更令他覺得興味盎然的美麗事物。新的西敏寺大教堂是一件哥德式建築的傑作，它的聖化（consecration）長久以來都是亨利三世一生中最珍視的目標。國王於一二七二年的年底葬於此處。

這最後幾年的平靜應該不會導致我們認為西蒙・德・蒙特福的奮鬥與內戰都成為徒勞。許多年來人們都將西蒙視為聖徒而對他崇拜，他的墓上出現過奇蹟。雖然他們的支持在伊夫夏姆之役不能對他有任何幫助，但是他曾經是他們的朋友，他曾經提供希望，可以結束或解救窮人受苦難的情況，為了這個，他們忘記他的過失而只記得他的恩澤。雖然他是行政官員中的王親貴冑，他身為政客卻因為過分的自信與缺乏耐性而身受其害。他踐踏了既得利益、與所有傳統決裂、違反所有形式，而且製造不必要的猜疑與不信任。然而西蒙・德・蒙特福點燃了英格蘭歷史中永遠不會熄滅的燈火。一二六七年，「馬爾博羅法令」（the Statute of Marlborough）重新制定了「西敏寺條款」中的主要部分。更重要的是西蒙對於新王，他的外甥愛德華的影響，後者將深深地依賴他的觀念。在這種方式下，西蒙・德・蒙特福的各種目的在伊夫夏姆戰場一役以及隨它之後的事件中存活下來，愛德華一世（Edward I）是這位偉大的伯爵真正的繼承人。

【1】　譯注：查理一世之甥，內戰時保王軍總指揮。

第十八章　國王愛德華一世

　　當愛德華一世在三十九歲時因爲父親的駕崩而被推上王位時，很少有王子在治世方面如同他那樣曾接受徹底的教育。他是一位有經驗的領袖與武事精湛的將領，他曾經爲父親扛起重擔，他曾經與西蒙‧德‧蒙特福搏鬥，他固然與西蒙有很多同樣的看法，後來卻殺了西蒙。他曾經因爲遭受失敗而學會戰爭的藝術，他在國王亨利三世去世前的任何時刻都能夠控制全局，但卻寧可以孝順與憲政爲重而耐心等候。而且當他對維持秩序與進行改革的熱愛與他父親閒散無能、不善治國的情況形成強烈對比時，便更加表現出他不凡的耐性。

　　愛德華一世骨架勻稱、身軀偉岸，頭與肩均超過常人高度。他的頭髮永遠濃密，由童年時期的黃色轉變成成年的黑色，年紀大時則白髮蒼蒼，標示著他一生中有節奏的過程。他英姿煥發、五官端正，但左眼簾低垂，而這也是他父親的特色。即使他說話有點結巴，大抵上卻也口若懸河，而他的肢體語言甚多。他的手臂結實而肌肉有如劍士；他的長腿能夠緊扣馬鐙，爲他贏得「長脛客」（Long shanks）的綽號。多明尼克教派的編年史家尼古拉‧特里維特（Nicholas Trivet）紀錄下以上這些特點，並且告訴我們愛德華一世喜好戰爭比武，特別是放鷹狩獵。他在追逐公鹿的時候，不會將他的獵物交給他的獵犬、甚至不會用狩獵的矛代勞，他總是縱馬狂奔，親自將慘兮兮的野獸砍倒在地。

　　所有這一切都是他統治時期的典型特色。他呈現給我們的是混合亨利二世行政能力與「獅心王」個人勇武與寬宏大度的特質。沒有哪一位英格蘭國王更能夠充分奉行爲自己所選的格言：「各本良心」（To each his own）。他忠實地按照自己的解釋維護正義與法律，以及尊重社會中所有團體的權利。即便在他嚥下最後一口氣時，因爲他所造成的種種傷害與敵意一直都引起不少憤慨的抗拒，但是他在許多場合的謙遜與慷慨，都爲他贏得了立即的響應，爲未

來的友誼奠下基礎。

　　愛德華的父親去世時他正在西西里，王國中勢力最大的權貴於亨利三世的屍骨尚未封棺立墓之前，便已得到全民的同意擁戴他爲王。兩年以後愛德華返回英格蘭加冕，在他登基之時，世襲或挑選的原則都變得不重要，沒有人會問那種原則對他比較有利。他與西蒙‧德‧蒙特福以及貴族的衝突，教導他要以國家的立足點做爲君主制度的依據，如果西蒙在困苦之際曾經呼籲中產階級的幫助以對抗王室與驕傲的貴族，那麼這位本身擁有自由意志的新國王一開始便恰如其分地使用這種力量。均衡是他鼎盛時期的基調。他注意到驕傲、蠢蠢欲動的貴族以及貪得無厭的教會對於皇室威權的牽制，他也認定他們是廣大臣民的壓迫者。由於愛德華較以往的國王更加斟酌中產階級的利益與全體人民的需求，以致於他成功地建立一個寬廣而秩序井然的基礎，積極的君主制度可以爲一般人謀取利益。他受到啓發，尋求統治全國的王權，將權力延伸到不列顛整個島嶼，也在歐洲各種會議中發揮影響力。

　　愛德華一世在英格蘭的行政改革並非使任何一派強大、爭鬥的勢力得到滿足，而是公平地對待各個階層。即使他痛恨教會施加在他祖父身上的束縛，即使他想要控制教會日漸成長的財富與權利，但他並沒有自行僭取奪到手的權力，而是將它們放在更廣闊的基礎上。在他最近參與的衝突中，他奪走了教會與貴族的特權，他的作爲永遠都是爲了整個社會的利益。不論他的所有立法有什麼問題，在整個立法過程中都只有一個共同的目的：「我們必須找出什麼是我們的與欠我們的，以及什麼是他們的與欠他們的。」

　　愛德華一世的時代是一個開始建立秩序的時代。這個統治時期之所以值得記憶，並不是因爲建立了偉大的新地標，而是因爲愛德華從之前三個統治時代的錯誤與混亂之中抽取出正面有利的因素，並且將它們組織與鞏固起來，成爲永久的結構。我們看到了經歷許多波動而自行形成的，有關國家的架構與政策，此時都已經塵埃落定，鞏固成形，並且在歷經黑死病、與法蘭西的百年戰爭以及玫瑰

戰爭之後保存下來，並且持續度過中古時期剩餘的年月，其中有些甚至保留得更久。在這段時期我們看到了逐漸取代純粹封建制度，屬於騎士與小資產階級的社會階級。政府的機構、土地保有權、軍事暨財政制度，教會與國家的關係，全都幾乎持續到都鐸王朝。

＊　　　＊　　　＊　　　＊　　　＊

這段統治時期的前十八年出現許多立法的活動，許多世紀以來都沒有與之相提並論的情形。差不多每年都頒布一個重要法令，但其中有原創性的卻很少，大多數法令都趨於保守，但是它們的累積效果卻具有革命性。愛德華依賴他的諮議大臣——巴斯與威爾斯兩地的主教羅伯特‧伯內爾（Robert Burnell）。伯內爾出身寒微，歷經王室大法官與王室職務而升到主教地位，一直到一二九二年去世為止，他始終都是國王的主要顧問。伯內爾一生都在為君主服務，他的全部政策都極力以犧牲封建特權與封建勢力，來增加君主的權力。愛德華於一二七四年返回英格蘭，當時伯內爾擔任大法官不到三個星期，便派當地的行政調查專員帶著四十個問題到全國各地去徹底詢問國王的權利與屬地是什麼，它們曾受過什麼侵害，哪些官員擅離職守或貪贓枉法，哪些郡「因為懇求、賄賂或討好」而隱瞞重罪，忽略職責，行事粗暴或接受贓款。以前也曾經有人做過同樣的查問，不過沒有這一次如此徹底、如此豐收。國王「凡事要做主，但是並不專橫」的政策是要尊重所有權利，以及推翻所有強取豪奪的情形。

一二七五年國會的「西敏寺第一條法令」處理專員揭發了在行政上濫用權力的情事。一二七八年，「格羅徹斯特法令」（the Statute of Gloucester）指示保安官藉著「正當理由」（Quo Warrarnto）[1] 的書面命令調查封建貴族在領地之內憑著他們自己的法庭與官員執行法律的情形，並且命令嚴格界定那些權利。這一次調查的主要用途是提醒大諸侯有權利也有職責。一二七九年「莫蒂默法令」（the Statute of Mortimer）禁止對教會贈予土地，雖然實際上在王室許可之下仍容許繼續這麼做。一二八五年「溫徹斯特法令」

（the Statute of Winchester）抨擊地方的失序，並在同一年公布加強限定繼承財產的「溫徹斯特第二條法令」（the Second Statute of Winchester）。「溫徹斯特第三條法令」（the Third Statute of Winchester）要求根據條件而非純粹世襲來處理土地所有權的問題。根據這些條件，持有的土地可以自由轉賣；但是卻規定交易之後買主必須執行買賣前附在土地上的封建義務與捐稅，所以這項買賣實際上並非從賣主手中購得土地，而是從賣主的領主手中購得土地。這項法令阻止「次賜封采邑」（Sub-infeudation）的成長，而此趨勢對君主大為有利，君主直接以大領主身分管理增加的佃戶數目。

這一連串著名法律的目的基本上是很保守的，而它們曾經在某段時間很有效率地被執行。但是經濟的壓力正對英格蘭的物質生活造成重大變遷，而且幾乎比起在政治領域的變遷還要來得厲害。土地逐漸不再是全國社會與國防依賴的精神支持，而逐步變成商品，原則上可以像羊毛或羊肉一樣買賣，在某些限制下可以藉著贈送或遺囑轉讓給所有人，或者甚至用繼承的方式而留給終將成為貴族階級的後代。

當然，只有少部分的英格蘭土地進入這個活躍且有些粗糙的市場，但是它的不固定足以製造騷動。當時勢力最大的王親貴冑都很可憐，阮囊羞澀，因為在英格蘭已經出現好似涓涓細流的信貸泉源。猶太人已經神不知鬼不覺地在那個多事年代的社會脈絡中住了下來。他們神出鬼沒，有時對急需金錢的高地位人士最有幫助；他們對於缺錢而又不想乞求議會的國王，比對任何其他人更有幫助。任何持有金錢的人可以在稀有的固定場合裡獲得土地，這使得英格蘭的猶太人步入令人憎惡的魯莽行徑。土地開始藉著直接買賣，或者時常更藉著抵押，傳到猶太人的手中。足夠多的土地進入市場，使得這兩種商業過程都有利可圖。在一、二十年當中，昔日的封建領主都注意到他們為了聚散無常的金錢，永遠失去了大到令人注意的一部分英格蘭土地。

　　過去若干時期早就出現對猶太人的憤怒，被抵押壓榨的小地主
與曾經做過差勁交易而揮金如土的貴族都同聲抱怨。義大利的高利
貸者正來到這個國家，對國王而言，在需要之際他們就像猶太人一
樣有用。愛德華看到他自己可以用簡單而久遭踐踏的反閃族主義爲
途徑，來安撫有勢力的分子與逃避難堪的債務。關於血祭（ritual
murder）與其他黑暗故事、開明時代老生常談的流傳，同時引起
喝采。曝露在普世仇視下的猶太人遭到劫掠、虐待，最後被逐出這
個王國。有些醫生例外，因爲如果沒有他們的醫術，重要人士可能
會缺乏適當的照料。這個可悲的流浪民族被洗劫一空，必須再度找
尋避難所而重新開始。他們動身前往西班牙或北非，這如今已是我
們相當熟悉的悲哀旅程。一直要到四個世紀之後，奧立佛‧克倫威
爾（Oliver Cromwell）與有錢的以色列人簽訂合約，英格蘭才再
度對猶太民族的企業開放。要取消信奉天主教的國王所下的禁令，
還得留給信奉喀爾文教義的獨裁者去辦理。佛羅倫斯與西恩納
（Siena）的銀行家已經取代了猶太人的地位，輪到他們在愛德華一
世的孫子統治下，享受基督教國家中的平等。

　　　　＊　　　　　＊　　　　　＊　　　　　＊　　　　　＊

　　伴隨著愛德華一世統治時期法令上重大成就的，還有持續進行
的行政改革。他親自巡視，從來都不懈怠。他持續巡視領土，在每
一處都對各種濫施職權的情形進行查詢，用強壯的手腕與銳利的筆
鋒矯正地方權貴的過分作爲。時常以學究方式來加以解釋的合法
性，是他一直準備的武器。他在每個領域都永不疲倦，堅毅地治理
王國內政，並將私人的利益逐出他與人民的領域。

　　愛德華一世在中古世紀的國王當中以認眞於行政工作與良好治
績著稱。因此他自然應該多信賴專家的幫助，而較少依賴那些可被
說爲，「在尊嚴的壓力下表現出猶豫態度的重要封建貴族的業餘協
助。」到了十三世紀末，三個專業化的行政部門已經在運作。第一
個是財政部，它設在西敏寺，負責大部分歲收與記帳工作。第二個
是大法官廳，即是王室的總祕書處，負責書寫與草擬王室特許狀、

書面命令與書信。第三個是納戶部，它有一個別的祕書處——王璽局（the Privy Seal），依附在王室底下，兼具財政與祕書的功能：這些功能可能包括由資助歐洲大陸的戰爭到爲御廚購買一個便士的胡椒不等。伯內爾是初期文職的典型產物。伯內爾的職位在他死後由財政部的官員華爾特‧蘭頓（Walter Langton）接任。這位財務大臣像伯內爾一樣，將利奇菲爾德（Lichfield）轄區看作是國王給予服務的酬勞，而沒當做宗教職位。

　　雖然是英格蘭國教信徒當中最信奉正統的人，但愛德華並沒有逃避與教會的衝突。雖然他很焦急，要對上帝盡責，比他的父親更加清楚什麼是專制君主該做的事，但大環境卻不只一次逼著他抗議。教會的領袖是約翰‧皮潛（John Pecham）。他是聖方濟會教派的先行僧，一二七九年至一二九二年擔任坎特伯里大主教。皮潛用很大的勇氣與能力保護他認爲的教會正當權利與超然立場而對抗君主。一二七九年他於里丁舉行的領地會議上，發布了許多項觸怒國王的聲明：其中一件是反對兼任教會職位的教會法，這是打擊王室獎賞日漸增多文官的主要方式；另一件是命令，要求將一分愛德華曾經宣誓支持的特許狀公開張貼在每座大教堂與大學教堂裡。所有在教會法庭中拿出王室書面命令而阻止宗教法庭判案的人，以及所有違反大憲章的人，都將被逐出教會。

　　皮潛因惹愛德華生氣而屈服，並且等待他的時機。一二八一年，另一次領地會議要在藍貝斯（Lambeth）召開，國王懷疑這具有惡意，便對會議成員發布書面命令，禁止他們「議論關於君主、或觸及我們的人、國家或樞密院現狀等情事」。但無人能阻止皮潛，他幾乎逐字逐句恢復了里丁會議主要的立法，並且爲它做序，明白主張教會的自由，而且一個月之後還寫了一封了不起的信給國王，爲他的行動辯護。他寫道：「人類任何的律令，甚至誓言，都無法逼我們可以不理會以神的威權爲基礎的法律。」一位表示欽佩的教會執事將它抄在這位大主教的教會記事簿上，並且做了眉批，說：「它是一封不錯的信。」

　　皮潛的行動很可能促成可以和貝克特與亨利二世齟齬相比的危機，但是愛德華似乎靜靜地不理會這個挑戰。王室表示禁止談論的書面命令繼續頒發，然而愛德華奉行節制，於一二八六年藉著一紙書面命令，指派他的巡迴保安官在教會司法權的事務上行事須考慮周詳，並且列舉各種應該交給教會法庭審理的案件。因此爭論受到延擱，到大主教與國王去世了都尚未解決。

＊　　　　＊　　　　＊　　　　＊　　　　＊

　　這段統治時期一開始的時候，英格蘭與法蘭西之間的關係是由貴族人士於一二五九年締結巴黎和約（the Treaty of Paris）所影響。三十多年來兩國和平相處，雖然有時不免有仇視的暗流。關於條約中的條件，以及英格蘭、加斯科（Gascon）與法蘭西船員在英吉利海峽的各種爭執，於一二九三年在聖馬蒂厄（Saint-Mahé）外海的戰爭中到達頂點。如果不是因為在法蘭西南部的英格蘭人一直對法蘭西人擺出傲氣十足的挑戰，以及企圖維護的國家完整性，就不會導致戰爭重新爆發。甚至法蘭西國王「俊美者」菲力普（Philip the Fair）開始尋找挑釁的機會時，愛德華都忍辱負重，企圖達成妥協。無論如何，巴黎的國會最後宣布佔領加斯科尼公國，菲力普要求象徵地交出加斯科尼主要的堡壘，作為承認他身為君主的法定權力。愛德華答應了。但是菲力普一旦擁有了這些堡壘，他就拒絕再將它們交出去。愛德華明白他必須一戰，不然便會丟掉他在法蘭西的屬地。

　　到了一二九四年，這位偉大的國王已經改變了他早期的樂天性情。在支持父親歷經長期暴風雨般的歲月之後，他已經自行主政長達幾乎四分之一世紀。同時，他四周的世界已經改變了，他已經失去了他鍾愛的妻子卡斯提爾的愛莉諾（Eleanor of Castile）與他的母親普羅旺斯的愛莉諾，以及他兩個年紀最大的幼子。伯內爾已經去世。威爾斯與蘇格蘭呈現嚴重的問題，反對者正開始使人們聽聞與感受到他們的勢力。國王孤單一人，感到困惑，而且他上了年紀，必須面對無止境而不斷的麻煩。

一二九四年六月，他對在倫敦稱作權貴的「議會」解釋他與法蘭西爭鬥的理由。他要作戰的決策已經通過而被接受了，就像時常在任命大會中被通過的情形一樣。

此次戰爭本身並沒有什麼重大的特色。英格蘭人在加斯科尼發動軍事攻勢，在英吉利海峽對岸地區頻頻進行襲擊，並且長期包圍波爾多（Bordeaux）。原先對國王曾經表達的任何熱忱都在不可避免增加稅收之下，快速地煙消雲散。英格蘭出口貿易中的大宗物品——所有的羊毛與皮革——都被充公了，僅能靠支付每麻袋四十先令的關稅才能贖回，這已經不是一二七五年議會制定麻袋關稅的半數（六先令八便士）。九月時教士大為憤怒，因為他們被命令獻出歲收的半數。聖保羅大教堂（St. Paul's）的首席牧師企圖當著國王的面大聲疾呼他們的抗議，然而卻不幸昏倒去世了。十月，議會通過對所有動產抽取重稅。進行徵收時，所有階級都散布著慍怒與不滿的情緒。一二九四年的冬天威爾斯反叛，國王將他們平定後，回頭卻發現蘇格蘭已經與法蘭西結盟。從一二九六年起，英格蘭與蘇格蘭的戰爭時而悶燒，時而火熾。

一二九七年十月以後，法蘭西戰爭變成一連串的休戰，持續到一三○三年為止，如此的費用較實際戰鬥為少。這些歲月英格蘭在海內外，尤其是與蘇格蘭之間的關係，都緊張萬分。雖然國王毫不猶豫將一再開會的議會召回西敏寺，解釋整個的情況，卻沒有得到支持。議會不願意批准國王向它要求的新稅。

一二九六年發布教皇詔書（Clericis Laicos），禁止沒有教皇授權，不得支付額外稅賦，這使得教士們的立場更加為難。秋天於聖艾德蒙茲墓鎮（Bury St. Edmunds）所舉行的議會中，教士在新的大主教羅伯特·溫切爾西（Robert Winchelsea）的領導下，於稍稍猶豫之後決定他們無法貢獻。愛德華一氣之下將他們都視為不法之徒，宣布沒收他們的世俗采邑。大主教進行報復，揚言任何要違背教皇詔書的人都會被逐出教會。有一陣子群情憤慨，但是心情終於平靜了下來。到了次夏爭端已經平息，教皇用一紙新的

詔書，撤消了他的極端主張。

　　由於另一處爆發反對聲音，愛德華準備與教會講和。他在沙利茲伯里向貴族提議，他們之中許多人應該在加斯科尼服役，同時他則在法蘭德斯進行軍事攻擊。這個提議被接受了。赫里福郡（Hereford）伯爵兼英格蘭統帥漢弗萊‧德‧博亨（Humphrey de Bohun）與諾福克伯爵羅傑‧比戈德（Roger Bigod）共同宣布他們的世襲職權只能與國王在一起時才能夠行使。但這樣的藉口顯然無法欺騙任何人，實際上兩位伯爵對國王都存有私怨，而且更加重要的是他們表達出很多貴族都感受到的憎恨，因為這些貴族在過去二十年來不斷見到君主威權日增，這對他們很不利。一個世紀以前貴族就對愛德華的父親表示不服，現在重新提出反對的時機已經成熟了。

　　愛德華國王有一陣子不理會這項挑戰。他繼續積極備戰，指定代替赫里福德與諾福克的副手，於八月啓航前往法蘭德斯。反對者在他出國的時候盼到了長久等候的機會。他們要求批准大憲章與從其延伸出來的「森林憲章」（the Charter of the Forest），連同另外六項條文，這二項憲章都是先前向約翰國王勒索得到條款的最終版本。根據憲章規定，未來除非得到全國社會的同意，否則便不必再給予國王援助，穀物、羊毛等都不得違反其擁有者的意願而予以充公，教士與一般信徒必須恢復他們古代的自由，兩位伯爵與他們的支持者不會因為拒絕在加斯科尼服役而受到處罰。高階教士在他們的大教堂宣讀憲章，並且將忽略它的人逐出教會。在秋天，兩位伯爵靠著武裝部隊撐腰在倫敦露面，並且要求接受他們的提議。攝政者無法抗拒，便只好順從。條文都獲得確認，國王於十一月在剛特（Ghent）批准它們，不過還是保留君主在財政上的某些權利。

　　這些都是令人驚訝的重大讓步。國王與反對勢力都對它們賦予極大的重要性。國王被懷疑試圖收回他已經答應的各種承諾。有幾次貴族在國會之前公開引人注意這些承諾，而國王終於在一三〇一年二月感受到在林肯所召開之議會所發出的威脅與爭論，答應鄭重

地重新批准兩項憲章與某些進一步條文。

　　靠著這場危機與它的解決建立了兩個原則，並且引起了重大的後果。第一個原則是不論國王可能選擇哪一個地方，他都無權派遣當地的封建軍隊。這種限制敲響了封建徵兵的喪鐘，並且無情地導致下一個世紀爲了付錢而服役、以契約約束軍隊的崛起。第二個原則是國王未經同意不能以「迫切需要」爲由課稅。其他晚至十七世紀的君主都企圖在這點下功夫，但是愛德華的失敗已經樹立了先例，並且已朝君主必須依賴議會批准的方向邁出了一大步。

　　愛德華與任何前任國王相比，都更加從國家利益著眼，並且對憲政形式表示尊重，以此來治理國家。因此國王發現他曾強調的原則被拿來對付他，這件事便很有反諷意味，而且使他很憤怒。貴族並沒有訴諸戰爭，他們已經透過國王本人歷盡千辛萬苦創立的憲政機制而行事。他們藉此改變了立場，他們不再充當封建貴族政治的代表而發言，而是以全國反對勢力的身分講話。因此君主再度鄭重而公開地承諾遵守大憲章的原則，而且因爲對於原來憲章中已經加強對於實際濫用王室特權的反制辦法，所以這次讓步便使得一切更具有價值。現在憲政有了新的進展。

　　　　　＊　　　　　＊　　　　　＊　　　　　＊　　　　　＊

　　因爲英格蘭的國王都專注在他們法蘭西的屬地，所以都忽略了在大不列顛延伸他們的統治工作。他們在威爾斯與蘇格蘭做過干預，但是現在保持邊界安全的任務主要已經落在地方「邊界」領主的肩上。巴黎和約帶來了幾十年不須在歐洲大陸冒險的休息時間，焦點便立刻轉向迫切的國內安全問題。愛德華一世是英格蘭第一位用全部資源支持拓展英格蘭西部與北部活動的國王，對他而言征服威爾斯的獨立地區以及穩定西部邊界的時候已經到了。他首先朝向這個島嶼的統一邁出了一大步，他想要征服羅馬人、撒克遜人與諾曼人從未征服的地方。威爾斯的山間堡壘培養著一個堅強而不屈服的民族，在盧埃林大王的孫子領導之下，在上一個王朝再次給予英格蘭的政治施加影響力，愛德華擔任過領導人父親的副手，擁有關

於威爾斯人的經驗。愛德華曾經在戰爭中與他們遭遇，不算獲得百
分之百的勝利。同時他帶著反對的眼光，注意到威爾斯邊界貴族的
兇狠。這幫人包括莫蒂默家族、博亨家族，以及南方擁有格羅徹斯
特產業的克萊爾家族，他們都利用軍事特權剝削威爾斯人與英格蘭
人的利益。所有贊成威爾斯獨立的主張，對愛德華而言都是麻煩，
但是幾乎更令人不快的是由貴族組成同盟以防衛英格蘭邊疆的制
度，因為這批人不只一次想要挑戰王室的威權。自遠古以來，這個
地區所居住的人就很野蠻，而且自由自在。愛德華決定以正義與進
步之名平定這個小國的君主與狂野居民未被征服的藏身之處，並且
同時抑制邊界領主的特權。

　　愛德華一世使用了威爾斯邊界貴族已經在許多世代長期鬥爭中
發展出來的地方資源，在冷靜與仔細策畫、持續好幾年的海陸戰事
中征服了威爾斯。他動用的武力主要是付錢徵募的威爾斯兵卒，再
加上來自加斯科尼的部隊，以及最後一次露面的封建募兵，但最重
要的是他靠著可怕的冬天攻勢，打垮了勇武古代大不列顛人的權
力。靠著愛德華的「威爾斯法令」（the Statute of Wales），這
個獨立侯國宣告終結。盧埃林在威爾斯的土地轉到國王的領地中，
並且組成了安格爾西（Anglesey）、卡納芬（Carnarvon）、美里
昂斯（Merioneth）、喀地干（Cardigan）及喀麥登（Camarthen）
幾個郡。愛德華一世的兒子愛德華在卡納芬出生，經昭告天下而成
為英格蘭的第一位威爾斯王子。

　　愛德華無數次的威爾斯戰爭顯示一個過程——英格蘭的軍事制
度行之已久，從偶爾服役的撒克遜與封建軍隊轉變到領軍餉的正規
部隊。我們見過阿爾弗烈德大王如何一再因為「民兵」可以被召集
的期間告終而嚐盡苦頭。四百年過去了，諾曼人的封建制度仍舊奉
行這個基本原則。但是如果用這個方法，軍事攻勢要如何能在冬天
與夏天一次連續進行十五個月呢？歐洲大陸的遠征行動將如何發動
與從事呢？因此有幾個王朝之久，免服兵役稅的原則對不希望服役
的貴族而言，與對寧可用付錢方式雇用專職的士兵而言，都同樣可

以欣然接受。在威爾斯的戰爭中可以看到兩種制度同時使用，但其中舊的制度正在褪色。政府現在都要求值得信託的佣兵，不要臣服於君主的兵役，而錢是解決之道。

　　同時，在戰事剩下的日子裡，一場反革命正在醞釀中。從五世紀起披甲的騎兵就掩蓋兵團井然有序陣勢的光芒，而現在正要走進尾聲。從平民募集的一種新型步兵開始證明它具有優勢，這種步兵作戰不用棍棒、劍或矛，甚至不用手擲的標槍，而靠箭術。弓箭已經發展了很久，但不爲歐洲所知，它馬上就要驚人地進入軍事場景，在歐洲戰場上戲劇性地攀升到很高的地位。在這裡見到的弓箭是征服者取自受害者的一件戰利品。在南威爾斯拉長弓的練習已經達到熟練的地步，某位邊界領袖曾經留下這方面的記錄。一支箭射中了他的一位騎士，不但貫穿了鎧甲內衣的下擺，而且貫穿鎧甲下的短褲、大腿、馬鞍的木座，最後深深射入戰馬的側腹。這是戰爭史上的一件新事實，也是文明史的一部分，照理應該與青銅勝過燧石，或鐵勝過青銅的事件同樣重要。步兵首次擁有一種武器，能夠刺穿刀劍齊鳴時代的甲冑，而在射程與速度上都比以前用過的，或者是直到現代來福槍來臨之前用過的任何方法都優異。陸軍部（War Office）在記錄中有一篇在滑鐵盧戰後的和平期間，由一位在拿破崙戰爭中擁有悠久經驗的普通軍官所寫的論文，他推薦應該捨棄毛瑟槍而採用長弓，因爲它命中率高、發射快速、有效射擊距離很遠。

　　因此威爾斯的戰爭從兩項個別的變革摧毀了封建制度的實質基礎：封建制度的道德面，則已經被延伸與改善的行政所超越與淘汰。甚至在完成征服之後壓制被降服的區域，還需要擁有超出封建貴族理解範圍之外的方法。擁有許多精心營造部分的石建防禦工事，的確在披甲戴冑的時代長期扮演著引人注目的角色。但是現在建有塔樓的城牆，在程度上必須擴大到不僅能容納人數更多的衛戍部隊，還要能抵抗重大的圍城武器——例如近來大爲改良的投石機與射石機，以及能夠阻擋攻擊者逼近內城城牆的腳下。還有，現在

不僅有著鐵甲戰士部隊縱騎奔馳，在鄉間散布恐懼，而且也出現有
紀律的步兵隊伍，他們擁有長距離行動的新力量，將由職業指揮官
根據中央指揮部規定的計畫予以統率。

    *   *   *   *   *

  愛德華國王與蘇格蘭的惡鬥，在漫長的歲月中曾經稍歇而和睦
相處過。一二八六年那一年，蘇格蘭的亞歷山大三世（Alexander
III）在黑暗中騎馬因而掉下山崖，留下了他的孫女，史稱「挪威少
女」（the Maid of Norway）的瑪格麗特（Margaret）做他的繼
承人。蘇格蘭的貴族都受到勸導，承認這位只有三歲的公主作為亞
歷山大三世的繼位者。他們之中出現一個聰明的計畫，就是「挪威
少女」應該同時繼承蘇格蘭的王位與嫁給英格蘭國王之子愛德華，
如此一來便能形成王室聯姻，使英格蘭與蘇格蘭化干戈為玉帛。這
個計畫，讓我們不得不佩服這個時代人們的聰明，而實際上英格蘭
與蘇格蘭的所有統治勢力也都對此事表示同意。但它終究是個夢
想，也像夢一般地逝去。「挪威少女」於一二九○年乘船出海卻遇
到暴風雨，在到達陸地之前便香消玉殞，留給蘇格蘭一個有爭議的
繼位難題，而英格蘭的利益必定是考量這個繼位問題的重要因素。
蘇格蘭的貴族中有很多人都與英格蘭王室聯姻，十二個王位要求者
中有某些人是私生子，其中有兩個人最具繼承資格，分別為約翰‧
貝利奧爾（John Belliol）與羅伯特‧布魯斯（Robert Bruce）。
布魯斯堅稱他年邁的父親與被繼承者之間的近親關係；貝利奧爾是
遠房後代，他主張長子繼承，兩派人馬勢均力敵。

  基於蘇格蘭王在更早的時候便已經承認撒克遜君主的地位，自
亨利二世統治的日子起，英格蘭君主便斷斷續續地宣稱是蘇格蘭王
的封建領主。愛德華國王的立法能力很著名，已經在類似的情況下
於亞拉岡（Aragon）與安茹之間進行仲裁，由於頗受好評，他現
在也使自己成為蘇格蘭繼位問題的仲裁者。因為其他結果不是分裂
蘇格蘭便是進行內戰，所以蘇格蘭方面被迫尋求愛德華來做主，而
愛德華一直謹守著嚴格的法律，在交出某些蘇格蘭城堡做為肯定其

君主地位的前提下，愛德華同意接下這項任務。這位英格蘭國王規矩地履行身爲仲裁者的功用，他摒棄蘇格蘭貴族爲了達成摧毀蘇格蘭王室的陰謀而提供的誘惑。一二九二年他聲明支持約翰·貝利奧爾。雖然後來的各種判斷絕不會懷疑愛德華下決策的正確性，但是由於顧及蘇格蘭境內深刻的分岐，以及忠於布魯斯的強大勢力，約翰·貝利奧爾不僅不可避免地成了愛德華的選擇，而且也是他的傀儡。愛德華一世考慮到這點，便做了一個既公正且有利可圖的決策。他之前已經鞏固了自己在蘇格蘭的君主地位，這時更指派新的國王，而這個人可以勉強地自立。但是蘇格蘭的民族情緒在這些法律的阻礙之下鬱積起來。蘇格蘭的貴族此時陷入困境，接受愛德華一世的決定，但也供給新的約翰王由十二位大領主組成的、有威權的樞密院，用來懾伏他與維護蘇格蘭的權利。因此愛德華國王不是很甘願地看到他所獲得的成果仍舊讓蘇格蘭保有完整的國家地位，仍舊是一個獨立的而非臣屬的政府，也仍舊是一個充滿仇視的而非臣服的國家。

就在這個時刻，難以對付的法蘭西國王菲力普四世（Philip IV）以君主地位的同樣理論逼迫他。愛德華算是菲力普的封建家臣，豪情萬丈捍衛著封建利益，而法蘭西領主則有著法律上的優勢。而且如果說英格蘭比蘇格蘭強大，那麼法蘭西在武力上則更勝過英格蘭。這雙重的衝突使得愛德華一世在財政與軍事資源上都感受到絕對無法應付的壓力。愛德華統治時期的其餘時間都花在南北兩方的雙重對抗上，爲此他不得不向臣民收取超過能忍受程度的稅金。他活力十足，出巡來往於法蘭德斯與蘇格蘭低地之間，他爲了錢而榨取這塊土地，其他事情都不重要。由於他希望得到輿論的支持，所以一再讓步，以致尚在成型的議會制度受益良多。他批准約翰被迫通過的大量的改革計畫，除了若干大領主例外，整個國家都與他一起對付法蘭西與蘇格蘭。雖然全國一再順從他的要求，但卻並不甘心接受這受不了的負擔。因此我們看到這位聰明的立法者、英格蘭財政的檢查者、行政改革者，被迫驅使人民做他們無力

勝任的事，在這個過程中引起種種反對，使他的生活蒙上陰影，名聲被烏雲籠罩。

為了抵抗愛德華一世，蘇格蘭人與法蘭西人結盟。因為愛德華正與法蘭西作戰，他便把這件事當做是有敵意的行徑。他立刻召喚貝利奧爾到柏立克（Berwick），而蘇格蘭的貴族拒絕讓他們的國王前往，此時起戰爭就開始了。愛德華使出無情而嚴厲的攻擊，他朝著柏立克進軍。柏立克在那個時候是北方貿易的商業重鎮，經歷一百年的和平歲月之後，對於攻擊毫無準備，這時尖樁柵匆匆架了起來，民眾也抓起手邊的武器。英格蘭大軍幾乎沒有任何損失，就將這些臨時湊成的防禦打垮了，而柏立克也就陷入洗劫與屠殺，甚至野蠻時代的人對此慘況都會感到震驚。成千的人被殺掉了。來自法蘭德斯（Flemish）的三十位商人誓死抵抗，他們守住「紅廳」的儲藏所，直到它被燒垮為止。柏立克在幾個鐘頭之內由一個活躍的歐洲商業中心，淪為今日我們所看到的次要海港。

這個恐怖的行徑鎮壓住蘇格蘭統治階級的抵抗。伯斯（Perth）、斯特靈（Sterling）、愛丁堡（Edinburgh）都在國王的行軍下自行歸順。我們看到愛德華一世早一步實踐了馬基維利的理念；繼柏立克的慘況之後，他表現出最慈悲、寬恕的一面，歡迎各種形式的臣服。貝利奧爾交出王位，蘇格蘭被置於英格蘭的行政管理之下。但是像在威爾斯一樣，征服者引進的不只是異族統治，還有法律與秩序，它們全都同樣不受歡迎。蘇格蘭的治理階級明顯地失敗了，雖然愛德華一世可能自鳴得意，認為大功告成，但實際上事情才剛開始而已。時常有人說聖女貞德（Joan of Arc）首先在西方世界擎起了民族主義的大旗，但是在她出現的一個世紀之前，一位身為不法之徒的騎士威廉·華萊士（William Wallace），由他藏身的蘇格蘭西南方隱蔽處崛起，他指揮與領導蘇格蘭民族邁向勝利。愛德華一世當時在法蘭西作戰，戰事時好時壞，而訊息告訴他蘇格蘭的情勢穩固，但實際上卻有著不間斷的侵襲與劫掠。華萊士受到嚴峻、意志堅決民族精神的支持，而且還具

有高度的軍事天賦。儘管蘇格蘭貧窮不堪，行政組織原始，他卻將毫無組織而英勇善戰的一群人，鍛鍊成頑強而不屈不撓的軍隊，準備在任何劣勢下戰鬥，並且對於失敗嗤之以鼻。這支軍隊的結構很奇怪：每四個人以第五個人為首領；每九個人以第十個人為首領，如此類推一直到每一千個人為止；大家同意不服從任何單位首領的處罰就是處死。如此自由便在這個土地上被喚醒，同時也遏抑不了。

薩里（Surrey）伯爵瓦倫是愛德華一世在北方的指揮官。當蘇格蘭叛軍的掠奪行為變得無法忍受的時候，他身先士卒，領著強大的部隊向斯特靈進軍。一二九七年九月，他在坎布肯尼斯（Cambuskenneth）大修道院附近的斯特靈橋發現與華萊士的軍隊並與之對峙。許多蘇格蘭人在英格蘭軍中服役，其中一個人警告他說，在橫跨河上的狹窄長橋與砌道另一邊布署軍隊會很危險。這位騎士提出種種估計，相當於現代的參謀官。調動大軍過橋必須花上十一個鐘頭，他問到，在全部人馬過橋之前就攻擊敵人先頭部隊會發生什麼事？他指出較高的地方有個淺灘，至少側翼部隊可以從那裡渡過去。但是瓦倫伯爵不理會這些事情。華萊士打量著大批的英格蘭軍隊過橋，同時適時調度他的人馬全力撲向他們，佔據了橋頭堡，殺掉了擔任前鋒的五千人。瓦倫最後撤離了蘇格蘭的大部分地區，他要塞的衛戍部隊相繼減少，英格蘭人僅能守住特韋德河（the Tweed）這道防線。

與法蘭西作戰，同時又面對蘇格蘭的惡鬥，這超出了愛德華能力的範圍。他設法不惜代價，集中全力對付最接近國家的危險。他與法蘭西國王做了一連串的談判，一再停戰，而於一三〇三年簽下了巴黎條約。雖然真正的和平延擱了幾年才出現，但實際上已由愛德華一世與菲力普之妹——年輕的瑪格麗特公主——結婚，以及愛德華之子兼繼承人卡納芬的愛德華（Edward of Carnarvon）與菲力普之女伊莎貝拉訂婚而宣告和平降臨。這種血統的雙重結盟，使得法蘭西戰爭於一二九九年結束，雖然由於教廷從中作梗，使得和

平或國王的婚姻最後都沒有被正式獲得確認，但是愛德華藉著這些外交上的安排，能有兩年時間集中全力對抗蘇格蘭人。

華萊士現在是蘇格蘭的統治者。由於戰爭沒有停止，所以戰事也談不上手下留情，一位被人痛恨的英格蘭收稅官員在斯特靈橋上墜落馬下，他的皮膚被切成一條條，尺寸剛剛好能夠用來當作華萊士劍帶的套子。愛德華被迫離開他在法蘭西的攻勢，匆忙地趕到災難現場，帶著所募集的英格蘭全部兵卒對付蘇格蘭人。一二九八年愛德華一世親臨佛庫克（Falkirk）戰役，與之前的斯特靈橋戰役形成尖銳的對比。華萊士現在率領較強的兵力，採取後撤的守勢迎戰，他有為數很少的騎兵與弓箭手，他將信心放在持矛手所組成堅實的「環形陣式」（schiltrons）上，這些士兵除非粉身碎骨，否則便英勇無敵。英格蘭的披甲騎兵被尖矛驅逐往後退，損失慘重。但是愛德華在第二線騎兵的進退之間調來了威爾斯弓箭手集中發射，箭如冰雹直襲蘇格蘭「環形陣式」的特定點。如此一來蘇格蘭士兵的死傷數目大增。英格蘭的騎士奮力衝入「環形陣式」的間隙，在死屍上縱橫來去。一旦蘇格蘭的陣式被攻破，持矛手便迅速地遭到宰殺，這場殺戮在密林深處結束。華萊士與蘇格蘭軍隊再度成為逃犯與叛軍，遭到追逐、挨餓及忍受人類飢寒交迫的最壞慘況，不過他們仍帶著武器。

蘇格蘭人是無法征服的敵人。一直要到一三○五年華萊士才被擒服，在西敏寺宮接受審判，然後在泰伯恩（Tyburn）[2]被絞死、剖腹、分屍。但是蘇格蘭戰爭就像一位編年史家所說的：「夏去冬來，榮枯相繼相隨。」華萊士將要把火炬傳給羅伯特‧布魯斯。

＊　　　＊　　　＊　　　＊　　　＊

愛德華一世在生命即將告終的年月，看起來像個形孤影單、怒氣沖沖的老人，他身邊的下一代都已經長大成人，他們對他只稍有認識，而且較少憐愛。瑪格麗特王后年輕得足以做他的女兒，她常常站在她繼子的這一方反對他們的父親。很少有人敢真正反對老國王，但是他在家人圈子當中幾乎找不到敬愛。

羅伯特・布魯斯是一二九○年要求繼承王位者羅伯特・布魯斯的孫子。部分原因來自他與生俱來的權利和強硬的政策而得勢，布魯斯在蘇格蘭再度燃起戰火。他在邊界城鎮敦夫里斯（Dumfries）教堂內的莊嚴聖殿中與代表英格蘭利益的蘇格蘭人首領會面，兩位領袖進行密談。布魯斯不久後便單獨出來，對他的追隨者說：「我懷疑我已經殺了紅臉的康明（Comyn）。」於是他支持者的頭目說：「我去瞧瞧！」，進入了這座神聖的教堂。這個北方偉大民族的一位新鬥士就這樣子武裝現身了。愛德華國王已經年老，但是他的意志力並沒有衰退。消息傳來南方，傳到他主持朝政的溫徹斯特宮，說布魯斯已經在斯康（Scone）加冕。愛德華大發雷霆，看起來十分可怕。他在一三○六年的夏天發動攻勢，布魯斯被逐退，逃到安特令（Antrim）海岸外的拉斯林（Rathlin）島躲避。根據傳說，布魯斯在這裡受到蜘蛛堅毅在風雨中努力結網的鼓舞。布魯斯次年春天返回蘇格蘭，而愛德華現在已經太老邁，無法行軍或騎馬。就像一千年前羅馬皇帝塞維魯（Severus）一樣，愛德華由抬轎子載著對抗這個意志堅定的民族，也像塞維魯一樣死於途中。他臨終還念念不忘蘇格蘭與聖地，他召喚他的兒子將他的遺骨作為大軍的前鋒，這樣終將會使蘇格蘭臣服；他並且派遣百名騎士將他的心送往巴勒斯坦幫忙收復聖城。不過他那無用的繼承人並沒有完成他任何一個心願。

＊　　　＊　　　＊　　　＊　　　＊

愛德華一世是英格蘭法律形成時期的最後一位偉大人物。他訂定關於公共秩序問題的法令，為領主法庭（seigneurial court）設下限制，遏制法官制訂漫無章法而恣意成長的法條，並且立下財產法，這些法令一直到十九世紀中葉都被視為基本法。由於這些偉大的立法行為，習慣法的自由特質便被加上了必要的約束，但這些約束並沒有與習慣法的基本原則相互衝突，或者與過去的時代脫節，反而確定了它最後的形式。

在憲政領域內，愛德華一世的工作很長久，他曾經使國會——

即某些被遴選的權貴、郡與市邑的代表——成為君主的同夥,取代了舊宮廷。到他的王朝結束之際,這個制度已經建立起來了,起初它缺乏實質內容,只是逐漸充實而已,但是在愛德華王朝由開始到結束的這一段時間中,它得到了決定性的權力。從他父親紛擾時代的各種測試中,他得到任何重要或微不足道的制度,到了他的統治結束的時候,這些制度已經成為英格蘭的習慣與傳統。愛德華幾乎不會瞭解的「主權」這個辭彙,此後不單單只是掌握在君主手中及君主與貴族的樞密院中,而是存在於國會裡的君主手中。

未來會逐漸出現黑暗的憲政問題。議會權力與君主權力之間的界限仍舊畫分得非常模糊。一條國王在議會中制定的法律是會被迅速接受的,而它也僅能在議會本身的同意下予以廢除。但是議會仍然處於嬰兒期。政府工作的主動權仍操之於國王,他有必要限制許多尚未界定的權力。依國王單獨授權,在樞密院(the Privy Council)形成的王室法令,是否具有法律的效力呢?國王在特別的案例中是否能假借公眾或王室之名而藐視法令呢?在國王權力與議會權力的衝突中,將由誰來判定對錯是非呢?不可避免地,當議會成長得更為有模有樣之際,就會有人問到這些問題;而這些問題還得等到斯圖亞特王朝諸王登上英格蘭王座的時候,才會有解答出現。

無論如何,一個聯合王國的強大國家君主制度與一個國會制度的基礎已經建立起來了。它們持續的發展與成功,有賴於愛德華國王的繼位者。然而這位開散的懦弱者、夢想者、喜愛冒險的繼位者,粉碎了這個島嶼初期的統一。成年累月的內戰,由於對無政府狀態反彈而採行的獨裁政治,都破壞及延遲了許多制度的發展。但是當遊客在西敏寺注視著大理石墓,上面刻著「此處長眠著打擊蘇格蘭人之鎚,愛德華一世。維持誓言」的時候,他所處的位置是一位建立不列顛精神、性格與聲名的大師安息之所。

【1】　譯注：舊時英格蘭法庭所頒發的追究某人憑藉何種權力行使職權或特權
　　　的文書。
【2】　譯注：舊時倫敦刑場，位於泰晤士河支流泰伯恩河畔。

第十九章　班諾克本

　　愛德華二世（Edward II）在位時期，持平而論可以視爲其父親之王朝悲哀的續集，以及其兒子之王朝的前奏。愛德華一世在青年與壯年時期所集聚的武力與名聲，像盾一樣蓋住他晚年的衰退。我們已經見識到他的長處，我們也必須看到他的短處。人不能長命百歲，在他統治的最後時期，這位曾經擊倒西蒙·德·蒙特福，使得威爾斯人俯首聽命甚至守紀，也是「打擊蘇格蘭人之鎚」，奠定國會基礎，靠法律贏得「英格蘭的查士丁尼」（English Justinian）封號的大膽戰士，正在與心胸狹窄、滿懷怨恨，以及階級意識日增的貴族打一場失敗在即的戰爭。年邁與死亡逼得他將這場戰爭交給他困窘的、根本無法贏得勝利的兒子。

　　一位強壯能幹的國王已經很困難地撐過這個擔子，承繼他王位的卻是一位行爲錯亂的軟弱者，他若干和藹的特質都有留下紀錄。馬洛（Christopher Marlowe）[1] 在他所寫的悲劇中，曾藉著愛德華二世的口，在臨終之際吐露一些很不錯的詩句：

> 告訴王后伊莎貝爾我看起來並非如此
> 爲她之故我在法蘭西馳馬揮戈，
> 使克利爾蒙公爵（Cleremont Duke）落馬墜地。

　　從這段稱頌可以得知歷史並沒有遺忘這位不幸的國王，但是其他找得到的記錄卻幾乎不談愛德華二世的戰爭與武力，反而談他對於蓋茅屋、挖渠道以及其他實用藝術的興趣。他酷愛划船、游泳與沐浴，他與他顧問的交遊狀況超出了尊敬與禮儀的範圍。這個統治時期就長期而言，由於它的虛弱，反而對英格蘭的國力有所貢獻。統治者已逝，權杖已斷，英格蘭的武力在老國王領導之下已經變得活躍與自覺，以更快、更激昂的步伐恢復前進。由於缺少一個支配一切的國會機構，因此就像我們見到的，國王法庭（the Curia

Regis）似乎成了控制政府事務的中心。愛德華一世去世之際，貴族便成功地掌控了這個由有權的貴族與能幹的王室官員組成的混合體，他們設立了一個在國家之中能夠代表貴族與教會兩者利益的委員會，稱爲「王室法令制定委員會」（the Lords Ordainers）。蘇格蘭與法蘭西仍是這些新主人所要面對的問題，但是他們的頭號憤怒對象是愛德華二世的寵臣皮爾斯‧加維斯頓(Piers Gaveston)。加維斯頓是一位年輕、英俊的加斯科尼人，國王對他相當信任，他可以制定決策或破壞決策。貴族們可以順從國王的旨意，卻無法容忍其好友的要求。貴族抨擊加維斯頓。愛德華與他的寵臣加維斯頓設法藉由騷擾蘇格蘭人來阻止反對聲浪，結果沒有成功，而加維斯頓於一三一一年被流放到法蘭德斯去了。他很不謹愼，不理會「王室法令制定委員會」的規定而返國，後來他被逼迫逃到北方避難。貴族們並不是太依賴戰爭，而是藉著建立威權、佔領城堡、控制法庭以及對武裝部隊下達命令等方式來追捕他。加維斯頓在斯卡波羅（Scarborough）受到包圍，被迫與敵人講和；他得以免於一死，但是必須被監視。「王室法令制定委員會」的一位主要成員瓦立克伯爵並未參加斯卡波羅的協議，他率領其他貴族違反這些條文。他們擊敗了護送隊伍，在牛津郡的狄丁頓（Deddington）抓到了這位寵臣，並且在瓦立克附近的黑窪丘（Blacklow Hill）將他斬首。

　　儘管「王室法令制定委員會」有這些優勢，但是王室的權力依然龐大。愛德華二世雖然受到他們的牽制，但是仍舊控制著政府；他必須面對法蘭西的麻煩，還有在蘇格蘭的戰爭。爲了掃除國內的不順，他決定征服蘇格蘭王國。爲了攻擊蘇格蘭人，英格蘭全境實施普遍徵兵。一三一四年，一支大軍渡過特韋德河，在當時難以聚集，也難以供養的二萬五千名部隊中，至少有三千名披甲騎士與重騎兵，在愛德華二世有名無實、令人困惑的指揮下，朝蘇格蘭的軍隊所在地出發。蘇格蘭的新鬥士羅伯特‧布魯斯現在面對著英格蘭的報復行動。蘇格蘭軍隊或許有一萬人左右，如同在佛庫克一役，

主要由堅強而什麼都不畏懼的，一旦置於陣地，就抱著戰死決心的持矛手所組成。但是布魯斯已經考慮過持矛手不論多麼忠心，如果曝露在箭雨與披甲騎士的輪番衝鋒之前一定慘敗，因此他憑著先見之明與戰鬥技術做了三層防禦，這些舉動證明了他的軍事天分。首先，他選了一個由於密林而使側翼不會被突破的陣地；其次，他在陣前挖了後來在克雷西（Crécy）一役中被弓箭手所抄襲使用的許多小圓坑，並且在上面鋪滿樹枝、草皮，做為對付衝鋒騎兵的陷阱；第三，他自己身邊留著少數受過高度訓練的戰馬騎士，用來粉碎敵方在他的側翼安置弓箭手來打亂他環形陣式的任何企圖。布魯斯做過部署之後，便等待著大宰英格蘭人。

英格蘭軍隊人數龐大，因此要花上三天時間才能使前隊與後隊靠緊，但是可供部署的地區卻只有兩千多碼長而已。正當軍隊面對蘇格蘭陣地進行集結時，發生了一件事。一位英格蘭的騎士亨利‧德‧博亨（Henry de Bohun）率領一批威爾斯步兵向前衝，想進行突襲解救困在史特林堡（Stirling Castle）的英格蘭人。布魯斯與他的人馬剛好及時趕到，橫亙在他們與城牆之間。博亨衝上去向布魯斯單挑。布魯斯雖然並沒有騎著重裝備的戰馬，卻騎上一匹受過良好訓練的駑馬應戰，用他的戰斧將敵人的長矛打到一邊，當著所有人的面砍殺了博亨。

六月二十四日早上，英格蘭人開始進軍，披著鐵甲的騎兵密密麻麻的像波浪一樣衝下山坡，河水四濺，雜亂地通過班諾克本溪，向山丘上的環形陣式進行仰攻。他們雖然被「小圓坑」弄得秩序大亂，不過仍與蘇格蘭的持矛手生死搏鬥。「兩支大軍如此緊貼，騎士的駿馬衝入如同密林的蘇格蘭矛陣時，長矛斷裂、戰馬倒斃，衝擊之聲大作，極為慘厲。他們在那裡為爭寸土之地混戰不已。」兩方都不後退，戰鬥持續下去，涵蓋了整個前線。強而有力的弓箭手部隊無法介入，他們向天空射箭，像「征服者」威廉在哈斯廷之役一樣，被射中的己方人數多過被射中的蘇格蘭步兵。最後一支弓箭手特遣隊繞到蘇格蘭的左側。但是布魯斯早就為這種情形做了有效

的準備，他的少量騎兵以迅雷不及掩耳的速度衝向他們，將他們趕到等候接戰而現在卻已經出現混亂的大隊人馬裡面。持續的後援部隊有如潮水般朝英格蘭戰線湧去。混亂還在加劇。最後在英格蘭人右方的山丘上，布魯斯軍營中的追隨者揮舞著旗子，大聲吶喊，導致英格蘭人全面撤退。國王與許多禁衛軍很快地帶頭逃竄。撤退迅速演變爲潰敗。蘇格蘭環形陣式的人衝下山坡，英格蘭人在甚至尚未回頭渡過班諾克本溪之前便受到重創，死亡人數極多。英格蘭的騎兵從來沒有在單單一天之內遭到比這更悲慘的屠殺。甚至於玫瑰戰爭中的陶頓（Towton）之役的毀滅程度也比這場戰事還小。蘇格蘭人聲稱殺了或俘虜了三萬人，這數字比整個英格蘭部隊的人數還要多，不過他們靠著持矛手的力量摧毀騎兵與弓箭手混合組成的大軍的事績，無論如何都應該被視爲戰爭中的奇觀。

＊　　　　＊　　　　＊　　　　＊　　　　＊

在一個國家的悠久歷史中，我們時常見到賢明的統治者遺患後世，懦弱無能的君主卻爲未來的進步鋪好了路。此時，無法結束的權力鬥爭已經進入新的階段。王室官員一直掌控著逐漸成長的影響力，而且時時都握有威權，當君主在他們的手中，或者在政策或人格上無法壓制他們的時候，這種事就會變得更加令人注意，而且也因此更加令人不快。封建貴族已經成功地抵抗國王，而他們現在發現王室官員是他們新的阻礙，但同時顯然也是拓展國政各方面不可或缺的人物。他們不能再像祖先毀滅君主制度那樣子去廢除這些官員，因此他們在這一代的整個大方向是要對一個具有重要價值的官僚機器進行控制。他們設法在十四世紀獲得權力，以便選擇或者至少監督王室主要官員的任命權。漢諾威（Hanover）王朝下的輝格黨（Whig）貴族便實際贏得了這種權力。

如同我們所見，王室法令制定委員會控制了國王法庭，但是他們立刻發現權力的要件仍然不在他們的掌握之中。當時大家都期望國王統治，國王的親筆簽署、蓋在文件上的印璽、由特定官員頒發的書面命令或委任書，都是法庭做裁決、士兵行軍、劊子手盡其職

守之時所依靠的論據。愛德華二世被廢黜之際的主要指控，便是他未曾做好他的治國工作。從王朝的早期開始，他便將太多的權力交給王室官員。對於王室法令制定委員會而言，對於政府的高度控制已經從國王法庭撤出而落入一個稱爲「國王的納戶部」的宮廷集團。國王與他的寵臣以及不可或缺的官員，就在這個納戶部裡解決各式各樣的事，從購買干室所使用的皮管，到進行歐洲大陸戰爭等等。在這個遴選的、與人隔絕的小集團外面，高傲而深具實力的貴族陰沈地在巡邏窺探。這個過程激怒許多人，就像爬山一樣，山間永遠都會出現新的高峰。我們不要以爲那樣的經驗只有遙遠的時代才會出現。撤到一個小圈子是最高行政權力的本質，若不是那樣地縮小圈子，便沒有行政權力可言。當這個排外的過程被弊端所歪曲，或是被戰場上可恥的敗績所玷污，那些垂涎這個權力的人便找到可乘之機，特別是因爲許多王室法令制定委員會的成員已經審愼地自行離開班諾克本的軍事攻勢，而因此能夠將這次戰役災難性的結果全部歸罪於國王。

　　雙方的勢力旗鼓相當。對國王神聖人品的侮辱是滔天大罪。傲慢而自私自利的貴族必須記住，在國家大部分的地方，人民有很多的冤情要申訴，同時也擁有武力可以供其使用，自從「征服者」威廉的時代以來，人民們一直視君主是對抗貴族壓迫的保護者。畢竟法律與習俗對於所有階級，不論貧富，都有很強大的拘束力，而每個地區有它自己的生活方式。貴族在西敏寺可能有個指控國王的案子，但是如果他帶著禁衛軍與王室徽章在夏洛普郡（Shropshire）或威斯特麥蘭郡（Westmorland）現身的話，就可以陳述己見，而騎士與弓箭手都會來支持他。

　　在這種情況中，對於相互爭論的利益團體而言，權力平衡的國會便相當重要。因爲這種替中央行政機關的行爲辯護或指控的案件，至少都可以在於國家的機構前受審，雖然不盡完美。因此在這個倒楣的王朝，王室與貴族都在國會中持續地鬥爭，在這過程中也加強了國會的權力。在愛德華二世的統治下，國會召開了不下二十

五次，它並沒有發起或控制任何政策，而且受到王室與貴族的陰謀所困擾，國會的許多騎士與市邑民眾，其實只不過是這一派或另一派的爪牙罷了，不過它有時可以給予決策分量。因此對王國中第三勢力的成長而言，這是一個有利的時期，這種勢力與君主或貴族都不一樣。

湯瑪斯・蘭開斯特（Thomas of Lancaster）是愛德華一世的姪子，也是貴族反對勢力的前鋒。他的事並不為人所知。他曾經長期與蘇格蘭人共同從事叛逆的行為，身為貴族的領袖，他曾經追逐加維斯頓直到後者去世，雖然他實際上並不須為加維斯頓被處決之事負責，但是此後他必須承受愛德華二世最深的恨意。愛德華現在因為班諾克本溪的災難而落入湯瑪斯與王室法令制定委員會的同夥手中，湯瑪斯有陣子成為這塊土地上最重要的人。不過在幾年之內，王室法令制定委員會當中溫和派人士變得非常討厭湯瑪斯才識淺陋，而且由於政府積弱不振，他們便與保王黨的人聯手逼湯瑪斯走出權力圈。這個以彭布洛克（Pembroke）伯爵為首的中間勢力得到的勝利，並沒有使國王感到高興。而彭布洛克要比湯瑪斯更有效率，他的朋友設法更有效地執行王室法令制定委員會的命令，完成王室的重要改革。

就愛德華二世的部分而言，開始建立保王黨，領頭的是德斯彭塞父子（the Despensers），他們的名子都叫修（Hugh）。他們屬於貴族階層，權力位於威爾斯的邊界。靠著與克萊爾貴族王室的幸運聯姻，以及國王的寵幸，他們在英格蘭貴族的猜忌中崛起而掌管重要事務，不過他們的危機四伏，因為自私自利以及國王迷戀小德斯彭塞，貴族對此甚為痛恨。邊界領主被他們父子倆在南威爾斯的野心弄得人心不安，對他們恨之入骨。一三二一年，威爾斯的邊界領主與蘭開斯特人士聯手，想要放逐德斯彭塞父子。愛德華馬上將他們召回，首次顯示他的決心。他行動迅速，先是打敗了邊界領主，然後隔年又在約克郡的市邑橋（Borough bridge）擊敗蘭開斯特領導的北方貴族。蘭開斯特被國王斬首。但是據消息指出，由

於大眾情緒的執拗，以致於他的墳墓上顯現了奇蹟，而他被處決一事，被許多人認爲他是反抗王室壓迫的烈士。

德斯彭塞父子與愛德華二世現在似乎已經到達了權力的高峰。但是繼之而來的卻是悲劇，而且具有各種無情的特色。有一位重要的邊界領主羅傑・莫蒂默（Roger Mortimer），雖然被國王擒獲，卻設法逃往法蘭西。一三二四年，法蘭西的查理四世利用加斯科尼的爭執而奪取了這個公國，只有海岸的一片狹長地帶除外。愛德華二世的妻子伊莎貝拉——法蘭西的母狼——厭惡愛德華對於小德斯彭塞的熱情，表示她應該前往法蘭西，去與他的兄長查理談判收回加斯科尼。伊莎貝拉在法蘭西變成了莫蒂默的情人與同謀，她現在想到一計，將她的兒子愛德華王子由英格蘭送過來，代表加斯科尼向法王效忠。這位十四歲的王子是王位的繼承人，可以將反對愛德華國王的活動合法化。王子一旦落入她的掌握之中，她便與莫蒂默率領大批流亡人士入侵英格蘭。

愛德華二世的政府十分不符民望，岌岌可危，因此伊莎貝拉很快便高奏凱歌。她與莫蒂默的膽子大了起來，便將愛德華給廢了。結局是場大屠殺。當時的大風暴導致所有在英格蘭政府的人都遭到流血的命運，德斯彭塞父子也因此被捕，被處絞刑。而愛德華二世死得更慘，他被監禁在柏克萊堡（Berkeley Castle）。以陰狠的方法被殺掉了，在他皮膚上不留痕跡。熾熱的鐵條插入他的身體，將他的內臟都燒壞了，監牢牆外都可聽到他的慘叫，可怕的回聲長久都沒有靜止下來。

【1】　譯注：Christopher Marlowe（1564-1593），莎士比亞同時代的劇作家。

第二十章　蘇格蘭與愛爾蘭

　　愛德華二世統治時期的種種失敗，對不列顛島嶼的統一有著永久的影響。班諾克本之役結束了藉著武力統一英格蘭王權與蘇格蘭王權的可能性，而跨越愛爾蘭海（the Irish Sea）鞏固盎格魯 - 諾曼人的愛爾蘭，這個夢想也證明是虛幻不實的。幾個世紀以來在不列顛的南北方之間因許多無情的蘇格蘭戰役所造成的阻礙隔閡，幾乎無法加以消弭。從一二九六年愛德華一世對柏立克的攻擊開始，武裝鬥爭已經持續了二十七年，一直要到一三二三年，羅伯特‧布魯斯最後才逼得英格蘭人講和。甚至於當時布魯斯都沒有被正式承認為蘇格蘭人的國王。這個封號以及國家的完全獨立，都是他在愛德華二世遇害之後，才於一三二八年藉著簽署北安普敦條約（the Treaty of Northampton）而得到的。一年後，這位蘇格蘭的救世主去世。

　　中古時代的騎士故事中有個故事相當著名，敘述二十年來都是布魯斯忠實劍士的詹姆斯爵士（Sir James）——「黑色」道格拉斯（Douglas）——用什麼方法將他主人的心送到聖地安葬，以及在抵達西班牙某個港口後，如何響應騎士的召喚，加入受困的基督徒，聯手在戰役中對抗非洲的摩爾人（Moor）。他衝向異教徒大軍，把裝著布魯斯心臟的銀匣帶入混戰之中，「前進吧，勇敢的心，就像你過去的那樣子。道格拉斯一定追隨你或是戰死！」最後他在勝利的前一刻陣亡了。於是傅華薩（Froissart）[1]用散文，艾頓（Aytoun）[2]用動人的詩句敘述這個故事，蘇格蘭每一代的兒童都因為聽了「忠心詹姆斯爵士」的故事而感到悸動。

　　布魯斯在世的時候，他偉大的聲望與副將們的忠貞，都成為一統英格蘭制度與傳統的替代品。他駕崩之後，王位傳給五歲的兒子大衛二世（David II），隨之產生蘇格蘭幼主在位時備受折磨的景況。蘇格蘭國王們的威權時常受到低地區勢力強大的權貴與高地區首領們的挑戰，這個弱點現在又添上了其他來源。「紅色」康明

家族從來沒有對被布魯斯暗殺這件事表示過寬恕，時常準備參加內
鬥。另一方面，曾經支持貝利奧爾的大業，以致於蘇格蘭土地被布
魯斯追隨者搶走的貴族，經常想像能藉英格蘭的幫助重新奪回失
土。大衛二世在位共四十二年，其中十八年以上的時間他都在國
外，在他的護國公與貝利奧爾作戰之際，他有很長一段時間在法蘭
西避難。大衛歸國之後完全沒有表現出其父親的才幹，而且對法蘭
西的忠誠也導致他決定入侵英格蘭。一三四六年發生克雷西之役，
他在達拉姆郡的納維爾（Neville）廣場被擊敗，並且被俘，之後
他被囚禁了十一年，才以一筆向蘇格蘭課稅而籌得的金錢贖回。外
孫「王室總監」（High Steward）羅伯特繼承大衛二世的王位[3]，
他是這個未來注定名聲悲慘世家的第一位國王。

　　他們有許多代都被人掌握著世襲官職，斯圖亞特（the Stuarts）
之名便是由此而來。他們對於王位的要求是合法的，但是卻無法擁
有蘇格蘭人的忠誠。斯圖亞特王朝一開始的二位國王羅伯特二世
（Robert II）與羅伯特三世（Robert III）都是性格上沒有明顯優
點的年長者。王國的事務大都落在權貴手中，不管他們是在國王樞
密院開會，或是分配他們的產業。十四世紀的其餘時間與十五世紀
的大多數時間，蘇格蘭四分五裂，以致於無法威脅英格蘭，也無法
對舊盟友法蘭西有太多的幫助。統一的英格蘭擺脫了法蘭西戰爭，
有機會利用這個情況，但是到了十五世紀中葉，英格蘭本身卻為玫
瑰戰爭所苦。

　　王權的統一自然是解決現狀的方式，但是在英格蘭人經過幾個
王朝企圖以武力強行統一而失敗之後，蘇格蘭再次受到激勵，使得
英格蘭無法攻擊。對英格蘭人的仇視，是優秀蘇格蘭人的標誌。雖
然心生不滿的貴族可能會接受英格蘭人的金錢與幫助，但是一般人
民仍舊拒絕屈服於任何形式的英格蘭統治。雖然他們在英格蘭手中
打過一連串的敗仗，但班諾克本一役使得蘇格蘭長記在心，而不會
產生失望或投降的念頭。

　　進一步研究這個階段的蘇格蘭歷史不算困難。故事開始的時

候，命運對於斯圖亞特王室相當不利，他們被災難窮追不捨，無法
創造持久的制度，至少這些制度無法與幫助金雀花王朝馴服英格蘭
的許多封建制度相媲美。國王羅伯特三世派他的兒子，也就是後來
的詹姆斯一世（James I）到法蘭西求學，但一四○六年他的兒子
在佛蘭巴洛 （Flamborough）海角的外海被英格蘭人俘獲，送往
倫敦囚禁。羅伯特三世在隨後的那個月駕崩，因此蘇格蘭之後沒有
君主長達十八年之久。最後英格蘭政府終於允許讓國王詹姆斯一世
用錢贖回，讓他返回蘇格蘭。

囚禁並沒有使詹姆斯失去勇氣。他曾經對英格蘭君主的地位與
權力懷著理所當然的讚賞，而他返回蘇格蘭之後，就大力堅持他的
主權。他統治了十三年，甚有作為，無情地嚴懲蘇格蘭的貴族。那
可不是這些貴族所樂於享受的經驗。奧爾巴尼（Albany）家族的
表親在詹姆斯一世不在國內之際攝政，之後詹姆斯一世壓制他們的
勢力。強大的「島嶼領主」控制著北方大陸大部分地區與海布里底
（the Hebrides），詹姆斯一世粉碎了這位領主要求獨立的主張，
而且伴隨著這些動作，他也處死了許多人以及沒收鉅大產業。最後
一夥被激怒的貴族決定報復，在一四三七年找到機會用劍將詹姆斯
殺了。因此在任務尚未完成之前，一位最有能力的蘇格蘭國王便歸
天了。

王位此時落到七歲的孩子詹姆斯二世（James II）身上。歷
經未成年時期不可避免的動亂之後，這位男孩長大後成了很符民
望、活力十足的統治者。他需要統治技術的天賦，因為布魯斯忠心
騎士的後代「黑色」道格拉斯家族現在成了勢力甚大的臣民，對王
權構成威脅。他們憑著被貝利奧爾支持者沒收的產業而致富，成了
蘇格蘭西南部的主人；而東部很大的地區則由他們的家族「紅色」
道格拉斯（Red Douglases）所把持，他們也靈活運用與北部部
落家族的聯盟。他們對於王位提出了在某些人眼中可以接受的要
求。

一個多世紀以來，道格拉斯家族一直是蘇格蘭的主要鬥士。其

中有一個人是奧特伯恩（Otterburn）之役的英雄，他在切維切斯（Chevy Chase）當地的民謠中相當著名。他們在國內以及在保持接觸的英格蘭宮廷中持續計畫陰謀，激怒了這位年輕而自豪的國王。一四五二年，詹姆斯二世剛滿二十一歲不久，便邀請「黑色」道格拉斯到史特林。他在保證安全的前提下到訪，詹姆斯國王在那裡一怒之下動手刺了他一刀，國王的侍臣隨後一起結束了他的性命。

但是，殺掉道格拉斯家族之家長並不能滅掉這個家族。詹姆斯二世很痛苦，他發現被這位道格拉斯的弟弟與族人圍攻。直到一四五五年他才對抗成功，燒掉他們的城堡，踐踏他們的土地，並將帶頭的道格拉斯家族逐出邊境。道格拉斯家族在英格蘭活躍了許多年，他們受到英格蘭王室的惠愛，使用詭計與陰謀困擾斯圖亞特王室。

詹姆斯二世的權力現在如日中天；但是運氣並沒有長久照顧著斯圖亞特王室。一四六○年，詹姆斯二世利用英格蘭內戰，包圍留在英格蘭人手中的羅克斯巴勒（Roxburgh）堡。他對大砲與火力特別感興趣，但在他巡視原始的攻城砲時，有門砲爆炸，飛過來的碎片卻使他一命嗚呼。當時是詹姆斯二世在位的第十三年。在不到一個世紀的時間之中，第四次由未成年者繼承蘇格蘭的王位。詹姆斯三世（James III）是一位九歲的小孩。他成年時表現出和藹可親的特質，愛好音樂，對建築有興趣，但是他未能繼承兩位前任國王的統治才華，他的統治期間延續到都鐸王朝，但卻一直忙於內戰與社會失序之中。這段時間最令人注意的成就，是詹姆斯娶了丹麥國王的女兒，由丹麥國王那裡得到代替嫁妝的奧克尼群島（Orkney）與雪特蘭群島（Shetland），這些島嶼被納入蘇格蘭的領土。

＊　　　　＊　　　　＊　　　　＊　　　　＊

由於英格蘭的政策與降臨在蘇格蘭君主的悲劇，蘇格蘭王國始終並不統一，但未能統一並不是蘇格蘭國勢積弱不振的唯一來源。

蘇格蘭在民族、語言與文化上全都存在著分歧。高地與低地之間的
裂痕不只是地理上的分別。低地形成了封建世界的部分，除了西南
與蓋勒韋（Galloway）之外，各地全都使用英語；高地則保留著
遠較封建制度古老的社會秩序。在低地，蘇格蘭國王是封建權貴；
在高地，他是鬆散的部族同盟首領。他們與新的盎格魯-諾曼貴族
以及古代塞爾特國王有著血親關係，這個優勢值得注意。布魯斯家
族毫無疑問是第九世紀蘇格蘭第一位國王肯尼斯・麥克阿爾賓
（Kenneth MacAlpin）與阿爾弗烈德大王家族的後裔；斯圖亞特
家族聲稱是馬克白（Macbeth）[4] 同時代人物班柯（Banquo）的
後裔，而這似乎也都言之成理。古代神聖的光輝照亮了許多王親貴
冑，他們的家譜可以回溯到愛爾蘭英雄傳奇中塞爾特人的朦朧部
分。對於所有蘇格蘭人而言，低地與高地都一樣，王室神聖而不可
侵犯，受到普遍的尊敬。流著王室血液的人即使不服從，甚至缺少
忠誠，也可以得到寬恕。

　　但是尊敬並非政府的有效工具。蘇格蘭的政治集團並未創造出
英格蘭議會所提供的融合階級方案。在法律與實質上，蘇格蘭的封
建威權仍比起英格蘭強上許多。蘇格蘭國王不受大部分司法的管
轄，他的法官們都無法有效地對抗封建體制。蘇格蘭沒有與保安官
或金雀花王朝巡迴保安官相同的那種官員。

　　在王國的大部分地區，封建制度的司法與更古老的部族法律打
了一場糊塗仗。高地首領的土地與權力都是正式得自於王室，而被
歸類為封建制度的國王土地承租人，但是他們真正的威權都是以部
族族人的效忠為基礎。有些高地部族首領，像是戈登（Gordon）
大家族，也是毗鄰低地的封建權貴。在西部，崛起的坎貝爾
（Campbell）家族扮演著兩者中任何一個適合他們的角色，他們在
未來的歲月中將發揮很大的影響力。

　　同時，蘇格蘭的農民與市邑民眾在這前後約二百年的政治鬥爭
中，不顧他們領主與主人之間的無數爭執，只做他們自己的工作，
建立國家的實力。教會一心一意於救人濟世的使命，許多優秀的主

教與擔任神職者使得中古時代蘇格蘭的歷史生色不少。蘇格蘭的三所大學——聖安德魯（St. Andrew）、格拉斯哥（Glasgow）、亞伯丁（Aberdeen）——都是在十五世紀時建立的，一直到十九世紀為止都比英格蘭還多一所。

＊　　　　＊　　　　＊　　　　＊　　　　＊

中古時代的愛爾蘭曾使得研究英語民族的歷史學家感到困惑。歐洲這個最老的基督教社會位於不列顛群島最西部的這個地方，傳教士的努力與僧侶的學術研究使得它聲譽卓著，而與此同時英格蘭則一直是日耳曼異教徒入侵的戰場。不過一直到十二世紀之前，愛爾蘭從來不曾發展出正在其他地方逐漸演進的、有約束力的封建國家制度。那裡存在著一個鬆散的、說蓋爾語的（Gaelic）[5]，由農村侯國組成的聯盟，由一小群自稱為「王」的部族族長當家作主。在這所有族長上面有著「塔拉大王」（High King of Tara）的模糊威權。塔拉並不是都城，而是在蓋著遠古土壘的一座聖山。一直到一○○○年左右，大王通常都是北方強大奧尼爾（O'Neill）家族的成員，大王只不過是家系紛爭的最後仲裁者，從來都沒有真正行使過中央威權，也沒有愛爾蘭人建立的，可供政府擴散權力的城鎮。

在英格蘭干預愛爾蘭這個漫長而可悲的故事開始之前，這個國家已經遭受過斯堪地那維亞人入侵所帶來的震驚與折磨。不過，愛爾蘭雖然因為被北方人摧殘而赤貧，事物的秩序大亂，但卻並沒有重建。建立第一批城鎮包括都柏林、窩特福（Waterford）、利麥立克（Limerick）、科克（Cork）等的人，全部是北方人。在頌歌中為人哀慟的、偉大的布萊恩‧博勒（Brian Boru）於一○一四年在克倫塔夫（Clontarf）打敗丹麥人的同時也戰死沙場，這使得奧尼爾家族繼承統治權的情況中斷，從此大王的位置便引起爭執。一個半世紀以後，一位引起爭執的繼任者——倫斯特（Leinster）的國王——在亨利二世位於亞奎丹的宮廷避難。為了政治目標，他獲准向亨利的盎格魯-諾曼騎士求助，這項求助是攸關

愛爾蘭命運的重要決定。一一六九年，盎格魯-諾曼勢力的首批先驅到達了這個國家。

　　這批由理查·德·克萊爾———亦即以綽號「強弓」（Strongbow）而知名的彭布洛克伯爵———率領的入侵者，其中威爾斯人和北方人一樣多，而威爾斯的部隊是隨著他們說法語的領袖一起來的。甚至在今天某些愛爾蘭最常見的姓氏，都暗示著祖先是威爾斯人，其他領袖的姓氏都源自於法蘭德斯。他們全都代表統治西歐地區的高等封建社會，他們所征服的地方已經由威爾斯延伸到敘利亞。愛爾蘭的軍事根本無法與新來者匹敵，「強弓」娶了倫斯特國王的女兒，或許也在愛爾蘭建立了一個新的封建王國，一如「征服者」威廉在英格蘭，羅傑在西西里，十字軍的首領在黎凡特建立王國。但是「強弓」對於他自己的實力與他時常保持警戒的上司亨利二世的態度都存有疑問，因此他將征服的成果都獻給了國王，而亨利為了接受新家臣們對他的臣服，於一一七一年略為巡視了一下這個新添的領地。教廷復興的權力，長久以來都對愛爾蘭教會傳統上的獨立自主感到不滿，靠著一一五五年的教皇詔書，愛爾蘭的大領主地位賜給了英格蘭的國王。這時候的教皇亞德里安四世（Adrian IV）是英格蘭人，他也是唯一曾經擔任教皇的英格蘭人。這一情形是宗教的與實際上的環境背景。但是這位擁有英格蘭與法蘭西較大部分領地的領主根本無暇處理愛爾蘭的問題，他將這個島嶼的事務交給了被稱為「征服者」（conquistadors）的諾曼冒險家們，這種統治手法時常重複被使用。

　　亨利巡視之後的那個世紀，代表著盎格魯-諾曼人拓展版圖的高峰。現在這個國家有一半以上都直接臣屬在騎士手中。他們之中有溫莎的傑羅（Gerald），也就是費茲傑羅（Fitzgerald）家族的祖先，而這個家族的許多旁支，例如基爾代爾（Kildare）的伯爵們與很多地方的領主，將長久控制愛爾蘭中南部的大地帶。那兒還有威廉·德·柏格（William de Burgh）———英格蘭偉大的首席司法官之弟，以及烏斯特（Ulster）伯爵的祖先；以及西奧博爾德·華

爾特（Theobald Walter）——約翰王的總管，奧蒙德（Ormond）
強大巴特勒（Butler）家族的創立者，他們的姓氏都得自他們的官
位。但是那兒並沒有任何有組織的殖民與拓居。南部與東部海岸的
北方人城鎮，都接受英格蘭人的威權，國王的書面命令傳遍都柏
林四周鄉間不同的地區。都柏林的腹地稱爲「圍地」饒富意義，它
可能被界定爲受到防禦的圈地。緊接著的是很大的封建領地，這些
領地再過去便是西部從未被征服過的愛爾蘭「曠野」。兩個民族住
在一起並不易達到平衡，在愛爾蘭的議會演進到十三世紀末葉時，
兩個民族之間的歧見更形尖銳。本土的愛爾蘭人反倒在這個團體中
被排除掉了，愛爾蘭只有一個屬於英格蘭人的議會。

＊　　　＊　　　＊　　　＊　　　＊

　　不過愛爾蘭的部落首領在盎格魯-諾曼人到來的這幾代裡，開
始從新的戰爭方法所帶來的震驚當中恢復過來。他們雇用大部分徵
自蘇格蘭西部島嶼、有北方塞爾特血統的人充當傭兵助陣，這些人
都是可怕的武裝步兵，愛爾蘭人稱之爲「外國打手」。部族首領藉
著這些兇猛持斧手的支持，爲說蓋爾語的人民重新奪得愛爾蘭廣大
的區域。如果他們自己沒有不斷的內訌，可能會贏得更多的地盤。

　　同時，許多身爲盎格魯-諾曼人的愛爾蘭貴族在精神上起了變
化。這些大諸侯經常受到蓋爾人部族首領獨立角色的誘惑，而他們
只要奪取，便可據爲己有。他們可以輪流做英格蘭國王的臣民，或
者是像他們經常藉由婚姻而團結在一起的新塞爾特盟友般成爲小君
主。他們除了受到迎娶愛爾蘭女性繼承人而成爲「外地領主」的英
格蘭領主的援助外，很少受到英格蘭的支援。漸漸地出現了一群盎
格魯-愛爾蘭的貴族，他們大都受到他們所接納土地的同化，並且
像他們的蓋爾農民一樣，對於倫敦的統治感到不耐。

　　如果英格蘭國王經常巡視愛爾蘭，或經常派王親貴胄擔任駐地
副守的話，這兩個國家之間的連繫可能已經體面而緊密地交織在一
起。實際上，英格蘭國王精明的時候，英格蘭的法律普遍都有進
展，否則的話，便呈現鬆散的、塞爾特式的無政府狀態。約翰國王

在活力充沛之際兩度前往愛爾蘭，兩度將爭吵的諾曼貴族與愛爾蘭首領都置於他的領主地位之下。愛德華一世從來沒有去過愛爾蘭，不過當時英格蘭的威權正隆。之後蓋爾人便復興了，他們了解蘇格蘭輝煌的典範。贏得班諾克本一役者的弟弟愛德華·布魯斯（Edward Bruce）靠著他在愛爾蘭首領中的關係，帶著蘇格蘭老兵組成的部隊前往愛爾蘭。一三一六年，他經由加冕而成為愛爾蘭國王。不過他只是暫時凱旋得意，儘管他的兄弟支援他，他仍舊在丹多克（Dundalk）兵敗身亡。

因此愛爾蘭並未擺脫英格蘭王權的控制，以及獲得類似蘇格蘭王朝下的獨立。但是英格蘭憑武器贏得勝利，並不表示著英格蘭的法律、習俗、語言也獲得勝利。蓋爾人的反動如風起雲湧。奧尼爾家族漸漸地在烏斯特掌握泰倫(Tyrone)這個地區。一三三三年，烏斯特伯爵德·柏格與一位女士的關係結束之後，烏斯特與康瑙特（Connaught）等地便公開地揚棄封建制度的虛飾了。根據封建制度的法律，這位女士成功地擁有所有繼承權，這位受國王保護的人便將聽從他的挑選而下嫁給愛德華三世的次子克拉倫斯的萊昂內爾（Lionel of Clarence）。但是在塞爾特人的法律中，婦女無法繼任部落首領。因此德·柏格家族中非長子後裔支系的重要男性成員都「成了愛爾蘭人」，盡其所能地攫取繼承物，並且取了他們部族的姓伯克（Burke），或採用他們的創立者的姓氏麥克威廉（MacWilliam）。他們公開反抗在烏斯特與康瑙特的政府。在這個西方領地中，人們說法蘭西語與愛爾蘭語，但是並不說英語，英格蘭的威權從這些外圍部分消失了。

為了保留「圍地」與它四周盎格魯-諾曼領主土地的英格蘭特質，十四世紀中葉召開了一次國會，這次會議的目的是要防止英格蘭人「變成愛爾蘭人」，並且強迫英格蘭人在愛爾蘭所佔領領地之內的愛爾蘭人民，必須遵守英格蘭人的生活方式，但是這個決議執行起來毫無效果。在「圍地」裡舊的諾曼定居者緊握著他們的特權地位，並且反對王室代表企圖將「愛爾蘭人」置於英格蘭法律與制

度的保護之下。此時愛爾蘭的大多數地區都位於「圍地」之外，置
於實際上沒有和英格蘭國王的代表們打交道的本土首領之下，或由
諾曼人的帝王，例如費茲傑羅家族的兩個旁支（他們都是身分最適
合的伯爵或部族首領）來加以控制。英格蘭的威權遏阻創立本土的
或「諾曼人的」威權中心，而在倫敦的「愛爾蘭外地領主」無法提
供替代者，甚至無法防止他的殖民者與人民互相融合在一起。到了
都鐸王朝，無政府狀態的愛爾蘭又門戶大開面對再次的征服行動，
以及英格蘭王室威權重新橫徵暴斂的種種苦難，並且還會在亨利八
世（Henry VIII）的宗教改革（Reformation）之後，被冠上宗
教信仰分歧的罪名。

【1】　譯注：Jean Froissart（1337-1401？），法蘭西官廷史官兼詩人，著有《見
　　　聞錄》記述百年戰爭的「業績和武功」以及歐洲大事。
【2】　譯注：Aytoun（1570-1638），蘇格蘭詩人。
【3】　譯注：此人後世稱爲羅伯特二世，是總監華爾特（Walter the Steward）與
　　　羅伯特・布魯斯之女梅嬌瑞蒂（Majarity）所生。
【4】　譯注：Macbeth（1040-1657），蘇格蘭國王。
【5】　譯注：蓋爾人是蘇格蘭的高地人或愛爾蘭的塞爾特人。

第二十一章 長弓

愛德華一世的熱血似乎只不過在他不成材的兒子身上稍微小睡罷了，因爲英格蘭再度在愛德華三世身上找到與他一樣穩定成長而實力相等的統御才能。在愛德華二世統治時代的悲慘外表下，更可以看到英格蘭國力日增與顯著的繁榮。貴族的宿仇與報復有所限制，軟弱國王的浮誇惡習也比較收斂。位於這個時代的英格蘭人民擁有一種引人注目的武器，國外的人完全沒有想到它的特質。訓練有素的弓箭手所操縱的長弓，將軍力比不上歐洲大陸的自由民帶到了戰場。英格蘭的軍隊現在同時依賴著披甲騎士與弓箭手，兩者的重要性不分輕軒。

長弓的威力與弓箭手的技術已經發展到甚至連最精良的鎧甲也不一定能保護的地步。在二百五十碼的射程內，箭雨所產生的效果，是步兵投擲槍矛完全比不上的，這情況一直要到美國內戰時才有所改變。技術精湛的弓箭手都是職業士兵，賺取很高的、也值得他們拿的薪餉。他們時常騎著矮種馬赴戰，但是常常必須爲了他們的舒適與放置大量箭矢而預備可觀的運輸工具。他們隨身攜帶著很重的鐵頭木椿，它插在地上，成爲衝鋒馬匹的致命障礙。在這掩體後面，一隊弓箭手聽到公開下令便可快速地、持續地發射貫穿甲胄的箭矢，就此殲滅進攻的騎兵。而且在所有的衝突與巡邏中，受過訓練的弓箭手可以將他的人馬帶到整個戰爭歷史中從沒被認爲是危險的範圍之內。關於這一切，整個歐洲大陸，特別是緊鄰我們的法蘭西，根本一無所知。在法蘭西，披甲騎士與重騎兵長久以來都在戰爭中處於優勢地位，而陪伴著他們軍隊的步卒都被視爲是最低階的輔助部隊。軍事特權階級憑藉實力或技術，強迫社會接受這些觀念，而長弓的出現一定不贊成這些觀念。兩位愛德華在威爾斯與蘇格蘭山岳間進行的費時戰爭已經給予英格蘭人許多重大的教訓，雖然歐洲的戰士有時也受到這些教訓，但他們都從來沒有考量，也沒有傳授這個新軍的祕密。因此英格蘭人在十四世紀中葉結束之前，

挾著強大的優越感眺望歐洲。

　　國王愛德華三世的統治時期有幾個明顯的階段。首先在他尚未成年之際，整個國家由他的母親與她的情夫羅傑‧莫蒂默統治。這個建立在違反常倫的謀殺上，而且僅僅代表貴族之中一派的政府，在海內外都給人軟弱無能的印象。在幾乎整整四年的統治之中，這個政府明顯對法蘭西與蘇格蘭讓步與屈服，而他們對此則提出許多聽起來似乎可信的，為了和平與深謀遠慮的說法，但這對有罪的情人事實上卻一再地放棄英格蘭的權益。在一三二七年與法蘭西所簽訂的條約中，英格蘭要支付戰爭賠償金，而且將英格蘭的屬地限定在聖東吉（Saintonge）的聖提斯（Saintes）與波爾多到貝約納（Bayonne）之間，以及加斯科尼內陸沒有設防的飛地[1]。一三二八年五月的「可恥的北安普敦條約」承認布魯斯是特韋德河以北的國王，並且暗示放棄愛德華一世在蘇格蘭的所有權利。

　　這些事件所激起的憤怒遍布全國。在莫蒂默與貴族衝突不斷的這段時間，政權自身可能已維持了好一段時間。在德斯彭塞父子失勢之後，莫蒂默將注意力放在曾經在威爾斯邊境所占據的有利地位，他可以在那裡行使適合於邊界的政府特殊權力。莫蒂默的這些作為與他的作威作福，引起了晚近跟隨他的那些貴族的嫉妒，為了讓自己的地位更長久，他在十月於沙利茲伯里召開的議會中獲得邊界伯爵（the Earl of March）的封號，事實上他早已擁有威爾斯終身保安官的職位。莫蒂默在武裝侍從的壯大聲勢之下參加開會，但是許多重要貴族都缺席未到，其中的蘭開斯特伯爵亨利，是被處決的湯瑪斯的兄弟，也是國王的叔叔，他在倫敦主持反抗莫蒂默的會議。莫蒂默帶著還年輕的國王，於一三二八年由沙利茲伯里出發去蹂躪蘭開斯特的土地，在接下來的混亂當中，莫蒂默成功地控制叛亂。

　　貴族本身的意見太過分歧，因此顯然無法推翻一個可惡又無情的政府。但是莫蒂默太過自負。一三三〇年，愛德華三世的叔叔肯特伯爵以為愛德華二世還活在人間，他企圖恢復愛德華二世的自

由，這件事當然沒有成功，而肯特也於當年的三月遭到處決。這件事使蘭開斯特的亨利與其他權貴們深信，下一回都可能輪到他們被莫蒂默折磨，所以他們決定聯合愛德華三世先發制人，所有人因此都把目光轉到年輕的國王身上。一三二九年，愛德華三世已經十七歲，他娶了海諾（Hainault）的菲莉帕（Philippa）；一三三〇年，他的第一個孩子出生，他覺得自己現在已長大成人，必須爲國家盡責。但是當時的實權仍操於莫蒂默與母后之手，議會於十月在諾丁罕召開，莫蒂默與伊莎貝拉由重兵保護，安全地居住在城堡裡。國王深思熟慮，清楚地了解維護自己權利的計畫，如果他成功的話，身邊的議會就會擁戴他。莫蒂默與伊莎貝拉並不知道這個城堡的祕密，有一條地下通道通往城堡的心臟地帶。在十月的一個晚上，一小隊勇士經由這地道進入城堡，突襲緊臨皇后寢宮的臥室裡的莫蒂默，將他們兩人沿著這地道拖出去，交給國王的軍官。莫蒂默被押解到倫敦，帶到同儕的面前，被指控在柏克萊堡進行謀殺及其他罪行。貴族們予以定罪之後，莫蒂默在十一月二十九日被處以絞刑。伊莎貝拉由她的兒子交付終生監禁。爲了維持她在鄉村莊園軟禁的生活，王室一年提供她三千英鎊，而愛德華定期也會去探視她。將近三十年後她才去世。

　　一開始的這些作法既殘忍且可怕，不過也因此開始了悠久而著名的統治時代。

＊　　　＊　　　＊　　　＊　　　＊

　　新上任國王的意圖是要重振祖父的政策，擁護祖父的權利，並恢復祖父的偉業。與蘇格蘭的爭執再度開始。自班諾克本一役之後，羅伯特‧布魯斯就統治著北方而未受到任何挑戰，而他的勝利不可避免地導致蘇格蘭反對黨的擁護者被驅逐出境。約翰‧貝利奧爾的兒子愛德華，原本由愛德華一世指派繼承蘇格蘭王位，現在已經成了流亡者，在英格蘭宮廷中受到眷顧；後來路易十四（Louis XIV）也是如此對待英格蘭國王詹姆斯二世的擁護者。像布魯斯與貝利奧爾之間的分裂，都會有怨恨難消的傷害。布魯斯於一三二九

年去世之後，蘇格蘭的重要人士都盼望能扭轉局勢；流亡人士，或被稱爲「被剝奪繼承權的人」在國內不停地密謀，並且對英格蘭政府施壓。一三三二年，他們力圖重新奪回蘇格蘭。愛德華・貝利奧爾團結其擁護者，並且得到愛德華三世的援助，從拉芬斯帕（Ravenspur）啓航前往法夫（Fife）的金霍恩（Kinghorn）。他向伯斯挺進，在德普林荒野（Dupplin Moor）與蘇格蘭幼主大衛的護國公遭遇，並將後者擊敗。愛德華・貝利奧爾接受許多蘇格蘭權貴的歸順，並在斯康加冕。

　　但此後貝利奧爾的運氣始終不佳。不到兩個月，他與他的擁護者都被驅逐到英格蘭。愛德華三世現在可以向被擊敗的貝利奧爾提出條件，貝利奧爾承認他是大領主，並且承諾把柏立克郡交給他。因此一三三三年愛德華三世進軍包圍柏立克，在哈利頓丘（Halidon Hill）擊潰蘇格蘭人。這場戰役與班諾克本之役在性質上很不一樣，弓箭手大展神威，破壞環型陣式。之後這些原先被放逐的人在他們的本土重建威權，不過要付出代價才行，貝利奧爾不但得將柏立克郡割讓給英格蘭國王，而且還要賠上蘇格蘭整個東南部。在執行割讓土地的過程中愛德華三世有所逾越，他在蘇格蘭人的面前數落貝利奧爾的錯誤。同時，羅伯特・布魯斯的後裔與追隨者在法蘭西流亡。蘇格蘭與法蘭西之間的聯繫，以及法蘭西宮廷經常給予蘇格蘭的援助，在英格蘭喚起了很深的敵對情緒，因此英格蘭將原本對蘇格蘭的戰爭轉向法蘭德斯。

　　一些新的不滿聚集而成爲衝突。自從約翰王以來，英格蘭就不得不喪失加斯科尼以外的所有法蘭西屬地，以及面對加斯科尼邊界時常發生的摩擦，幾位英格蘭國王也必須爲長久預以來大部分已被剝奪的領地而對巴黎表示效忠。但是一三二八年查理四世（Charles IV）去世，由於王國沒有直接的繼承人而出現問題。瓦盧瓦家族（Valois）的菲力普強占王權，要求愛德華三世效忠，但是愛德華三世不從。愛德華三世憑著母親一系的傳承（如果母系的權力有效的話），可以要求法蘭西王位的資格。在後來的軍事攻勢

中，愛德華三世憑著宗教與世俗貴族，以及英格蘭下議院（the Commons）的贊同與建議，提出這項資格的要求。

　　朝氣蓬勃的愛德華對國內政治的興趣，不及對國外冒險與角逐的興趣來得高，而且他打從一開始起便察覺到，如果將貴族的力量從內部陰謀與敵對轉移到對外作戰的統一目的上，對他將大有幫助，而且這也與民心相合。約翰王與亨利三世在歐陸的戰爭，透露了國王與貴族以及臣民之間爲了得到人力與金錢所進行的持久鬥爭。歐洲大陸的冒險，被人們視爲關心外國屬地與權利的國王之利益所在，所以王國的政治集團（the Estates of the Realm）熱衷於海外征服活動。愛德華三世不需要勉強議會支持他遠征法蘭西，貴族、商人與民眾自然就會逼著王室採取行動。

　　一個非出自情緒但仍很有力的動機，對議會中各王族成員產生吸引力，強化了他們進行爭奪法蘭西王位與領土的企圖。與低地區的羊毛貿易向來是英格蘭的主要輸出品，是唯一幾乎是高過農業資源的財富。法蘭德斯的城鎮藉著接近完美的織布技術，已經達到高度的經濟發展，而它們爲了繁榮也必須仰賴英格蘭的羊毛。但是法蘭德斯伯爵們領導下的貴族階級所培養出對法蘭西的情緒，卻不顧及市民在物質上的福祉，他們把市民視爲是危險而不忠誠的，而且市民在財富與權力的成長是與封建階層的優勢發生衝突的，因此許多年來，法蘭德斯的市民與尼德蘭的貴族在經濟、社會、政治各方面都完全分歧。市民們求助於英格蘭，而貴族則乞援於法蘭西。法蘭德斯的伯爵們一再地阻礙羊毛貿易，而每次的阻礙都引起狹海[2]兩邊人士的憤怒。英格蘭議會中的商人成員，爲了要在英吉利海峽與法蘭西人從事海戰而大聲疾呼採取行動。

　　一三三六年愛德華採取了決定性的報復。他下詔全面禁止英格蘭的羊毛出口，此舉在尼德蘭產生了極大的危機。城鎮民眾起來反抗封建貴族，並且在剛特商人凡‧阿特威爾德（Van Artevelde）的率領下，經過相當嚴酷的苦鬥，控制了尼德蘭的大部分地區，但勝利的市民隨後受到貴族與法蘭西報復的威脅，他們遂向英格蘭求

助。他們的呼籲得到了熱烈而關注的迴響，此時意識強烈的軍力有如潮水高漲，所有利益與野心的溪流，在一時之間流進了一個共同的渠道。一三三七年，愛德華三世拒絕對菲力普六世（Philip VI）效忠，於是百年戰爭開打。這場戰爭永遠沒有終結，因為沒有簽訂一般的和約，直到一八〇二年雙方才簽訂亞眠和約（the Peace of Amiens），在當時法蘭西已成為共和國，而法蘭西王室繼承人流亡到了英倫三島。根據這項和約，而英格蘭的君主正式放棄了對瓦盧瓦與波旁（the Bourbons）王位的資格。

　　　　＊　　　　＊　　　　＊　　　　＊　　　　＊

　　愛德華三世緩慢地聚集英格蘭的遠征軍，這批軍隊不是封建制度的募兵，而是挑選士卒組成的傭兵。它的主幹包括以契約雇用的戰士，這些戰士都是軍官以自己所決定的地區與方法招募而來的，因此從每個郡所抽調的戰鬥力不可信賴的民兵配額，遠少於法定數目。騎士與弓箭手具體表現出這個國家的精萃，在同盟五軍港集結的兵卒組成了一支歷史上最難以對付、最有效率的入侵隊伍。法蘭西人對此一清二楚，他們的國王決定要使用全部兵力來抵抗。

　　菲力普六世首先求助於大海。許多年來海上都有私掠的戰爭，英吉利海峽的沿岸人民也有著深仇大恨。法蘭西所有的海上軍力都盡可能用來製造艦隊，甚至雇來的熱那亞平底長船也出現在法蘭西的港口。在諾曼第，也討論到之前採取反侵略而成為「征服者」威廉偉大功績的計畫。但是愛德華三世並沒有忽略海上的力量，他對於海軍的興趣濃厚，在統治早期就從議會那裡贏得「海上之王」的稱號，他能夠率領的船艦數目與法艦相當，而兵卒更勝過法軍的艦隊。在能夠把英格蘭遠征法蘭西的軍隊與它的維護給養運往法蘭西之前，勢必要舉行大海戰。一三四〇年的夏天，敵對兩方的海軍在斯盧伊斯（Sluys）的外海相遇，隨即發生了九小時的激戰。傅華薩說：「這一仗打得天昏地暗，因為海戰比陸戰危險及兇猛，在海上無法撤退也無法逃亡，只有往前戰鬥並且碰運氣。」法蘭西的海軍將領都曾奉命即使戰死也要防止侵略，所以雙方都英勇地戰鬥。

但是法蘭西的艦隊遭到了決定勝負的打擊，英吉利海峽的主控權落入了入侵大軍的手中。海路現在大開，英格蘭部隊到了法蘭西的土地，在卡德桑（Cadzand）登陸而且遭到抵抗。大批的熱那亞弩箭手與重騎兵在等待敵人上岸，但是英格蘭的弓箭手隔著遠距離從船上射箭，將海岸的敵人清掃一空，並且掩護入侵的部隊登陸。

愛德華的人馬與反叛的法蘭德斯人會師因而數目大增，可能超過兩萬人，他們開始了首次盎格魯-法蘭德斯人對土爾內的包圍。這個城市頑固抵抗，當饑餓威脅著衛戍部隊時，出現了恐怖的景象，「派不上用場的人」被驅入無人地帶，在方寸之內因為無人憐憫或救濟而餓死。奪下這個要塞，遠非愛德華三世的金錢及補給的資源所能及，而且弓箭手的威力並不能延伸到石頭砌成的城牆，所以這場歐洲大戰的第一次攻勢並沒有分出勝負；隨即進入費時曠日的停戰。

這次停戰是因為戰鬥者本身缺乏財源，但是並沒有和解；相反地，雙方都以次要方式持續進行爭鬥。法蘭西人對尼德蘭市民進行報復而徹底打垮了他們，凡‧阿特威爾德於剛特的一場民間動亂中喪生。英格蘭人盡可能地報復，在不列塔尼有一場關於繼位的爭執，而他們則以實質的幫助煽動這場爭執。加斯科尼邊境的長期戰爭仍持續進行，而雙方都期待再一次考驗彼此的軍力。訓練有素，急於戰鬥的人多如牛毛，但是要在戰場上就必須一定要有資金，雖然對我們而言這些資金少得可憐，但是若沒有它們則一切都會停頓。要如何才能獲得這些資源呢？一二九〇年，猶太人因此遭到了剝削、劫掠以及驅逐的命運。曾經為首次入侵找到金錢來源的佛羅倫斯銀行家，這會兒都被王室的不履行債務給毀了。宮廷與議會都努力要弄到一筆足夠的現金，若是沒有這筆錢，則騎士就沒有馬可以騎，弓箭手沒有弓作戰。眼前便有個豐富的財源。英格蘭最富有與最有組織的羊毛貿易團體急於從戰爭中牟利。英格蘭對羊毛商人建立了壟斷機制，他們時常得遵照國王的需求與裁決，僅能透過國王規定的城鎮進行出口，這個制度使得國王能夠方便而有彈性的進

行控制，他對經過在「貿易中心」港口出口的羊毛抽稅，可以得到完全不受議會掣肘的重大歲入。而且，把持著壟斷機制的羊毛商人成立了一個關心戰爭、依靠國王、能夠借錢給國王以交換良好待遇的一個公司。不過議會裡代表較小利益的羊毛商人並不喜歡這種發展，他們國王埋怨對「貿易中心」壟斷者的恩寵，也指出國王的獨立資源直接挑戰議會的權力。

　　一三四六年的春天，議會終於必須面對為了資助新的侵略而要抽稅的局面。軍隊重新建構，比以前更具有戰鬥力，舊成員因為仔細招募的兵卒而更新。這一波大軍計有騎兵二千四百人，弓箭手一萬二千人，再加上其他步兵一起啟航，於一三四六年七月十二日在諾曼第的聖瓦士（St. Vaast）登陸。他們並未遭到抵抗。這一次的目標是靠著突擊奪下巴黎。事前保密工作做得十分不錯，甚至連英格蘭的軍隊都相信他們自己正前往加斯科尼。同時，法蘭西人無法在有限的時間裡集合足夠攔阻這次入侵的軍力。喀延（Caen）失陷，愛德華三世直抵巴黎城下，一路燒殺，但是此時法蘭西國王已準備好軍力與他對抗。包括法蘭西的所有騎兵在內，大概有愛德華軍隊三倍之多的龐大軍力在聖丹尼斯（St. Denis）附近地區集結。面對如此抵抗，再加上一個防衛森嚴的城牆，愛德華的軍力無法佔到上風。菲力普國王冷酷地要他選擇，打算在塞納河的哪一岸做正式會戰。

　　這次突擊失敗了，逼著英格蘭大軍撤退。愛德華這位挑戰者被迫以四天走六十英里的速度離開戰場。法蘭西的軍隊朝南方移動，佔據塞納河谷，截斷了英格蘭人的退路。英軍現在必須朝著索美河走，希望在亞眠與大海之間渡過這條河。現今的我們很熟悉這條河的寬度，它流經廣闊的沼澤，當時很難將水全部抽光，所以只能靠著長長的砌道與橋樑通過，不過所有這些設施都被來自皮卡爾迪（Picardy）的部隊給破壞或佔據了。英軍分四路找尋脫逃之路，但是都失敗了。法蘭西中軍的前鋒現在已經到達亞眠。愛德華三世與勇莽作戰的英格蘭部隊，現在似乎被困在索美河、海岸、法蘭西大

軍包圍的三角地帶裡，愛德華根本無法將艦隊與運輸品調到合適的港口。要在河口附近渡過索美河顯然是孤注一擲，因為淺灘相當長，還有兇猛而又險惡的潮水，每一天都只有幾個小時可以渡河，而且都相當危險。

此外據估計，這條路有多達一萬兩千人的軍隊把守。傅華薩說：「英格蘭的國王那個晚上沒有睡多少覺，在午夜起床，命令他的號手吹響號角。不久一切準備妥當，他們收好行裝，在破曉左右出發，騎馬前進一直到日出抵達淺灘為止；但那個時候已經滿潮，他們無法渡過。」到了下午退潮時，敵人的部隊已經緊逼在後，由於稍做停頓便是死路一條，愛德華國王遂命令高級將領躍入水中，強硬過河。法蘭西的抵抗很勇猛，皮卡爾迪的騎士在洶湧的河水中與險惡的沙洲上與英格蘭騎士進行會戰。「他們看起來如同在陸上一樣地騎馬衝殺。」在對於披著鎧甲的人最致命的情況下，英軍靠著苦戰強行殺出了一條生路。在登陸的地點，熱那亞的弩箭手使英軍的人馬傷亡慘重，一直到長弓表現出它的優越性，英軍才能部署部隊。這樣子愛德華的軍隊總算是逃過了一劫。

菲力普國王率領著足足有三、四萬人的大軍一路窮追，他滿懷希望，想逼傲慢的英格蘭人背水一戰，或者在他們渡河時打擊他們。當他獲悉英軍已經過了河，便召開軍事會議，他的將領紛紛進諫，說因為現在潮水已經湧入，除了前往上游的亞布維（Abbeville）由法蘭西人據守的橋上過河，便別無選擇。因此他們便朝亞布維移動，並且在那裡過夜。

愛德華國王與他的軍隊都認為他們獲救的機會渺茫，但是那個晚上他們卻很高興，因為鄉間到處都是食物，愛德華與他的將領們一起吃晚餐，然後一起祈禱。他們確實必須決一死戰才能到達海岸。愛德華與後來很著名的「黑王子」（the Black Prince）威爾斯親王共同舉行所有宗教儀式，他並且禱告即將到來的這一仗不會喪失他的全部榮譽。天一亮愛德華就率領約一萬一千人的軍隊，分成三個分隊出戰。他騎上小馬，手上持著白色權杖，胄甲上披著他

華麗的深紅繡金罩袍，沿著隊伍馳騁，「鼓勵並且懇求軍隊，會保住他的榮譽，並且捍衛他的權力。」「他說起話來極爲悅耳，同時呈現愉快的臉色，所有意志消沈的人看見他、聽到他講話之後而感到安慰。……他們輕鬆自在地吃喝……席地而坐，將他們的頭盔與弓放在面前，當敵人到達時，他們會更有精神地進行廝殺」。他們位於起伏草原上的空曠陣地佔不到什麼便宜，但是他們側翼的克雷西森林提供了最後抵抗的保護。

　　一三四六年八月二十六日，在同一個星期六的日出時分，菲力普國王正在亞布維修道院進行彌撒，他的龐大軍隊在長程追逐中向前移動，四名騎士則奉命在前方偵察。大約中午時分，菲力普國王已經率著大隊人馬抵達索美河的對岸，接到了騎士們的報告，英格蘭部隊排好陣式準備廝殺。他睿智地下令白天停軍不攻，並將後隊帶上前來排成戰鬥隊形，次日再行攻擊。這些命令由將領帶給全軍上下。但是敵人在勢不可擋的軍力之前已經逃了那麼遠的路程，現在即將把他們牢牢夾住，在這麼緊迫的時刻菲力普卻決定停軍，即使是只有一天時間，也使得法軍無法忍受。誰能保證隔天他們的敵人不會逃亡，戰場上將空無一人呢？向前推進的行動不可能加以控制，由亞布維前往克雷西的所有道路與小道，都布滿漆黑鎧甲，刀槍閃閃的軍隊，其中有些人服從菲力普的命令，然而大多數則都拒絕聽令。許多龐大的隊伍停止前進，但更大的部隊蜂擁向前，強行穿越前方停下來的或後撤的部隊，並在下午五時左右與在克雷西寬廣山坡上一覽無遺的英格蘭軍隊面對面接觸。此時此刻他們才停了下來。

　　菲力普國王到達戰場，受到身邊眾人的熱情支持而感動。太陽已經西沈；不過全部的人都打算對戰。在大軍前鋒有六千名熱那亞弩箭手，他們奉命越過層層騎兵，並且用他們的弩箭粉碎敵陣，爲騎兵進攻做好準備。但是這些熱那亞人之前扛著重型武器與儲備的弩箭，以全面作戰的隊形行軍走了十八英里，現在十分疲乏，他們認爲在那樣的情況下並無法擔當重任。但是騎馬馳騁同樣一段路的

阿朗松（Alençon）伯爵根本沒有接受這個意見。他大喊：「這就是雇用這些無賴所得到的結果，一有任何事要他們去做，他們便逃之夭夭。」因此熱那亞人只得向前衝了。就在這個時刻，弩箭手在許多蔑視的眼光下繞行走向陣前，黑雲掃過掩住了太陽，一場短暫、嘩啦而下的暴雨打擊著大軍，一大群烏鴉帶著陰鬱的預兆聒噪亂叫，牠們從法蘭西大軍的頭頂上飛過。暴雨在打濕了熱那亞人的弓弦之後，像來臨時一樣快速地停止，而燦亮的落日照到英格蘭人的後背，使得熱那亞人睜不開眼睛。這種情形像烏鴉一樣都很不祥，但是它對實際作戰卻更加不利。熱那亞人排出他們的陣式，大喊一聲，前進了幾步，又大聲喊叫，第三次向前進「做梟叫」，發射他們的弩箭。打不破的沈寂籠罩著英格蘭人的陣線，但是在這個時候英軍中足足六、七千名的弓箭手，以「升降閘門」（portcullis）的形式列於側翼。他們到當時為止都站著不動，現在開始向前走了一步，將他們的弓拉到耳際，開始行動，傅華薩說：「他們射箭的力道很猛，速度又快，箭看起來彷彿如雪花下降。」

這群箭雨對熱那亞人所造成的後果是殲滅性的，他們的武器達不到傷敵的射程，但他們自己卻於幾分鐘內數以千計地陣亡。戰地上鋪滿了插著箭羽的屍首。發射的箭有如飛蝗奪人性命，同樣情形前所未聞。遇到這種毀滅，熱那亞人的陣腳大亂，箭下遊魂在潰敗中紛紛後退到急著想建功的騎士與重騎兵行列，他們所站的位置剛好在英格蘭長弓箭矢的射程之外。菲力普國王看到這景象氣得大叫：「為我殺掉那些無賴，因為他們毫無理由地堵住了我們的路。」因此前列的法蘭西騎兵就在撤退的熱那亞人當中奔馳，用劍砍倒他們。騎兵不久後就來到了致命的射程之內，長弓的箭矢緊密有如暴風雪射向他們，貫穿了他們的鎧甲，襲擊戰士和馬匹。後面英勇的騎兵隊也騎馬向前衝入了這一團混亂之中，箭如冰雹紛紛落在他們身上，使得戰馬亂跳，戰場上躺滿了盔甲鮮明的戰士，戰事因此秩序大亂而慘不忍睹。這時威爾斯與康瓦耳郡的步兵穿過弓箭手棋盤形的陣式溜出來，持著他們的長刀向前衝，「撲向伯爵、男

爵、騎士與鄉紳，殺掉了許多人，英格蘭國王後來對這個情景相當憤怒。」因爲許多可以用來換取不錯贖金的人士在那些缺乏遠見的步兵手下都丟了性命。

在這場屠殺中，菲力普國王的盟友，也就是瞎眼的波希米亞（Bohemia）國王墜馬身亡。他命令他的騎士將他們的馬勒與他的馬勒綁在一起，這樣他就可以親手殺敵。纏好之後，他就在混戰當中向前衝，最後人和馬都倒下了，次日他們的屍體被人發現仍舊連結在一起。他的兒子盧森堡的查理王子（Prince Charles of Luxembourg）是神聖羅馬帝國的皇帝當選人（Emperorelect），當時他已經以羅馬人的國王（the King of the Romans）自居，做事謹愼。他看到眞實狀況，便帶著追隨者由一條沒被人注意到的路撤走了。法蘭西人現在展開了主要的攻擊。阿朗松伯爵與法蘭德斯伯爵率領重騎兵衝向英格蘭人的陣線。他們盡可能避開弓箭手，找尋重騎兵廝殺；法蘭西、日耳曼與薩瓦（Savoyard）的騎兵隊實際上已碰到威爾斯親王的分隊。由於敵人的數量太多，以致於在親王身邊作戰的人被派前往愛德華國王指揮作戰的風車小屋請求增援，可是愛德華國王不敢派走他的後備部隊，只說道：「讓那孩子自行立功吧！」──事實上威爾斯親王也做到了。

另一件事也相當令人注意。約翰·海諾爵士（Sir John of Hainault）麾下的一名騎士騎著菲力普國王當日賜給的黑馬避開了箭雨，而衝入了英格蘭的陣線。英格蘭人得到的命令是不准有任何人動手傷他，結果他騎馬在後隊繞了一圈，最後返回法蘭西軍中。法蘭西騎兵持續對英格蘭部隊前線衝鋒，一直到黑夜完全降臨爲止。整個晚上由勇士組成的新隊伍，決定如果沒殺到敵人便不離開戰場，他們奮力向前，摸路前進。最後所有這些人都被殺了，因爲英格蘭人對他們也「絕不饒命」，儘管這絕對不是他們國王的意願。

夜晚降臨時，菲力普國王自己發現身邊的騎士只剩下不到六十人。他中了一箭而受了輕傷，他的坐騎已經被另一隻箭射死了。約

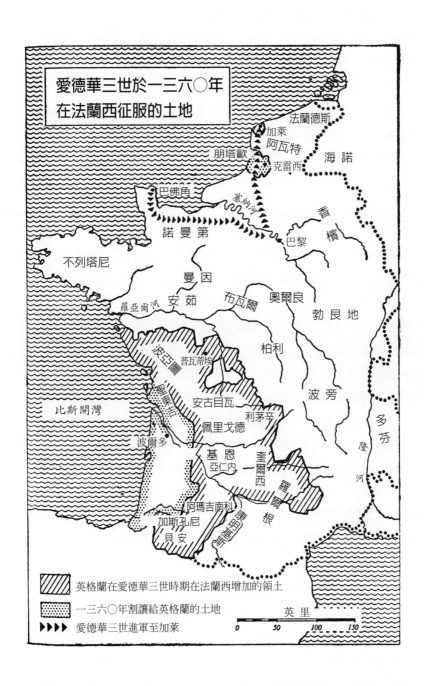

愛德華三世於一三六〇年
在法蘭西征服的土地

法蘭德斯
加萊
阿瓦特
克雷西
海諾
朋塔歐
巴佛角
塞納河
香檳
諾曼第
巴黎
不列塔尼
曼因
安茹
布瓦爾
奧爾良
羅亞爾河
勃艮地
波亞圖
普瓦蒂埃
柏利
安古目瓦
利茅辛
波旁
比斯開灣
佩里戈德
多芬
波爾多
基恩
亞仁內
奎爾西
羅爾根
隆河
阿瑪吉南科
加斯孔尼
貝安

英格蘭在愛德華三世時期在法蘭西增加的領土
一三六〇年割讓給英格蘭的土地
愛德華三世進軍至加萊

英里
0   50   100   150

翰‧海諾爵士再度扶他上馬，抓住他的馬勒，逼他離開戰場。根據
傅華薩的說法，約翰‧海諾爵士確實詳細告知大家熟知的原則──
「忍辱求存，來日再戰」。最後菲力普國王在只剩下五位男爵的陪
伴下，在次晨抵達亞眠。

　　「這個星期六的夜裡，英格蘭人不再聽到梟叫聲與大喊，也不
再聽到任何向特定爵士或旗幟的叫陣聲。他們注視著戰場，也注視
著他們敗北的敵人。因為夜色昏暗，他們生火，點燃了火炬。整天
都沒有戴上頭盔的愛德華國王，由他的指揮座位上走了下來，帶著
他整營人馬前往探視威爾斯親王。他用雙臂擁抱著後者，吻著他，
並且說：『愛子，上帝賜給你無比的堅毅。你是朕的兒子，因為你
今天最為盡忠職守，表現良好。你堪為君主。』親王低身鞠躬，至
為謙虛，將一切榮譽都歸於他的父王。」

　　星期天的早上大霧籠罩著戰場，愛德華國王派了五百名持矛手
與兩千名弓箭手的強大兵力去打探前線。他們遇到不顧戰敗而仍由
盧昂行軍到博韋（Beauvais）的法蘭西後軍部隊，於是便撲上前
去，對戰之後，一千五百四十二具騎士與隨從的屍體橫臥沙場。後
來他們又與盧昂大主教與法蘭西大修道院副院長的部隊遭遇，而後
者同樣不知道兵敗的事，也被他們擊潰而慘遭屠殺。英格蘭部隊也
發現為數極眾的散兵與騎士，「將他們遇到的所有人都砍於劍
下」。傅華薩說：「事實上我確信這個星期天早上來自城鎮與市的
步卒，被殺害的人數有星期六那一仗中陣亡者的四倍之多。」這次
克雷西之役驚人的勝利，可與布萊尼姆（Blenheim）之役[3]、滑
鐵盧之役並列，而且與大戰（Great　War）裡的最後挺進同屬不
列顛軍隊四大成就之一。[4]

　　　　　＊　　　　　＊　　　　　＊　　　　　＊　　　　　＊

　　愛德華三世行軍經由蒙特勒（Montreuil）與布蘭吉（Blangy）
到布倫（Boulogne），並且通過哈德洛（Hardelot）的森林，展
開對加萊的包圍。加萊在英格蘭人眼中是個蜂巢，聚集著私掠者，
這些人是英吉利海峽永無休止的詛咒，而這個歐洲大陸最靠近英格

蘭的地點，長久以來承受著日益惡化的痛苦。加萊的樣子就是敦克
爾克（Dunkirk）三個世紀之後的樣子。圍城幾乎長達一年之久，
這一段時間在陸上的每種戰爭藝術都被付諸實施：砲擊發射砲彈攻
擊壁壘，砲聲使人不寒而慄。在海上，法蘭西輕快的艦艇設法躲避
封鎖，沿著海岸悄悄地移動，但都被木樁築成的複雜防禦物給擋住
了，因此法軍所有海陸兩路的救援都失敗了。但是另一方面，整個
圍城行動所耗費的國王資源，也到了我們幾乎無法想像的程度，冬
天來臨，他的士兵都要求返鄉，艦隊也逼近叛變的邊緣。在英格蘭
每個人都在抱怨，議會很不滿，在補給方面顯得心不甘情不願。愛
德華國王與他的軍隊住在臨時營房裡，而在這段期間他從來沒有渡
過英吉利海峽回到他的王國。馬基維利很精明地表示，每個要塞都
應該要有足以供應一年所需的糧食，而這種預防措施幾乎涵蓋了歷
史上的每個案例。

　　此外，當蘇格蘭的大衛王與法蘭西結盟，率領他的軍隊越過
「邊界」的時候，圍城行動幾乎還沒有開始。但是危險已經可以預
見，就在達拉姆西方的納維爾廣場，英格蘭人已經奮戰打贏了一
仗。這位蘇格蘭國王被擒，囚禁在倫敦塔。如同我們所見，他一直
留在那裡十一年，直到在柏立克條約簽訂，支付大批贖金之後才獲
得釋放。這場決定性的勝利消除了蘇格蘭一個世代之久的危險，但
是在福洛登（Flodden）之役前後，蘇格蘭不只一次與法蘭西聯
盟，都將為這個幅員很小而膽子很大的國家帶來災難。

　　加萊拼命抵抗了十一個月，然而還是無法支撐下去。最後饑餓
使得被圍的人沒有任何選擇，他們提出求和的條件。愛德華三世十
分憤慨，因此在他的要求之下，六位最高貴的公民身穿襯衣，赤
足、面容憔悴地晉見他，而他打算砍掉他們的頭。不過他的顧問提
出警告，如此殘忍的行徑將使得他在歷史上的名聲受損。然而他還
是要一意孤行。但是菲莉帕王后當時身懷六甲，她跟隨他一起赴
戰，此時她匍伏在愛德華面前，儼然是一幅具有教化之意的，或者
預先安排以正義訴求憐憫的藝術畫面。因此獻身拯救民眾的這幾位

加萊市民被赦免無罪，甚至獲得善待。加萊便成了迄今英格蘭以全
國之力與法蘭西交戰，經歷萬般折騰而得到的，在領土方面的唯一
果實，克雷西則還得經歷一番長期的折騰。

【1】 譯注：在本國境內隸屬另一國之領土。
【2】 譯注：即英吉利海峽。
【3】 譯注：日耳曼聯邦共和國巴伐利亞西部的村莊，一七〇四年西班牙王位繼承
戰爭中，英奧聯軍曾在此大敗法蘭西與巴伐利亞的聯軍。
【4】 Witten in 1939.

第二十二章　黑死病

　　武力與事業占據著英格蘭人的心智，但在此同時，一個致命的敵人正越過大陸挺進，使得他們死亡。基督教國家並沒有過足以與黑死病（the Black Death）比擬的大災難。許多傳言都是含糊的，內容都是在中國發生的恐怖事件，與屍首遍野將災禍傳得更遠的情形。這種瘟疫透過克里米亞（Crimea）而進入歐洲，並在二十年中毀掉全部人口的三分之一以上。由於貴族與王朝二者不停的戰爭，使得人民衣食無著，成了容易被疾病征服的對象。任何地方紀錄裡所沒有透露的內容，都比我們知道的駭人數字要來得多。訴訟中的兩造在沒有聽取案情之前就去世了；教堂中劫後餘生的教士少得幾乎無法為他們死去的龐大教眾與異教徒舉行最後儀式；有的金器工作坊一年換了四位師傅。這些都是可供參考的詳細指標。但是更使人深信的是所有地方誌裡都有空白的地方，一整個世代的時間記錄被削減得分秒不存。

　　這種疾病的性質很可怕。疾病有著令人懼怕的症狀，發病快速、長疤、臂彎下或鼠蹊中的腺變成硬結、無法用敷藥解決的腫漲、用刺針切開但無法解除的腫瘤、臨死時的惡性紅疹、狂言囈語、神智不清、以及在人類社會中留下各層面的空缺，使世人的生活與信念受到震驚，並且在一時之間毀滅。這種苦難再加上中古時代的種種痛楚，遠非現今的人類所能承擔。像其他人在肉體上受到的打擊一樣，教會的精神力量也因此受到重創。如果有位仁慈的上帝主宰著這世界，那麼這算是那一門子的主宰呢？這正是劫後餘生者心裡的質疑，怪異的教派應運而生。在瘟疫陰魂不散的城市裡可以見到鞭笞者令人毛骨悚然的遊行行列，每個人伴著淒慘的哀歌鞭打著前面的那一位。殘破不全的編年史上還可以見到許多殘暴的作法，令我們觸目驚心。這情景似乎是民族滅絕殆盡之前的苟延殘喘。

　　但後來瘟疫減輕了威力。熱敷對腫瘤有效，而更常見到復原的

好消息；生命的抵抗功能恢復了。求生的意志高唱凱歌，這項天譴已經過去，而歐洲人口所剩無幾，繼承了原來許多人手中的財富，而人們普遍的痛苦因而減輕，滿懷希望迎接今天與瞻望未來。

哲人們可能認為或許不需要瘟疫的毀滅，也會讓人們注定面對改變，因為有一個更加科學的試劑。我們已經在微不足道的砲擊中見過火藥。根據某些權威人士的說法，愛德華三世曾用火藥攻打克雷西與對抗加萊，而火藥不久即將成為戰爭中，或與戰爭有關的人類事務中一個具有決定性因素的物品。如果大砲還沒有發明的話，那麼英格蘭人對於長弓的精通，可能使他們在歐洲大陸的統治甚至更加寬廣。我們不知道自耕農型的弓箭手為什麼會沒有建立一個在威權上與披甲騎士一模一樣的，但是基礎能夠更為穩固的階級。

十五世紀的早期，披甲戰士的統治地位將告一段落。護胸甲與護背甲長久以來為人們保護性命，但卻不再是權力的工具與象徵。不過弓箭手漸漸褪色，並不是因為他們無法降伏騎兵，而是因為手邊有了一個更加方便的東西，它很快就成了所有民族的共同財產。震耳欲聾的砲聲與硝煙洶湧，時常讓友軍比敵人感到更為驚惶，但是無論如何這都吸引住所有人的注意力。就在這種情形之下，一個曾經統治並且指導基督教國家五百年之久，促成政府與法令進展的系統，瞬間崩塌而成了殘磚敗瓦。這些坍塌之物被車子載走了，它們把地盤讓給了新的建築。

＊　　　＊　　　＊　　　＊　　　＊

降臨人類的災難減少了人口數目，使他們的生存趨於黑暗，但卻未能減輕他們的不和。英格蘭與法蘭西之間的戰爭仍然斷斷續續地進行著，歐洲最著名的戰士黑王子成了一位掠奪者。愛德華三世於一三三八年入侵法蘭西時至少列出許多關係國家的重大理由，但是黑王子在亞奎丹打家劫舍時卻師出無名，無法找到那樣的理由。然而他的這些行為卻出現了一段輝煌的軍事插曲。

一三五五年，愛德華三世為了恢復戰爭而獲得議會充分的撥款，他採取了一個雄心勃勃的戰略。黑王子從英格蘭在加斯科尼與

亞奎丹的領土向北挺進，前往盧瓦爾河（the Loire），他的弟弟剛特的約翰（John of Gaunt）——也是蘭開斯特公爵——從不列塔尼攻進去，這兩支軍隊爲了一個目的而打算會師。但是所有這一切都失敗了，黑王子發現自己的兵力縮減到只有四千人左右，不過其中差不多有一半是令人畏懼的弓箭手；就在法蘭西王室軍隊足足兩萬人前來之際，這些弓箭手在催促下被迫往後退。由於黑王子的困境十分惡劣，因此他提出一個通融的方案，希望對方讓他的軍隊撤回英格蘭，但是法蘭西人當時認爲敵人正在他們的掌握之中，因而拒絕了這些條件。黑王子在普瓦泰陷入了絕境。甚至在他即將勝利的那個早上，他的前鋒還行軍朝南方撤退。可是法蘭西的約翰國王決定要報克雷西一役之仇，打算在一擊之下結束戰爭。這一夥曾在各方搶劫縱火的狼狽英格蘭搶劫者在絕對的劣勢下被迫作戰，他們運用最好的方式排好陣式，他們的側翼因爲森林護衛而很安全，弓箭手則沿著灌木叢排成一列，控制著唯一實際能使用的路徑。

自克雷西一役之後過了十年的時間，法蘭西的騎兵與政府高層同樣想到那次的慘敗。他們曾經被逼著接受戰馬無法面對箭雨的事實，愛德華國王以完全沒有騎馬的軍隊獲勝。他們體認到英格蘭弓箭手對衝鋒的戰馬造成混亂，使牠們失蹄摔倒或因痛苦而發狂，這對舊形式的戰爭是致命傷。約翰國王確定所有的兵卒都必須步行攻擊，他相信排山倒海的人數一定可以獲勝。但是黑王子最大長處就是他不依賴過去的教訓而去使用前一仗獲勝的招數。他認知到現在以鋪天蓋地的人數，身穿鎧甲向他進攻的大隊步卒，不會像戰馬一樣地被輕易地擋住，單靠弓箭，不論對目標射得多準，都將無法拯救他，所以他必須試用機動戰進行對抗。因此他反其道而行，不依軍事傳統而採用當時已知由理論斷定是正確的戰法。

法蘭西的貴族將戰馬留在部隊的後方，黑王子則命令所有的騎士上馬。弓箭手已經對整個前線造成致命的死傷。法蘭西的騎兵受到鎧甲的妨礙，在葡萄園與樹叢中沈重且緩慢地前進，許多人死於弓箭攻擊。但是箭矢還不足以對法蘭西騎兵造成致命的危機，倒是

英格蘭的持矛手與持斧手以舊方式衝鋒，重創因為先前行軍疲累，加上戰場意外而秩序大亂的法蘭西部隊。在此同時，一支乘馬騎士組成的強大特遣隊配合得天衣無縫，繞到法蘭西軍隊左側，打擊這批疲憊而陣勢已亂的敵人。結局是一場像之前克雷西之役那樣子的屠殺，以及那樣子的勝利，但是戰果更加豐碩。整個法蘭西軍隊被驅入毀滅之境。約翰國王與他貴族中的精英分子不是被擒伏就是被殺，而勝利者卻無法收拾戰場上的劫掠物，因為先前劫自四個行省的財物已經讓他們不勝負荷。黑王子的紀錄中有許多殘酷的戰爭行為，但卻又表現出他自己是那個時代的勇士，因為當時儘管由於拼命交戰而感到疲累與緊張，他仍以合乎君主等級的所有禮儀對待被俘虜的法蘭西國王，將後者安置在營帳中的御椅上，親自以御用飲食侍候後者。他自己以天賦、勇氣與騎士精神呈現出歷史將會讚揚的姿態。

約翰國王被帶往倫敦，像之前的蘇格蘭大衛王一樣，他被置於倫敦塔中囚禁；一三六〇年五月，英法兩國就這位身為戰俘的國王締結了布雷蒂尼條約（the Treaty of Brétigny）。根據這項條約，英格蘭除了得到舊屬地加斯科尼之外，還獲得了亨利二世享有整個主權的亞奎丹屬地、愛德華一世在朋塔歐（Ponthieu）的繼承權，以及把持了將近兩百年的加萊港與加萊城。為約翰國王所訂定的贖金為三百萬個金幣，相當於五十萬英鎊，這個數字是英格蘭王室在和平時期歲入的八倍。

法蘭西於克雷西之役中在馬背上被擊敗，於普瓦泰之役中，徒步行軍被人擊敗。這兩次對抗英格蘭人的慘痛經驗深深地刺痛了法蘭西人的心，一種無力感打垮了法蘭西的宮廷與軍隊，這些英格蘭人如何才能被擊敗或者被擋住呢？一個世紀以前蒙古人入侵的險惡戰役之後，曾經有同樣的絕望橫掃歐洲。有很長的期間法蘭西人都避免戰役，他們在與愛德華三世作戰時，就如同在馬爾博羅（Marlborough）[1] 在世之日，與安妮女王（Queen Anne）統治下的英格蘭作戰時一樣小心。法蘭西出了一位名為伯特蘭・杜・

格斯克林（Bertrand du Guesclin）的英雄，他像「善用緩兵之計的」費比烏斯‧康克提托（Fabius Cunctator）[2]對抗漢尼拔（Hannibal）一樣，拒絕交鋒而只進行圍城與突擊，替國家以時間換取空間。英格蘭凱旋時已經筋疲力竭。結果證明了法蘭西的軍隊無法打敗英格蘭人，但同時英格蘭也無法征服法蘭西。愛德華三世的努力雖然佩戴了所有的軍事桂冠，終究還是無功。

　　＊　　　　＊　　　　＊　　　　＊　　　　＊

　　與法蘭西作戰的這些歲月，對英格蘭議會史相當重要。金錢的需要驅使君主與他的官員經常召開議會，這種情形導致許多快速且重大的發展。郡與市邑代表們的主要功能便是為平反地方的與國家的積怨而請願，以及使國王與他的樞密院注意緊迫的事件。戰爭的壓力逼得政府必須留意英格蘭平民院的這些請願，而在愛德華三世的統治時期中，在愛德華二世統治下便已經開始的集體請願程序有了進一步發展。平民院做為一個團體正式請願，並且像他們在一三二七年所做的，要求將這些請願轉變成法令。這件事將下院（the lower House）與議會的其他部分區別開來。在愛德華一世統治之下，平民院並非議會中的主要角色，但是在華德華三世統治之下，他們佔了一個明顯、重要而又永久的位置。平民院有自己的文書，負責草擬他們的請願書以及他們對於君主回覆所做的答辯書（rejoinder）。兩院各自分開的情形現在出現了。貴族院的成員不但視自己是君主理所當然的諮議大臣，而且還樂於在議會中進行個別諮詢。一三四三年，高級教士與權貴在西敏寺的白色議事廳（the White Chamber）開會，而騎士與市民則移到彩繪議事廳（the Painted Chamber）討論當日事務。在這個議會中議長（Speaker）的位置崛起，他當時並不是平民院的成員，有時還透過指定的代表對平民院發言，但是到了這個朝代結束的時候，議長的角色已得到承認，而君主也急著要使自己的提名人選擔任這個重要而又卓越的官職。

　　愛德華三世對平民院所做的各種讓步是一個決定性的階段，他

同意所有的撥款援助只能在議會中得到批准，也接受將平民院集體
請願的正式草案，做爲未來法令的基礎。到愛德華三世駕崩的時
候，人們普遍認爲平民院在批准稅收與提出請願上擔任領導角色。
平民院當然對君主心存敬畏，但這個機構並沒有悠久的威權傳統。
愛德華一世統治之際，關於王室特權的各種主張仍圍繞在他們心
中，而且並沒有跡象顯示他們或整個議會在行政與政府事務上有任
何控制或干預的權利。他們奉召替藉著暴力達成的政治調停背書，
投票解決撥款事宜，以及表達民眾的抱怨。但是整個十世紀，英格
蘭仍然一直致力於接納議會成爲政府的一個部分，以及接納平民院
是議會的重要基礎這兩件事。

　　反對教皇代表的情緒日益增高。約翰王在世之日羅馬方面所做
的各種干涉、亨利三世對教會的順服、教廷收稅官的強行徵收、教
士在王室與樞密院中的影響力，都使得英格蘭人對教會的批評與厭
惡日增。愛德華三世的統治時期這種情緒達到高潮。與法蘭西的戰
爭已經激起以及觸怒了英格蘭人的民族情緒，因此他們也痛恨國外
教會的影響力，何況教會的盛世已過。這個日薄西山的霸權迫不得
已放棄了它在羅馬的神聖教廷，現在在法蘭西的影響下，教廷設於
敵人領土的亞維農（Avignon）。在這些年當中議會也通過了許多
法令，如果在王廷中可以審理的事件，就禁止向教皇法庭（Papal
Curia）上訴，同時限制教廷在英格蘭教會中任命職位的權力。由
於外交的限制，這些法令實際上只是斷斷續續地執行，但是戰爭的
消耗讓羅馬沒有經費，而教廷的收稅官在這個時期的大部分時間中
搜刮全國物資，也幾乎沒有收穫。

　　一三六九年，在亞奎丹再度開啓嚴重的戰鬥，英格蘭當時已經
筋疲力盡，幻想破滅。教士們要求免稅，但並不是時常成功，事實
上在那個社會貧窮與經濟紊亂的時代，他們足以炫耀他們的財富。
神職人員將貴族驅出公職，同時議會中則滋長著反教士的情緒。國
王年老力衰，貴族權勢復甦的日子到了，剛特的約翰藉著仔細計畫
來對付教會的政治攻勢，而自行矯正了這種平衡，大力支持貴族。

這時一個出乎意外的武器已準備好要交到他的手中。全國神學研究與學習的中心牛津大學批評教廷作威作福的聲浪高漲，一位名為約翰‧威克利夫（John Wyclif）的傑出牛津學者所提出要求改革的說法引起了注意。威克利夫對於教會的腐敗深感憤慨。他從教會驕傲的階層制度與要求絕對權利當中，看到了基督教的原則受到扭曲，他宣稱對於靈魂的控制從來就沒有授給凡人。身為上帝對於世俗萬事代理者的國王，有權抑制教士的浪費奢侈，一如教士有權指導國王的宗教生活。雖然教皇與國王在他們各自的領域裡都是至高無上的，但是每位基督徒要相信的「主要」並不是他們，而是上帝，信徒最後是向天堂，而並非向羅馬懇求。

　　威克利夫的學說無法成為善良學者的遐想，它被應用到教會與國家既有現狀，造成更深的裂痕；它也涉及減少世俗教會的權力以便使得教會能夠淨化。剛特的約翰對前者有興趣，而威克利夫對後者有興趣，教會則反對兩者。剛特與威克利夫一開始各自希望利用彼此而達到自己的目的，所以他們兩人結盟。剛特忙著聚集新的議會，而威克利夫提供道義上的支持，在教堂之間講道，攻擊教會濫用權力。但是這麼做也喚起了反對的力量。威克利夫對於教會改革的希望不久便涉及階級與黨派的偏見，而剛特與這位革命神學家的結盟，也使得主教團為了鞏固其既得利益而反對他們兩人。因此這兩個人因為結合而受害。主教們認識到威克利夫是剛特最危險的支持者，於是他們在聖保羅大教堂以傳播異端的罪名傳訊威克利夫。剛特趕來援助他，卻遭到倫敦暴徒的仇視，這並不相配的合夥關係最後終告粉碎，威克利夫不再於政治事務中佔有重要分量。

　　就在同一個時間，威克利夫開始展現他長久的影響力。他決定訴諸人民。教會的濫用權力與他自己進行改革的教義，已經吸引住他身邊許多年輕的學生，他將追隨者組成一隊隊窮困的傳道者。他們像一個世紀之後威斯利（Wesley）的那些傳道者，在全國各地為教士傳播關於安貧樂道的學說。威克利夫撰寫英文的短文，其中最著名的是人們傳閱的《小門》（the Wicket），最後他與學生跨

出了一大步，將聖經譯成了英文。

「基督徒不分男女、老少，都應當多多談論《新約》，因為它具有權威，並能使普通人了解要得到拯救最需要的重點。……《聖諭》[3]的各處，明白的以及深奧的，都教導人們要溫順與慈悲；因此保持溫順與慈悲的人，對《聖諭》有眞正的了解與完美的表現。……因此沒有任何有智識的普通人會極爲害怕討論《聖諭》的內文，……沒有任何神職人員因爲非常了解《聖諭》而感到驕傲。因爲外表慈悲，認爲了解《聖諭》，只會使上帝卻步，使人更加沮喪，……而神職人員的驕傲與貪欲使他們不明是非，無法十分瞭解《聖諭》。」

早期基督教的精神於悶熱的倦怠之後，現在帶著爽快的、令人精神爲之一振的微風在英格蘭復甦了。但是對富人與窮人同樣展開的新遠景，深深擾亂了頹敗的社會，教會與國家馬上就會領悟到它們的權力所受到的危險。

＊　　　＊　　　＊　　　＊　　　＊

長久的統治已經接近黃昏。克雷西與普瓦泰兩役的光榮已經褪色，好戰的愛德華國王追逐權力與名聲，爲了到外國冒險而需要的金錢，他願意以祖先奮戰而得到的許多特權進行交易。可是如今他風燭殘年，卻成了時間與運氣的債務人，它們狠狠地告他的狀。他看到他與兒子在法蘭西東征西討的各處土地像雪一般地在復活節融化，只有幾個海岸城鎮能夠對這個島嶼民族記憶中的勝利與壯麗提供明證。他多情的妻子菲莉帕王后已經於一三六九年死於瘟疫，甚至在她去世之前，年老的國王便已經被愛麗絲・佩勒斯（Alice Perrers）的情絲所縛。愛麗絲是一位貴婦，家世不高不低，但是機智過人，能力出眾，行事無所顧忌，放蕩不羈。國王已經六十高齡，沈迷於這段不倫之戀，刺激著桀驚不馴卻敏感的當代情緒。這件事比起一三四八年由嘉德勳章（the Order of the Garter）的創立所象徵的王室之愛，是比較不夠浪漫。這個勳章的權威格言是「願心懷惡意者遭辱」（Honi soit qui mal y pense, Evil to him that evil thinks）。不過貴族與民眾都不願意國王老年時的情婦從這句格言獲得好處。因為愛麗絲不僅因受寵而致富，會用菲莉帕王后的某些珠寶打扮自己，而且還興致勃勃地玩弄政治。她甚至與審案中的法官們同席，審理她關心的案件。因此貴族與平民聯合起來反抗她。

愛德華三世終於因為從事戰爭，處理繁雜事務，而且耽於逸樂而衰老。他已經到了生命的大限。他慶祝統治的五十週年，但是最後十年卻有損他的名聲。撇開愛麗絲不談，他將剩下的希望全部集中在黑王子身上，但是這位名震歐洲的偉大戰士也因為征戰疲勞而虛弱，健康情形正在急速惡化。一三七六年黑王子去世，留下一個不到十歲的兒子，做為王位的當然繼承人。國王愛德華三世的命很長，但畢竟走到了盡頭。他受到致命的打擊，退居到仙恩別墅（Sheen Lodge）。愛麗絲追求摩登流行，慫恿愛德華在康復後考慮比武、狩獵與其他遠大的計畫。但是編年史家說，國王在去世之前便已經昏迷，她就將國王手指上的戒指以及屋內其他財產拿走而離開，隱居了好一陣子。我們沒有聽到有關她的故事，但她不久後再度快樂地出現在新的朝代。天哪！所有的記述都證實愛德華國王死時眾叛親離，只有一位地方教士大發慈悲，使他最後赴往天國的途中能夠得到教會的保護。

就在祖父去世的那天，黑王子的兒子在一致同意下被擁立為國王，沒有人提出任何另選君主的問題，於是英格蘭的王冠傳給了一位幼主。

【1】　譯注：John Churchill Morlborough（1650-1722），英格蘭將領，在西班牙王位繼承戰爭中統率英荷聯軍擊敗法王路易十四。

【2】　譯注：又稱 Fabius Maximus（?-203 BC），羅馬統帥，在西元前二世紀第二次布匿克戰爭中，以拖延等戰術與強敵漢尼拔周旋。

【3】　譯注：即《聖經》。

第三部

封建時代的結束

第二十三章　理查二世國王與社會叛亂

剛特的約翰──蘭開斯特公爵，黑王子的弟弟，年幼國王的叔叔──是攝政會議（the Council of Regency）的首領，他實際上統治著這塊土地。黑死病的衝擊與陰影控制著人間，而一種新的流動性橫掃過英格蘭的社會。瘟疫所造成的幾乎致命的創傷仍使人感到疼痛，但是人們雖然痛楚，卻也都隱隱了解到這塊土地上有較多的生活餘地。許多空缺都被填滿了，各個階級中的許多人都意料之外地提升地位，或者是擴展生活環境。社會因為集體實力減退、個人力量提升而呈現混亂。

認為英格蘭人在戰爭中戰無不勝，英勇無敵，他們的武力無堅不摧的這種信念根深蒂固，雖然說他們在法蘭西喪失了許多物質上的收益，在克雷西與普瓦泰兩役戰勝的得意仍未消逝。他們確信能在任何時候於戰場上與法蘭西人或蘇格蘭人交鋒，他們在意這點勝過戰爭的結果。很少有人真正看清楚贏得戰役與達成持久的征服兩者之間有何差異。議會一開始熱心作戰，缺乏遠見，卻又痛恨戰爭的支出。但當戰事繼續時，國人期望君主能有輝煌的戰果，同時則指責君主稅賦過重及使得王國騷動。不只後將不得不談判的和平，無法與英格蘭人沈溺其中的勝利所帶來的快意相稱。理查二世一上任就遇上了顯著的尷尬局勢。

經濟與社會領域都起了廣大的騷動。黑死病打擊動盪中的世界。自從君主推出雇用賺取薪俸的兵卒代替封建募兵的習俗之後，賜予封地的連繫便一直在瓦解。為什麼貴族或騎士不能仿照君主的典範呢？小地主為強鄰服務（不包括反對國王）而訂定盟約是很平常的事，而大家也並非總是遵守盟約中的限制。舊的、互相盡忠的約束正在消逝，代之而起的是私人軍隊，他們是雇來的財產保護者，也是無政府狀態的先驅。

中古時代的英格蘭，莊園領主時常將繁榮興旺建立在農奴制度上。農奴的身分與職責都受到長期習俗的規定，並且由莊園的法庭

強制執行。各個莊園四周都有一個緊密團結、自給自足的社會。雖然在十三世紀與十四世紀早期，勞力的運轉與貨物的交換已經超過人們以前的想像，但發展仍屬比較緩慢，而鄉村社會的瓦解也是採取漸進方式。現在時間終於到了，社會與勞力的區隔不再保留它們原有的結構，而黑死病這場劇變來勢洶洶地加速了這個深刻分裂的過程。幾乎三分之一的人口突然死亡，大部分的土地無人耕種。劫後餘生者用犁去耕種最富饒的土壤，在最美好的牧地上飼養牛羊。許多地主都放棄了農耕而經營畜牧，靠著侵占土地將最好的牧場圍起來。這個時候致富似乎比較容易，價格上漲，利潤攀高，找得到的勞動力減少了幾乎一半。小塊的土地都荒廢了，許多莊園都喪失了自古以來就爲他們服務的農人。耕種者與勞工發現自己被人需求甚殷，各方對他們都競相爭取。詩人郎格蘭（William Langland）在所著的《耕夫皮爾斯》（Piers Plowman）中描繪出一幅不帶同情卻又相當有趣的景象：

> 勞工無地可種耕，唯憑雙手自謀生，
> 一日無法進一餐，夜來只有啃野菜。
> 身無分文買麥酒，鹹肉一片也很難，
> 若能到手鮮魚肉，不是火烤便油煎，
> 爐上熱上又加熱，他們飢腸方可暖。
> 但是高薪能雇他，不然開罵鬧翻天。

但是主人對於事情的看法並非如此。他們兇狠地拒絕增加工資的要求，而且恢復了古代要求強迫或約束勞動的權利。村民的家世被詳細檢查，這種檢查到當時爲止只用在上流人士身上。被宣布爲農奴（serf）的隸農沒有權利提出新的要求，如果貴族提出長久喪失的權利，不論法律上是多麼完善，都會受到村民猛烈的抗拒，而村民也成立了勞工工會來保護他們的利益。因此有許多隸農逃亡，情形就如同一八五〇年代奴隸從美國南方各州逃亡的情形一樣。有

些地主在困窘中提議減輕農奴的勞動服務期限，並且將田地租給持有小塊土地者，以換得他們的服從。在某些莊園當中，全體農奴都恢復了自由，產生了一個自由佃農的階級，但是這種情形畢竟少之又少。在所有地主勢力當中最大的就是教會。整體而言，宗教力量成功地擋住信徒在這一部分的攻擊。當一位地主，像是赫頓（Hutton）莊園上的巴特（Battle）修道院院長被迫租出空著的田地時，是以最短租期爲準而成交的，而租期在地主逮著機會時減低到以年爲基準。十八世紀法蘭西企圖要求恢復過去的封建權利，結果喚起了革命浪潮。

　　整個英格蘭經歷的動亂影響到大眾生活，這種景象一直要到十九世紀工業革命（the Industrial Revolution）時才會重見。現在的情形就是一個以有產階級爲基礎的議會，無法產生明確的意見。在英格蘭就像在法蘭西，君主過去不止一次干預地方上關於薪俸的規定，一三五一年的「勞工法令」（the Statute of Labourers）是首次爲全國訂立工資與價格的重要之舉。在疫病之後的不良情況中，議會設法不顧一切地執行這些法律。從農村中產階級找來並支付固定薪俸的「勞工法官」（Justices of labour）可以審訊違犯法令者。在一三五一年到一三七七年之間，民事訴訟法院的官員共計審判了九千件毀約的案件，這些積極而有偏見的官員在很多地區都受到居民的抨擊，整個社會都極爲不安。

　　然而瘟疫的劫後餘生者都很富裕安康。叛亂並沒有在那些遭逢饑荒打擊的鄉村地爆發。傅華隆說：「農民的叛亂是英格蘭下層階級民眾因生活優閒富足所引起以及激發的。」人民並不是沒有對抗不公的工具，也不是沒有表達心中不滿的喉舌。在低下階級教會人士中，享有微薄聖俸的執事也都曾經被黑死病重創。光是在東英格蘭就有八百位教士死亡。倖存者發現他們的薪俸在物價日漸升高的世界裡維持不變，高級教會人士對教會普羅階級的這個問題卻漠不關心，因此高級教士非得遭殃不可。主教的莊園都是起義時明顯的攻擊地點；在交易日的市集裡，特別是苦行僧當中的煽動者，都會

聚集並鼓動民眾。郎格蘭道出了對既有秩序的這些基督教共產主義的憤慨：

　　他們談柏拉圖這個人，並用塞內加的句子證明天下萬物都一樣，應該平等：

　　然而如我活著所見，他說謊，講道的對象都不是讀書人。

　　許多慷慨激昂的煽動者——其中約翰‧鮑爾（John Ball）最為著名——都宣揚顛覆的學說。全國充滿了解甲歸來的散兵，他們全都熟悉長弓以及它能夠射殺得意洋洋、武裝良好貴族的威力。革命觀念傳播得很遠，一首通俗的民謠表達了群眾的迴響：

　　亞當掘地，夏娃紡織，
　　那麼誰是紳士？

　　對於十四世紀而言，這是個新問題，在任何時候都很尷尬的問題。中古時期英格蘭嚴密的、歷經時間考驗的框架基礎都因而顫抖。

　　這些情況絕對不只在這個島嶼發生。在英吉利海峽的對岸，一個激進的民主運動挾著與我們這個時代的言論十分相近的呼聲而發生。它在英格蘭也風起雲湧，促成了一三八一年恐怖的叛亂。它是一場社會劇變，自動自發而且廣布四方，爆發的原因也都一樣，並且帶有同樣的情緒。整個運動是黑死病的直接影響，這一點可以用事實證明：叛亂在死亡率最高、習俗最紊亂的肯特以及東密德蘭地區最為猖獗。它是一代人由於命運的各種改變，擺脫了順從的想法，因而發出痛苦與憤怒交織的呼聲。這種轉變同時帶來了新的希望與新的不公。

　　　　＊　　　　＊　　　　＊　　　　＊　　　　＊

　　一三八一年的整個夏季，到處都有騷動，而它們在背後都有組

織支持。代理人在英格蘭的中部鄉村到處走動，與據說將要在倫敦聚會的「大社會」（Great Society）保持接觸。五月裡，東塞克斯爆發了暴動，這次暴動是因為當局企圖對一年前徵收過的人頭稅實行更加嚴格的第二次徵收而引發的。在倫敦的動亂分子群情激憤，一群人在一位名叫湯瑪斯‧法林登（Thomas Faringdon）的人率領下前往加入叛亂者的陣營。市長沃爾沃思（Walworth）面對市民強大的反抗，因為市民同情起義，並與舉事者接觸。在肯特，農民在攻擊萊勒斯大修道院（Lesnes Abbey）之後，通過羅徹斯特與美茲頓（Maidstone），沿途焚燒莊園的紀錄資料與稅賦的賬目。他們在美茲頓將煽動者約翰‧鮑爾從主教的監牢裡釋放出來，並且與一位富有領導天賦與經驗的軍事冒險家瓦特‧泰勒（Wat Tyler）會合。

　　王室樞密院對此感到緊張且不知如何是好。六月初叛軍的主力從東塞克斯與肯特移往倫敦，他們在此找到了奧援。魚販約翰‧霍恩（John Horn）邀請他們入城，負責守衛倫敦橋的郡長並沒有做任何防禦措施，因此艾德門（Aldgate）由於陰謀而對一群東塞克斯的暴徒開啟。這個城市三天內全是一片混亂。許多外國人遇害；兩位樞密院的成員——坎特伯里大主教兼大法官西蒙‧薩德伯里（Simon Sudbury）與財務大臣羅伯特‧黑爾斯爵士（Sir Robert Hales）——被人從倫敦塔拖出來，在塔丘（Tower Hill）被斬首；剛特的約翰所居住的薩瓦宮被焚毀；藍貝斯與紹斯瓦克（Southwark）遭到洗劫。這是一個償還舊債的適當時機。法林登已經擬好了放逐名單，強取豪奪的金融家理查‧里昂（Richard Lyons）被殺。然而忠心的公民團體支持市長，而年輕的國王則在史密斯菲爾德（Smithfield）面對暴動的領袖們。所有的暴徒似乎對這君主都很忠誠，他們的要求很合理，但是也令人感到窘迫。他們要求廢除壓迫性的法令，廢止隸農制度，以及瓜分教會的財產。他們尤其主張沒有人應該是農奴或對莊園主盡任何勞務，但是每年應該以一英畝的土地為單位，支付四便士給領主，而不必違反個人

的意願爲任何人服務，若有協議則可以例外。談判正在進行的時候，泰勒先被沃爾沃思所傷，接著被國王的一名持盾扈從擊斃。這位叛亂領袖滾下馬來，在集合的人們眼前死去，國王遇到了這個危機，於是單獨拍馬向前大呼：「國王我一定要做你們的領袖。你們想要什麼，都可以找我。只要跟隨我到國外作戰就可以了。」但泰勒的去世證明了是反動浪潮的信號，因爲少了領袖的烏合之眾各自回家，在他們各自的郡裡胡作非爲。他們受到當局的追捕，遭受當局的復仇。

　　起義的事已經傳遍英格蘭的整個西南部。橋水（Bridgwater）、溫徹斯特、沙利茲伯里紛紛傳出暴動。在赫特福郡，農民群起反抗最有權勢、最令人痛恨的聖奧班斯大修道院，並且在傑克‧斯特拉（Jack Straw）的率領下向倫敦進軍。劍橋郡（Cambridgeshire）也出現集體叛亂，焚燒卷宗以及攻擊主教的莊園。亨廷頓郡（Hungtindonshire）的拉姆齊（Ramsey）大修道院也受到攻擊，不過亨廷頓的市民關起了城門不讓暴民得逞。在諾福克與薩福克（Suffolk），農民都比較富庶而獨立，對於隸農制度的憤怒也比較強烈。貝里聖艾德蒙大修道院是一個受人仇視的顯著目標，而法蘭德斯人的毛織工匠都在林恩（Lynn）遇害。叛亂的浪潮影響很遠，北至約克郡與柴郡（Cheshire），西至威特郡與索美塞特。

　　但是自從泰勒死後，統治階級的抵抗便出現了組織。大法官廳向掌管恢復秩序的王室官員呈送信函，法官都在首席法官特雷西連（Tresilian）的指示下對叛亂分子速審速決。國王陪著特雷西連巡迴審判懲處，強行要求法官遵守法規懲罰叛軍。諾福克好戰的德斯彭塞主教動用東方郡縣的武裝部隊保護教會的財產，在北瓦珊（North Walsham）打了名符其實的一仗。不過與現今的類似例子相比，當局的反應其實非常克制。根據卷宗記載，被處決的人不到一百五十名。當時沒有什麼事情會比現今在歐洲許多國家所看到的那麼野蠻。法律重建了法治秩序。甚至在這場憤慨的階級反動當中，都在陪審團審判之後才會有人被判絞刑。一三八二年一月宣布

了由議會提議的大赦，但是統治階級在贏得了財產的勝利之後卻矢口否認所有的讓步，並且大膽地企圖重建這個世紀初期完整的莊園制度。然而許多代以來，上層階級都生活在害怕民眾起義的恐懼中，而勞工則繼續匯合他們的力量。卑躬屈膝的勞動服務不再是這個制度的基礎，法律對農奴制度已經變得絲毫不重要；廣義而言，「減輕勞役」在　二四九年後加速發展。這些都是黑死病影響力持續較久遠的部分。對史家而言，這場叛亂只不過是一道閃光，顯示貧苦階級在中古時期的情況，但它的影響力卻相當久，而且使得當時的人感到害怕，它在農民心中是最主要的憤怒，並且招致當局警覺而有力的抵抗。在這種背景下便孕育出人們想要固定分配教會財產的欲望。在叛亂之後羅拉德教派（Lollardy）[1]的傳播，因為讓勝利者感受到威脅而遭到仇視。威克利夫的「貧苦傳道之家」由於惹上麻煩而使得名聲受損，而他們遭受的迫害是一個根基動搖的系統所作的報復。

　　在一三八○年代英格蘭一觸即發的沈鬱氣氛中，威克利夫的教義獲得了廣大群眾的信仰。但是面對社會革命，英格蘭的社會卻無心實行教會改革，所有顛覆性的教義都遭到譴責，雖然威克利夫並未直接負責，也未被指控從事煽動性的講道，但是譴責的結果還是對他所倡導的運動帶來災難。有封地的階級默許教會對這位傳道者進行壓制，而這種壓制來得快速又有效。威克利夫的死對頭考特尼（Courtenay）在薩德伯里遇害之後成了大主教，他發現威克利夫的朋友控制著牛津，於是快速地採取行動。這位改革者的教義受到正式的譴責，各地主教都得到指示逮捕所有未經當局許可的傳道者，這位大主教很快就成為教會紀律的負責人；再加上國家在蘭開斯特王室主政時的積極支持，終於使得教會能夠從一般信徒的攻擊中恢復過來。一三八二年考特尼抵達牛津，在現今的基督教堂主持教士會議。羅拉德教派的重要人士都被嚴厲地要求放棄信仰，大法官為了大學特權提出來的抗議遭到漠視，威克利夫的追隨者遭到冷酷的非難，最後他們不是退縮便是屈服。威克利夫發現自己單槍匹馬，

於是抨擊教會教義與教會特權是完全不同的，結果使他失去了剛特的支援。他的民間傳道者以及閱讀英文《聖經》的活動，都無法建立一個堅實的，對抗社會統治勢力的堅強團體。

威克利夫訴諸時代的良知。所以雖然他在英格蘭受到阻撓，但是並沒有因此而使得他的理念默默無言。他的鼓吹使一個遙遠、幾乎無人知曉的土地掀起了風波，然後從那裡攪動了整個歐洲。布拉格（Prague）的學者曾經前來牛津，將威克利夫的教義以及著述的手稿帶往波希米亞，從這裡萌生了一場運動，而在這運動中約翰·赫斯（John Huss）的名聲掩蓋住威克利夫的名聲，並且引起捷克人民長久的國家意識。

由於對教會統治世人的絕對威權做正面的抨擊，暗示個人良知才是最重要的，以及對教會教條的質疑，威克利夫為自己招惹了雷霆般的壓制。但是他的抗議卻導致「牛津運動」（Oxford Movement）的出現。這個運動在他當時是失敗了，不過卻掀起了後來宗教改革（Reformation）的浪潮。威克利夫的運動後來被稱作羅拉德教派，被迫潛入地下。教會藉著與國家結盟而加強它在世俗的地位，無恥地擊退了第一次的攻擊，但是它的宗教權威之後必須承擔著從這場鬥爭中產生的傷疤與衰弱。

十七世紀的作家富勒（Thomas Fuller）[2] 寫到威克利夫的傳道者時說：「這些人都是抵抗敵人大軍的衛兵，一直要等到路德（Luther）[3] 來接替他們。」在牛津，威克利夫的傳統保存在《聖經》研究中，一直承續到宗教改革，約翰·科雷特（John Colet）在一四九七年到一四九八年之間的演講才將它復興。在這個國家之中，羅拉德教派被認為與政治叛亂無異，雖然這並不是威克利夫教導過的道理。它宗教上的敵人急於做這種指控，而羅拉德教派傳道者——通常是一般信徒——做出激動而有時無知的抨擊，等於替敵人提供大量的證據。殘酷的日子等在前面，政治傳統將在亨利五世時代約翰·奧爾德卡索爵士（Sir John Oldcastle）叛亂所引起的苦難中變得蕩然無存。但是對抗好戰且得意洋洋的教會組織所不可

或缺的成分，則在英格蘭人民的心中保留下來。英格蘭人的心中灌輸了塑造這個民族命運的原則。威克利夫在活著的時候未竟全功，而他的光芒也在宗教改革的光輝中褪色了。密爾頓（Milton）[4]在《論出版自由》（Areopagitica）中寫道：「威克利夫是一位想使學問登峰造極，除了在一個比較快樂的年代中能穩定生活，此外便別無所求的人。」

這種爭取自由的頑強意念並沒有在英格蘭粉碎，英格蘭人民的地位與心情，與法蘭西農民由於戰爭、饑饉以及因為對扎克雷（Jacqerie）起義進行野蠻鎮壓，迫其順服，而被搞得精疲力竭的被動相比，算是好得多。

亨利六世統治時期的著名陪審員約翰・福蒂斯丘爵士（Sir John Fortescue）寫道：「是怯懦、缺乏熱心與勇氣而非貧窮，使得法蘭西不敢起義；法蘭西沒有英格蘭人那樣的勇氣。」

＊　　　＊　　　＊　　　＊　　　＊

理查二世正在成長，他敏銳的本能與老成的能力被所見所聞磨練得相當銳利。在農民叛亂的危機中，許多事情他都首當其鋒，而他在各個場合中藉著個人的行動拯救了局勢。封建貴族階級已經失去了勇氣，而恢復社會秩序的是國王宮廷與王室的法官。然而理查二世卻同意延長他受監護的期限。剛特的約翰——亞奎丹子爵——離開了王國而去追尋海外的利益，其中包括要求卡斯提爾（Castile）王國的權利。他留下兒子亨利，一位充滿活力而又能幹的青年，來管理他在英格蘭的產業與利益。

理查二世一直到二十歲才決定要成為樞密院的主人，尤其要逃避他幾位叔叔的控制。以前的國王都沒有受過那樣的待遇。他的祖父十八歲的時候就廣受其他人服從，而理查十四歲的時候就已經扮演決定性的角色。他的王室與它四周的朝臣都期望他早日掌權。這個圈子包含政府的智囊與高級文職人員，其主要人物是大法官麥可・德・拉・波爾（Michael de la Pole）、首席法官特雷西連以及約克大主教亞歷山大・納維爾（Alexander Neville），而支持他

們的是理查二世的導師兼密友西蒙・伯利（Simon Burley），伯利大概是引導者。也有一群比較年輕的貴族投靠朝廷，他們之中爲首的是牛津伯爵羅伯特・德・維爾（Robert de Vere），德・維爾現在所扮演的角色很像愛德華二世時代的加維斯頓。國王是重要職位的源泉，對他的擁護者紛紛施惠，德・維爾不久便被封爲愛爾蘭公爵。對於樞密院中的權貴而言，這顯然是政治上的挑戰，愛爾蘭儲藏有足夠的人力與供給，在檯面下控制著議會與貴族，而議會與貴族則主宰著英格蘭。

國王以及他娘娘腔的寵臣身邊的集團佔據了王室與政府的職位，使得封建貴族難堪，在某種程度上有辱民族精神。就像時常發生的，反對者在外交事務中找到了抨擊點。王室缺錢卻又恐懼伸手要錢，而更重要的是沒有軍事領導人才，所以只得安撫貴族與議會。貴族與議會都責備崇尚和平的大法官波爾以及朝廷的享樂作風，笑說：「他們是維納斯的騎士，而不是貝農娜（Bellona）的騎士。」當時非得向法蘭西宣戰不可，所以一三八六年成立了一個反對君主的統一陣線，議會也因此任命了一個由五位大臣與九位勳爵所組成的委員會，在這委員會中之前的攝政諮議大臣都是首腦人士。朝廷在波爾被彈劾的風暴之前讓步。文職人員被認爲是國王的依靠與決策錯誤的來源，他們現在也遭到了整肅。我們可能會注意到他的侍從武官傑佛瑞・喬叟（Geoffrey Chaucer）[5]，因爲其他的理由而丟掉了他在海關的兩個官職。

委員會的成員逼迫理查二世將他個人的朋友一一革職，國王因此深感苦惱而離開了倫敦，他在北威爾斯與新的愛爾蘭公爵結交，在約克與納維爾大主教結交，在諾丁罕與首席法官特雷西連結交。他想要率領部隊，在後來的查理一世有一天將展開王室旗幟的同樣一個地點從事內戰。愛爾蘭的募兵、威爾斯的持矛手以及自己伯國柴郡的弓箭手，都正在集結成軍。就以這些武力爲基礎，特雷西連與其他四位王室法官都依賴它，宣稱上訴勳爵（Lords Appellant）與議會施加在他身上的壓力，與英格蘭的法律和憲法相反。這種判

斷在法律上的健全性當然無須懷疑，但接下來的是血腥的報復。國王的叔叔格羅徹斯特與貴族寡頭政治集團的其他首要人物聯合譴責首席法官和那些與他一起行事的人——其中包括德‧維爾與其他王室顧問——是王國的賣國賊。國王當時才二十歲，過於直率地以王室威權爲基礎，而樞密院的勳爵仍然能夠掌握議會的支持，他們甚至訴諸武力。格羅徹斯特帶著武裝部隊逼近倫敦。理查二世先抵達那裡，受到了市民的歡迎，市民掛出他的紅白旗幟，表達對他的好感，但是他們並沒有做好抵擋貴族部隊的準備。在西敏寺廳的三位上訴勳爵格羅徹斯特、阿倫德爾（Arundel）與瓦立克，還有廳外三百名騎兵組成的護送隊，威嚇國王使其順從。國王除了使他的支持者安全逃脫之外，沒有其他的辦法。

德‧維爾退到切斯特，募集武力鞏固王室的權利。德‧維爾帶著這支隊伍於一三八七年行軍前往倫敦。但是現在上訴勳爵們與剛特的兒子亨利都帶兵準備迎戰，在牛津郡的拉得柯橋（Radcot Bridge），他們打敗了德‧維爾。這位寵臣遂逃往海外。國王現在被先前已經篡奪君主權利的得意黨派所擺布，他們爭論著是否應當將國王廢掉或者殺害，年紀大的人士主張走極端，而年輕的人則制止他們。理查二世受到兇狠的威脅，說他將遭到其曾祖父愛德華二世同樣的命運，這場爭論很激烈，以致於只有兩位上訴勳爵答應與國王同進晚餐。年輕的軍事勝利者亨利懇求採取溫和手段，可能是因爲如果採取激烈手段，亨利的父親對於要求王位的權利就會因爲格羅徹斯特取代理查二世而變成無效。

上訴勳爵們雖然意見分歧，但大抵上都避免廢除與殺害國王，然而他們對其他事務卻相當強硬。他們在各方面都逼國王屈服，他們對於在他的圈子中平步青雲的貴族與擁護者所做的報復也相當殘酷，而王國的政治集團都奉命支持新的政權。在指定的那一天，五位上訴勳爵身著金色袍服，攜手走入西敏寺宮，開啓了「無情的議會」。他們最難纏的敵人是由特雷西連爲首的王室法官。特雷西連曾經在諾丁罕頒布王室至上的法令，即王室的法庭及律師均位於議

會的貴族之上。關於這點，現在出現了和往常差不多的鄭重答覆，即是肯定封建權力的事實，也宣布議會治國的原則，前一項事實在當時動亂之中消失了，但是後一項原則直到十七世紀持續造成迴響。

首席法官特雷西連與其他四名為諾丁罕宣言負責的人士都在泰伯恩被絞死、剖腹、分屍，而國王的導師伯利也未能逃過一劫。舊貴族完全得到了勝利，只剩下國王這個人很勉強地受到尊敬。理查二世不但被逼著順從，還得同意他的朋友被殺這件事，不禁悲慟而低頭掩首退隱。

這種對待必定讓國王留下了深刻的印象，畢竟能夠忍受這種天降浩劫的人極少。他對於過去的不當作為與錯誤沈思，而且看出得意的領主將會成為欺君壓民的殘暴人物，所以他發揮遠比以往更多的才能，立下了復仇與奪回政權的計畫。有一年的時間英格蘭暫時相安無事，但卻危機四伏。

＊　　　＊　　　＊　　　＊　　　＊

一三八九年五月三日，理查二世採取了無人預料得到的行動。他在樞密院坐定位，沈著地請人告訴他他幾歲了。旁人回答國王已經二十三歲，而他立即宣布自己已經成年，所以不再順從對他權利的限制，因為他的臣民也不會忍受這些限制。他將自行治理王國，選擇他自己的顧問，要做個名副其實的國王。此舉無疑是以非凡的聰明事先準備好的，而這種聰明也正是理查許多大計的特色。國王的動作立刻成功了，湯瑪斯主教是阿倫德爾伯爵的弟弟，也是後來的坎特伯里大主教，他在理查二世的要求下交出傳國玉璽。吉爾伯特主教（Bishop Gilbert）辭去財務部的職位，而贊成國王的威廉‧威克罕（William of Wykeham）與湯瑪斯‧布蘭廷翰（Thomas Brantingham）恢復官職而成為大法官與財務大臣。除了法官席的那些上訴勳爵之外，還加上國王提名的人選。由國王發給郡守的詔書宣布國王已經正式掌政，這個消息受到民眾出乎意外的熱烈歡迎。

　　理查二世審慎寬容地運用到手的勝利。一三八九年剛特的約翰與他的兒子——現在也成為領袖人物的亨利——從西班牙一起返國，與國王和解。一三八八年聯手逼迫國王的恐怖事件已經煙消雲散，王室政府機構勝過黨派勢力，重新得到控制權，接下來的八年時間理查二世便以合乎憲政，也符民望的國王姿態治理英格蘭。

　　這是一個庶民完全被排除在權力之外的年代。包括新興中產階級在內的統治階級，即使時常出現內訌，也都常會團結在一起以免失勢。曾經推翻理查二世的社會分子提出了批評他的證據，但是他們對理查性格的評斷只能被人有所保留地接受。他致力破壞與廢除之前派系敵對與教會和貴族敵對所不知不覺建立的憲政權利，這件事不容否認。但是這樣做是為了滿足個人，抑或是因為希望實現他在農民叛亂發生之際所立的誓言——「我將做你們的領袖」，則是一個不能輕率漠視的問題。理查二世的確於一三八一年暴躁地回答叛軍的某個代表團說：「你們仍舊是隸農，你們將繼續做隸農。」並且說他在脅迫下所做的誓言並不能代表什麼；然而他靠著釋放農奴的特許狀使許多農人免除了封建的束縛。他曾經鄭重地答應廢除農奴制度，而且也向議會提出這個建議，但是被駁回了。他對於許多傷害都長記在心，或許對於自己的義務也是如此。

　　理查二世復仇的耐性與技巧相當驚人。他容忍阿倫德爾與格羅徹斯特混跡政壇長達八年之久，這兩個人不像以前的例子一樣被調去擔任郡守，而是仍舊身居要津。有時候理查二世也會感情爆發。一三九四年阿倫德爾赴王后——波希米亞的安妮——的葬禮，因為他的遲到，以致於整個行程都受到延誤。理查二世將某位執事人員的禮杖抓了過來，朝阿倫德爾的臉上打去而使得阿倫德爾流血。在場的教士大叫說西敏寺大教堂受到了褻瀆。人們想到了老預言，也就是直到血染那個神聖的中殿之前，上帝都會因為湯瑪斯‧貝克特遇害一事而要強行懲罰這個國家。然而幾個星期之後，我們看到國王在巧妙的掩飾下與阿倫德爾等人達成和解。

　　貴族們彼此不合，而國王趁這個機會設法聚集愛爾蘭的資源來

壯大自己。一三九四年理查二世前往愛爾蘭，使用了王室出巡的所有排場，而且為此他創立了一支依附於他的軍隊，後來在懾服英格蘭的反對勢力的時候派上用場。他回國的時候，之前意圖使貴族與政治集團對他臣服的計畫大有進展。戰爭的負擔使他需要直接依賴國會的恩惠，而他為了擺脫這種負擔，便與法蘭西進行和解。在第一任妻子安妮去世之後，他於一三九六年娶了法蘭西國王查理六世的女兒——有孩子氣的伊莎貝拉。同時根據這項婚姻，也締結了一項停戰協定或三十年友好互不侵犯的和約。和約裡立下一條祕密條款，如果理查二世將來受到任何臣民的威脅，法蘭西國王都會來援助他。雖然和約的條件使得國人抱怨，但國王卻因為擺脫發動戰爭的威脅而收穫不小，戰爭只會使他繼續維持向議會乞討的狀態。政治集團對國王曾經大力施壓，而現在繼續鞭策他，並且抱怨締結和約的結果，這讓我們看到一個獨特的景象——金雀花王朝的國王決定休息，拒絕再拖著四輪車在遍地石子的路上向前進。但是這並不是因為理查二世缺乏勇氣或是眼光狹窄，而是國王在遠大計畫中必須這麼做，無庸置疑，國王期望獲得控制貴族與議會的絕對權力。他是否也為了大批下級臣民的利益而提議使用這種獨裁制度，則是與他的名字長久連結的一項神祕事件與傳奇。國王的情緒起伏、感情突然爆發、估計盤算幾乎如超人般的精密，全都成了他敗亡的原因，但是平民都認為國王是他們的朋友。他們認為如果國王擁有權力，就會拯救他們不受主人兇狠的壓迫，而他們都長久懷念著國王。

　　　　*　　　　*　　　　*　　　　*　　　　*

　　對愛爾蘭的長征是理查二世邁向獨裁的第一個階段，與法蘭西結盟是第二個階段，而他的下一步是全力建立一個緊密而有效率的宮廷黨派。剛特與他的兒子，以及諾福克伯爵湯瑪斯・莫布雷（Thomas Mowbray）——一位前任的上訴勳爵——現在都倒向他這一邊，部分原因是由於對他忠誠，其他原因是由於仇視阿倫德爾與格羅徹斯特。有些新人被帶入王室：約翰・布什爵士（Sir John

Bushy)與亨利‧格林爵士代表地方郡縣的利益,他們是絕對聽命於君主的僕人,他們來自在君主與貴族之間擔任仲裁的議會,爲國王弄到了能夠面對王國政治集團時需要的影響力。一三九七年,政治集團都被召到西敏寺,他們在靈巧而堅決的疏導下,全都表示順服,而理查二世在得到這樣的保證之後決定出擊。

雖然阿倫德爾與格羅徹斯特現在多少有點居於劣勢,但卻認爲他們自己受到時間以及一三八八年事件之後與王室更加友善的互動的雙重保護。畢竟從那時起也發生了很多事件,首席法官特雷西連、導師伯利以及那次的受害者,似乎都成了遙遠的回憶。所以他們兩人看到國王挾著少有的冷靜與恨意向他們進軍,不免大吃一驚。阿倫德爾與某些其他夥伴都被宣布爲賣國賊,賜予斬首;瓦立克被流放到曼島;格羅徹斯特遭到逮捕被帶到加萊,在那裡被理查的執法官殺害。這種憲政形式並未涵蓋的行徑,引起了新的報復。在此之後國王便得到污名,情形就如同約翰在殺害亞瑟之後惡名益彰。但是此刻理查二世至高無上,之前的英格蘭國王還沒有受過這樣的尊崇,而他的怒氣仍未平息。

議會爲了將這些事件合法化才加以召開,結果發現議會中有許多人受到國王的關照,所以甘願爲國王做任何事。從來都不曾有這樣一個議會,熱心到了自取滅亡的程度,暫時停止前一個世紀得到的每項憲政權利與特權。它建立至高無上的君主制度,這種地位甚至比「征服者」威廉所要求得到的還要有過之而無不及。國家透過約翰的罪行與愛德華二世的墮落而贏來的一切,由兩位愛德華讓步或建立的一切,現在全都被廢除掉了。議會以這種徹底破壞的方式完結之後,將它委託給一個十八人組成的委員會照料。議會剛剛解散,理查二世便竄改紀錄,插進擴大委員會工作範圍的字句。即使他的目的不是要打發議會,至少也是要它降低到它在愛德華一世早期所扮演的角色,當時它在實際與名義上都是「國王的議會」。

理查二世與剛特的兒子亨利——國王的堂兄弟——的關係從喜劇走入了悲劇。亨利相信自己曾經在一三八八年的危機中拯救過國

王，使國王沒有被格羅徹斯特、阿倫達爾與瓦立克廢除與殺害。這
很可能是眞的。從那時起他便與理查二世熟稔而且建立友誼，他是
一群向君主挑戰的舊貴族中與眾不同的分子。這兩位年輕人相處甚
歡，一個人是國王，另一個是剛特的約翰之子，兩人都站在距離王
位很近，距離繼位更近的地方。

　　亨利與已經升爲諾福克公爵的莫布雷之間發生了一場爭吵。莫
布雷因爲感到彆扭而從布倫福騎馬奔回倫敦。他說國王從來沒有原
諒拉德柯橋的事，也從來沒有原諒亨利與其同伴這一夥以前是上訴
勳勛爵的人士，他說他們將成爲下一次的受害者。亨利指控莫布雷
口出賣國之語。關於說了些什麼，相互衝突的報告都攤在國會面
前，一方受到質疑的時候，都指另一方扯謊，因此決鬥似乎是正確
的解決之道。這著名的事件發生在一三九八年九月，比武場畫出來
了，各界人士都來看熱鬧，兩位鬥士都出場了，但是國王卻激怒了
聚集著高度期待看到比賽的所有旁觀者；他拂袖而起禁止這場打
鬥，決定將莫布雷終生流放，將亨利充軍十年。兩位領主不得不服
從王命。莫布雷不久就死了；亨利則對他認爲是忘恩負義與不公正
的判決目瞪口呆，便往法蘭西居住並且策畫陰謀。

　　　　＊　　　　　＊　　　　　＊　　　　　＊　　　　　＊

　　接下來的一年，理查二世明目張膽地進行獨裁。他在耐心地等
到復仇完畢之後，表現出浮躁困惑、荒淫奢靡與朝令夕改。他由來
自柴郡忠實的弓箭手陪同，在王國的四處馳騁，每週都消磨在飲宴
與比武之中，同時將行政權交給西敏寺的小官員或者感到不被信任
也不接受諮詢的大臣。財政緊縮隨著王室的奢華而來，而國王強索
貸款與加重稅賦，終於惹火了商人與鄉紳。

　　在一三九八年，有許多人都體認到一個事實：唯命是從的議會
在幾個星期內暫時中止了王國的許多基本權利與自由。他們有好一
段時間沒有與國王發生齟齬，但他們現在看到國王露出了獨裁者的
眞面目。不只是在前一次危機中被擊敗的舊貴族，現在連所有鄉紳
與商人階級都對這種專制統治的耀武揚威感到吃驚。他們的憤怒也

不只是因為對憲政的愛護，或許因為許多我們不知道的理由，他們害怕現在的國王會對他們為所欲為，騎在大批順從民眾的肩上進行統治。他們再度感受到在時間相當近的農民叛亂中所嚐到社會革命的恐懼。利益、心情、行動都牢牢地連繫在一起，使得曾經提升自己或建立在普通平民之上的所有階級都團結了起來，他們都說此時此地將會有一位專制的國王放任暴徒來對付他們。

一三九九年，「蘭開斯特年高德劭的人」剛特的約翰去世了。流放中的亨利繼承了廣大的領地，不但有蘭開郡（Lancashire）以及北方，還有散布在英格蘭各處的土地。理查二世急需用錢，無法自制，結果不顧自己的承諾，根據法律而攫取了蘭開斯特的產業，因此他宣布剝奪堂兄弟的繼承權。這種做法等於質疑每位財產擁有者的地位，而且由於要命地誤判實力以及這塊土地上的任何動靜，國王於五月出發從事長征，意欲維護王室在愛爾蘭的威權。不過這項征討早就為時已晚，後來他在那裡留下一個混亂而沒有部隊支持的行政組織，以及異常憤怒的人民。國王開戰的消息傳到了亨利那裡。時機已經到了，海岸平靜而無士兵防守。亨利這個人毫不遲疑。七月，蘭開斯特的亨利在約克郡登陸，宣布他以可敬父親繼承人的身分，來要求得到合法的權利。他立刻受到擁護者——特別是來自蘭開斯特的擁護者，以及由諾森伯蘭（Northumberland）伯爵所率領的強大北方勳爵們——的擁戴。他的叛亂過程分毫不差地仿效七十二年前伊莎貝拉與莫蒂默反抗愛德華二世的路線，在一片歡呼聲中，亨利由約克行軍橫越英格蘭到布里斯托，而且如同伊莎貝拉在城垛上絞死休·德斯彭塞一樣，現在蘭開斯特的亨利也在此處要了威特郡伯爵威廉·斯科羅普（William Scrope）、布什、格林（Greene）、理查二世大臣與代表等人的性命。

關於亨利的行動以及隨後發生的一切消息，一段時間之後才傳到身在愛爾蘭的理查二世那裡。雖然受到海上狂風暴雨的阻撓，他還是匆忙地趕回來。他於七月二十七日在英格蘭登陸，歷經三個星期的急行軍通過北威爾斯，企圖聚集武力，但他看到的情形卻使他

深信大勢已去。他耐心、精巧建立的權力結構，彷彿被魔術弄得無影無蹤，支持他的威爾斯人，無法面對現在全英格蘭挺進的兵力。他在夫林特堡（Flint Castle）向亨利歸順，而現在整個行政權都傳到了亨利手中。理查二世乘車穿過倫敦，看起來就像是亨利隨扈人員當中的俘虜。他被囚在倫敦塔內，被逼退位，他的死亡成了不可避免的事。他是所有英格蘭國王當中的最後一位，他的世襲權利毫無爭議地在朋提夫拉特堡（Pontefract Castle）鐵閘門的背後永遠地消失了。亨利憑著王國政治集團、宗教以及世俗貴族的同意而登上王位，成為亨利四世（Henry IV），自此展開了注定對中古貴族造成重創的一頁歷史。雖然亨利的家世為亨利當選成為君主提供了很好的理由，而他自己與他兒子的那些性格，更確認這個繼承是正確的；但是血緣上的權利卻透過莫蒂默家族傳給約克家族，這種血緣上的傳遞後來在英格蘭爆發了玫瑰戰爭（the Wars of the Roses）。

*　　　*　　　*　　　*　　　*

理查二世的性格與他在歷史的地位仍然是一個謎。他的策略與行動顯然都擁有井然有序的特質，他幾乎從童年起便遭到無法衡量的困難與不當的壓迫，而他一再地進行抵抗，這些事大家都很清楚。他在叔叔格羅徹斯特與上級貴族手中所受到的傷害與殘暴，或許是瞭解他的關鍵。有些史家覺得他不僅利用議會或法律的操作來反抗統治階級，而且甚至使用完全沈潛了好幾代的社會力量。無論如何，人民長久以來都對他懷有某些那樣的想法，這些數以百萬計生活不愉快的民眾懷著希望向理查求助，但他們的希望都注定會受到挫折，長達許多世紀仍無法實現。在亨利四世的整個統治期間，他們形成的這種關於理查的概念被理想化了，不論對還是錯，理查二世被認為是為了貧苦大眾而犧牲的殉道者，當局的法令規定，宣布甚至散布理查二世還活在人世的相關謠言都是犯了賣國罪。

現今我們無權剝奪停在他充滿煩惱而被人追逐的一生之中的一簇陽光。無庸置疑的是，在他天性中出人意料的過錯與真正的本

能，以令人目不暇給的快速度此起彼落。他的能耐超出了常人的機
伶與耐心，但他也愚笨得連傻瓜都會對他退避三舍。他與封建貴族
社會對戰了四次：一三八六年被降伏；一三八九年贏得勝利；一三
九七年到一三九八年他變得至高無上；一三九九年被毀滅。

【1】　譯注：以威克利夫的信徒為核心而反對天主教會的教派。
【2】　譯注：Thomas Fuller（1608-1661），英格蘭教士、學者，編著《英格蘭
　　　　名人傳》、《神聖主國》以及《不列顛教會史》等。
【3】　譯注：Martin Luther（1483-1546），德國人，十六世紀歐洲宗教改革的
　　　　發起者。
【4】　譯注：John Milton（1608-1674），以長詩《失樂園》而名傳後世。
【5】　譯注：Geoffery Chaucer（1340?-1400），英格蘭詩人，用倫敦方言創
　　　　作，使其成為英格蘭的文學語言，代表作為《坎特伯里故事集》。

第二十四章　亨利・博林布羅克的篡奪

　　所有的權力與威權都落到國王亨利四世的手裡，所有冒著風險將他扶上王位的人為了鞏固他的權利，同時也為了保住他們自己的性命而結合在一起；同時，反對者的立場也堅定不移。法蘭西王室認定亨利是篡位者。理查二世在位時，亨利根據血緣繼承大統的權利是沒有確實根據的，甚至於理查二世死後檢查家譜時也是如此，不過其他權利則是存在的。他有把自己視為征服者的權利，也在勸告之下被他放棄了。但是他受到以理查二世之名召集的政治集團擁戴的這個事實，再加上幾乎是與生俱來的權利，為他的統治時期提供了一個雖然受到挑戰，畢竟還是很雄厚的基礎。他有許多令人讚揚的特質，所有的史家都一致同意他具有男子氣概，精明能幹，天性慈悲。他在統治初期有些不安，而他對於被他擊敗的黨派都表示容忍與寬宏。命運轉變相當快速，理查二世因此被推翻，亨利四世從其中受惠最多，但他對於理查二世的擁護者最沒有恨意。他在理查二世統治晚期接近所有壓力的中心，曾被人冤枉與苛待，然而他強烈地厭惡無情的報復。在他登基的時候，他仍舊是一位以前為人所知的勇敢騎士，而他對於成功顯得謙恭，對流血很反感，信賴日益成長的憲政觀念，並且常常夢想做一名十字軍捐軀沙場。但是沈鬱動盪的事件層出不窮，使他容忍的本性受到挫折，也終於使他變得暴戾。

　　打從一開始起亨利便依賴議會，想要藉它的分量來彌補他的缺陷，並且依賴選任、有限制的王權理論，而不依賴君主專制政體的理論。因此他在心情上與需求上都是一位立憲的國王。亨利四世登基時，主持者用了一些崇高的字眼。阿倫德爾大主教說：「榮耀的英格蘭王國，整個世界上擁有財富而最豐盈的一角，已經被兒童與寡婦的雜亂意見弄到接近毀滅的地步。現在上帝派來了一位有知識、做事慎重的人來治理國政。他藉著上帝的幫助，將受到他王國中年高德劭者的管理與勸諫。」

　　大主教說：「王國的事務已經擱在我們的肩上。」亨利將不會按照他自己的意志行事，也不會依照他自己的「意志、主觀願望或個人意見，而是依共同的諫諍與同意」而行事。在這裡我們看到了值得紀念的進展。不過話說回來，議會本身並不能被認為是智慧與美德的泉源，這個工具並沒有什麼正確的基礎，它會受到人的影響或甚至被人支配。這個時期的議會都帶有綽號：「善良的議會」、「瘋狂的議會」、「無情的議會」等等，這些都令人記憶猶新。而且勢力龐大的貴族在權力遊戲中所下的賭注，遠超過普通人會冒險一試的範圍，誰可以保證某個突如其來的貴族功業不可能推翻他們所依靠的整個結構？在每次權力的移轉之中都包含著對於敗北者的報復，因此在平民院之中升起了一股非常實在而持久的欲望：如果貴族真的這麼在意，那麼就讓他們彼此割喉殘殺。因此平民院在努力通過議案的同時，寧可只做陳情而不做決議，如此一來便將責任老老實實地拋給得意的統治階級。

　　平民院的成員再尋求進一步的保護，他們向國王呼籲不要根據他們的辯論，也不要根據他們在辯論中所擔任的角色來判斷任何事，而應該等待全院的集體決策。他們強烈地堅持「先申冤然後再供應款項」的原則。雖然亨利拒絕接受這種要求，但他還是因為經濟拮据，所以實際上仍對這個要求讓步，因此議會控制財政的權力大為增強。政治集團不但藉著稅賦的表決來供應金錢，而且也開始追蹤它的支出，要求國家高級官員提供相關帳目。以前任何一位國王都不曾容忍過像這樣的事，國王們常常都譴責此舉是對他們特權肆無憚忌的侵犯。英格蘭政治組織中的這些重大進展是蘭開斯特王室統治的特點，蘭開斯特王室必須藉著輿論與憲政威權來支持它對於頭銜的維持，這種進展便自然地發生。因此在這個較早的時代，國會看起來像是得到了權力，但這種權力直到十七世紀都仍然無法牢牢地把持住。

　　然而宗教與世俗的政治集團似乎不僅要選擇君主，甚至要規定繼任王位的事務，那些年代的歷史因而也提供後來斯圖亞特時期的

律師研究的先例。我們對議會在這個時候的實際權力一定不能過分地強調。亨利四世的篡位、愛德華四世建立敵對的王室、愛德華五世受到叔父的驅逐等事件，全都是封建制度的暴行與叛亂行徑，只不過它們都被法令給掩飾住了。議會在這些變動之中並不是始作俑者，甚至不是有權力的媒介，它只不過是軍事征戰與貴族鬥爭這些後果的記錄員。選舉並不自由；在十五世紀，就像在十八世紀，由個人或家族控制的市邑選區稀鬆平常，議會只是國家中任何當局一派的工具與橡皮圖章而已。不過，根據議會的權威（這縱然也是根據亨利的請求），宣布王位應當傳給國王的長子，或者是他的男性後代。因為排除了由母系一脈較年長者的後代來繼承的方式，所以英格蘭的傳統繼承方式變成無效。雖然並沒有正式禁止母系一脈繼位，但實際上很長一段期間卻是如此。

的確，在一個一半屬於社會性、一半屬於宗教性的議題上，國王與議會都衷心站在一致的立場。羅拉德教派提倡教會可以因為擺脫世俗財產而獲得淨化的主張並未獲得全體神職人員的同意，神職人員怒氣沖沖地奮力抗拒。羅拉德教的教義早已深入較貧苦民眾的心中，對於全國的小鄉紳也是如此，它在本質上先是對教會挑戰，然後是對富有者挑戰。羅拉德教派現在設法讓世俗貴族站在他們那邊，指出教會隨時集聚的巨大財富可能為歐洲大陸的戰爭提供經費。但是沒有那個貴族把這個呼籲聽進去。貴族著眼的是他們的產業並沒有比教會的產業有更好的合性法，因此與神職人員聯手保護他們的產業，為了對付羅拉德教派而制定了非常嚴厲的法律。國王充分同意政治集團的做法，宣布他會盡力消滅異端。一四○一年，一項可怕的法令「用火刑對付異端分子」（De Heretico Comburendo），判定故態復萌的異端分子應該被活活燒死，並由教會單獨做這項判決，同時要求郡守逕自執行而不容其他人向君主求情。如此一來，正統教派為了共同目標而一起向前邁進。

　　　　＊　　　　＊　　　　＊　　　　＊　　　　＊

但是王國的政治集團認為他們主要且直接的保護屏障，就是消

滅原來已經失勢的派系。他們最爲反對理查二世與那些曾經對他忠誠的人，若不是發生了一系列的不測事件，亨利或許有能力阻止這種懦弱報復的浪潮。亨利與大多數朝臣不知道吃了什麼東西而染上重病，因此懷疑有人下毒。早已心生不滿的威爾斯人，在奧文‧格蘭道爾（Owen Glendower）的領導下，馬上擁護要求理查的權利。由於通訊緩慢，使得一支部隊就能橫掃全國，而反對的一方幾乎還不明白到底發生了什麼事。現在輪到理查一派人士開始行動了。六位前任的上訴勳爵中有五位發現他們自己失勢，便與理查二世的朋友共同設下計謀要抓住身在溫莎的篡位親王亨利。亨利從怪病中恢復，單獨走危險的路徑，逃脫了他們的陷阱。同時，全國有幾個地方都發生了武裝起義，但它們也都被一一鎮壓，鎮壓所用手段的激烈程度，是治國以來的巔峰。各地人民都與政府的軍隊聯手。西侖塞斯特（Cirencester）的鎮民將倫尼勳爵（Lord Lumley）、肯特伯爵以及身爲羅拉德教派分子的沙利茲伯里伯爵斬首示眾。這項密謀並沒有得到眞正的支持，但亨利的仁慈並無法緩和那些曾與他一起冒險的人所執行的起訴活動。的確，在一年之內，他的名望幾乎被處理叛亂與謀殺企圖時所表現的軟弱給破壞無遺，然而我們必須了解他比他手下的那些殘酷人物更加勇敢、更加有力。

　　這次失敗的叛亂——在理查敗亡之後開始的內戰——對理查二世而言關係到生死。他個人具有神聖性，即使在他的繼任者登基之際，所有儀式上的與憲政上的程序都無法將他的神聖性奪走。他被關在朋提夫拉特堡中的時候，他的擁護者與被鎮壓的群眾對他萬般同情，這種情形使得當權派焦躁並且苦惱。理查的去世是在一四〇〇年二月所宣布的，但是他是不是餓死，或者如政府所說的，是因爲絕食而死，或者是否使用了更直接的方法，這一切都不爲人知，朋提夫拉特堡的城牆遮住了裡面的祕密。但是英格蘭各地流言四起，說他已經逃掉了，而且躲藏起來等待他的時機到來，準備帶著民眾去享受他們自己的日子。

　　所有這些事情有如潮湧，向亨利‧博林布洛克（Bolingbroke）

襲來。他面對著持續的陰謀：威爾斯人製造的麻煩日漸加深，此時已變成了全國性的叛亂。奧文·格蘭道爾是一位了不起的人，受過相當的教育，他正進行著一場戰爭，這場戰爭經常影響英格蘭的事務直到一四〇九年爲止；亨利四世也被迫不斷地與蘇格蘭人交戰。有人告訴我們，在遭受這種騷擾六年之後，亨利天生的寬宏大度都耗盡了，順著支持者以及議會的怒氣而出現殘酷的作爲。事情很可能眞的如此。

　　他最嚴重的衝突是對付帕西家族（the Percys）。這些北方邊界的領主、諾森伯蘭老伯爵與他的兒子「性急者」（Hotspur）有將近三年的時間沒有得到援助，完全自食其力保衛英格蘭抵抗蘇格蘭人的工作，也爲國王守住了北威爾斯重要的地區。但現在他們無法再負起這個重擔，他們要求把錢算清楚，伯爵提出六萬英鎊的帳單，然而國王相當窮困，只拿得出四萬英鎊。這件事的幕後情形相當複雜。帕西家族在幫助亨利登基的過程中扮演過重要角色。但是與「性急者」有郎舅之親的艾德蒙·莫蒂默（Edmund Mortimer）曾與格蘭道爾聯手作亂，所以這個家族現在遭到猜疑。他們擁有強大的、獨立的部隊，敵對或許因此在所難免。「性急者」舉起了反叛的旗幟，但是一四〇三年七月二十一日在什魯斯伯里（Shrewsbury），亨利於一場小戰役中打敗了「性急者」，並且將他殺了。老伯爵正行軍前往援助他的兒子，看到這個狀況之後被逼著歸順，而亨利慷慨地恕他無罪。議會煞費苦心地爲老伯爵解脫所有賣國作亂的指控，宣布他只有犯上之罪，對老伯爵這麼仁慈的原因是由於邊境的種種需要，當局缺乏任何其他防禦邊境抵抗蘇格蘭人的辦法。老伯爵因此便再度擔起這個任務，而更鞏固了他率領強大軍隊的地位。

　　兩年之後，伯爵懷著喪子之痛又再行叛亂，而這一次的陰謀影響深遠。約克大主教理查·斯科羅普（Richard Scrope）以及諾丁罕伯爵湯瑪斯·莫布雷都是他的主要同謀。反叛的綱領是政治改革，避免掉了所有的個人議題。亨利再度向北方行軍，並且再度獲

勝，諾森伯蘭伯爵被驅逐而越過邊境到了蘇格蘭，他在那裡有好幾
年都造成很大的威脅。斯科羅普與莫布雷都落入國王手下軍官的手
中，亨利不理會坎特伯里大主教的求情，在簡單的審判之後就將他
們斬首。斯科羅普被處死這件事在全國引起深遠的震盪，許多人將
它與湯瑪斯・貝克特的遇害相提並論。在此同時，國王的健康情形
並不佳，據說他患了麻瘋病，原因是上帝震怒，但診斷至少並不正
確。他得到一種使得皮膚變形的疾病，同時有心臟病，會一陣陣的
昏厥與不省人事。他在生理上已經是個垮掉了的人，此後他始終
與生死搏鬥著。

　　亨利仍舊在威爾斯戰爭中高奏凱歌，奧文・格蘭道爾被逼得退
入深山。議會趁著國王有各種需要之際而予取予求，亨利只有讓步
才能得到安全。由於現代君主對憲政應有的尊重，亨利將他自己與
他的負擔都交給了議會裡的顯貴們。他們對亨利用力施壓，在各方
面都做出極盡令他苦惱之能事。外國人都被驅逐出境，甚至王后兩
位已經出嫁的女兒也不例外。包括議會領袖在內的所有樞密院成員
一定得由國王任命，而政府的所有支出則要經過議會的稽核；國王
的內廷受到不友善人士的徹底搜查並且改組；新成立的樞密院甚至
要求更充分的權力；國王發誓只聽他們的勸告治理國家。由於這些
順從，亨利成了最不像國王的國王，但是他畢竟也將這個令人難以
忍受的任務轉嫁給其他人了。議會受到惡評，並且勞碌繁忙，日益
不受人信任。

　　　　　　＊　　　　　＊　　　　　＊　　　　　＊　　　　　＊

　　一個新的人物現在來到政壇。亨利的長子威爾斯親王已經展現
出非比尋常的能力與特質。他曾經在什魯斯伯里率軍向「性急者」
衝鋒，也曾經在威爾斯打過勝仗。而在擊敗格蘭道爾之後，亨利親
王才真正能自在地著手應付很大的政治密謀。他父親的健康江河日
下之際，他必須照應國家大事，他接受所有的職責，而且尋求負起
更多的職責。受到他的擁護者——主要是他的表叔，博福特
（Beaufort）的三兄弟——的催逼，亨利親王從一個病患者的手中

接管政府，他提出要求，表示國王應該爲了他而退位。但是亨利·博林布洛克雖然步伐蹣跚，卻勃然大怒拒絕了這個提議。一四一一年，父子兩人在西敏寺發生嚴重的對抗。國王的黨羽看起來人數較多，也比較堅決，最後亨利親王羞慚地讓步，他被撤掉了樞密院的主席一職，而他的擁護者也都被撤職，他因此黯然退下政治舞台。亨利的死對頭甚至都指控他私自動用加萊衛戍部隊的薪餉，而他自己斷然撇清表示並無此事。垂垂老矣的君主無疑仍想拼命地緊握權力，雖然他失政而又衰老，但有一陣子穩如泰山。一四一二年，國王無法行走，也幾乎不能騎馬，他的樞密院費力勸阻他不要在亞奎丹指揮部隊。他挨過了那個多天，說要進行十字軍東征，並於二月召開議會，但是已經沒有氣力過問任何事。三月，他在西敏寺祈禱時，昏厥了很長一段時間。在恢復過來不久後，便在一四一三年三月二十日於耶路撒冷寢廳（the Jerusalem Chamber）殯天。

　　亨利四世的一生與統治，對我們展示另一個例子，說明雄心全是鏡花水月，而從成功所獲得的報酬又是何其苦澀。亨利曾經有過許多冤屈需要報復，也有想挑戰的事業。他起初幾乎不敢染指王位，但是他爲了得到它，終於孤注一擲。他發現等到他掌握王位的時候，其實並不會那麼令人喜悅。他不僅在生理上，而且在精神上都被它給壓垮了。他最洋洋得意的歲月也是他最費心思與憂傷的歲月。但是沒有人能批評他的種種行動沒有道理或不顧正義，或者不被全國人民所接納。就在他駕崩之時，一個佇立在壯麗歷史規模上，長久渴望得到權力的新人，毫無爭議地登上了不僅是英格蘭的，而且不久後就登上幾乎是所有西方基督教國家的王位。

第二十五章　亨利五世的帝國

　　一道壯麗的閃光畫過中古時期英格蘭黑暗而動亂的故事場景。亨利五世二十六歲時已經是一位國王，和他的父親相反，他對他的封號倒是很有信心。他在軍營與樞密院中消磨了六年時間，在他父親衰退之際，他有五、六年的時間處理這個土國的政事。他年輕時縱酒鬧飲，被交付重大責任時突然轉成莊重守分。這些浪漫的故事都不宜過分強調。「他在年輕時勤於追逐閒散逸樂，沈迷於絲竹管弦，被維納斯的火炬弄得情不自禁」很可能是真有其事。但是如果他是那樣的隨著天性而熱情奔放，也只不過是消遣而已；因為自從童年時期起，他就常常參與重要的事務。

　　在這個波濤洶湧的王國裡，國王病痛纏身，派系傾軋不和，加上社會道德方面的許多不安因素，有好一段時間全部的人都指望著亨利五世；接下來的好幾代很少有人懷疑，根據那時候的標準，他的確有國王應該具備的所有條件。有人告訴我們他的臉形橢圓，鼻子如蔥挺，臉色紅潤，黑髮平順，雙眼炯炯有神，未受到挑釁時柔順如鴿，但憤怒時有如雄獅；他的身軀修長，然而骨骼勻稱，體格強壯而且手腳靈活。他的性情溫和，有騎士風度，並且公正。因為宿仇與爭鬥而使得英格蘭疲憊不堪，渴望統一與聲名之際，他登上了王位。他領導著國家遠離內部的不合而到國外進行征服，他有著領導所有西歐國家擁護十字軍的夢想。樞密院與議會同時突然都傾向與法蘭西作戰，更難得一見的是，他們會用相反涵意的語句來掩飾這件事。貴族們都很清楚，他們說：「國王不會去嘗試任何不會增添上帝榮耀的事，而會避開使基督徒流血的事；如果他去打仗，理由必定是恢復他的權利，而不是想任性而為。」博福特主教於一四一四年召開議會時，提到「為真理奮戰至死」，他並且鼓吹：「在我們有時間的時候，讓我們為所有的人做做好事。」大家都瞭解這意謂著迅速入侵法蘭西。

　　平民院也因此大方供應補給；國王也宣布如果沒有得到平民院

的同意，不得通過任何法律。和解的浪潮橫掃全國，國王宣布大赦。他設法安撫過去舊敵人，他與蘇格蘭人談判釋放「性急者」的兒子，並且使後者在諾森伯蘭伯國復位。他將理查二世的遺體（或者被認爲是理查二世的遺體）帶回倫敦，重新以盛大的排場與莊嚴的儀式安葬在西敏寺大教堂。在亨利五世出發作戰的前夕，一項對付他的陰謀受到了鎮壓，表面上看起來一切平靜而且全國贊同，只有一小撮人被處極刑。尤其是他饒恕了他的表弟，年輕的邊界伯爵艾德蒙・莫蒂默，後者曾經被擁戴爲王，與亨利五世敵對，其後透過家族發生了許多無情的事。

　　一四一四年一整年，亨利五世全神貫注在陸戰與海戰相關事務的準備上。他重新組織艦隊，而且他放棄像過去一樣聚集與武裝私人船隻，決定傚效阿爾弗烈德，建造許多給皇家海軍使用的船隻。他擁有至少六艘「艋艟巨艦」，還有大約一千五百艘較小的僚艦。這支遠征軍經過精心挑選與訓練。儘管較常見的情形仍是受到長弓逼迫之苦的步戰，但還是由六千名弓箭手——其中半數是騎馬的步兵——構成了這支軍隊的主力，同時還有二千五百名騎士貴族，或者是爲數可觀的披甲戰士，他們身邊各自有二、三名隨從及助理。

　　一四〇七年，奧爾良公爵路易——愚蠢的法蘭西國王查理六世朝廷中的重要勢力——在勃艮地公爵的唆使下被人謀害，使得法蘭西分裂的兩黨之間的鬥爭變得更爲猛烈，而且至死方休。已故的英格蘭國王正因爲這個原因而比較少感受到外國的威脅，而使其統治時期的尾聲較爲平順。亨利五世登基時，奧爾良一派的人已經佔到優勢，展開了紅色王旗（Oriflamme）而與勃艮地公爵對抗。亨利五世與較弱的勃艮地人結盟，而身陷困境的勃艮地派人士，也準備承認他是法蘭西的國王。當亨利五世領著英格蘭的兵力越過英吉利海峽，繼續威廉公爵在歷史上尋求報復的英格蘭長征時，可以依賴現在法蘭西人民大部分的支持。一四一五年八月十一日，大約一萬名戰士組成的英格蘭軍隊，分乘艦隊的小船啓航，在毫無抵抗下於塞納河河口登陸。哈夫勒（Harfleur）遭到英軍包圍，並在九月中

旬被攻下。亨利五世的勇武堪稱一流：

> 再接再厲衝入這裂口，親愛的朋友，再衝；
> 否則我們英格蘭的死者會堵住這一座城牆。

　　在這種情緒之下，亨利五世邀請皇太子（Dauphin）單打獨鬥，但對方婉拒了這項挑戰。圍城的消耗加上疾病，對中古軍營造成無止境的傷亡，已經使得英格蘭的遠征軍受創。十月五日舉行的軍事會議，眾人勸亨利由海道返國。

　　但是亨利國王在哈夫勒留下衛戍部隊，並遣送數千名傷患回國，同時卻決定率領大約一千名騎士與重騎兵，以及四千名弓箭手，橫越法蘭西海岸做三百英里的行軍直抵要塞加萊，他的船隻在那裡等候他。這個決策的所有安排都顯示他想要引誘敵人打上仗，而這一點他辦到了。他行軍經過菲坎（Fécamp）與第厄普（Dieppe），打算在有潮水的淺灘白鐵板（Blanchetaque）那裡渡過索美河，他的曾祖父曾經越過這裡而到達克雷西。不實的情報指出走這條路會遇到抵抗，於是他從亞布維經過；但是那裡橋已經斷了，所以他只好經過波維（Boves）與科比（Corbie）上溯索美河到上游的亞眠，而只能在貝當古（Béthencourt）淺灘過河。所有這些地名，我們這一代都耳熟目詳。十月二十日他在佩龍（Péronne）附近紮營，他現在已深入法蘭西，現在輪到皇太子冷酷而禮貌地建議騎士惡鬥戰法。為了互相方便，法蘭西的傳令官來到英格蘭軍營打探，英王陛下想要走那條路線，亨利的回答是「我們的路直通加萊。」這句話並沒有意外，因為亨利別無其他選擇。藉著向右行動已經越過亨利軍隊的前哨而插進來的法蘭西部隊，趕在亨利的前衛部隊之前守住康什河（Canche）。亨利正沿著亞伯特（Albert）、弗雷凡（Frévent）與布蘭吉前進，得知敵人在他前方好整以暇地等他入網，同時軍力數目顯然極為驚人。他現在必須過關斬將、滅亡、或者投降。他的一位軍官華爾特·亨格福德爵士

（Sir Walter Hungerford）哀嘆事實上「他們只是今天在英格蘭所有毫無建樹的人當中的一萬人而已」，國王對他斥責，並且重新鼓起精神發表演說，而莎士比亞在他的史劇中把它寫了下來，使其成爲不朽：

> 如果我們注定陣亡，我們足以
> 使我們國家蒙受損失；而如果注定生還，
> 人數愈少，分享的榮譽則愈大。

　　他說：「難道你們不相信，我用這些少數人馬就能夠使法蘭西人的傲氣消失？」[1] 他與「爲數極少」的士兵晚上待在梅松塞（Maisoncelles），完全保持肅靜而且嚴守軍紀。法蘭西軍隊的總部位於亞金科特（Agincourt），據說他們通宵豪飲作樂，並且擲骰子決定會抓到多少俘虜。

　　英格蘭曾在克雷西以寡敵眾獲得勝利，在普瓦泰則恰恰相反以多取勝。亞金科特戰役是英格蘭曾經打過的陸戰方面排名爲最英勇的一役。它是一場猛攻。法軍人數估計大約有兩萬名，排成三列陣線，其中一部分人騎馬，他們理所當然有信心等待著不到他們人數三分之一的敵人進攻，這些敵人遠離家園，遠離海岸行軍，不打贏便得死。亨利五世騎著灰色小馬，戰盔上面還有個滿飾珠寶的王冠，並且穿著有豹子與百合花圖案的戰袍，擺開了他的陣式，弓箭手部署成六個楔形，各由一隊重騎兵支援。在最後一刻亨利試圖避免這麼不顧死活的一戰，傳令官來來去去，亨利提議讓出哈夫勒，交出所有的戰俘，交換開放通往加萊的路；法蘭西皇太子回覆說，亨利必須宣誓放棄法蘭西的王位。亨利聽到這項提議當然不服，決定大膽一戰。整個英格蘭部隊，甚至國王本人，全都下馬將坐騎趕到部隊後方去，在十月二十五日聖克里斯平節（St. Crispin's Day）十一點鐘之後不久，他下令說：「以萬能的上帝與聖喬治之名，在一年的最好時間『揚旗衝鋒』（Avaunt Banner），聖喬治今天一

定會幫助你們。」弓箭手為了順從上帝都親吻土地，並且大呼：「殺呀！殺呀！為了聖喬治與令人愉快的英格蘭！」同時前進到他們前方集結大批人馬不到三百碼的地方，植好他們的尖椿，開始射箭。

　　法蘭西部隊在戰場上再度因為人員沒整頓好而擠成一團。他們密密麻麻地排成三列，以致於他們的弩箭手與大砲都無法有效地射擊，他們在箭雨籠罩之下衝下山坡，步伐沈重地通過已經被踐踏成泥濘的耕地。他們在三十英尺遠的距離向前衝，確信可以攻破敵人的陣線，可是長弓再度摧毀了它的一切，馬與步卒同樣都翻落塵埃，披甲之士遍地死傷，法軍的增援部隊踐踏著他們勇敢地向前奮戰，但是徒勞無功。在這個驚天動地的時刻，弓箭手掛上他們的弓，手握著劍，朝向踉踉蹌蹌的法軍騎兵隊撲上去，將對方大隊人馬砍得七零八落。然後朗松（Aleçon）公爵帶著第二列隊伍衝過來，雙方發生拼死活的徒手相搏，在肉搏中法蘭西皇太子親自用劍砍倒了格羅徹斯特公爵漢弗萊；亨利五世衝過來拯救他的弟弟，被一記猛擊打倒在地。儘管佔有優勢，朗松最後還是被殺，法蘭西的第二列部隊被英格蘭騎士與隨從徒手相搏打敗，像第一列一樣向後退卻，其間留下許多沒有受傷的兵卒，以及數目更多的受傷戰俘落入英軍之手。

　　此時發生了一個可怕的插曲。法蘭西部隊的第三列仍舊很完整，他們向著前線進攻，而此時英格蘭部隊的陣式已亂。這時候曾經在英格蘭部隊後方閒蕩的法蘭西隨軍人員與農人衝入敵方軍營中打劫，搶走了亨利五世的王冠、袍服與玉璽。亨利五世認為他自己背後遭到攻擊，同時他的前方有一股優良的軍力守住陣腳而久未被攻下，所以就下了屠殺戰俘的命令，法蘭西貴族的精華都被殺死了。這些貴族本來投降時還存著輕鬆付贖金便能活命的希望，結果最後只有一些名聲較大的免於一死。這項命令與這個時刻孤注一擲的特性，說明了防禦為何如此兇狠，它事實上並非是必要的手段。雖然部隊後方的驚恐不久後就煙消雲散，但是在大殺戮之前，這種

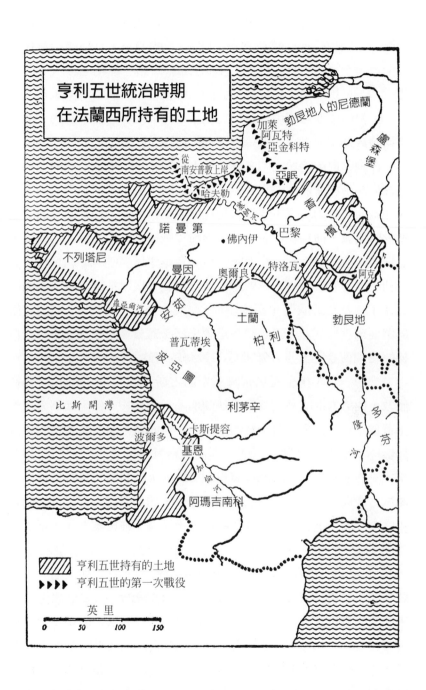

亨利五世統治時期
在法蘭西所持有的土地

勃艮地人的尼德蘭
加萊
阿瓦特
亞金科特
亞眠
盧森堡
從南安普敦上岸
哈夫勒
諾曼第
佛內伊
巴黎
阿克
不列塔尼
曼因
奧爾良
特洛瓦
羅亞爾河
土蘭
勃良地
普瓦蒂埃
柏利
波亞圖
比斯開灣
利茅辛
波爾多
卡斯提容
隆河
多芬
基恩
加倫河
阿瑪吉南科

亨利五世持有的土地
亨利五世的第一次戰役

英里
0   50   100   150

驚恐狀態還沒有告終。法蘭西第三列的部隊離開了戰場，不想重啓戰端。亨利曾經在破曉時宣布：「因爲我的關係，英格蘭不會在今天交付贖金。」[2]，現在他看到通往加萊的路已經暢通無阻。但是戰果還不只是那樣：他已經在公開的戰役當中徹底擊潰人數占三倍以上優勢的法蘭西披甲騎兵，在兩小時，或最多三個小時內，他已經同時踐踏了被殺者的屍首與法蘭西君主的意志。

在詢問過鄰近城堡的名稱，與下令宣布這一役應稱爲阿金科特之役後，亨利便前往加萊，雖然食物短缺，但是其間並未受到更優秀法蘭西部隊的騷擾。亨利五世在離開英格蘭還不到五個月的時間就返回倫敦，而且在所有歐洲人面前以戰績粉碎了法蘭西的霸權，這種勝利或許會受到什麼考驗，但一定是舉世無雙。亨利五世帶著戰利品與俘虜，騎馬在倫敦遊街慶祝凱旋，民眾都樂不可支，他自己穿了一身普通服裝，拒絕讓他「損壞的盔與折彎的劍」在讚賞的群眾面前展示，「否則他們必定會忘記榮耀僅歸於上帝」。阿金科特的勝利使亨利五世在歐洲成了最有威望的人物。

一四一六年神聖羅馬帝國皇帝西吉斯蒙德（Sigismund）巡視倫敦，他努力促成承認亨利爲法蘭西國王的和約。但是接下來發生了費日曠時，而且所費不貲的軍事攻勢與圍城，這些戰事遠非這個島嶼的資源能夠負擔，因而逐漸使英格蘭崇尚軍事的熱情冷卻下來。一四一七年有一次越過英吉利海峽的大型長征，在長期的艱困圍城之後攻下了康城；而法蘭西在諾曼第的每個據點在接下來的幾年之中都逐一被征服。由勃艮地派人士領導，在巴黎做了慘絕人寰的屠殺之後，皇太子激動的支持者於一四一九年在蒙特雷奧（Montereau）殺害了勃艮地公爵，而這件事促成了勃艮地與英格蘭結盟。奧爾良派控制的法蘭西不僅在小型戰役中，也在大型戰爭中完全被擊敗了。一四二○年五月，憑著特洛瓦條約（the Treaty of Troyes），查理六世承認亨利五世在查理死後是法蘭西王國的繼承人，在他未死期間則是法蘭西的攝政。這位英格蘭國王藉法蘭西人的一次會議從事政務，並且保留所有的古代習俗；諾曼第的主

權全屬於他，在他登上法蘭西王座時，諾曼第會與法蘭西重新結爲一體。亨利五世被賜以「英格蘭國王與法蘭西繼承人」的封號，爲了完成並且鞏固這些成果，他娶了查理的女兒凱瑟琳（Catherine），凱瑟琳是一位儀態萬千的公主，她爲亨利生了個兒子，這個兒子後來的統治爲英格蘭帶來不幸的慘況。

　　蘭克說：「亨利五世站在一個非比尋常的地位。英法這兩個偉大的王國，前後各自都曾經宣稱要支配這個世界，（雖然並未融合成爲一體）仍將在他與他的繼任者之下永遠保持統一。……勃艮地因爲血統上的關係及對共同敵人的仇恨而與他連結在一起。」[3] 他誘使那不勒斯（Naples）的喬安娜（Johanna）王后收養他的長兄貝德福德的約翰做爲她的繼承人；卡斯提爾國王與葡萄牙的繼承人都是繼承自他的姑姑們；他死後不久，他最年幼的弟弟格羅徹斯特公爵漢弗萊便娶了擁有荷蘭、海諾與其他土地的賈桂琳（Jacqueline），也擁有其他土地。「南歐與西歐的家系同樣地在蘭開斯特的家族中會合，他們的領袖因此似乎是全體的共同首領。」似乎只需要再一次十字軍運動，一個抵抗鄂圖曼霸權的崇高神聖目標，就可以在一位英格蘭人的率領下將整個西歐統一起來，維持至少一段時間。後來英格蘭與法蘭西重新恢復鬥爭，消耗了本來可以用來防衛基督教國家，抵抗土耳其威脅的強大部隊。

　　亨利五世在歐洲大陸的作爲是這個島嶼的國王曾在歐洲所做過最大膽的嘗試。亨利五世並不是一位以階級利益凌駕社會與領土界線的舊式封建君主，他在看法上完全以國家爲重。他是第一位使用英語在前線送信或傳達訊息回國的國王；他的勝利都是從英格蘭部隊爭取來的；他的政策受到代表英格蘭人民執言的議會支持。正因爲鄉紳階級與城鎮中新興的中產階級聯合，並與精通習慣法的律師一起努力，才這麼早便給予英格蘭議會一種法蘭西的議會（States-General）與卡斯提爾的議會（Cortes）所沒有的特性與命運。亨利五世與他的國家都站在世界的頂峰，他自己就有人類最高的天賦。斯塔布斯（Stubbs）[4] 說：「沒有一位統治天下的君主能夠

贏得當代作家那樣一致的讚美。他信教甚篤，生活純潔、爲人溫和、度量很大、仔細用心、慈悲爲懷、講求眞實、知道廉恥；言語謹愼、深謀遠慮、精於判斷、表現謙恭、行爲慷慨。他是一位傑出的戰士、幹練的外交家、能夠組織與鞏固所有部隊的能幹指揮官；英格蘭海軍的重建者，我們軍事、國際與海事法的創立者。他是一位眞正的英格蘭人，擁有他金雀花王朝歷代祖先的所有偉大之處，而毫無他們的過失。」

　　亨利五世偶而也會無情，但是編年史家寧可談他的慷慨寬宏，談他如何將體貼待人做爲他終生的規範。在國事方面他並不做閃爍的躲避或意思含糊的回答。「不可能」或「將會完成」是他所做的，具有特色的決策。他比英格蘭的任何一位國王更深受所有階級臣民的愛戴，在他統治之下，英格蘭的軍隊達到了許多世紀都未能出現的優勢。

　　　　　＊　　　　＊　　　　＊　　　　＊　　　　＊

　　但是光榮常常都是付出重大代價才到手的。亨利五世宏偉的帝國同時很空洞也很虛假。亨利二世失敗之處，他的繼任者也未竟全功，當亨利五世恢復英格蘭對法蘭西的權利時，展開了歷史上中古時期最大的悲劇。亞金科特是一場耀眼的勝利，但是隨後勞民傷財而又沒有用處的軍事攻勢，遠遠抵銷了它在軍事上與精神上的價值，在這個具毀滅性的悲慘世紀裡，它更在亨利五世輝煌戰功上投下了黑色的陰影。

　　在這些日子裡，英格蘭的輝煌生活也有著悲哀的一面。即使亨利五世團結國人對抗法蘭西，他同時也在對付羅拉德派。羅拉德派不僅被視爲異端，而且被當作是我們現在稱呼的基督教共產主義者。一位著名的戰士約翰・奧爾德卡索爵士是他們的領袖，揚言要進行信仰與財產方面的革命。在那個虔誠而又容易受騙的時代，國內的仇恨都對他們宣洩。他們宣稱：「在彌撒中舉起的聖體其實是個死東西，還比不上蟾蜍或蜘蛛。」這個說法引起無法以文字形容的厭惡及不快，而他們主張侵佔教會財產的政策更激起了敵意。這

些殉道者對於堅定信仰始終如一，卻也未能平息民眾的憤怒。早在一四一〇年就出現一個奇怪而恐怖的場景，亨利當時還是威爾斯親王，在現場觀看烏斯特郡一位裁縫約翰·巴德比（John Badby）被處決，他提議如果巴德比放棄原有的信仰，就會無條件得到赦免，然而巴德比拒絕了，於是柴綑都點著了，巴德比發出使人感到憐憫的呻吟，讓親王希望他仍舊可能改變信仰而皈依。親王於是下令將火撲滅，並且再度勸導這位巴德比，如果後者收回之前的話便可以活命、獲得自由、得到養老金。但是這位裁縫堅定不移無法使之屈服，請他們盡量用刑，結果最後被燒成了灰燼；旁觀者對於親王的慈悲天性與裁縫堅定的宗教原則都同樣感到驚奇。奧爾德卡索於一四一四年叛亂失敗之後逃往赫爾福德郡的山林，最後終於被捕，輪到他受刑了。這些令人恐懼的迷妄執著成為這個年代的重擔。亨利雖然是世界的國王，卻只不過是世界的一名奴隸，在他身邊與他所處的時代周圍都可以見到這種墮落的情形，他個人的高貴氣質與勇武精神，儘管是永久不滅，仍不免有所瑕疵。

曾經賜給亨利五世一切夢想事物的命運女神，並不想冒險使她的創造物長命百歲。在一四二二年八月底，權勢與成功都在巔峰狀態的亨利五世，在戰場上感染疾病（大概是痢疾），而且由於那個時代的醫藥水準不良，他因此去世。他接受聖禮，聆聽告解的聖歌，在聽到「為你建造耶路撒冷的城牆」這些句子時，他開口說：「老天！你知道我以前與現在的意圖一直是，如果我能夠繼續活下去，就會重新改建耶路撒冷的城牆。」這是他臨終時的想法。他駕崩了，留下了未竟之業，再度讓國家投入與法蘭西進行的致命的王位之爭。亨利五世曾經是宗教與社會上迫害羅拉德派的工具，如果他壽終正寢，他的權勢可能會服從於他的美德，而出現人類尋求的難得和諧與容忍，但是死神揮舞鐮刀砍斷了這些遠景。萬眾矚目的國王死非其時，在人民的哀慟聲中進入墳墓，王冠也就傳給了他的兒子，一個九個月大的嬰兒。

【1】　Gesta Henrici V, English Historial Society, ed. B. Williams.
【2】　Chronicles of London, ed. C. L. Kingsford, P.119.
【3】　History of England, vol. i, p. 84.
【4】　譯注：William Stubbs（1828-1901），英格蘭歷史學家，曾任牛津大學歷史教授、切斯特主教和牛津主教，著有《英格蘭憲政史》等。

第二十六章　聖女貞德

　　一位嬰兒被立為英格蘭的國王；兩個月之後查理六世也駕崩，這位嬰兒遂毫無爭議的被宣布成為法蘭西的國王。他的兩位叔叔——貝德福德與格羅徹斯特——成了護國公，並企圖與一個最具權勢之家族的族長組成樞密院，共同支持亨利五世的功業。獨特的神聖保護著這位英雄之子，而亞金科特的光榮在他的搖籃四周燦然生光。保姆、教師，還有目前的貴族監護人，全都是為了這孩子的教育與福祉而精挑細選出來的，他們都獲得授權在必要的時刻可對他使用「合理的懲罰」。但是這種做法毫不需要，因為這孩子天生溫和、高潔、誠實又仁慈。他的心地虔誠沒有止境，再加上喜愛狩獵與對文學的品味，便使他以後漫長的、有失顏面的、感到恐懼的人生旅程有了支柱與安慰。他透過他的父親承繼了蘭開斯特王室的虛弱體質，透過他的母親承繼了查理六世的心理缺陷。他身心都很脆弱，判斷不智也欠缺穩定，對朋友過分大方，對敵人毫無算計，心腸太軟以致於聽說他會讓普通的小偷與殺人犯活命，然而卻被逼著容忍對政治犯實行處決。他像鍵子一樣在敵對的派系之間被踢來踢去；像個無助的傀儡在英格蘭社會與逐步衰退的霸權中主持大計；在大戰役的外圍茫然巡迴；在戰場上三次被俘；時而以全副國王的排場出現在議會、部隊與群眾之前，時而被帶頭遊街受人嘲笑，一下子是俘虜，一下子是無家的逃犯，躲躲藏藏、被人追趕，飢腸轆轆；而且常常呈現白痴的情形而受盡折磨，他忍受人類生存中極端的慘況幾乎長達五十年之久，直到謀害他的人將他送到一個他相信會比較好，但實際上是個他不知道有多糟的世界。然而，即使他治國無方又沒有能耐，以及因而帶給這個國家種種災難，英格蘭人民仍然承認他心地善良，並且公認他很聖潔。他們沒有失去對他的愛戴，在這個國家的許多地方，只要蘭開斯特王室受到堅固的保護，他都被尊為聖人與殉難者。

　　＊　　　　＊　　　　＊　　　　＊　　　　＊

　　在偉大的亨利五世駕崩之時，英格蘭的軍力在法蘭西建立了優勢。他的弟弟貝德福德公爵約翰前往法蘭西擔任護國公與總指揮，是一位具有軍事長才的繼任者。英格蘭與勃艮地的結盟持續存在，因此也就擁有巴黎的忠誠與同情。法蘭西國王曾簽訂特洛瓦條約，承認這位英格蘭的嬰兒享有法蘭西的王位，不過當一四二二年十月法蘭西國王駕崩之時，這位嬰兒的封號便受到嚴重的質疑。加斯科尼除外的盧瓦爾河以南都是由皇太子統治，現在他更想要進一步稱帝。戰爭繼續進行，沒有什麼東西能夠阻擋英格蘭的弓箭手，許多的圍城攻勢與大肆蹂躪使得鄉村殘破不堪。一四二三年法蘭西人與他們的蘇格蘭盟友在巴坎（Buchan）伯爵的率領下，在博熱（Beaugé)擊敗了英格蘭人，但是另外三次大規模的行動都是由英格蘭人獲勝。一四二三年八月，法蘭西人在克拉旺（Cravant）之役再度獲得蘇格蘭強大部隊的協助，這些蘇格蘭人士氣昂揚，他們因為累積好幾個世代的宿仇而對英格蘭人仇視。但是英格蘭弓箭手隨同他們的勃艮地盟友，將大多數蘇格蘭人都射倒了，一年後這個勝負結果在佛內伊（Verneuil）再出現一次。巴坎在博熱一役之後被任命為法蘭西的統帥，他曾勸他的岳父道格拉斯伯爵將蘇格蘭的新軍帶過來，並且自任統帥。法蘭西人有幾次戰勝的經驗，他們有意先退到盧瓦爾河的後方去；可是道格拉斯率領的蘇格蘭人有五千人以上，他們的怒氣無法控制，強行一戰，最後他們幾乎全被箭雨給消滅了。道格拉斯、巴坎及其他蘇格蘭部落首領都戰死沙場，他們的士卒慘遭屠殺，以致於永遠不可能在這些戰爭中再行組織另一支蘇格蘭勁旅。

　　英格蘭以貴族戰士率領幾千名弓箭手，在幾乎沒有國內的任何接濟，而在被摧毀的地區又找不到任何食糧的情況下征服廣大法蘭西的企圖，在佛內伊戰役的勝利之中達到了高潮。對法蘭西人來講，似乎已經找不到任何方法對抗這些粗獷、貪婪、兇猛的島民，何況他們的箭術高超、戰術靈活、大膽無畏、天生能在各種不同狀況與敵方任何的優勢下爭鋒，大戰大贏、小戰小勝。甚至於在五年

後，一四二九年由約翰‧法斯塔夫爵士（Sir John Falstaff）贏得的「青魚之役」（the Battle of Herrings）之中，法軍以六對一的優勢竟然也無法佔得上風。由四百部運貨馬車組成的護送部隊，攜帶著英格蘭部隊在封齋期不可或缺的青魚到前線，他們在路上突然遭到攻擊。但是他們將運貨馬車排成我們現在所稱呼的車陣，弓箭手站在他們之間與上方，在比馬爾博羅、腓德烈大帝、拿破崙（Napoleon）的毛瑟槍射程更遠的地方擊退了敵人的全面攻擊。然而不久即將成為國王查理七世的皇太子，在法蘭西的每個地方，甚至在隸屬的省分，都代表著一種隱約而深沈的民族意識，這使得上流人士與所有貧苦階級以上的人都受到了激勵。

　　格羅徹斯特公爵於貝德福德不在英格蘭的時候成了英格蘭幼王的護國公。這個時候他在英格蘭與勃艮地之間展現貪欲。賈桂琳——海諾、荷蘭、吉蘭（Zeeland）的公主，也是這些領地繼承人——是一位氣宇非凡的女性，她在花樣年華之際為了勃艮地政策上的種種考慮嫁給了布拉班（Brabant）公爵，一位體弱多病且粗鄙的十五歲男孩，她憤而脫離這種痛苦，在英格蘭避難，懇求格羅徹斯特保護。這個請求完全照准，而且格羅徹斯特決定娶她，與她為伴，並且獲得她的繼承權。賈桂琳從僭稱的教皇本尼狄克十三世（Anti-Pope Benedict XIII）那裡得到了某種形式的離婚，而於一四二三年年初舉行婚禮。這段有瑕疵的浪漫情事深深冒犯了勃艮地公爵，因為他在低地區的重要利益受到了傷害。勃艮地的菲力普心懷怨恨，決定從他自己的角度行事。迄今他對於陰險謀害他父親的怒氣未除，所以他與皇太子有著不共戴天之仇，但是這項英格蘭的陰謀使他按捺下了對皇太子的怨恨，而且當格羅徹斯特在信件中指控他虛偽，並且與賈桂琳一起率領大軍攻入海諾與荷蘭的時候，菲力普與英格蘭在利益上的連結就變得一團混亂。雖然人在法蘭西的貝德福德與國內的英格蘭樞密院完全否認格羅徹斯特的行動，並且都極其努力彌補這項損害，而且菲力普也說動教皇對宣告婚姻無效這件事暫且放慢步調，但是英格蘭與勃艮地之間從這項事件開始便

有了裂痕。在這些之年中不列塔尼公爵也不理會英格蘭的利益，而傾向法蘭西國王的呼籲與提議。一四二五年十月，菲力普藉著索木耳條約（the Treaty of Saumur）得到對英格蘭人作戰的最高指揮權，雖然在他指揮法軍時，雙方不分勝負，但英格蘭與他人結盟對抗法蘭西的情勢卻減弱了，而備受打擊的法蘭西因此得到了一閃即逝的微弱機會。皇太子的許多缺陷、法蘭西君主的筋疲力竭、以及這個王國的失序與慘遇，無論如何都達到了極限，以致於戰事的勝負難以判決。

*　　　　*　　　　*　　　　*　　　　*

在這塊被蹂躪的土地上出現了一位拯救天使，法蘭西最高尚的愛國者、最光采的一位英雄、最為人鍾愛的聖徒、最能激勵人心的農家少女，她就是永遠散發著光輝，永遠光榮的貞德。她在佛日森林（Vosges Forest）邊緣貧窮、遙遠的小村落裡，一個名為唐瑞米（Domrémy）的旅舍服務。她常騎著旅客的無鞍駿馬去河邊飲水，星期天她都到林間閒逛，那裡有許多的神龕，有一個傳奇說某天將會從這些橡樹中冒出一位天使來拯救法蘭西。為法蘭西感到悲傷的上帝聖徒，在她牧羊的草地顯靈現身，聖米迦勒（St. Michael）指示她藉著神授之權去指揮救國部隊。貞德一開始迴避這個令人敬畏的職責，但是當聖米迦勒在村莊教堂的女守護神聖瑪格麗特（St. Margaret）與聖凱瑟琳（St. Catherine）陪同之下再度現身時，她終於服從他們的指示。這位少女心中油然生起對法蘭西王國的憐憫之心，這種崇高的心地或許有如奇蹟，但確實是所向無敵。

像穆罕默德一樣，她在家庭裡遇到了最頑強的阻撓。他的父親得知她將穿著男裝混在粗野的士兵中騎馬馳騁，止不住生氣。她倒底要如何才能取得戰馬與盔甲呢？她又要如何見到國王呢？聖徒有義務使她堂堂正正地上路。貞德說服了鄰鎮的地方官博垂科特（Baudricourt），讓他深信她受到了神的啟示，他將她推薦給準備做最後掙扎的王室。她做了一趟穿越法蘭西，危險四伏的旅程，被

引領到駐軍在夕嫩大石所砌築行宮中的國王面前。他站在大廳內的貴族與朝臣之中，在閃耀的火炬照射之下，她立刻就找出了故意混在朝臣當中的國王。她說：「最高貴的皇太子，我是少女貞德，由上帝派來幫助你與這個王國，藉祂的命令我宣布你將在理姆斯加冕。」關於皇太子是個私生子的謠言常常困擾著查理，而貞德將他從朝臣之中找了出來，這使他深為感動。她單獨與他談論國家機密，而她如果不是從聖徒們那裡獲悉，便一定是從其他極高的當局那裡得知這些事。她要求得到一把她從未見過的古劍，但是在看到它之前她已經將它描述得巨細靡遺。她迷住了皇室這個圈子。他們使她著戎裝跨上馬背，看著她駕馭乘騎，握起她的長矛，在場的君臣都樂不可支。

政策現在總算起了作用。這位少女神奇的使命已經傳到了海外，為了確定她是由上天而並非其他地方派來的，她受到神學家組成的委員會、普瓦泰的最高法院以及整個王室樞密院的盤查。她被宣稱是一位受到上帝感召、心地善良的處女。她的回答的確十分得體，以致於出現一個說法，認為她為了使命，在某段時間曾受過細心的調教與訓練。這至少是許多已知事實的合理解釋。

奧爾良於一四二九年受到包圍，情況相當嚴重。被勃艮地人放棄的幾千名英格蘭兵卒，正慢慢地以不很完整的封鎖緊逼這個城市，不過他們的自信與聲望使他們變得堅強，使得他們對敵境深處的一個要塞進行攻擊，而這個要塞的衛戍部隊人數有他們的四倍之多，他們也建立一列列的稜堡以保護安全。貞德現在要率領一支護送部隊前去拯救。她身穿普通、毫無裝飾的盔甲，騎馬率領部隊前進，她使他們重振鬥志，破解了英格蘭控制局勢的魔力，她使粗野的英格蘭兵卒與久經陣仗的軍官為之動容。她的計畫很簡單，她在最堅固的稜堡之間行軍，長驅直入奧爾良。但是富有經驗的軍官若安‧迪努瓦（Jean Dunois）——已故奧爾良公爵的私生子——並無意率領他的護送部隊走這條險路。貞德不懂地圖，所以迪努瓦將補給載上船，並且帶著她走其他的路，她幾乎單槍匹馬走入圍城，

而且受到狂熱的歡迎。不過護送部隊遇到逆風被趕回來，終於被逼著由她原來指定的路線前進。事實上這支部隊在英格蘭人的稜堡之間行軍有一整天之久，英格蘭人看到他們也不禁目瞪口呆。

上帝派了一位超自然的訪客來拯救法蘭西，使得法蘭西人受到鼓舞，關於這些情形的報導使英格蘭人的心頭籠罩著烏雲，嚇得不敢動彈，敬畏感，甚至是恐懼感剝奪了他們的自信。迪努瓦返回巴黎，將這位少女留在奧爾良。由於她向天祈願，法蘭西人對勝利重拾信心，開始發動了永不停止的，直到英格蘭入侵者被逐出國境的攻勢。她大聲疾呼立即猛攻圍城者，並且親自率領人馬突擊他們，她中了一箭，把它拔出來之後又再度衝鋒。她攀上了雲梯，但被拋下來，在護城壕摔昏。她伏在地上，重新指揮著：「前進，同胞們！上帝已經將他們交到我們的手中。」英格蘭人的稜堡逐一陷落，他們的衛戍部隊遭到斬殺，薩福克伯爵被俘。英格蘭人有條不紊地後退，而貞德謹慎地制止民眾追逐他們。

貞德現在的確成了法蘭西部隊的領袖，甚至任何人只要駁斥她的決策都會很危險。來自奧爾良的部隊都只服從她而不服從其他人。她持續征戰，領軍攻打扎若（Jargeau），如此一來打通了奧爾良上方的盧瓦爾河。一四二九年六月她帶著部隊行軍，在帕泰（Patay）打了勝仗。她告訴查理必須行軍到理姆斯，在他歷代祖先的王位上加冕。這個主意聽起來似乎匪夷所思：因為理姆斯位於敵人的大後方，但是查理在她的魅力之下聽從了這個意見，而各地城鎮都敞開城門迎接他們，人民都蜂擁前來幫助他。查理在勝利與恢復信心的情況下，遵照古時最神聖的儀式在理姆斯加冕，他的身邊站著這位聖女，神采飛揚，持著上書「上帝」旨意的旗幟，這畫面應該是個奇蹟。

貞德自覺使命已經完成，她傳達的「神諭」已經沈寂無聲，所以她請求返家為旅舍牧羊放馬，但是所有的人都懇求她留下來。實際進行作戰的法蘭西軍官們雖然對她的軍事干預並不服氣，但都深知她對這大業的價值。儒弱的王室與勃艮地公爵從事談判，對巴黎

的攻擊也提不起勁。貞德趕到前線奮力求勝，但受到重傷，軍官們下令撤退。貞德在傷勢復原之後再度設法解救巴黎，而他們給予她伯爵的名位與年俸。

但是朝廷與教會對貞德的態度都正在改變中。到那時為止貞德一直擁護著奧爾良那些人的理想，但是在她的「二十次勝利」之後，她堅持使命感的特性充分顯現出來：一切都很清楚，她侍奉的是上帝而非教會，為法蘭西而不是為奧爾良的一夥人抗敵。的確，關於法蘭西的整個概念已經從她身上綻放出來向外散發，所以到那時為止曾經支持她的有權勢的利益團體便開始與她疏遠。於此同時，她計畫為法蘭西重新拿下巴黎。一四三○年康皮恩（Compiègne）這個城鎮起義反對國王，鎮民們認為國王應該向英格蘭人投降。貞德率領六百名人馬馳援，她當然知道此舉性命交關。法軍的攻擊採取騎兵越過河上砌道突擊的方式，敵人起初大吃一驚，接著便整隊應戰，敵人的動作使得法軍驚惶失措。貞德勇敢不懼，雖然被朋友強行拖著離開戰場，但是她仍與後衛越過砌道奮戰。雙方人馬混成一團，要塞陷入了險境，它的大砲無法對混戰的部隊發射，地方官弗雷維（Flavy）的職責是守住這個城鎮，他覺得有義務當著她的面拉起吊橋，將她留給勃艮地人。

她被人以普通的價錢賣給了高興萬分的英格蘭人。對貝德福德與他的軍隊而言，貞德是一位女巫、妖術家、娼妓、會妖術的小鬼，應該不計任何代價把她消滅。但是羅織罪名並非易事；她是一位戰俘，交戰貴族間的許多協定都提到要保護她，因此貝德福德便向宗教祈求一臂之力。波微（Beauvais）主教與巴黎的學者都以異端起訴她，因此她受到長時間的嚴格訊問，控訴的內容是因為她拒絕否認，她聽到的「神諭」，所以她正是在輕視教會的判斷力與權威。整整一年來她吉凶未卜，同時漫不經心、忘恩負義的查理也沒有示意要前往救她，關於提供贖金救她的事件並無紀錄可尋。在無窮的壓力下貞德表示放棄信仰，並且在寬容下被判以終身監禁，以麵包與水為食。但是在她的獄室裡，聖徒再度對她顯靈。欺騙貞德

的教士們將她的盔甲與男性服裝放在她的面前，她因此再度欣喜若狂而穿上了它們。從那個時刻起，她就被宣布是一位故態復萌的異端分子，並判決要受火刑。她在廣大群眾的圍觀中被拖到盧昂市場中的火刑柱，柴綑堆成的金字塔高處火焰升起朝她飄去，毀滅的濃煙圍繞著她。她舉起用柴薪做的十字架，最後叫了一句：「耶穌！」一位英格蘭士兵目擊到這個場景，歷史記下了他的看法。他說：「我們迷失了。我們燒死了一位聖徒。」所有這些都證明是千真萬確的。

貞德從一位普通人被提升到這麼高的地位，以致於千年以來都找不到能與她相比的人。她受審的記錄透過時間的重重迷霧，為我們呈現許多事實，這些記錄到今天仍歷歷在目，大家都可以從她說的話來評斷她這個人。她將人類天性的善良與勇氣，以史無前例的完美方式具體表現了出來。無法抵抗的勇敢、無限豐富的情愫、簡樸者的美德、正義之士的智慧，都在她身上綻放光芒。她解放了她生長的土地而贏得光榮，所有的士兵都應該知道她的故事，思考這位真正戰士的言行。雖然沒有人教她武藝戰技，卻在單單一年的各個情況裡都明顯掌握著勝利的關鍵。

貞德於一四三一年五月三十日去世，因此戰爭的浪潮無情地衝擊著英格蘭人。幼主亨利在十二月於群眾冷漠的注視下在巴黎加冕，舉國都反對英格蘭的要求，勃艮地也於一四三五年對英格蘭清楚表示敵意。貝德福德死了，由較次級的軍官繼位，對抗他的軍官迪努瓦並沒有率領法蘭西騎兵對英格蘭弓箭手所擺的陣式做正面攻擊，而採用奇襲。法蘭西在一連串戰役中獲勝，當弓箭手在河的對岸，他們就在河的這一邊將英格蘭的重騎兵打得措手不及，或是在其他地方用大砲擋住了英格蘭人七零八落的攻擊。法蘭西的砲兵現在成為世界上的頂尖高手，七百名工兵在比若（Bureau）兄弟的指揮之下，使用一種二十二英寸口徑的重型攻城車，向英格蘭人堅守的城堡發射巨大的石彈。在亨利五世的時代只能用饑餓並花很多時間來征服的許多地方，在猛烈的砲擊之下，幾天之內便陷落了。

除了加萊之外，整個法蘭西的北方都被法軍收復了，甚至連基恩（Guienne）——這塊土地是亞奎丹愛莉諾的嫁妝，也是三百年來英格蘭王室感到滿意的采邑——最後也失陷了。值得大書特書一番的是，這個領地當時立即抵抗法蘭西，並且請求英格蘭人打回來，而英軍只好再重新征服它。在英格蘭，貴族派系相爭的樞密院無力提供有效的援助。英勇的什魯斯伯里伯爵塔爾博特（Talbot）與他大多數的英格蘭夥伴，都在一四五三年魯莽的卡斯提容（Castillon）戰役中陣亡了。劫後餘生的英格蘭人最後講和，從拉洛歇爾（La Rochelle）揚帆返國。到了年底經由武力或談判，英格蘭人被趕出了歐洲大陸。此後他們在所有征服的法蘭西土地中，只剩下加萊這個橋頭堡，而派遣衛戍部隊防守此地，幾乎要花掉議會允許給予王室的三分之一歲收。

第二十七章　約克與蘭開斯特

　　當亨利六世（Henry VI）長大成人之後，他的美德與遲鈍變得同樣明顯。他並非易於操控。一四三一年他十歲的時候，他的老師瓦立克報告說：「他在年齡、身材以及對於在王室地位的自負與知識都在成長，而使他怨恨任何懲罰。」樞密院在他的童年時期已經大大宣揚過他，帶他參加過許多儀式，並且在倫敦與巴黎兩地爲他鄭重加冕。隨著時間的流逝，樞密院的成員都變得傾向於將他置於比較嚴格的控制之下。他的重要性是靠著貴族的敵對，以及國家對他存有無窮的希望而維持住的。好幾年以來有一夥騎士與鄉紳被指定與他生活在一起，擔任他的僕役。當多災多難的歲月出現在法蘭西的時候，他不斷被迫要強調及維護自己的權力和地位。十五歲時他就已經時常參加樞密院的會議，也被容許在赦免與酬賞兩方面行使部分的特權。當樞密院有歧見時，大家都同意由他來做決定，所以他時常扮演妥協的調停者。在十八歲之前，他就決定要在伊頓（Eton）與劍橋（Cambridge）兩地建立學院。貴族們認爲他對公共事務出現了早熟而有害身心的興趣，因爲他的智慧與經驗都不足以經營公共事務。他的才智與勇氣相當薄弱，天性溫馴，根本不適合尚武時代兇猛的爭奪。關於對他的評價與重要性都是各說各話，把他捧成智識不凡的敘述，也都搭配著其他具有偏見的流言，這些流言都說他是一個無法辨別是非的白痴。現代史家都證實了這不太恭維的觀點。在那個時候，當單獨一位強而有力的國王可以重新製造國家與貴族之間的平衡，當所有的人都在要求約束國內派系，可以藉著不用過多費用而在海外發動戰爭致勝之際，王位事實上卻被一位虔誠的傻瓜佔據，他的性格與缺陷同樣都適合做個傀儡。

　　對英格蘭而言，這些都是不幸的年月。君主好像乞丐，貴族富甲天下；人民不樂，惴惴不安，談不上富裕。上一個世紀的宗教議題現在都被比較現實的政治議題所支配。原來在歐洲大陸上迅速得到的帝國，現在正被缺乏能耐與只圖自肥的寡頭政治集團給放

棄了；歲收本可用來派遣部隊打敗法蘭西，這時也都被教會據為己有。

　　蘭開斯特家族的王親貴冑本身爭論不休。貝德福德於一四三五年去世之後，格羅徹斯特與博福特兩家之間的關係日漸緊張。樞機主教博福特是溫徹斯特主教，也是剛特的約翰在第三次婚姻所生下的兒子，他是英格蘭的首富，也是教會審慎地捐款給國家的主要支配者；他將只能以黃金贖回來的抵押品當做私人財富，他經常將它們換成現金供應朝廷，也時常供應樞密院。博福特家族與他們的同夥薩福克伯爵威廉‧德‧拉‧波爾常常依賴國王，不干預倒霉的事務，而藉著和平的計謀與審慎的超然態度維持著他們的影響力，掌握軍權的分子時常都被迫順從。這個派系於一四四一年起對格羅徹斯特公爵存有敵意。格羅徹斯特與妻子賈桂琳的婚姻成為過往雲煙之後，現在格羅徹斯特與長期以來的情婦愛莉諾‧科巴姆結婚。愛莉諾被視為是最弱的一環，人們跳出來抨擊她，她並且被敵對者處心積慮地指控為在搞妖術；據說她做了一個像國王的蠟人，將它不時暴露在火上，蠟便逐步溶化，指控她的人說她的目的是要結束國王的命。她被判定有罪，被罰赤足，穿著懺悔的衣裙，在倫敦遊街三天，然後交付終生監禁，只給以合理的生活衣食；她的同謀都被處死。這當然是黨派之間的實力較勁，也是格羅徹斯特的椎心之痛與傷害。

　　英格蘭於法蘭西的領地一年又一年地失陷，在英格蘭都引起深沈的憤怒。這種激情不但刺激貴族，而且也使得弓箭手階級以及他們鄉村中羨慕的朋友為之動容。民眾散布著強烈的民族自尊受創之感。克雷西之役與普瓦泰之役的光榮到那裡去了？著名阿金科特之役的戰果到那裡去了？一切都被推翻以及被謀害賢王理查而獲利的那些人給浪費了，或事實上被出賣了。英格蘭並不缺乏教士與世俗人士的煽動者與傳道者，他們準備進行一場全國性的社會動亂，提醒人們真正的繼位血脈已經被暴行所改變了。所有這些都是時代的暗流，不過卻很有影響力。這股時代潮流是個陰暗的但卻又舉足輕

重的社會背景，這些力量到底是如何發生作用的，我們已經不得而知；但是慢慢而不停地，它不僅在這塊土地的貴族與鄉紳當中，也在我們認為的強大黨派當中成長，這些黨派立刻有模有樣，而且還有組織。

亨利六世已經二十三歲了，正是應該結婚的時刻。蘭開斯特家族的各個派系都急著想為他找一位王后，但是博福特樞機主教與他的兄弟們，以及他們的盟友薩福克，在勢力上都壓倒了因為行政管理不善而減弱勢力的格羅徹斯特公爵；至於薩福克的祖先是赫爾（Hull）的德‧拉‧波爾家族，他們曾經因為貿易而致富。薩福克奉派前往法蘭西安排進一步的停戰，據說他的任務也包括安排英格蘭國王與法蘭西國王的表侄女——安茹的瑪格麗特——之間的婚姻。這位了不起的女性除了有少有的美麗與魅力以外，還具有卓越的才智與無畏的精神，她雖然沒有像貞德所得到的上帝啟示或者是擁護的目標，卻仍然像貞德知道如何率領人們作戰；即使她的一家人隱居山林，她的特質仍廣為人知。那麼她難道不是這位意志薄弱國王的伴侶嗎？難道她不會給予他所缺乏的力量嗎？將她置於他身旁的那些人，難道不會為他們自己保證能有個十拿九穩的美好前程嗎？

薩福克深知其任務的微妙與危險，因此他先由國王與領主們那裡獲得保證，如果他盡力而為，就不會因為結果不佳而受到懲罰，任何證明他處理不當的過失都應該事先得到原諒；在加強心防之後，薩福克就熱心地去執行後來證明對他有著致命打擊的任務。瑪格麗特的父親——安茹的勒內（René）——不僅是法蘭西國王的表兄弟、國王寵愛的諮議大臣，而且是擁有繼承資格的耶路撒冷與西西里兩地的國王。不過這些堂皇的封號並沒有實際的權力支撐，而只是徒具虛名；耶路撒冷在土耳其人的手中，而他在西西里也並未擁有寸土之地；他在安茹與曼因的一半世襲產業多年來都被英格蘭軍隊所占據。薩福克被瑪格麗特迷住了，他促成了這樁婚事，而且在他的熱心奔走之下，未經授權便藉著一項祕密條款同意曼因成為

法蘭西的獎賞。格羅徹斯特派系的權力相當大，他們反抗法蘭西的情緒十分激烈，而英格蘭在戰爭中被出賣的埋怨之聲甚囂塵上，因此這項條款被當作是極大的祕密。婚禮於一四四五年正式舉行，場面極盡華麗之能事。薩福克被封為侯爵，他的幾位親戚也成了貴族；國王欣喜，容光煥發，王后衷心感激，議會的上下兩院都記載下他們感謝薩福克對社會所做的努力。但是那個祕密被藏匿得很不自在；愈來愈多的人發現在法蘭西遭到敗績時，這個祕密便不可避免的洩露出來，而且帶著極大的危險。

格羅徹斯特在他的妻子愛莉諾於一四四一年被判罪之後的六年之間一直過著退隱的生活，為他所創立的牛津大學圖書館蒐集書籍。他的敵人在事態嚴重之際決定將他推翻。薩福克與樞機主教的侄子艾德蒙·博福特在得到索美塞特公爵與白金漢公爵的支持之後，擁護王后而且挾持國王，並於格羅徹斯特前往聖艾德蒙斯伯里（St. Edmondsbury）召開議會時，事前埋伏王室部隊在議會會場，將格羅徹斯特逮捕。十七天之後，格羅徹斯特的屍體就被公開示眾，所有的人都看到屍體上並無傷痕；但是之前愛德華二世去世的方式眾人皆知，所以大家並不接受這個無傷痕的證據。一般相信，格羅徹斯特是在薩福克與艾德蒙·博福特明確的指示下遇害的；不過，也有人認為格羅徹斯特是由於財產都被敗光了，因而又驚又怒，一命嗚呼。

不久後巨大的報復力量已經蠢蠢欲動。一四四八年由於法蘭西佔領曼因，割讓曼因的祕密條款因此公開，各方人士都相當氣憤。很多人都這麼說，英格蘭為了一位沒有嫁妝的公主而付出了一個領地的代價；賣國賊在戰爭中拋掉不少土地，並且由於陰謀而拱手讓出其餘的土地。可怕的內戰不久後將撕裂這個島嶼，其來源便是因為帝國淪喪而引起的憂傷與憤怒；所有其他的不滿都與這種情緒融合在一起。蘭開斯特家族篡奪了王位，敗壞財政，出賣了征服成果，現在還沾上了凶殺的血跡。所有的人都認為國王心地善良、頭腦簡單因而不被指控，但是此後約克家族日漸成了國家中敵對

的黨派。

　　艾德蒙·博福特現在是索美塞特公爵，以及駐在法蘭西的大軍指揮官。薩福克留在國內面對日漸聚集的復仇風暴。海軍也很不滿，身為掌璽官的摩林斯（Moleyns）主教奉命前往樸茨茅斯供給艦隊的薪餉，他被水手辱罵為賣國賊，而在前往法蘭西增援索美塞特的部隊時遭受軍隊譁變而被殺。原先要將要塞移交給法蘭西的那名指揮官現在拒絕交出去，所以法蘭西部隊挺進，強行將要塞拿下。薩福克遭到彈劾，但亨利國王與瑪格麗特由於道義而奮力營救他；亨利濫用特權壓制住訴訟程序，而於一四五○年判決將薩福克流放五年。當時的英格蘭正處於目無法紀的可怕狀態，當這位被流放的公爵與他的隨從人員以及財物分乘兩艘小船，橫渡英吉利海峽的時候，王室海軍最大的戰艦「倫敦塔的尼古拉斯號」（Nicholas of the Tower）向他逼近，將他帶到艦上。艦長看到他的第一句話便是：「歡迎，賣國賊。」兩天之後薩福克被放到一艘船上，被一把生鏽的劍砍了六下而斬首。這件事值得注意的訊息是，王室船隻可以逮捕與處決一位在國王特別保護之下而正在旅行的王室大臣。

　　在六月與七月，肯特地區有人起義，蘭開斯特家族的人堅稱他們擁有約克家族支持起義的證據。傑克·凱德（Jack Cade）是一位有才氣但性格很壞的軍人，他歷經戰事歸來，聚集了各地看守找來的幾千人向倫敦行軍。他獲准進入城內，但是他在齊卜塞德（Cheapside）私設刑堂，將管理財庫的塞伊勳爵（Lord Say）予以處決，權貴與民眾因此起而反抗，而他的追隨者見狀都紛紛做鳥獸散，他自己則遭到追殺而身亡。這次成功的鎮壓一時之間恢復了政府的威權，亨利稍微能喘息一下，再度把心思放在興辦位於伊頓與劍橋的學院，以及陪伴瑪格麗特。

　　將英格蘭人趕出法蘭西的過程仍在繼續進行，要塞一一陷落，城市與其他地區都丟了，衛戍部隊大多都撤退返國。它的速度驚人，使得英格蘭人大感震驚，不但各個大臣的地位岌岌可危，而且

還使得蘭開斯特王朝的基礎動搖。英格蘭人以無法置信的愚蠢以及背信忘義，於一四四九年三月在富澤爾（Fougères）破壞了停戰協議；到了一四五〇年八月整個諾曼第都丟了；到了一四五一年八月，三個世紀以來都屬於英格蘭的加斯科尼，也同樣全部丟了。亨利五世用英格蘭十一年的血汗贏得的所有地方，只有加萊還守住而已。艾德蒙‧博福特是國王的指揮官、朋友兼蘭開斯特家族的堂兄弟，他承受著這連續敗績的罪名，而這也波及到國王本人。英格蘭境內充滿了所稱的「退伍軍人」，他們不知道為什麼被打敗，但是他們確信他們受到了不當的調度，所以奮戰無功。另一方面，貴族在與日俱增的失序局面中，很高興能夠聚集這些堅強的戰士保護他們；所有的大家族都保留成隊的武裝家臣，有時還幾乎達到了私人軍隊的程度。貴族給予他們薪俸或土地，或是兩者都給，以及上面繡有家徽的制服或役服。可能是最大地主的瓦立克伯爵，期望擔任政治中的領導角色，他便收容了數以千計的食客，這些人食用「他的麵包」，其中大部分的人都組織嚴密，成了以展示「熊與破損木杆」徽章為榮的部隊。其他的權貴則根據他們的財產規模來模仿瓦立克伯爵的作為。金錢與野心當家作主，這塊土地很快地淪落而成為無政府狀態。國王成了求助無門的人，雖然受到尊敬甚至愛戴，但卻無力支持任何人。包括貴族院與平民院的議會，這時只不過是貴族敵對陣營的情報交換所而已。

　　一四二九年一項法令規定，郡選舉權的資格限制在四十先令以上的每位不動產終身擁有者。難以了解的是，這種任意訂立的郡選舉權在英格蘭居然執行長達四百年之久；所有的戰爭與不和、最重大問題的決策、國內外最大的事件，在一八三二年的「改革法案」（the Reform Bill）出現之前都是依照這個法令進行。在這個原始法令的前言中，宣稱為數過多「毫無財產或財富的」民眾參與選舉曾導致殺人事件、暴動、攻擊與宿仇，因此代議制度的議會採行了一個落後但是持久的措施；許多世紀以來議會的特權從來沒有這麼大；許多世紀以來它也從來沒有更加露骨地遭到利用過。

　　法律的力量現在遭到利用。貴族濫施暴行，使用或蔑視法律，但是他們平安無事。憲法被拿來對付民眾；沒有人的生命或土地是安全的，甚至連最卑微的權利也不保，除非透過當地權貴的保護。著名的「帕斯頓書信集」（Paston Letters）顯示英格蘭儘管在包容力、名聲與文明各方面的進展都很驚人，但此時卻正在往回走，從和平與穩定走向野蠻與混亂。道路都不安全；國王的書面命令都被否定或遭受曲解；王室法官受人輕視或不被接受；君主仍然有著相當高的地位，但是現任的國王是一位軟弱的、受人擺布的傻瓜；議會的權力隨時轉向，全視掌握它的派系而定。然而這個受苦的、勞累的、壓抑不了的社會畢竟已經遠離了史蒂芬與穆德相鬥，亨利二世與湯瑪斯‧貝克特發生齟齬，以及約翰王與貴族互爭的日子。現在的英格蘭有著一個高度複雜的社會，儘管在許多領域中都有弊病，但它仍在成長；行政部門的貧困、通訊的種種困難，以及民間在訴願與武力方面的力量，均有助於使得這個社會維持平衡。社會上有輿論，有集體的道德意識，也有受到尊重的習俗，最重要的是有一種民族精神。

＊　　　＊　　　＊　　　＊　　　＊

　　玫瑰戰爭的苦難現在就要降臨這個社會。我們不能低估導致這個鬥爭的重大議題，或者是為了避免它而做出自覺的、認真的、長期的努力。所有人的積極欲望都是需要一個強大而有為的政府。有人認為只有協助合法、既定的政權才能做到這一點；其他的人長久以來一直爭論被一個篡奪的政權強行統治，但它現在已經變得沒有能耐。反對蘭開斯特家族的人將他們的要求與希望寄託在約克公爵理查的身上。根據習俗，約克對於接掌王權有優先權利。約克是劍橋伯爵理查之子，剛特的約翰之弟，也就是約克公爵艾德蒙的孫子。他身為愛德華三世的曾孫，是除了亨利六世之外，唯一在愛德華三世父系這方面一脈相承的後代；母系方面，他則是由剛特兄長克拉倫斯的萊昂內爾一脈而下，也因此有優於他人的繼承資格。根據一四〇七年的法令，全是剛特合法私生子的博福特兄弟都被排除

在繼位之外，所以如果亨利六世取消這個法令，那麼艾德蒙·博福特（索美塞特）就比約克更處於佔優勢的、父系方面的繼承資格；這正是約克恐懼之處。約克佔領了格羅徹斯特，成了第一位父系血脈相承的王子，格羅徹斯特死後，蘭開斯特的家族中除了亨利六世之外便沒有其他男性成員。此時在約克身邊或手下有很大一批不滿的人，驅使他要求在政府中占有一席之地，而且最後透過瑪格麗特王后的敵意獲得王位。

一個約克派的網絡在全國各地擴張，主要地區在英格蘭的南部與西部，即肯特、倫敦、威爾斯等地。重要的是率領肯特叛亂分子的傑克·凱德，曾經假托莫蒂默的名義，大家都相信那些自稱為約克派的人曾經在樸茨茅斯殺害了摩林斯主教，在公海謀害了薩福克。血仇因此在蘭開斯特與約克兩個家族之間展開。

在這些情況下，約克公爵理查的性格便值得仔細研究。他是一位品德超卓、崇法守紀、行動緩慢、能力高強的王子，蘭開斯特政權給他職位，他都能夠盡力而忠實地履行。他的行事足以稱道；他樂於管理加萊與英格蘭在法蘭西所剩下的領地，不過因為索美塞特的原因而被剝奪了這些權利，於是他接受管理愛爾蘭之職。理查不但降伏了那個島嶼的部分地區，而且在過程中還贏得了愛爾蘭民眾的善意。於是我們看到了一位有缺陷的孱弱國王被挾持在一批因為國難而名譽掃地、現在又背負殺人罪名的人士手中，同時也看到一位正直而聰明的行政人才，受到一個全國性黨派的支持，並且還帶著足以問鼎王位的優越封號。

任何研究現在將王國撕裂這個議題的人們，都看到誠實的人能夠輕易地讓自己相信任何一個理由。當國王亨利六世了解到繼承王位的權利受到懷疑時，他有點驚訝。他說：「我自從搖籃時期起，四十年來都是國王。我的父親是國王，他的父親也是國王。你們在許多場合都曾經對我宣誓效忠，就像你們的父親對我的父親宣誓效忠一樣。」但是另一方則宣稱，沒有根據真理所做的誓言全都無效，而不對的事必須矯正，篡奪不能因為過了許久而變得神聖不可

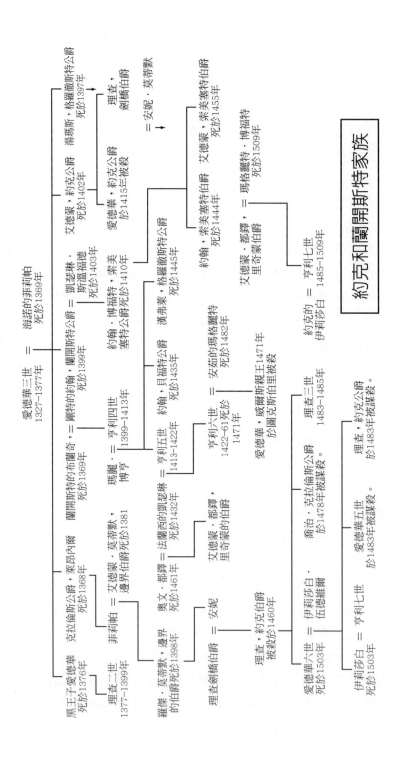

約克和蘭開斯特家族

侵犯，君主政治的基礎只能建立在法律與正義之上，不管在何時或什麼情況下，承認篡位者的朝代便會遭到反叛，因而使得英格蘭社會的框架瓦解。而且，假使這個權宜之計最後成功，那麼誰忍心將一位可憐、魯鈍的，將一切都斷送的君主，與一位證明性格與資質出眾，身爲軍人兼政治家的王子擺在一起比較呢？

　　整個英格蘭因爲這兩個想法而造成分歧。雖然約克派的人在富足的南方得勢，蘭開斯特派的人在好戰的北方稱雄，但還是有許多交織與重疊的地方。整體說來，市民與大眾都主動放棄參戰，這是一場上層階級與其武裝家臣共同參與的鬥爭。有些人民認爲「貴族越少越好」，然而他們自己的意見也大爲分歧。他們尊崇國王的虔誠與善良，同時也稱讚約克公爵的美德與謙遜。在各個地區，大眾的態度與感受一直都對相爭的派系佔有很重的分量。於是歐洲目擊到幾乎三十年的猛烈戰事；不過在戰爭進行中幾乎沒有單獨一個城鎮遭到洗劫，民眾幾乎都未被波及，而地方政府的功能也大都能夠維持。

＊　　　　＊　　　　＊　　　　＊　　　　＊

　　一四五〇年的民怨沸騰與敵對的衝突，讓約克公爵首次公然有所動作。他放棄了在愛爾蘭的政事，以不速之客的身分在威爾斯登陸；次年在議會的開會期間，一位平民院成員楊格（Young）大膽提議宣布約克公爵是王位的繼承人。這個提議很難壓制的原因不僅是因爲有人支持，而且因爲它用意至善；國王現在已經結婚六年卻還沒有子嗣，而且以他在外的名聲，他似乎不可能會有任何子嗣。人們這時候都問，他難道不應該指定繼任者嗎？如果不是約克，那麼會是誰呢？僅僅只有索美塞特或另一個人才能代表博福特的一脈，任何人都可以看得出來這一招是何等的精明。但是國王受到瑪格麗特的煽動，拒絕了這項提議；他並沒有放棄生男育女的希望，而且議會一散會，他就把那名放肆的議員送到倫敦塔去了；此時他也與約克公爵斷交，而約克只得退隱到他自己位於威爾斯邊境的盧德羅堡（Ludlow）去了。

　　約克對於政府不能恢復國內的秩序與正義，與防止在法蘭西的
軍事災難感到厭惡，更加深信博福特這一夥人控制著意志薄弱的國
王，一定得把他們趕走。在祈禱與抗議都無效之後，只有訴諸武
力。因此在一四五二年二月三日，約克對什魯斯伯里的民眾發表聲
明，控訴索美塞特在法蘭西喪權辱國，以及「一直在國王面前極力
進讒，希望我垮台，詆毀我的血統以及剝奪我、我的繼承人與我身
邊那些人的繼承權。……看到這位公爵一直得勢，支配著國王，對
他提供讒言以致於國土可能遭到破壞，我下定決心靠親屬與朋友的
幫助，對他進行討伐。」他憑著這段聲明從什魯斯伯里向倫敦進
軍，率領的士卒有數千人，其中還包括大砲。他進入肯特，期望那
些曾經與傑克‧凱德一同起事的人會歸到他的旗下；然而迴響令他
很失望，倫敦對他的使者閉門不納。國王這時被瑪格麗特、索美塞
特、蘭開斯特的利益團體，以優勢兵力挾持帶往黑石蘭
（Blackheath）。內戰似乎就要開始了。

　　但是約克覺得他自己處於弱勢。他反對暴力，諾福克與其他重
要貴族都站在他這一邊，而二十四歲的瓦立克伯爵則支持國王。防
止流血的各種努力都做過了，交涉也沒有止境。最後約克解散了
他的武力，不帶兵刃，光頭覲見亨利六世，堅決表示他的忠貞，但
是同時也要求獲得平反。他此時的生命危如懸卵；國王這身邊幾乎
沒有人會猶豫而不動手殺他，但是所有的人都知道這麼做的後果。
約克代表某種政治大業，他受到平民院的支持，全國半數的人民都
是他的後盾，而且他年輕的兒子邊界伯爵已經率領第二支部隊來到
了威爾斯邊境。約克聲明他自己是「國王的忠臣與僕役」；由於他
受到平民院的支持，而且顯然領導著一大批人，國王便答應他成立
「一個可悲而具有實質的樞密院」，約克是其中的成員。王室仍舊
必須在索美塞特與約克之間抉擇；王后常常與索美塞特在一起工
作，因此投他所好而做出了決策：索美塞特被任命為加萊的統帥，
並由王室支薪的正規部隊擔任衛戍任務，而實際上他有一年以上的
時間同時在管理法蘭西與國內的事務。

　　然後這時發生了一連串嚴重的事件。英格蘭人在法蘭西的災難
到達了頂點，塔爾博特企圖重新征服加斯科尼的計畫失敗了；一四
五三年七月，他在卡斯提容吃了敗仗，波爾多於十月失陷，總指揮
索美塞特承受敗績。此時亨利六世瘋了，他前往威特郡度過七月與
八月，突然間他失去了記憶，什麼人都不認識，甚至對王后也是如
此；他能吃能喝，但是他的言語像孩子一樣，而且前後不連貫，也
無法行走；十五個月的時間裡他完全神志不清；後來他康復了，卻
說記不得任何事了。虔誠的亨利從現在生活的憂鬱撤退到一個慈悲
而忘卻一切的島上了，他對這個災難叢生的王國目瞪口呆，只會說
傻話。

　　當大家都知道這些可怕的事實之後，瑪格麗特王后希望做護國
公，但是反對她的力量十分強大，使得蘭開斯特派不敢造次。而且
她另外有掛心的事。十月十三日她生下一子。人們如何期盼這件事
並不是很清楚，但是像很久之後對詹姆斯二世（James II）的情
形一樣，這個事件使所有的人都硬起了心腸。它似乎永遠封住了約
克派的繼承資格。原本雙方都傾向不走極端，如果蘭開斯特派在亨
利在世的時候統治天下，約克派便接著蘭開斯特派去世後繼位，雙
方本身都能夠適應這個自然而合法的安排，但現在蘭開斯特派似乎
要永遠佔優勢了。

　　國王的神智不清使得索美塞特遭到挫敗，他無法再抵抗約克。
諾福克支持約克，他在樞密院提出不利於索美塞特的請願書；一四
五三年十二月，他便被送到倫敦塔監禁去了。約克的地位與實力使
他當上了護國公。他依照議會的方式謙遜地行事，但還是有人受不
了他。他充分控制行政機構，得到議會中兩院的支持；他展現特質
的時間不長，但是立即改進行政管理則受到了人們的賞識。他冷靜
地著手抑制私蓄兵卒的行為，並恢復商旅安全與全國秩序；因為有
人募兵供私人仇殺之用，他毫不猶豫便將自己最有名氣的擁護者─
─其中包括戴文郡伯爵──送入牢獄。如果約克避免提審身繫囹圄
的索美塞特，這僅僅是由於慈悲，他的黨人對他的容忍大感驚訝；

當政府掌握在他的手中，他的前途可能被王位的新繼承人所折損，他的權力與性命可能因為國王康復而隨時遭到毀滅，他仍然絕對堅信真理與堅守正義。此處所見到的就是他的不朽事蹟與清白證明。他屹立在歷史面前，像一位愛國者準備冒著生命危險捍衛賢明的政府，但是不願意為了個人利益而舉手反抗國家。

使人驚訝的事持續發生。就在一般人相信亨利的血脈即將斷絕的時候，他卻生出了一位繼承人。亨利之前似乎陷入永久性的低能，但卻突然康復了；一四五四年的耶誕節他恢復原狀。他詢問自己是否睡過頭了，與這段時間發生了什麼事；瑪格麗特讓他看他的兒子，並且告訴他已經替這小子取名為愛德華，之前他都是眼光無神地看著這名嬰兒，而喚醒他的一切努力都徒勞無功。現在他像以往一樣的良好，他舉起雙手感謝上帝，並且根據「帕斯頓書信集」中所述，他說他：「直到那時之前都沒有意識，也不知道其他人對他說的事，也不知道他病倒時身在何處。」他派遣施賑人員帶謝禮前往坎特伯里，並且聲明他自己「寬待世人」，同時表示：「他希望貴族們也是如此。」

第二十八章　玫瑰戰爭

　　一四五五年的春天，蘭開斯特的紅玫瑰再度盛開。從知道國王恢復神智的那一刻起，約克便依照法律停止擔任護國公，他並沒有努力維持權勢。瑪格麗特王后掌握了實權，索美塞特不僅獲得釋放，而且還恢復了他主要的職位。加萊的管轄權授予約克已經達七年之久，現在他將這個權利交還給他的敵人。他不再受邀參加國王樞密院的會議，貴族的大會議在列斯特召開時，他害怕會被召去受審，於是退隱到約克郡的桑多（Sandal）。他與瓦立克伯爵、沙利茲伯里伯爵，以及一大群熱心參與的貴族，共同譴責索美塞特是喪失諾曼第與基恩，而現在則將要毀掉這個王國的人。約克身邊的貴族們都同意訴諸武力，他們帶了三千人馬向南行軍；在此同時諾福克公爵也率領了數千名約克派人士出現，沙利茲伯里與湯瑪斯·史坦利爵士也另外率領了幾千人助陣。所有這些兵力都朝向倫敦移動，而以聖奧班斯爲集合地點。國王、王后、索美塞特、朝廷與蘭開斯特黨，以及爲數不到三千人的兵力，向瓦特福移動，前往迎敵。

　　聖奧班斯是個未設防的城市。那裡堅固的古代修道院曾經禁止民眾「建築城牆保衛他們自己」，否則他們必定會變得無法無天。由於這個緣故，聖奧班斯是個方便的會師之所。國王的部隊抵達這裡，王室的旗幟在聖彼德街（St. Peter's Street）與何洛威街（Hollowell Street）飄揚。約克、沙利茲伯里、瓦立克並未等候正在接近他們的大批增援部隊，他們看出來他們的部隊佔了上風，而且時間的掌握相當重要。這一次所發生的戰鬥，看起來頂多是一場衝突而並非戰役，不過無論如何它都具有決定性。克利福德勳爵（Lord Clifford）爲國王守住跨街的屏障，約克以弓箭與大砲展開攻擊；瓦立克繞過這個城鎮，由克利福德後方攻擊，將他殺了，並且使得王室部隊奔竄。索美塞特「並非爲了國王而是爲他自己的政治目標奮戰」而死；白金漢公爵與他的兒子都被箭射傷；索美塞特的兒子多塞特（Dorset）伯爵因受傷而被俘，用小車載了回去。國

王自己中箭受了輕傷，他並沒有逃亡，而在大街上一位生意人的屋子裡避難，約克公爵立刻找到他，並且在他面前跪下，向他保證忠誠至死不渝。在聖奧班斯這次衝突中陣亡者不到三百人，但是死者當中包括國王這一方很多貴族，反倒是行伍士兵彼此都刀下留情，而將領都奮戰至死。索美塞特與克利福德的屍體曝露在街上好幾個時辰，沒有人敢去埋葬他們；約克派人獲全勝。他們現在將國王控制在手中。索美塞特死了，瑪格麗特和她的孩子逃入教堂尋求庇護，勝利者聲明對國王效忠，因為讓國王擺脫了邪惡的諮議大臣而感到欣慰，並且立即因此而以國王之名召開議會。

史家們都避談玫瑰戰爭，那些將事件編纂成冊的大多數人，留給我們的只是一幅幅悽慘而又脫節的畫面。不過我們見到的是有真實記載的，最兇猛與最無法和解的爭鬥，而爭鬥中的每個角色都受到世代特權與戰爭的培訓，而封建概念曾經將其獨特的榮譽意識帶入了這場鬥爭，教廷也因為它的競爭與陰謀而對這場鬥爭做出宗教上的認可。它是個人仇恨達到極致的衝突，幸好並沒有對全國大眾造成影響。在人類的歷史中一定有同樣的劇變，不過沒有其他史冊曾記載保存過如此追求世俗名利，而為之付出重大代價的人物。

混亂狀態的不必要原因都盡可能不提。城鎮並沒捲入封號之爭，所以約克與蘭開斯特的鬥爭並不意味著英格蘭這兩個著名郡鎮之間的任何敵對行為。事實上約克是蘭開斯特派的據點，而約克派在密德蘭與英格蘭的南部也建立了他們的實力。命運的起伏變化甚多，而且十分驚人，家族的宿仇錯綜複雜，民族感情的影響力在危機時刻也難以衡量，以致於貶抑這個時期成了風尚。只有莎士比亞以霍爾（Edward Hall）的《編年史》（Chronicle）為藍本，描繪過這個時期野蠻的，但也有英雄氣慨的特質。他並沒有企圖下結論，為了戲劇性而遠觀各種事件與軍事攻勢。現在讓我們來看看它們的實況。

*　　　*　　　*　　　*　　　*

聖奧爾班的衝突首先爆發流血事件。約克派掌握住國王，但是

我們不久便看到蘭開斯特派的固有權力。蘭開斯特派擁有大多數的貴族，以及王室的最高權力，所以在幾個月之內他們便又像以往一樣的強大。雙方實力的考驗繼續進行；全國起義事件層出不窮；議會集會的氣氛肅殺，合法性、立憲政治、對王室的尊敬都遭到動盪血腥插曲的反擊，然而並未因此被推翻。從一四五六年至一四五九年這四年是暗潮洶湧的停戰時期，所有人都感覺到他們自己與社會秩序所面對的危險，命運給予他們很重的壓力，而他們認真致力於和解。倫敦人都看到國王由壯觀行列護送前往西敏寺的景象，其中約克公爵與瑪格麗特王后並肩而行，後面跟著成雙成對、互相敵對最烈的約克派與蘭開斯特派貴族。他們交換莊嚴的友好誓言；所有的領袖都共同立誓；所有的人都在尋覓和平。但實際上在倫敦達成和解之際，和解就被北方的暴行給破壞了。一四五九年戰鬥再度爆發，烏斯特附近集結的約克派武裝部隊在面對王室部隊時都做鳥獸散，他們的首領也都各奔東西。約克返回愛爾蘭，瓦立克回到加萊，擔任繼索美塞特的衛戍指揮一職。

一四六○年戰爭開始認真地打了起來。約克仍在愛爾蘭，但是在瓦立克率領下的約克派貴族，在親戚以及黨人的奧援之下，佔據著威爾斯境內以及加萊的基地，並且獲得教廷特使與若干主教，以及整個平民院的支持，在北安普敦與蘭開斯特派及王室對抗。亨利六世掘壕固守，新的大砲防衛著他的陣線，但是約克派進攻時，指揮一方側翼的格雷・魯司汶（Grey of Ruthven）勳爵捨棄國王於不顧，並且幫助約克派越過胸牆。王室的部隊驚慌逃竄，國王亨利六世留在營帳中「孤單地坐著」。勝利者前來朝見，跪地行禮；像聖奧班斯一役之後一樣，他們再度將國王帶到倫敦，再度挾持他，並以他之名進行統治，也試圖使用所謂王國境內所有政治集團共同同意的妥協辦法。格列高里的《編年史》說：「約克公爵用武力與實力將國王哈利（King Harry）[1] 留置在西敏寺，直到最後國王因為怕死而將王權授給他，因為一個只有少許智力的人不久就會怕死。」亨利將終身為王；約克將主政，並在亨利死後繼位為王。所

有爲國家尋求平靜生活的人都對這種安排大聲歡呼。但是這項決定蔑視了瑪格麗特王后與她的兒子威爾斯王子在哈力克（Harlech）堡自由自在生活的事實。由於形同軟禁的國王取消了他兒子的繼承權，所以王后便繼續奮戰。

瑪格麗特帶著她在北方的與北威爾斯的部隊挺進，要維護他兒子的長子繼承權。約克公爵不屑留在安穩的桑多堡，等到他整個軍力集結之後，就行軍迎戰王后。一四六○年十二月三十日，在威克菲爾德（Wakefield）打了第一次有相當規模的戰役。蘭開斯特派挾著優勢兵力出其不意地突襲約克派，當時許多人正在搜索糧草，結果他們受到驚嚇因而潰敗遭到屠殺。此處就沒有普通士兵獲得饒命的情形；數百人遭到殺戮，但是首領們首當其衝。沒有任何饒命的事。約克公爵被殺；他的兒子拉特蘭（Rutland）伯爵當時十七歲，正在逃命；但是新的克利福德勳爵記起了聖奧爾班之役，便興沖沖地將他給殺了，同時大呼「憑著上帝的寶血，你的父親殺了我的父親，所以我將殺掉你與你所有的親屬。」此後這就成了戰爭規則。老沙利茲伯里伯爵在夜晚被捕，被白金漢公爵的私生子艾克希特（Exeter）勳爵斬首。有人發現瑪格麗特插手參與這次嚴酷的行徑。這三位約克貴族的頭顱都掛在約克的城門及城牆上示眾；偉大約克公爵的頭顱，還帶著一頂紙做的王冠，面帶苦笑注視這景色，召喚復仇者起而抗敵。

截至目前爲止，這場鬥爭是在性格成熟而生活安逸的權貴之間進行的，他們深入國家事務，爲自己努力保留某些空間。現在新的一代接手了，其中有新的克利福德勳爵、新的索美塞特公爵，最重要的還有一位新的約克公爵。這三人都二十來歲，手持刀劍，要爲各自的父親復仇，並且以英格蘭爲獎品。當約克的兒子邊界伯爵得知他父親的事業移交到他手上時，他並沒有退縮；他撲向威特郡伯爵與威爾斯的蘭開斯特派，並且於一四六一年二月二日，在赫里福德附近的莫蒂默廣場（Mortimer's Cross）擊潰他們。他很快地討回威克菲爾德之役的殘暴血債，而「不饒命」再度成爲口號。在

大戰之後被處決的人們當中，有一位善良的名流奧文・都鐸（Owen Tudor），他站在斧頭與行刑台前面的時候，幾乎還不相信他眞的會被砍頭，一直要到他的紅色緊身上衣被人扯開時才確信自己的死期到臨。他的兒子賈斯帕（Jasper）活著，將繼續進行這項抗爭。

　　勝利的約克派在他們年輕的約克公爵率領下，行軍前去幫助已經由加萊返國，正在倫敦受到緊逼的瓦立克伯爵；但是瑪格麗特王后對瓦立克先發制人，於二月十七日第二次的聖奧班斯之役中將他徹底擊敗。瓦立克當時是約克派的眞正領袖，他在海外募集了許多部隊，並且有最新的火器與自己的封建武力，他曾挾持著被俘的國王，宣稱以國王之名代爲行事。但是瑪格麗特的襲擊使他措手不及，「他們的偵查兵沒辦法帶回來王后逼近的消息，只剩下一位偵查兵說她在九英里外。」瓦立克與諾福克都逃掉了；而部隊裡有一半的人被殺。亨利國王稍早已經被載到現場，他在那裡的一棵大樹下目睹戰況，禁不住感到滿意。在法蘭西戰爭中赫赫有名的兩位騎士——其中一位是令人畏懼的湯瑪斯・基瑞爾爵士（Sir Thomas Kyriel）——被任命爲國王的看守者兼監護人。更重要的是，他們必須確保沒有人傷害他，因此他們與國王共同守在樹下，最後被勝利的部隊包圍。在瑪格麗特隔天早晨殘酷處死的許多重要軍官當中，這兩個人需要特別考慮。亨利國王說他請求他們兩人與他一起在樹下等待，因此他們兩人一直都在保護他的安全。瑪格麗特王后將當時只有七歲的兒子愛德華找過來，之前國王曾經不得不取消愛德華的繼承權；王后請這位兇猛得與年齡極不相稱的孩子斷定他們兩人的生死。「公正的兒子，你看這兩位騎士應該如何賜死？」愛德華隨口便說：「把他們的頭砍掉罷。」在基瑞爾被人押往就死之際，他大呼道：「願上帝嚴厲懲罰教這個孩子說這種話的人。」每個人都沒有憐憫之心，只知道高喊殺人與復仇的口號。

　　　　　＊　　　　＊　　　　＊　　　　＊　　　　＊

　　瑪格麗特重新將她的丈夫以及王室威權都掌握在手中，此時通

往倫敦的路大開，但是她並沒有朝那個方向進軍。她率領從北方帶
過來的兇猛人馬，沿著他們之前的行軍路線四處蹂躪。這麼做使得
他們的顏面盡失；他們引起鄉民的憤怒，導致鄉民反抗他們。國王
的朋友都說：「他們都覺得如果這些北方人來到倫敦，在搶劫方面
必定極盡殘酷之能事。」整體而言，倫敦這個城市對約克派的理念
堅定不移，但是也有人說：「如果國王、王后與他們的部隊一起來
到倫敦，他們想要什麼便會有什麼。」我們無法充分判斷這些情
況。約克公爵愛德華正與之前在莫蒂默廣場打勝仗的部隊日夜行軍
趕往倫敦；瓦立克帶著聖奧班斯一役的殘留兵卒與他在牛津郡會
合。或許國王有懇求認為首都不應該變成戰場，但是無論如何瑪格
麗特與她的顧問並不敢真的讓倫敦變成戰場。蘭開斯特派因為勝利
而感到興奮，滿載戰利品，又與國王重逢，便經由丹斯塔布
（Dunstable）退往北方，如此來掩飾蘇格蘭傭兵已經帶著他們所能
攜帶的一切跑回家去的事實。根據霍林薛德（Holinshed）[2] 的記
述：「王后根本不信任東塞克斯，更不信任肯特，而最不信任倫
敦，……離開聖奧班斯而入北國，那裡是她兵力基礎與權宜之計唯
一休止的地方。」

　　這是這場鬥爭的轉捩點。在第二次聖奧班斯戰役的九天之後，
約克的愛德華進入倫敦；曾經對瑪格麗特與國王臣服的民眾，現在
熱心地歡迎約克派，他們感謝上帝，並且說：「讓我們在新葡萄園
行走，讓我們用這種美麗的白玫瑰與草本植物在三月裡建造個快
樂的花園，邊界伯爵 [3]。」它是個荊棘中的葡萄園。這時必須以
國王之名行事的理由無法再有任何效用，因此約克派已經毫不掩飾
地成了賣國賊與反抗王室的叛徒；但是在莫蒂默廣場斬殺敵人的這
位年輕戰士，在心情上對這種指控毫不介意。如他所見，由於尊敬
亨利六世國王，所以他的父親被人殺害了，他與他的朋友都不想再
服從忠君愛國的觀念。他立刻要求得到王位；此時此刻倫敦人的
感覺與他的部隊實力，都顯示他獲得萬民的擁戴。他宣布自己是
國王，而一四六一年三月四日更在西敏寺以史無前例的諸多儀式

玫瑰戰爭期間的
英格蘭與威爾斯

蘇格蘭

柏立克
諾哈姆
赫吉萊荒野　　班堡
　　　　　　鄧斯坦堡
安威克
紐塞
赫克珊　德拉姆
密德罕
　　　　　約克
克利瑟羅　陶頓
威克菲爾德
桑多堡

戰場標誌

拉芬斯帕

霍爾特　　諾丁罕
哈力克　什魯斯伯里
巴斯沃斯　　洛斯科特戰場
威爾斯　勒德羅　科芬特里
莫蒂默廣場　　　北安普敦
　　　　烏斯特　史東尼斯特拉福
密特福港　　艾迪科特　丹斯塔
　　　圖克里伯里　聖奧班斯
　　　　　瓦特福　巴內特
　　　　　　　倫敦

塞尼修道院

達特茅斯

昭告天下；儀式完成後他宣布另外一方犯了叛國罪，而他將對他
們施以懲罰。

這些主張現在都一定必須兌現，愛德華四世國王（Edward IV）
便向北方行軍，要與亨利六世徹底解決一切。在約克附近，王后與
蘭開斯特派的整個兵力，在距離塔卡斯特（Tadcaster）不遠的沙
克斯頓（Saxton）與陶頓兩個村莊附近與他相遇。有些記述宣稱戰
場上總共有十萬人，約克派佔了四萬，而蘭開斯特派佔了六萬；但
是後來的權威人士大為降低了這些數字。

三月二十八日約克派的先遣部隊在費里橋（Ferry Bridge）被
年輕的克利福德勳爵擊退，瓦立克本人受了傷；但是約克派在重兵
到達後，就占領了這座橋；克利福德被殺，約克派的軍隊一舉通
過。次日他們在英格蘭的土地上打了最無情的一仗。蘭開斯特派在
高地守著一個很不錯的陣地，其右側許多地方無法涉過，受到山洪
氾濫的科克溪保護。雖然愛德華四世的部隊並沒有到齊，諾福克公
爵的人馬尚在前往途中，但愛德華四世還是決定進行攻擊。天昏地
暗的暴風雪撲打著蘭開斯特派的人馬，戰役就在這種情形下開始。
在暴風雪掩護之下，成群結隊的約克派持茅兵朝山坡上移動，風勢
有助於攻擊一方的弓箭，使得射程更遠；而蘭開斯特派擲矛投槍都
達不到目標，他們因此損失慘重。在這種壓力之下蘭開斯特派便採
取對策，下山向敵人挺進。六個鐘頭雙方猛打惡鬥，互有勝負；據
說在戰鬥之際瓦立克離鞍脫鐙，殺了他的戰馬，向他部下示意決一
死戰，證明他不會捨他們而存活。一直要到傍晚的時候大勢才告底
定，當時諾福克公爵的人馬已經到達，攻擊蘭開斯特派曝露的側
翼，使他們全部後撤，而不久蘭開斯特派便行潰敗。

科克溪原本算是蘭開斯特派的朋友，在這場戰役裡卻變成了敵
人；通往塔卡斯特的橋被逃亡者擠得水泄不通，數千名身穿重甲的
人躍入漲水的溪流，溺斃無數，以致於屍首堆聚而慘不忍賭。不
過，若干人還是逃脫了；約克派追奔一直到深夜。瑪格麗特與她的
兒子此時逃往約克，亨利國王一直都在那裡奉行棕櫚主日（Palm

Sunday），蠻橫的王后與她的兒子挾著亨利，與一夥持矛兵出發前往蘇格蘭邊境。數以千計的英格蘭人陳屍沙場。愛德華寫信給他的母親，隱瞞他自己人馬的損失，但宣稱總計有二萬八千名蘭開斯特派的士卒陣亡。確實，蘭開斯特許多貴族與騎士的精英都橫臥沙場，所有的俘虜都一律被處死，只有載文郡伯爵與「艾克希特的私生子」免於一死，但也不過只比他們多活一天而已。愛德華到達約克鎮的時候，他所做的第一件事便是將他父親的頭顱與被瑪格麗特殺害的其他人頭顱移走，而以那些貴族的人頭代替，懸起來示眾。三個月之後，在六月二十八日那一天，他在西敏寺加冕成為國王，約克派似乎大獲全勝。接下來便是整批的褫奪公權與沒收財產。議會在一四六一年十一月通過了一項公權褫奪法，這項法令超過了所有以前的嚴酷法令，橫掃威力之大，一舉肅清一百三十三位著名人士；不僅王位，現在連英格蘭三分之一的產業都易手了。真是以牙還牙。

＊　　　　＊　　　　＊　　　　＊　　　　＊

在陶頓之役後，蘭開斯特派的大業就由瑪格麗特王后的意志支撐著，她的韌性從來沒有任何女性能夠超越，而她的政海浮沈也很少有其他女性經歷過。她除了擁有北方蘭開斯特派沈悶軍隊的支持，還得到蘇格蘭與法蘭西兩國友善的眷顧。這兩個國家在前朝時都感覺到英格蘭的勢力強大，兩者都樂於見到它現在的分裂與衰弱。一方面蘇格蘭人對英格蘭人恨之入骨，這點使得外國人大感詫異；另一方面當路易十一（Louis XI）於一四六一年（即陶頓之役那一年）繼承他父親查理七世（Charles VII）的王位時，發現整個國家幾乎是一片沙漠，慘不忍睹；田地都沒有人耕種，鄉村是一堆荒廢的茅舍，就在這些廢墟與以往肥沃田地上茂密的野草與矮林之間，居住著生活條件降低，有如狼群兇猛爭食的人們；這一切都是英格蘭人入侵的結果。因此蘇格蘭與法蘭西時常聯手出擊，扶植英格蘭內部鬥爭當中較弱的那一方。

瑪格麗特同時身為英格蘭王后與法蘭西公主，是西歐的一位傑

出人物。她的勇氣與好戰特質，不可一世與使人信服的性格，對於將她與其丈夫趕下王座的人所抱持的憤怒，使得這位女性的意志力更加堅強，她在簡短幾年之間，形勢逆轉而大勢底定之後依然孤獨奮戰，但英格蘭的國家利益卻不是她最在意的。她已經事先將柏立克讓給了蘇格蘭，也以兩萬金里弗赫（Livre）[4] 的代價，將加萊抵押給路易十一。

　　一四六二年，瑪格麗特在對法蘭西、勃艮地、蘇格蘭的王室做了很多次的私人呼籲之後，率領部隊在英格蘭登陸；而且不管是背叛或者是膽怯，北方三個最強大的城堡——班堡（Bamburgh）、安威克（Alnwick）、鄧斯坦堡（Dunstanburgh）——都對她打開了城門。路易十一派遣一名優秀的軍官皮耶・德・布萊齊（Pierre de Brézé）為她效勞；這位軍官在她的魅力之下為她的反擊大業花了很多金錢。一四六二年的冬天，愛德華國工聚集他約克派的兵力，帶著他的新型大砲經由海上前往紐塞，開始包圍之前失去的據點，不過他自己在達拉姆時因為罹患麻疹而病倒，因此由瓦立克勳爵進行戰鬥。這些有可愛名字的重砲對城堡的石砌城牆等造成重大的破壞；圍城的工作進行得相當猛烈，甚至連耶誕節都禁止放假。瑪格麗特企圖由柏立克前去拯救安威克，但徒勞無功，所有三個要塞在一個月內全部失陷。

　　愛德華在這個時刻的行為，為他的性格構成了具體的防禦；這位給人印象驕奢淫逸的年輕國王，在確信他的地位無虞之後，現在表現出玫瑰戰爭中從來沒有聽說過的寬厚。他不僅饒恕在要塞中俘獲的蘭開斯特派貴族，而且與他們鄭重地簽定協議，完全信任他們。索美塞特公爵與拉爾夫・帕西爵士（Sir Ralph Percy）在宣誓效忠之後不僅獲准可以自由活動，而且還收回了他們原有的產業。帕西被授以看守兩個城堡的職位；索美塞特是在第一次聖奧班斯之役中被殺的名臣之子，他更為得寵，他在講和修好之後被授以高級指揮之職，並參加王室部隊的軍事會議。索美塞特一上任便提出精明的軍事意見，國王並賜予他特別的俸祿。

不過愛德華的寬宏大量與原諒敵人一事並沒有得到好報，當瑪格麗特帶著從法蘭西與蘇格蘭得到的援軍，於一四六三年回來之際，帕西為蘇格蘭人打開了班堡的城門；而大約在同時，安威克被一位脾氣不好的約克派軍官拉爾夫‧格雷爵士（Sir Relph Grey）給出賣了；瑪格麗特王后手中挾持著亨利國王，親自圍攻位於柏立克附近特韋德河上的諾哈姆（Norham）。愛德華與約克派再度前往戰場，而令人聞風喪膽的新型大砲也帶往北方；這些大砲當時在國家中的地位之高，有如今日的原子武器。大砲將城堡轟得石塊亂飛，瑪格麗特因此逃往法蘭西，亨利則藏匿在昆布蘭的山谷與虔誠的寺院之中，這是亨利六世與他的王后（她是王后沒錯）最後的分手。瑪格麗特帶著親王一起跋涉，這很不尋常。她與艾克希特公爵、六名騎士、皮耶‧德‧布萊等人一起在斯盧伊斯（Sluys）登陸，呼籲勃艮地家族發揮知名的騎士精神。她「未著王室服裝或攜帶王室產業」而來，她與七位侍女只有隨身所穿的衣物；布萊齊花錢為她們購買食物。不過即使在這個懷有敵意的王室裡，她都受到王室等級的禮遇。勃艮地公爵查理年事已高，他的兒子查理別號「大膽者」（the Bold）。英格蘭的使節都很活躍，但是瑪格麗特除了得到對古代「落難千金小姐」的禮物與禮貌之外，從勃艮地那裡得不到任何東西。不過，由這些接觸中我們才對瑪格麗的種種冒險有所了解。

勃艮地的編年史家夏特蘭（Chastellain）記載她的故事，因此我們能夠知道她、亨利國王、與她的兒子在五天內都沒有吃過麵包，而只吃青魚過活。有一次做彌撒，王后發現她自己連用來當做奉獻金的一便士都沒有，只好請旁邊一位蘇格蘭的弓箭手借點錢給她。他「有點生硬，有點懊悔地」由錢袋中掏出一枚四便士銀幣。王后詳述她在不久前在諾哈姆的災難中，曾經遭到打劫的約克派士兵俘虜、搶劫，並帶到一位軍官面前要將她斬首；但擄獲她的人由於分配戰利品而起了爭執，因此暫緩對她行刑。在場有一位約克派的鄉紳，她向這位鄉紳求助，「語氣相當可憐。」他說：「夫人，

請上馬走在我的後面，王子殿下走在前面，我一定要救你們，不然你們就會送命，而我自己也是凶多吉少。」他們三人於是冷不防騎馬躍入森林，瑪格麗特很害怕她的兒子會喪生，因爲他是她大業之所寄。他們順利逃脫，約克派的鄉紳遂騎馬走了。這座森林是著名的盜賊聚集之地，這對母子蹲伏在隱蔽之處；不久出現了一位容貌可憎的人，他顯然有意要殺人劫財。但是瑪格麗特又一次運用她的個人魅力逢凶化吉；她說明她的身分，並且將她的兒子，也就是王位繼承人，交付給這位山賊，請他仗義相助。這位強盜忠於所託，而最後王后與王子雙雙抵達了逃亡國王的避難所。

＊　　　　＊　　　　＊　　　　＊　　　　＊

愛德華的寬厚被帕西出賣了，但是他並沒有因此而不信任索美塞特。愛德華國王自認爲能夠在受到形勢所迫時做出最血腥的事，同時不僅可以表現出寬宏大度，而且還能敞開心胸信任他人。他對索美塞特的信任可能會把他引入危險的絕境。第三位索美塞特公爵在一四六三年開始的這段期間深得國王的寵愛，「國王對他寵信有加，以致於許多晚上國王與他在床上共寢，有時讓他騎馬跟在國王身後行獵，國王最多不會讓他身邊超過六位騎士，而其中三位騎士都是索美塞特公爵的人。」

一四六三年的秋天愛德華前往北方，索美塞特與兩百名他自己的人護駕。有關戰役的辛酸記憶在北安普敦揮之不去，所以鎮民看到這位背負惡名的人居然和他們的約克派的君主同行，起初感到驚訝，然後就氣憤填膺。因爲愛德華國王的拼命相救，他的新追隨者索美塞特才沒有遭到被撕成碎塊的危險。在經過這件事之後，愛德華發現必須爲索美塞特以及他的隨從提供其他的差事。索美塞特遂被派往登比郡（Denbighshire）的霍爾特堡（Holt Castle）；但在北安普敦的那場風波，已使得索美塞特深信甚至連國王都不能保護他免於約克派敵人的傷害。在一四六三年的耶誕節，索美塞特因此放棄愛德華而回到蘭開斯特派那一邊。這些大貴族在他們自己的地盤上都是很有吸引力的人物；不安分的索美塞特公爵曾經希望佔

領紐塞，他的許多擁護者經由報導得悉他人在附近，便都來投奔他，但是他最後被驅走了，擁護者則都被捕斬首。

蘭開斯特的旗幟再度升起。索美塞特與亨利國王會師；安威克與班堡仍舊奮戰抵抗約克派；諾哈姆與斯基普頓（Skipton）已經被蘭開斯特派攻陷，但是瓦立克的弟弟蒙塔古（Montagu）率領人數眾多的部隊來到戰場。一四六四年四月二十五日，蒙塔古在安威克附近的赫吉萊（Hedgeley）荒野打敗了蘭開斯特派，並且平定了他們的叛亂；帶頭的人都死在戰場上，或者事後死在行刑台上。拉爾夫‧帕西爵士奮戰至死，並說：「我抱著這隻鳥，救了牠一命。」對一位曾經接受愛德華國王原諒以及授予官職的人而言，這番表白眞是豪語。這隻「鳥」指的是什麼呢？它就是蘭開斯特派的目標，它可能被迫解體，甚至被出賣，但是仍舊在時機可行之際成爲其擁護者的指導方針。有許多人都抱著這隻鳥，但是從來無法說出帕西的豪語，或是效法他的忍辱負重。

愛德華在這場鬥爭中結束慈悲，又重新採用過去極爲嚴酷的手段。索美塞特於一四六四年五月十五日率領數量很少的追隨者在赫克珊（Hexham）一役戰敗，他在第二天早上就被斬首。在五月結束之前，在每個約克派軍營中的蘭開斯特派貴族與騎士都被分成六人或十二人一夥，成批地處死。這麼做沒有什麼原因，不過卻可以使不安定的人平靜下來。烏斯特伯爵約翰‧蒂普托夫特（John Tiptoft）是英格蘭的統帥，他精通內戰，也在義大利征戰過，此時他主持就地執行的軍法審判。他除了嚴酷之外還採取了不必要的殘暴手段，而將來敵方一定會爲此而進行強烈的復仇。

同時，英格蘭王室在外交上與蘇格蘭國王簽訂了十五年的停戰協定，並且在法蘭西與勃艮地兩國的王室都發揮影響力。瑪格麗特無助地留在巴勒杜克（Bar-le-Duc）；可憐的亨利國王最後被人追到蘭開郡附近的克利瑟羅（Clitheroe），被抓到之後用車押回倫敦。這一次沒有任何入城的儀式；他的雙腳用皮條繫在馬鐙上，頭上戴著草帽；這位受到猛烈風暴打擊、無用但又像聖徒的國王被帶

著頸手枷(pillory)繞了三圈，然後被關到倫敦塔，塔的大門這一次為他關上了，但並非是永遠地。

隨著安威克的陷落，整個王國中只有一個要塞仍然在抵抗約克派。在西部沿海地區的哈力克獨自飄揚著紅玫瑰的旗幟，它忍受圍城長達七年之久。一四六八年它也投降了，裡面的衛戍部隊只有五十個人能夠戰鬥。除了兩個人之外，他們都被慈悲地釋放了。在這群人當中有一位十二歲的孩子，在這長期封鎖的嚴苛環境中活了下來；他是賈斯帕的姪子，奧文‧都鐸的孫子，未來都鐸王朝與政府的建立者。他的名字是里奇蒙，後來成了國王亨利七世（Henry VII）。

【1】　譯注：哈利為亨利的綽號。顯然史者有意貶抑亨利。
【2】　譯注：Raphael Holinshed（?-1580），史家，曾著《英格蘭、蘇格蘭、與愛爾蘭編年史》。
【3】　Gregory's Chronicle. 譯注：March 除了「邊區」外，也有「三月」之意。
【4】　譯注：法蘭西舊幣。一金里弗赫相當於一磅白銀。

第二十九章　愛德華四世的冒險

英王愛德華四世在戰場上證明他有權利繼承王位。他是一位戰士，同時也是一位言出必行的人，在危險關頭最能表現他的特質。在戰爭中，沒有任何事物使他失去勇氣或感到疲乏。長途行軍、做出險策、統率軍隊、指揮作戰，似乎是他天生就會的事。事情越兇險，他表現越好，反過來也是一樣。他在這個時候是一位不折不扣的戰士；但戰事一停止，他卻不熱衷於君主的權利。土地是美好的；青春在他的血脈中流動；所有的血債他都已經討還，他安然自在，懷著善意將他的利劍入鞘。利劍已經爲他贏得了王位，而他現在應該去享受人生。

納維爾家族在這些艱困的歲月中爲愛德華國王贏得了戰爭的勝利。瓦立克與現在成爲諾森伯蘭伯爵的蒙塔古，以及約克大主教喬治·納維爾等三人，掌握了整個統治國家的機制，國王只有在若干時刻出面。國王因爲被誤解的寬宏所再度引發的內戰而受到責備，他的寬宏被諮議大臣與將領們嚴格抑制住了。因此在他統治的前半期，英格蘭是由瓦立克與諾森伯蘭兩兄弟治理，他們相信國王被拱上王位，就是要他繼續稱王而由他們來治理國家；國王並沒有爲此事爭吵。在他整個統治期間，他向來只有被逼的時候才與人相鬥，這也就是他的特殊之處。歷史責怪這位二十二歲的王子沒有於登基後馬上發揮政治手腕，同時表現出對政治事務的熱衷。對比的性格集於愛德華一身；他愛好和平，在戰爭中揚威，但是他愛好和平是因爲在和平中可以追逐逸樂，而並非因爲和平所帶來的尊嚴。他沈迷女色，爲所欲爲；他並且時常行獵飲宴，生活一點兒也不閒。這些難道是勝利之後理所當然的獎賞嗎？讓瓦立克、諾森伯蘭與其他汲取名利的貴族去扛起國家的重擔，而國王自行樂享人生。有一陣子這情形對兩方面都適合，勝利者瓜分戰利品；國王自有他的娛樂享受，而貴族們擁有他們的權力，奉行他們的政策。

如此許多年就這樣溜過去了，國王雖然緊緊地控制威權，但大

體上仍然過著悠閒逸樂的生活。他對於男人與女人的心情，穩重的
休謨（David Hume）[1] 曾經用精挑細選的字句做以下的描述：

「在現在這段和平時期，他對臣民相當友善而平易近人，尤其是
對倫敦人更是如此；他長相俊美，談吐懇懃，即使沒有表現出王室
的尊嚴，也能博得美人們的青睞。這種輕鬆而又樂趣無窮的過程，
每天都增進他在各個階級中的聲望。他是一位年輕、使人快活的獨
特寵兒。英格蘭人的性情根本就不善妒，不會對這些失禮的舉止生
氣。而他沈溺於尋歡作樂固然滿足了他的天性，也不自覺地成爲了
支撐與鞏固政府的方式。」這位史家對愛德華做了這些比較溫和的
貶抑之後，哀嘆國王的軟弱與不謹愼，這使得國王迷失，從有如陽
光普照寬闊林地一般的放蕩行爲，走向浪漫與婚姻的危險處境。

有一天國王行獵，因爲追逐獵物而走得很遠，因此在一座城堡
過夜。這座城堡中住著一位氣質高雅的貴婦，她原本是城堡主人的
姪女，名爲伊莉莎白・伍德維爾（Elizabeth Woodville）或稱韋
德薇（Wydvil），是在「瑪格麗特的聖奧班斯之役中陣亡的」蘭
開斯特騎士約翰・格雷的遺孀。她的母親——盧森堡的賈克姐
（Jacquetta of Luxemburg）——是著名貝德福德公爵約翰的年輕
妻子，在約翰死後下嫁給他的管家理查・伍德維爾爵士（Sir Ri-
chard Woodville），也就是後來所封的里弗斯（Rivers）伯爵。
賈克姐因爲嫁給比她地位低許多的人而冒犯了貴族，她被罰了一千
英磅做爲警告；不過此後她生活得很愉快，替她的丈夫生了十三個
孩子，伊莉莎白就是其中的一位。伊莉莎白的血脈中因此兼有貴族
人士的與普通人的血液，她是一位嚴峻的女性，正直、無懼、貞
潔，有許多子女。她與她的兩個兒子全部被剝奪財產權與公民權，
失去繼承蘭開斯特派所給予的權利。不過所有能夠獲得王室原諒的
機會都不容錯過，所以這位遺孀在年輕的征服者面前低聲下氣地請
願，而且像法來（Falaise）那位皮匠的女兒，這位君主對她一見鍾
情。莎士比亞的敘述雖然有幾分粗魯，但是八九不離十。伊莉莎白
夫人嚴謹自制，結果使得這位君主對她更加一往情深；他全心全意

愛她，而當他發現她很固執時，便懇求她與他共享榮華富貴。他不理睬審慎的意見與常人的智慧；如果一個人無法遂心頭之願，那麼他何必要在戰役中求勝，何必要做國王呢？但是他也知道做這個抉擇的危機重重。他在一四六四年與伊莉莎白・伍德維爾的婚姻是一個嚴守的祕密；身居政府要職的政治家們，在笑談這件多情嬉戲韻事的同時，並沒有想到它會是一樁嚴重的，一定會使得這塊土地天搖地動的結合。

　　＊　　　　＊　　　　＊　　　　＊　　　　＊

　　瓦立克為國王的前途所做的打算完全不同。他認為國王最好與西班牙王族中的伊莎貝拉，或者任何一位法蘭西的公主結婚，才能大大促進英格蘭的利益。在當時王室的婚姻是鄰國之間和平的保證，或者是戰爭求勝的工具。瓦立克曉以大義，逼國王做決定；然而愛德華似乎猶豫不決，並且提出他的反對理由，直到這位大臣（也是他的左右手）變得不耐。然後，真相終於大白，國王已經和伊莉莎白・伍德維爾結婚有五個月之久。在這種情況之下，國王不得不決定與這位大他十四歲的，仍值全盛時期的，英勇的擁立國王者斷交。瓦立克在英格蘭的根基很深，同時在許多大型產業上，對所有的階級也不吝示好，所以更讓他受到更多的歡迎；倫敦人都指望著他，他仍掌握著權力。但是沒有任何人比他更清楚，愛德華事實上是一位了不起的戰士，武藝精湛，殘酷無情，一旦鬥志被喚醒，他便會設法為所欲為。

　　愛德華國王本人也開始對某些事務感興趣。伊莉莎白王后有五位兄弟、七位姐妹與兩位兒子。他下詔將他們升到很高的官位，或讓他們與最重要的家族匹配。他甚至做得相當過火，使王后年方二十歲的四弟，娶了八十多歲諾福克公爵的夫人。王后的家族中新添了八位勳爵：包括她的父親、她的五個姻親兄弟、她的兒子、她的弟弟安東尼（Anthony）；這根本是一人得道，雞犬升天。那個時候總共不過只有六十位勳爵，其中有機會進入議會的還不到五十個人，所有這些權貴都是保持在一個嚴謹、估計精密的制度中。一批

在戰爭中表現並不出色,而現在圍繞在怠惰國王身邊的新貴,他們的到來不僅相當突然,對於瓦立克與他深感自豪的同夥們而言,在政治上也具有危險性。

但是後來卻因為外交政策而起了衝突。在這悲慘的一代,英格蘭不久前還雄霸天下,此刻卻成了鄰邦戲弄的對象。英格蘭的貴族此時紛紛到海外避難,因而對西歐的朝廷帶來困擾。勃艮地公爵有一天得知艾克希特公爵與其他幾位英格蘭的貴族在他出巡行列的後面乞食,不禁大為震驚;他看到和他同一階級的成員受到如此的輕視,不禁感到愧疚,便提供他們普通的住處與生活津貼。路易十一也給予亞金科特戰役勝利者的不幸後代同樣的援助。瑪格麗特與她的隨從都貧苦卻不失氣派,他們在勃艮地與法蘭西都受到歡迎。英格蘭已經衰弱,這兩個強權現在也都變得不可輕侮,在任何時刻都可能支持這個流亡的派系,並且討回五十年前英格蘭入侵的血債。瓦立克一派人士所持的政策便是與強權法蘭西締交,藉此使英格蘭獲得有效的穩定;在這種氣氛下,他們希望國王的妹妹能與法蘭西人聯姻。但是愛德華國王採取了完全相反的方針,他企圖把英格蘭的政策基礎放在西歐次強的國家勃艮地,而這個憑著直覺的選擇,後來支配了我們這個島嶼長達好幾個世紀。他可以毫無疑問地做法蘭西的盟邦,也就是受法蘭西權力的擺布,但如果與勃艮地結盟的話,即使無法控制法蘭西的行動,至少也可以矯正它。愛德華四世在縱情作樂與其他狩獵之中培養出征服者的精神,英格蘭永遠都不應該成為屬國;她不但不應該被鄰邦分治,反而要使得鄰邦不和而維持均勢。在這個時候這些政治主張還很新,它們在英格蘭政府情緒激烈的小天地中所造成的緊張,隨時都可以了解。

因此愛德華國王於一四六八年將他的妹妹瑪格麗特嫁給了於一四六七年繼任為勃艮地公爵的「大膽者」查理,此舉使得瓦立克懊惱而且驚慌。如此一來,不僅這些不惜生命以自己廣大資源幫助國王登基的顯貴們感覺遭到了輕視與物質上的損失,此外他們還必須容忍此舉對英格蘭、對約克派、與對他們自己所帶來致命的打擊。

如果法蘭西與蘭開斯特家族聯手入侵英格蘭，那麼勃艮地能夠給予什麼援助呢？在這麼一個大災難中，他們的產業、以及所有依靠他們的人，會發生什麼事呢？國王與納維爾家族的首領瓦立克之間的不睦，從這點看起來並非顯得微不足道，或者只是屬於個人恩怨。

被激怒的貴族聚在一起密商。愛德華繼續與他的王后尋歡作樂，時而與其他人享受人生；他主要還是關注蘭開斯特派的計謀與活動，但是在他底下與背後正在醞釀一個更嚴重的威脅行動，納維爾家族準備與他做個了斷。瓦立克的計畫技術上很罕見；他悄悄對國王的弟弟克拉倫斯說，其實除了伍德維爾家族裡平步青雲的孩子們之外，克拉倫斯自己也可能繼愛德華而當上國王，因此將克拉倫斯拉向瓦立克這一邊。他們並且祕密商量好，由克拉倫斯娶瓦立克的女兒伊莎貝拉。

一切準備妥當之後，瓦立克便出擊。當時北方出現了反叛情事，約克郡數以千計的人在各自的年輕貴族率領下武裝反抗稅賦，因為自從阿塞爾斯坦（Athelstan）之日起支付的一種徵收稅「二十四捆穀物」（thrave）在此時突然變得很重；但是其他的不滿也被挑起，特別是國王受到「寵佞」的擺布。同時在倫敦，平民院針對政府鬆弛、揮霍的行政管理提出意見。愛德華國王現在不得不前往北方；除了少數侍衛之外，愛德華沒有帶著自己的部隊相隨，但是他請求貴族帶著人馬前來助陣。他在七月抵達諾丁罕，在那裡等待彭布洛克伯爵與戴文伯爵，這兩個人都是他後來自己封的新勳爵，他們曾經率領過威爾斯與英格蘭西部的兵卒。當愛德華國王北上平定反叛情事的同時，迄今在加萊伺機而動的瓦立克與克拉倫斯便馬上帶著衛戍部隊來到英格蘭；瓦立克發表了一篇支持北方叛軍的宣言，稱他們為「國王真正的臣民」，並且敦促他們「以虔誠哀悼之心，做國王陛下的馬前卒，進行補救與改革。」瓦立克與數千名肯特的人馬會合，他們在倫敦極受尊敬；但是在他與克拉倫斯還沒能帶領部隊攻打國王的後路之際，勝負已經出現。北方叛軍在「里茲代爾的羅賓」（Robin of Redesdale）的率領下，於班伯利

（Banbury）附近的艾柯特（Edgcott）截擊彭布洛克伯爵與戴文伯爵，打敗了他們；一百六十八名騎士、鄉紳與紳士不是在戰鬥中墜馬陣亡，便是在事後被處以極刑；彭布洛克伯爵與戴文伯爵後來均被斬首。

　　愛德華國王企圖在白金漢郡的奧爾尼（Olney）集結他四散的人馬，此時才發現他自己處在大貴族的權力掌握之中。他的弟弟——格羅徹斯特的理查，因為據稱因為身體畸形而有「駝背」之名——似乎是他唯一的朋友。起初愛德華企圖要瓦立克與克拉倫斯盡忠而歸到他的帳下，但是在交談之後他才弄明白，原來他是他們的階下囚；他們依照儀式躬身晉見，向國王解釋說未來治國必須遵照他們的意見。他被送到瓦立克在密德罕（Middleham）的城堡，在約克大主教的監視下表面上受到尊敬，但實際上還是被監禁。此時瓦立克這位「擁立國王者」實際上挾持著兩位敵對的國王，亨利六世與愛德華四世，這兩個人都是他的囚犯，一位被關在倫敦塔，另一位被鎖在密德罕；對任何臣民而言，這都是了不起的成就。為了使這個教訓更直接，王后的父親里弗爾勳爵，與她的弟弟約翰‧伍德維爾後來都遭到逮捕，並且不以審判做掩飾，便在凱尼爾沃思被處以極刑。這就是舊貴族對付新貴族的情形。

　　但是瓦立克與國王之間的關係並不容許那麼簡單地解決。瓦立克突然遭受打擊，有一陣子沒有任何人明白發生了什麼事。等到真相大白之後，約克派的貴族對他們勇敢、勝利的君主被監禁無不感到又驚又怒，而各地的蘭開斯特派也都抬起頭來，希望在約克派的內鬥中能夠得利。愛德華國王發現裝瘋賣傻對他相當有利，便宣稱自己相信瓦立克與克拉倫斯是對的。他改變了行為方式，並且簽署文件，大方赦免所有武裝抵抗他的人，這些人便獲得了自由。這就是瓦立克與王室之間達成的和解。愛德華國王不久再度領軍，打敗了蘭開斯特派的叛軍，將他們的首領都處以極刑，同時瓦立克一派的有力人士都到他們的轄區，宣布效忠，並且得到王室的寵信。然而所有這一切都是表面的假象。

＊　　　　＊　　　　＊　　　　＊　　　　＊

一四七〇年三月，藉由鎮壓林肯郡蘭開斯特派叛亂，愛德華國王命令他的部隊武裝起來。他在洛斯科特戰場（Losecoat Field）把叛亂者打得落花流水；現在交戰後一連串的處決已經成為慣例，這次亦然，而且他這次得到了羅伯特‧威勒斯爵士（Sir Robert Welles）控告瓦立克與克拉倫斯叛國的供詞。這項證據相當有說服力；因為這個時候他們正在密謀對付愛德華，而且不久之後拒絕服從與他會師的命令。愛德華國王帶著剛剛獲得勝利的部隊，突然轉向襲擊他們；他朝著他們挺進，而他們只好奔逃，並且因為國王以其人之道還治其人之身而感到驚駭。他們在瓦立克於加萊的基地尋求安全；但是他之前命令留下來守城的副手溫洛克勳爵（Lord Wenlock）卻拒絕讓他們進入。甚至在他們砲轟這個海岸區之後，他才賣個人情，送了幾瓶葡萄酒給克拉倫斯的新娘，因為她剛在船上生下了一個兒子。這位「擁立國王者」發現他自己的運氣突然一轉，他幾乎十拿九穩的每項資源也都被剝奪了；他反而要向法蘭西朝廷懇求庇蔭。

這是路易十一前所未有的好運。他的前任大臣傑恩‧巴魯樞機主教（Jean Balue）因為與「大膽者」查理合謀，被他關在夕嫩的一個鐵籠裡，他去查看時高興得手舞足蹈。現在的他一定也是如此。兩年前愛德華身為勃艮地的盟友，曾揚言要對他宣戰，而長久以來反抗英格蘭的兩派領袖現在都在法蘭西，瑪格麗特正住在她父親的安茹伯國；法蘭西的朋友瓦立克在他自己國家被打敗了，抵達翁夫勒（Honfleur）。這下子苛刻的、挖苦的路易十一興沖沖地讓這些反對的隊伍達成和解，而且使他們攜手合作；他在安傑（Angers）使瑪格麗特與她的兒子（現在是一位十七歲的美少年）和瓦立克與克拉倫斯會晤，蠻橫地提議他們聯手並依靠他的援助來推翻愛德華。起初這兩派人士都猶豫不前，但我們對此也不會感到詫異，因為他們曾歷經血流成河的相互苦鬥，在這些殘酷歲月中所戰鬥的一切，都會因為他們的聯合而感到受損。瓦立克與瑪格麗特

都對此深思熟慮，他們都曾殺害彼此最親愛的朋友與親屬：她曾經砍掉他父親沙利茲伯里的頭，殺掉他的叔叔約克與他的表兄弟拉特蘭；瓦立克則殺了索美塞特父子、威特郡伯爵以及她的許多熱衷擁護者；而在他們爭鬥裡犧牲的人更是數不清。一四五九年，瑪格麗特宣布瓦立克是個可怕的不法之徒，褫奪了他的公民權；一四六○年，瓦立克給瑪格麗特的兒子加上污名，說他是個私生子，或是出生後被人換掉的孩子。他們對彼此都造成了最嚴重的傷害。但是他們有個共同點，那就是他們都恨愛德華，而且都想贏；他們是不能接受失敗的鬥士，而時間證明他們的合作是快速致勝的方法。

　　瓦立克有一支艦隊，由他的姪子，也就是福康伯(Fauconberg)的私生子指揮。瓦立克在南方海岸的所有海港都擁有水手，他知道他只能親身前往或送召集令給大部分的英格蘭領地，號召人民武裝起來聽他的指揮；瑪格麗特代表被擊敗的、被取消繼承權的，被放逐的蘭開斯特家族，頑強如昔。他們同意原諒舊仇與團結一致。他們在安傑憑著還保留下來的基督受難日聖十字架(the Holy Cross)殘片鄭重發誓；而瑪格麗特的兒子威爾斯王子也與瓦立克的次女安妮訂婚，使這項聯盟得以更加鞏固。沒有任何人因為理念破滅而責備瑪格麗特，並且勉強地不計較過往的種種傷害，歡迎「擁立國王者」瓦立克寶貴的幫助。其實她從來沒有改變她的信念；而對於瓦立克而言，這項交易也很不自然，不僅帶有嘲諷意味，而且很殘酷。

　　而且，瓦立克也忽略了他為女兒安妮所安排的婚姻對於克拉倫斯的影響。一個由於這種結合而誕生的兒子，希望將撕裂的、受苦的英格蘭團結起來，所以期盼在這些遠景之下出現繼承人可謂合情合理。但是克拉倫斯並不是這樣的一個人，他是因為覬覦王位才背棄他的兄長，雖然他現在是排在瑪格麗特之子後面的繼位人選，但是機會看來已經不大。愛德華被他的弟弟弄得手足無措，不過他並沒有因為憎恨而影響行動。克拉倫斯新公爵夫人的侍女是一位謹慎而有手腕的使者，她在克拉倫斯逃離英格蘭不久之後，對克拉倫斯

傳達國王的旨意：克拉倫斯只有重新加入他兄長這一邊，一切才能夠得到寬恕與原諒，而且繼往不究。瓦立克與瑪格麗特之間的協定使得克拉倫斯決定接納這項兄弟之間的提議，但是他並非說做就做。他必定是個了不起的佯裝者，因爲他的兄長過去無法預測他的行動，瓦立克這時也同樣未能預知他的想法。

　　愛德華國王此時很驚惶，但也很有警覺心；他幾乎無法知道他的支持者當中有多少人會出賣他。瓦立克使出他一年前曾經用過的招數：他的表弟費慈休（Fitzhugh）在約克郡發動新的叛亂。愛德華把這看做一件小事，他聚集若干兵力便前去征討叛軍。勃艮地公爵查理警告愛德華，但愛德華表示他早就知道瓦立克即將登陸；他似乎早就信心十足，但他沒想到將計就計的速度會這麼快。瓦立克與克拉倫斯於一四七〇年九月在達特茅斯（Dartmouth）登陸；肯特與其他南部郡縣以他們的名義紛紛反叛；瓦立克向倫敦行軍，他把可憐的亨利六世從倫敦塔的監獄中帶出來，讓他戴上王冠在首都遊街，然後安置在王位上。

　　愛德華在諾丁罕接到這個令人吃驚的消息，整個王國的主要部分似乎都已經在反抗他。他得知北方的叛軍正朝著他而來，把他從威爾斯得到的援助切斷；同時，瓦立克正率領著強大部隊北上，瓦立克的兄弟——迄今很忠實的蒙塔古侯爵——的人馬向亨利國王脫帽致意而效命。愛德華聽到蒙塔古背棄了他，而且打算火速地抓到他，便知道自己唯一的希望就是逃往海外。他只有一個避難所，就是勃艮地的王室；他親自帶了一小撮追隨者去投奔他的妹婿。「大膽者」查理也很小心翼翼，他必須考量英格蘭與法蘭西的聯手攻擊會立即帶來的危險，一直到他確信這場攻擊是不可避免的之後，才接納他的逃難王室親戚。但是在弄清真相，原來瓦立克的策略是要與路易十一聯手向他宣戰之後，他便用計謀防禦他自己的安全。他提供愛德華國王大約一千二百名可以信賴的法蘭德斯士兵與日耳曼士兵、必要的船隻及金錢以便突擊。這些部隊都祕密地聚集在瓦恰倫（Walcheren）島。

　　　　　＊　　　　　＊　　　　　＊　　　　　＊　　　　　＊

　　同時，「擁立國王者」瓦立克統治著英格蘭，而且看來他可以繼續這麼做。他掌握著充當傀儡的國王亨利六世。這位不愉快的人，一個還能呼吸的廢物，像放置在王位上的一個麻袋，頭上戴著王冠，手中握著權杖，接受命運女神變化無常的寵愛，就像過去面對她的惡毒所表現出溫和的忍耐力一般。許多法令以他之名通過而公告，約克派議會通過的所有取消繼承權與褫奪公民權的命令也取消了；英格蘭三分之一的土地重新歸還原主，被驅逐的貴族或者被殺害者的繼承人脫離了貧窮與流亡，回到他們自古世襲的領地。同時，英格蘭與法蘭西聯手攻擊勃艮地的所有準備都做好了，戰爭已經迫在眉睫。

　　但是當演員們都了解這些狂風暴雨的變化，而戲劇也進行得相當成功之際，英格蘭兩方堅強的大批人士卻顯得無法跟上如此快速的和解。幾乎全部的人仍堅守著他們以前的立場，但是他們的帶頭人物可能已經做了新的組合，普通人都無法相信紅玫瑰與白玫瑰的敵對情形已經結束了。要出現完全不同的場面還需要另一次的震盪。重要的是，瑪格麗特雖然受到瓦立克的慈惠去與他以及她的丈夫亨利六世在倫敦會合，而且她還可以擁有作戰的武力，但她仍舊執意留在法蘭西，與她的兒子在一起。

　　一四七一年三月，愛德華與他的小批遠征軍在拉芬斯帕登陸。這是約克郡內的一個港口，現在已經被北海給沖掉了；但是當年它相當著名，因為它是亨利‧博林布洛克進行突擊的地點。愛德華國王為他的性命而戰，而且他的表現像以往一樣地好。約克郡當著他的面將城門關了起來，但是他像博林布洛克一樣，聲明他只是前來要求得到私人的產業，並且命令他的部隊聲明，他們是為了國王亨利六世而戰；在這些條件下他得以被接納入城以及得到補給，在補給完成之後於是出發朝向倫敦行軍。蒙塔古的軍力有他四倍之多，對他進行攔截；但愛德華以特別快速的行軍趕到蒙塔古部隊的前面去了。在愛德華所經過的地區，所有約克派貴族與擁護者都加入了

他的軍隊；他因此變得強大，足以再度向瓦立克宣稱他自己是國王。「擁立國王者」瓦立克被事件的轉變弄得很慌亂，一再派人前往法蘭西告急，請求瑪格麗特馬上前來，他自己則駐守在愛德華國王必經之路的科芬特里（Coventry）；同時他的兄弟蒙塔古尾隨著愛德華南下，僅僅距離兩天行程之遠而已。在這個迫切的困境中，愛德華國王有一個瓦立克從來沒有猜想到的資源：他知道克拉倫斯是他這邊的人，克拉倫斯正帶著相當多的兵卒由格羅徹斯特郡移動，表面上是要去與瓦立克會師；但是愛德華像之前行軍與鬥智都勝過蒙塔古一樣，悄悄地繞過瓦立克的側翼，將他自己的部隊在瓦立克與倫敦之間駐紮下來，那裡正好是他與克拉倫斯可以會合之處。

雙方現在都集中他們全部的實力，在英格蘭的土地上再度看到大軍陣仗。愛德華進入倫敦，困惑的民眾還是熱忱歡迎。實際上被放在六百名騎兵的最前方遊街的亨利六世，現在免除了這些折騰，再度被送回倫敦塔的牢裡。決定性的一仗即將在北路（the North Road）發生；一四七一年四月十四日，愛德華與約克派人馬於巴內特（Barnet）面對瓦立克與納維爾家族，還有艾德蒙·博福特的次子索美塞特公爵，以及重要的蘭開斯特派盟友。

在整個英格蘭，沒有人能夠看清楚正在發生的事，解開他們疑團的巴內特戰役是在大霧中進行的。雙方的戰線都重疊在一起；瓦立克的右翼繞過愛德華的左翼，反之亦然；瓦立克可能是被人說只有血氣之勇而受到刺激，於是下馬應戰。新的牛津勳爵是一位有名望的蘭開斯特派，他的父親在這王朝的初期已經被斬首，他指揮著與敵方重疊的蘭開斯特派左翼，發現衝鋒成功，但是在霧中卻分辨不了方向。他一點都不知道在他的前方正面對著愛德華大軍的後方，而設法重新回到自己的陣地，到達了索美塞特中軍的後方。他的旗幟上有著星星與星光的徽章，它被瓦立克的部隊誤以為是愛德華國王旗幟上太陽與陽光的徽章；瓦立克的弓箭手於是向他們射箭。這個錯誤被發現了，但是它卻被引導出另一個大錯誤；牛津勳爵被認為臨陣脫逃，指責他叛國的呼聲響徹整個瓦立克的隊伍。牛

津勳爵完全搞不清楚情況因而感到沮喪，無力作戰。在另一個側
翼，索美塞特已經被擊潰，瓦立克與右翼受到愛德華國王與約克派
主力的攻擊；此時絕對不是求饒的時刻，瓦立克寡不敵眾，他的陣
式已被攻破，便設法奔向他的戰馬。如果他聰明的話，會不顧嘲弄
而依循他之前的慣例，走過戰線之後重新上馬；如果他逃脫的話，
這個曲折的故事就可能會出現相反的結果。但是在這個城鎮北邊靠
近主要戰鬥的地方，這位「擁立國王者」正準備走到戰馬之前，被
約克派追上而被打死了。瓦立克曾經是約克派政治大業的主要鬥
士，他曾經竭力侍奉愛德華國王，他曾經接受這位由他安置在王位
上並加以支持的青年的苛待；由於他墮落而放棄了這項大業，並且
使得許多人為之死難，所以他的死是罪有應得，但因為他有著顯著
的武德，所以他應該光榮地辭世才對。

＊　　　　＊　　　　＊　　　　＊　　　　＊

　　就在巴內特戰役那天，瑪格麗特終於在英格蘭登陸。索美塞特
的第四代公爵為了替他的父親與兄長復仇，剛從巴內特戰役的災難
中脫身出來與她會面，並且擔任她的軍事指揮官。在獲悉瓦立克被
殺，他的部隊被擊敗四散之後，不屈不撓的瑪格麗特終於感到失
望；她在威茅斯（Weymouth）附近的塞尼（Cerne）大修道院找
到庇護之處，打算返回法蘭西；但是他的兒子威爾斯王子現在差不
多已經十八歲，血脈中流著亨利五世的血液，即將要為王權與生死
拼戰。瑪格麗特只得打起精神，再度表現出不被艱困生活屈服的意
志。她唯一的希望是到達威爾斯的邊境，在那裡強大的蘭開斯特派
武力都武裝了起來，「擁立國王者」瓦立克的倒戈行為已經被敉平
了，而蘭開斯特派與約克派將要再度進行鬥爭；愛德華在倫敦附
近，抄近路行軍，企圖切斷瑪格麗特與威爾斯的連繫。雙方部隊
都馬不停蹄地前進，在他們最後的行軍中，雙方一天都要走上四
十英里。蘭開斯特派成功地先到達目的地，不過他們的部隊都相當
疲憊；愛德華緊隨在後，在五月四日將他們帶到圖克斯伯里
（Tewkesbury）決一雌雄。

這一仗很單純，雙方都是以常用的三隊（右軍、中軍、左軍）隊形彼此對峙。索美塞特指揮瑪格麗特的左軍，溫洛克勳爵與威爾斯王子指揮中軍，戴文指揮右軍；愛德華國王運用一般性的指揮調度。蘭開斯特派的陣地非常強固，「他們的戰場前方有十分險惡的巷道、深塹、許許多多的籬笆、大樹、灌木，以致於很難接近他們而徒手相搏。」[2]顯然蘭開斯特派的計畫是等候約克派迫不及待的攻擊。不過索美塞特看到了一條「險惡巷道」似乎可以殺入約克派的中軍；索美塞特未與其他將領商量，抑或是與他們的意見不和，所以便獨自衝向前去，一時之間得到了勝利。但是愛德華已經預見會發生這一擊，所以他英勇地抵抗突然衝向中軍的敵人；他將二百名長矛手調為側翼護衛，在決定性的時刻由致命的角度撲向索美塞特。蘭開斯特派側翼秩序大亂因此向後退卻，而約克派全線向前進擊，撲向敵人沒有防守的側翼，蘭開斯特家族最後的軍隊就被這樣擊潰了。第四代的索美塞特公爵顯然覺得他在緊要關頭並沒有得到支援，在從戰場逃走之前，他氣得用狼牙棒敲碎了溫洛克的頭顱，腦漿迸出。但是這種抗議除了對這戰役增添點趣味之外，並沒有影響到戰果。

蘭開斯特派被打得七零八落，幾乎被消滅了。索美塞特與其他自認為躲避得很安全的貴族，全都被拖了出來斬首；瑪格麗特被俘。根據一位編年史家的說法，威爾斯王子英勇地奮戰，向他的連襟克拉倫斯求援不成，在戰場上被殺身亡。瑪格麗特被留下來是為了示眾，而且也因為身為婦女，尤其碰巧是王后，在這個兇狠的年代都不會被殺；她被監禁了起來，從一個地方移到另一個地方，一直到路易十一用金錢將她贖出來為止。在圖克斯伯里戰役結束十一年之後，她貧困不堪地在她父親的安茹伯國去世。

這次戰役之後，格羅徹斯特公爵理查匆匆前往倫敦，他在倫敦塔有項任務需要完成。只要威爾斯王子還活著，亨利國王的命便很安全，但是隨著蘭開斯特的最後希望都告滅絕，亨利國王的命運也就決定了。五月二十一日的晚上，格羅徹斯特公爵得到愛德華國王

充分授權巡視倫敦塔，在他的監督之下，這位五十年來身處殘酷鬥爭中心，滿懷憂思的旁觀者被謀害至死。

　　愛德華國王與其勝利的部隊進入了一直支持他的倫敦，在這樣的時刻約克派可謂大獲全勝，成就了大業。

　　　我們再度坐在英格蘭的王座，
　　　重新以敵人的血買了來。
　　　英勇的仇敵可以比作秋日稻禾，
　　　他們全部傲氣至高，但被我們刈割。
　　　三位索美塞特公爵，聲名不凡，
　　　大膽勇猛、無容置疑的鬥士；
　　　兩位克利福德，原爲父與子，
　　　還有兩位諾森伯蘭；兩位更勇敢的人，
　　　號角一響便策動他們的坐騎；
　　　與他們一起，有兩位熊勇之士，瓦立克與蒙塔古，
　　　用他們的鏈子鎖住獅王，
　　　他們一吼，整座森林都抖個不停。
　　　我們如此掃蕩，王座已無疑雲，
　　　讓我們的腳凳安穩。
　　　來吧，貝絲（Bess），讓我吻我的男孩。
　　　年輕的奈德（Ned），爲了你的叔叔與我自己，
　　　披上我們的盔甲看守著冬夜；
　　　在夏天酷熱下四處奔走，
　　　如此你才能重擁王冠，安享太平；
　　　我們干戈戎馬，你才獲得九五之尊。

　　　　　　＊　　　＊　　　＊　　　＊　　　＊

　　愛德華四世統治時期的剩下部分可以簡述。他現在是一位高高在上的國王，他的敵人與支持者同樣都已經壽終正寢；他現在是一

位已經成熟的、不存幻想的政治家。做爲王國之主，他有各種辦法同時快活逍遙。早從他統治時期的一開始，他對召開議會就相當謹慎，因爲議會的議員都擅於製造麻煩，但是如果需要錢用，就一定要召開議會。因此在當時使君主保持清醒的口號是「國王應該自力更生」。但是這種說法並沒有讓國王考慮日漸擴大行政管理的範圍。國王要如何使用他世襲的產業、某些稅捐、什一稅、十五抽一稅（fifteenth）、少數古怪的按磅徵收稅（poundage）、人死亡未立遺囑或沒有成年人繼承的橫財、以及埋藏寶物等種種零星的財富，維持與擴展相對於社會規模的行政管理呢？而且此時也較不能期望依賴這個理由對法蘭西發動全面大戰，現在甚至於防禦蘇格蘭的「邊界」都很困難。任何做國王的人都必須利用北方好戰的貴族，他們世襲的專業技能便是防守邊界。金錢，最重要的是現金，中古時期的國王沒有錢便捉襟見肘；甚至到現在，金錢仍多少具有一定的分量。

　　愛德華決定盡可能不與議會打交道，甚至於在他二十歲於戰爭壓力之下，他都設法忠實地「自力更生」。現在他勝利了，無人向他挑戰，他遂在個人開支外的一切事物上盡量節省，避免從事任何海外冒險，以免這種政策可能會驅使他向議會求助。他在褫奪公權的蘭開斯特派產業上找到了新的歲收來源；王室從玫瑰戰爭中取得不少好處，許多新的屬地每年都有收益。如此一來只要和平無事，愛德華國王就可以支付他分內的費用。但是貴族與國人志不在此，他們想更有發展，他們想要重新征服法蘭西，他們哀悼在法蘭西喪失了的領地；他們的際遇悲慘，仍然會回顧阿金科特、普瓦泰、克雷西諸戰役的光榮事績。愛德華證明是一位不折不扣的戰士，他們預期他會在這個領域有所成果，但愛德華卻有意盡可能對此敬而遠之。愛德華從來都不喜歡戰爭，而且已經受夠了戰爭；然而他從議會那裡得到了相當大的捐助，足以與勃艮地結盟而向法蘭西開戰。

　　一四七五年愛德華四世入侵法蘭西，但僅僅挺進到亞眠附近的皮克尼（Picquigny）而已；他在那裡進行陣前談判。路易十一與

他英雄所見略同,也知道國王在和平時期都可能成長而讓自己的地位更加安全,在戰時會成為臣民的獵物與工具。兩位國王都在尋求和平,而且找到了和平:路易十一提供愛德華四世一大筆錢,為數達七萬五千克朗(crown),另外每年再撥出獻金五萬克朗。這筆錢幾乎足以平衡王室的預算,使得愛德華不必依賴議會。愛德華做成了這筆交易,簽訂了皮克尼條約。但是他的勃艮地盟友「大膽者」查理對此則相當生氣。他在佩龍(Péronne)所有的英格蘭軍官都參與的全體大會上,宣布被他的盟友出賣了。這件事令人不快,但是愛德華國王卻忍住了而撤軍返國,連續七年都不騷擾法蘭西而提取這筆很有實質意義的貢金,同時將議會投票表決提撥用來騷擾法蘭西的大多數金錢都存了起來。

今日對愛德華四世的興趣所做的研究主要集中在他的性格方面。我們可以看出,雖然他必須努力經由兇猛的行事與屠殺的手段才能得到王位,他的內心卻很少像英格蘭人,而愛好悠閒與自在;但是我們絕對不能由此推斷說他的政策對王國有所損傷。要想從恐怖的內戰中恢復,一定需要長時間的休養生息。法蘭西政府在他身上看到了亨利五世令人恐懼的本質,於是付出了很重的代價使這些本質隱藏起來,而這種做法正合愛德華國王之意。愛德華四世在行政管理方面力持節儉;而在他殯天後,他是自亨利二世以來第一位沒有留下債務而留下財富的國王,他盡力限制國人的民族自尊,而讓國家再度變得強盛。人們把他想像為矛槍,而他實際上卻成了墊子;但是他在當時的確是一塊好墊子。像某位學者的著述所說:「很可能他的閒散與快活都只是面紗,愛德華在面紗的下面藏著深厚的政治能力。」[3]

終於有一天他必須召集所有的議會成員,不過這一次並不是向他們要錢,因為他有沒收充公的財物、法蘭西的貢金、私人貿易事業的利潤,所以仍舊可以順利治國。原因是他與他的弟弟克拉倫斯發生了爭執。雖然在巴內特與圖克斯伯里兩次戰役之前,這兩兄弟之間嚴格奉行保密的協定,但愛德華就不再信任克拉倫斯。沒有任

何事物能夠消弭他心中的想法，他認爲克拉倫斯是一個賣國賊，在某個決定性的時刻出賣了他的事業與家族，並在另一個決定性的時刻被再度把它們收買回來；克拉倫斯也知道這個傷口即使已經長了疤，但仍無法治癒。可是他到底也是一位顯赫的王子，在這塊土地上飛揚跋扈；蔑視國王，瞧不起王廷；他在私事上將冒犯他的人處以極刑，並且覺得自己穩如泰山。他聽說愛德華與愛莉諾・巴特勒之前曾有婚約，而格羅徹斯特公爵理查後來把它拿來做爲篡位的正當理由。的確，如果愛德華與伊莉莎白・伍德維爾的婚姻因爲這個原因而被證明是無效的，那麼克拉倫斯便是接下來的合法繼承人，而且也將對愛德華國王具有威脅。一四七八年元月，愛德華的耐性已經耗盡，他召開議會不是爲了其他的事，而只是爲了要譴責克拉倫斯；他逐條舉出構成克拉倫斯叛國的各種罪行以及對國王的侮辱。議會一如預期，接受了愛德華的意見。他們憑著「褫奪公權法」宣判克拉倫斯死刑，並且將行刑一事交到國王手上；他們因爲沒有被要求付更多的稅而感到放心。

　　克拉倫斯早就已經被監禁在倫敦塔中。他是如何死的眾說紛紜。有人說愛德華國王讓他自行選擇死法；愛德華的確無意讓人看到慘不忍賭的景象。根據莎士比亞的說法，這位公爵淹死在馬姆齊甜酒（Malmsey wine）[4] 的大酒桶中；這的確是十七世紀的人普遍相信的說法；爲什麼它不可能是眞的呢？無論如何，沒有人企圖去證實任何不同的說法。「虛情假義、性情無常、擅作假誓的克拉倫斯」離開了人世，死前一定會驚訝他的兄長竟然記恨那麼久，並且對事情那麼認眞。

　　其他的好運伴隨著格羅徹斯特公爵理查。在亨利六世駕崩不久，理查娶了安妮，她是已故「國王擁立者」瓦立克的女兒，以及瓦立克廣大產業的繼承人。這項婚姻並沒有引起人們的注意，因爲安妮的確沒有嫁給在圖克斯伯里陣亡的年輕威爾斯王子，雖然之前與他訂過婚。不過重要的利益最終仍結合在一起了。

　　伊莉莎白王后在這些歲月中生了五位女兒，而且還有兩位可愛

的兒子，他們都正在成長。一四八三年，一個兒子十二歲，另一個九歲；繼承王位的事清楚又穩定，而愛德華國王自己才四十歲，再過十年約克派便能永久得勝。但是此時命運女神再度干預，鄭重地提醒尋歡作樂的愛德華元壽已盡。他主要的想法已經確定，要將王冠穩穩地戴在他兒子愛德華五世（Edward V）的頭上；但是一四八三年的四月，死亡突然降臨到他的身上，以致於他沒有時間採取預防措施。雖然愛德華四世永遠摯愛伊莉莎白王后，但他一生卻亂搞男女關係。此時伊莉莎白人在密德蘭，而這位強壯的國王在病了十天之後與世長辭。史家都向我們保證這是放蕩淫佚的懲罰；死因很可能是盲腸炎，但現在仍找不到解釋。他在除了教會之外其他人毫無準備的情況下去世，而他忠實的弟弟理查突然面對著一個完全不同的，全新的前途。

【1】　譯注：David Hume（1771-1776），英格蘭哲人兼史家，主要著作有《人性論》、《人類理智研究》等。
【2】　The Arrival of Edward IV.
【3】　J. R. Green.
【4】　譯注：產於西班牙希臘等地的一種烈性白葡萄酒。

第三十章　理查三世

　　愛德華國王駕崩得太過突然，所有的人都感到驚訝。危機立即出現，全國緊張。在巴內特與圖克斯伯里兩場戰役之後，舊貴族不得不忍氣吞聲，讓倖存的伍德維爾家族重新掌權與得寵。在整個英格蘭，一般人都以憎恨與鄙視的眼光看待王后的親戚，同時愛德華國王則與他美麗的情婦珍·蕭爾（Jane Shore）一起尋歡作樂。王室的威權原本能夠獨自支撐有問題的結構，這下子因為愛德華的死亡而煙消雲散；他的長子愛德華住在威爾斯邊境的盧德羅，受到他的舅舅第二代里弗斯勳爵的照顧。不可避免地，現在需要設立護國公；關於護國公的人選倒是沒有疑問的，國王忠實的弟弟格羅徹斯特公爵理查戰功彪炳，理政莊重幹練，因為擁有瓦立克的財物以及許多其他大批產業而相當富足，他掌握著所有主要軍事職位，鶴立雞群無人能及，曾經由去世的愛德華國王提名他為護國公。大多數的舊貴族都支持他，不過他們普遍都以憎惡討厭的眼光看待這位即將登基的國王，因為這位新國王的外祖父雖然是一位騎士，但說來只不過是掛著勳爵之位的管家而已。他們對於之後要接受這位沒有經過考驗、又毫無經驗的小國王統治，不免感到遺憾；不過他們都受到他們的誓言以及約克派這一脈繼位情勢的約束，而約克一派就是他們親自經由征戰所建立起來的。

　　他們至少將不會再忍受一件事，那就是伊莉莎白王后與她出身卑微的親戚不應該再擁有權勢。在另一方面，位於盧德羅的里弗斯勳爵擁有許多擁護者與家族的支持者，他將新國王挾持在手。雙方互相觀望，之間談判長達三週之久；雙方同意國王應該在四月初加冕，但是他應該前來倫敦加冕，而且隨行的騎兵不得超過兩千人。結果這一行人由里弗斯勳爵與他的侄子格雷（Grey）率領，騎馬穿越什魯斯伯里與北安普敦。他們抵達史東尼斯特拉福（Stony Stratford）時，得知格羅徹斯特與他的盟友白金漢公爵從約克郡前來倫敦，正在他們的後面只距離十英里的地方。他們遂回過頭來迎

接這兩位公爵，並沒有任何猜疑。格羅徹斯特公爵理查親切地接待他們，一起晚宴。但是第二天早上，情況有變。

里弗斯醒過來的時候，發現旅舍的門都被鎖住了。他問他們這麼做的理由。格羅徹斯特公爵與白金漢公爵都皺著眉頭看著他，指他「企圖」在國王與他們之間「挑撥離間」，里弗斯與格雷立刻成了階下囚。理查然後與他的人馬騎馬前往史東尼斯特拉福，逮捕待在那裡的兩千名騎兵的指揮官，並且強行奪路晉見年輕的國王，告訴國王說他發現里弗斯勳爵與其他人要奪取政權，並且壓迫舊貴族的陰謀。愛德華五世對於這番聲明採取了他統治期間所記載的唯一正面行動：他哭了。他很可能真是如此。

次日早上理查公爵再度覲見愛德華五世，像一位叔叔一樣擁抱他，並以臣民的身分向他鞠躬為禮，宣布自己是護國公。理查並遣散那二千名騎兵返鄉，因為不需要他們護駕了。那麼往倫敦！前往那裡加冕！於是這一批憂鬱的人便出發了。

伊莉莎白王后人在倫敦，她沒有抱任何幻想。她立刻帶她其他的孩子前往西敏寺大教堂尋求庇護，在教堂與皇宮之間的牆上打了一個洞，運送那些她能夠弄到手的個人財物。

國王受到脅迫的消息在首都引起了騷動。「沒有人知道他會被送去那裡，只好由上帝的智慧決定。」[1] 但是哈斯廷勳爵（Lord Hastings）再度向樞密院保證一切都很好，任何擾亂只會延遲王國安寧所依賴的加冕禮。身為大法官的約克大主教也設法使王后安心，他說：「請放心，夫人。如果他們對與他們在一起的任何人而不是對你的兒子進行加冕，我們明天就會與你一起在此地對你的次子加冕。」他甚至將國璽交給她做為保證。他並沒有參與任何陰謀，只不過是一位老傻瓜為了求得安全而不惜任何代價爭取太平；不過他馬上也被他所做的事給嚇壞了，便將國璽取了回來。

國王直到五月四日才抵達倫敦，但這一天原來是加冕典禮舉行的日子，所以典禮現在必須延後。國王被安排下榻在倫敦主教的宅邸，所有宗教的與世俗的貴族都在那裡向他表示效忠。不過護國公

與他的朋友都覺得他不應該成為教士的客人；王后的友人建議他可以讓國王住在克勒肯威爾（Clerkenwell）的聖約翰騎士醫院，但理查卻認為貴族應該比較適合住在他自己地盤的城堡裡。倫敦塔不但是個很寬敞的住處，同時也很安全，不受任何民間騷亂的打擾。對於這個決定，樞密院的貴族們一致同意，幼主愛德華五世不得不同意，否則他也會不安全。在進行了隆重儀式與表達忠誠的聲明之後，這位十二歲的孩子被帶入倫敦塔，而倫敦塔的大門在他的身後關上了。

　　倫敦此時陷入騷動狀態，權貴們都聚集在那裡，懷著疑問與恐懼彼此面面相覷。這齣悲劇的下一幕牽涉到哈斯廷勳爵，他曾經在愛德華四世結束統治的歲月裡扮演過領導的角色；愛德華四世死後，他曾經強烈反對伍德維爾家族，但是他也是首先脫離理查掌握的人。所有的權力在理查的手中迅速累積起來，哈斯廷勳爵感到不滿，其他某些權貴也感到不滿；哈斯廷遂開始與仍在西敏寺教堂尋求庇護的王后一派人士接觸並表達善意。之後哈斯廷勳爵突然在六月十三日於倫敦塔舉行的會議中遭到逮捕，在同一天未經審判便被斬首。湯瑪斯・摩爾爵士（Sir Thomas More）在下一個統治時代撰寫其著名的歷史著作，材料是根據穩固建立的新王朝給予他的資料，但他的目的似乎不是要敘述事實，而是要寫具有道德意識的戲劇。在摩爾的書中，理查是邪惡的化身，而王國的拯救者亨利・都鐸則代表美好與光明；持相反的看法就是叛國。摩爾不但將每項可能的罪行，以及某些不可能的罪行都歸咎於理查；並且將理查的身體寫得像個怪物，駝背、手臂萎縮。在理查一生中似乎沒有任何人談論過這些畸形，但是現在我們透過莎士比亞的劇本對這些都非常熟悉。不用說，當都鐸王朝一滅亡，為理查辯護的人就立即開始工作，而他們從那時起便只有更加忙碌而已。

　　無論如何，摩爾所敘述的史實拔得頭籌。我們從其中見到倫敦塔中樞密院的著名場景。時間是六月十三日，星期五，理查大約於九點鐘到達樞密院的會議室，顯然心情很好。他對摩頓（Morton）

主教說：「主教大人，你在荷波恩（Holborn）的花園中有非常好吃的草莓。我請求你讓我們吃一頓。」樞密院開始開會，理查告退了一會兒；他於十點與十一點之間返回，整個人的態度都變了。他不滿地追問議會：「像我自己與國王關係如此親密，受託付治理國家，居然有人想要取我的性命，他們應該受什麼懲罰？」所有在場的人都驚惶失措。哈斯廷最後說他們應該視同賣國賊而治罪。理查大叫著說：「那個女妖術家，我兄長的妻子，還有其他與她在一起的人，瞧一瞧他們用什麼妖術——巫術——摧殘了我的身體。」他這樣說著，並且亮出他的手臂，向樞密院展示。就如同傳奇所言，他的手臂萎縮；然後他以憤怒的口吻提到珍‧蕭爾，哈斯廷在愛德華四世死後曾與她建立親密的關係。哈斯廷吃了一驚，回答說：「的確，如果他們做了令人髮指的事，當然要將他們處以極刑。」駝背的理查叫了起來：「什麼？你就是以『如果』和『以及』來應付找嗎？我告訴你，他們做了那樣的事，我一定要在你的身上討回來，賣國賊！」理查用拳頭搥打樞密院的桌子，武士們聽到這個信號衝了進來，大喊「賣國！」哈斯廷、摩頓主教、約克大主教與若干其他的人都被抓了起來；理查下令哈斯廷準備馬上就死，並且說：「直到我見到他的人頭，才會去吃晚飯。」接下來的時間已來不及找位教士為哈斯廷禱告。踫巧倫敦塔的院子裡放著一塊木頭，哈斯廷就在那塊木頭上面被人斬首。恐怖籠罩著四周。

　　理查命令他在北方的家臣武裝起來，在他信任的副將理查‧拉德克里夫爵士（Sir Richard Ratcliffe）率領下前來倫敦。在南下的途中，拉德克里夫從每一個城堡中找到了被監禁的里弗斯、沃恩（Vaughan）、格雷三位勳爵與二千名騎兵的指揮，並在哈斯廷服刑的幾天之後於朋夫雷特（Pomfret）將他們一一斬首。這些都是沒有爭議的事實。

　　同時，王后與她留下來的另外一位兒子仍然在教堂避難。理查覺得國王這兩兄弟放在一起由他照料會比較自然，於是他透過受到整肅的樞密院向王后請求將這孩子交出來。王后別無選擇而只好屈

服，於是九歲的小王子就在西敏寺宮交給了護國公理查；護國公溫柔親切地擁抱他，把他帶到倫敦塔，他與他的哥哥就再也沒有離開過那裡了。理查的北方人馬數目龐大，將近有數千人之多，他們正逼近倫敦，而他覺得他現在強大得足以一次解決全部的問題。愛德華五世的加冕典禮已經延期了好幾次。倫敦市長的弟弟邵武（Shaw）是一位傳教士，也是理查的黨羽，現在在聖保羅廣場講道；他從智慧書（the Book of Wisdom）[2] 摘取經文，「吸枝的根不會深」，並根據妖術、違反以前與愛莉諾·巴特勒的訂婚、以及宣稱在沒有受到祝福的地方舉行婚禮儀式等理由，指責愛德華四世與伊莉莎白·伍德維爾的婚姻；他從這一點辯稱愛德華的子女都是不合法的，所以王權應該屬於理查。邵武甚至重提愛德華四世也不是其父親所親生的說法。理查由白金漢公爵陪同，現在看起來顯然得到萬民擁戴。但是摩爾說：「民眾根本就不想歡呼『理查王！』。他們只是站在那裡，彷彿被這可恥的講道給弄糊塗了，變得呆如木雞。」兩天後白金漢公爵小試身手；根據目擊者的說法，白金漢公爵滔滔不絕地講，到了幾乎沒有時間吞口水的程度，看來是練習過的，但是民眾再度保持沈默，只有公爵的某些僕從不顧一切大喊：「理查王！」

　　無論如何，議會於六月二十五日召開，它收到了一卷文書，聲明已故的國王愛德華四世與伊莉莎白的婚姻根本不能算數，愛德華四世的子女是私生子女；議會便向理查請願，希望他執掌王權。以白金漢公爵為首的代表團晉見理查，理查正在他母親的宅邸，而他曾中傷過她的德行。理查擺出謙遜的姿態，堅持拒絕登基的請求；但是白金漢公爵向他保證他們決對不會讓愛德華四世的子女統治，如果理查不能為國效勞，那麼他們就會被迫選出另外一位貴族。理查在為國為民的號召下克服了猶豫；次日他登上王位，舉行許多儀式，同時理查·拉德克里夫爵士從北方派遣的部隊在芬斯伯里（Finsbury）廣場接受檢閱，他們實際上有五千人左右，「衣著襤褸，……鎧甲生鏽既不能用來防禦，也無法擦亮」。在這個城市

裡，關於他們的實力與人數的報導都很誇大。

　　理查三世國王的加冕日訂在七月六日，各種盛大的典禮與行列使得不安的民眾轉移了注意力。為了表示寬宏，理查釋放之前逮捕的約克大主教，並且將伊里的摩頓主教交給白金漢公爵做比較輕鬆的看管。加冕禮更是極盡豪華壯麗之能事，尤其強調宗教方面的重要性。鮑切大主教（Archbishop Bourchier）將王冠分別戴在國王與王后的頭上，為他們塗油；他們在眾人面前接受聖禮，最後前往西敏寺宮參加宴會。理查現在擁有議會承認的封號，而根據愛德華四世的子女都是私生的說法，理查在血統方面也是直系的繼位者，整個大計似乎已經完成了。然而就從這個時候起，所有階級對國王理查三世表現出明顯的不信任與仇視，而他所有的手段與能耐都無法緩和這些情緒。當時的編年史家費畢安（Fabyan）說：「結果這個人不久後就被他王國中的大部分貴族所痛恨，連以前那樣愛他與讚美他的人，……現在都嘮嘮叨叨地怨恨他，大家都相當識時務，而幾乎很少有人或根本沒有人支持他的那一派，除非是因為害怕，或者是從他那裡獲得恩惠的人。」

　　為理查國王辯護的人都相信，當時廣為流傳的是這些事件的都鐸王朝觀點。但是生活在當時，逐漸知道這些事件的民眾，都在都鐸王朝掌權的前兩年就已經形成了他們的信念，這些信念的確是很重要的因素。理查三世掌握著治國的威權，他以唾手可得的條件為自己辯白，但人們卻幾乎普遍不相信他所說的話。的確，全國的大多數人都相信理查運用他身為護國公的權力篡奪了王位，王子們在倫敦塔中失蹤，這些事情比任何事更加受人質疑。或許要用上許多有創意的書籍，才能將這個議題拉高到引起歷史性爭議的尊嚴地位。

　　將理查拱上王位，白金漢公爵是最為賣力的一位，理查也賜給他最大的禮物與寵信；然而就在理查登基的這三個月當中，白金漢公爵卻從理查主要的支持者變成了死敵。白金漢公爵的動機並不清楚。或許他避免自己在這齣篡奪戲碼所預見的最後一幕裡成為共

犯；或許因為他自己並非出於王室血統，而為他自己的安全感到恐懼嗎？白金漢公爵系出愛德華三世一脈的博福特家族與烏茲托克的湯瑪斯（Thomas of Woodstock）兩者，一般都認為當國王理查二世的特許狀使得博福特家族變成正統、並且經由亨利四世確認時，就同時附帶有他們不能繼承王位的規定。但是這項附帶規定並不是原始文獻的一部分，而是在亨利四世統治期間內所補上的。白金漢公爵就其母親一系而言，是博福特家的人，他擁有蓋上了國璽，並由議會批准的特許狀原件，原件裡並未提到那樣的禁令。雖然他用盡方法謹慎守住了這個祕密，但現在必定認為自己是一位有權要求王位的人；如果理查也是這麼看待他，他就會不怎麼安全。白金漢公爵知道理查登基的所有儀式與盛況並不影響一般人認為他是個篡位者的感覺，心頭不禁大亂。他位於布列克納（Brecknock）的城堡中，悶悶不樂地對囚禁的摩頓主教談話；剛好這位主教是一位說服高手，也是一位頂尖的政客，他無疑牢牢地掌握住了白金漢公爵的想法。

＊　　　＊　　　＊　　　＊　　　＊

同時，理查三世開始出巡各地，從牛津啟程穿越密德蘭。他在每個城市努力製造最好的印象，平反冤情、解決爭議、普賜恩惠、爭取民望；然而他無法逃避一種感受——在他身邊展現感激與忠誠的背後，蹲伏著對他國王身分的無言挑戰。在南方，這種情緒幾乎毫無隱藏，在倫敦、肯特、東塞克斯與倫敦周圍各郡的整個地區，反對他的情緒都很高漲，所有人都要求應該釋放兩位王子。理查三世還沒有猜疑與他在格羅徹斯特分手的白金漢公爵有任何不滿，但是他已經很為自己王位的安全擔憂。當他的姪子們都還活著，成為聯合起來反抗他的中心，他要怎樣做才能維持王位呢？因此之後便出現了一個後來會與理查三世聯想在一起的大罪。他的利益十分明白，而他的性格殘忍無情；在一四八三年七月之後，確實再也看不到倫敦塔中那兩個無助的孩子了。然而有人相信，兩位王子又被囚禁了兩年，他們日形憔悴，沒有人注意他們，而他們只能等亨利‧

都鐸來將他們處死。

　　根據湯瑪斯・摩爾所描述，理查三世於七月決定根絕王子們對他的安寧與對君主威權的威脅。他派了一位名叫約翰・格林(John Green)的特使去見倫敦塔的看守布雷肯伯利（Brackenbury），要後者結束王子們的性命；布雷肯伯利拒絕服從命令。格林回來報告經過，理查則大吼大叫：「那些我認為會絕對聽我指揮，為我效命的人，不為我做這件事，那麼我應該信任誰呢？」一位聽到這些話的侍從提醒國王，以前曾經有一位一起作戰的同伴詹姆斯・泰瑞爾爵士（Sir James Tyrell）無所不能。因此後來泰瑞爾奉派帶著授權令前往倫敦，授權布雷肯伯利將倫敦塔所有的鑰匙交給他保管一個晚上；泰瑞爾火速地履行了這件殘忍的、委託代辦的事。四位看管王子們的獄卒中，有一位佛雷斯特（Forest）願意行兇，於是他便同泰瑞爾的馬夫戴頓（Dighton）共同幹下這件事。趁王子們睡著的時候，這兩位兇手將枕頭緊緊壓在他們臉上，直到他們窒息而死，並且把他們的屍體埋在倫敦塔某個祕密的角落裡。有證據指出所有三位謀殺者都受到理查三世適當的酬勞；但是一直要到亨利八世的統治時期，泰瑞爾因為一個完全不相干的罪行被判了死刑而押在倫敦塔裡，他才承認這件事，根據他的自白與許多其他間接證據，我們才能知道這個故事的全貌。

　　在查理二世的統治時期，通往白塔（the White Tower）[3] 內小教堂的樓梯於一六七四年進行改建，有人在一堆瓦礫下發現埋著兩位少年的骸骨，顯然與兩位王子遇害時的年齡相當符合。王室的外科醫師檢驗了骸骨，古物學家報告說它們就是愛德華五世與約克公爵的遺骸。查理二世接受了這個結果，而將骸骨重新埋葬在西敏寺亨利七世的小教堂內，並用拉丁文銘刻碑文，將一切的罪責都歸咎於他們背信忘義的叔父「王位篡奪者」的頭上。然而這種做法並未能防止不同看法的作家──其中有著名的賀拉斯・沃爾浦爾（Horace Walpole）[4]──努力為理查三世開脫，或者企圖在除了猜測便別無任何證據的情形下將罪名加在亨利七世身上。不過在我

們這個時代，掘墓開棺證實了查理二世的時代那些公正權威人士的看法。

　　白金漢公爵現在成為英格蘭西部與南部反抗理查三世的中心人物；他決定要為自己爭取王權。由於他對理查的了解，他似乎認為倫敦塔中的兩位王子不是死了便是大禍臨頭。他在此時遇到了里奇蒙伯爵夫人瑪格麗特，她也是博福特一脈的劫後餘生者，這時候他知道即使將整個約克王族擱在一邊，她與她的兒子亨利‧都鐸兩人仍然橫亙在他與王位之間。里奇蒙伯爵夫人還以為白金漢公爵仍然是理查的左右手，因此請求他讓理查三世同意她的兒子里奇蒙的亨利與愛德華四世的女兒伊莉莎白的婚姻，伊莉莎白仍與她的姐妹和母親待在西敏寺教堂裡尋求庇護。理查三世不曾考慮到這椿與他的利益南轅北轍的婚姻；但是白金漢公爵看出這項婚姻會將約克家族與蘭開斯特家族的繼承資格聯結起來，不僅能彌補英格蘭分隔已久的鴻溝，也能使反抗篡位者的巨大陣線建立起來。

　　全國人民要求釋放被囚禁的兩位王子，結果反而聽到他們的死訊，沒有人知道是什麼時候，用什麼方式，以及是誰幹下此項惡行；但是消息像野火一樣地傳開，許多人怒火填膺。當時的英格蘭民眾雖然對於長期內戰的殘暴行為習以為常，但仍然會恐懼；而一旦引起恐懼，他們便長久都不會忘記。一位現代的獨裁者，有科學的資源任其使用，往往能夠輕易地領導著民眾日漸步入歧途，摧毀思想與目標的持續性，而人們的記憶因此被每日繁多的新聞弄得模糊不清，判斷力被扭曲的事實搞得失去準頭。但是在十五世紀這兩位年輕王子被保護他們的那個人謀害這一件事，被視為滔天大罪，永遠不會被人忘記或原諒。理查三世於同年九月出巡抵達約克，將他的兒子冊封為威爾斯王子，此舉在他的敵人看來，證實了那極其黑暗的傳聞。

　　白金漢公爵的所有準備全是為了十月十八日的起義。他會在布列克納聚集威爾斯的兵力；而里奇蒙伯爵亨利得到不列塔尼公爵的協助，也將率領五千名人馬在威爾斯登陸。但是民眾對於謠傳謀害

兩位王子這件事感到相當憤怒，因而弄亂了這個用心良苦的計畫；在指定的日期之前十天，肯特、威特郡、東塞克斯、戴文郡等地已經有人起義；里奇蒙的亨利被迫於十月十二日在惡劣的天氣下從不列塔尼啓航，結果他的艦隊被風暴打散了；白金漢公爵在布列克納展開他的旗幟，然而天氣也與他作對。可怕的暴風雨使得塞汶谷山洪爆發，他發現自己被困在威爾斯邊境的一個地區，不僅無法供應軍隊的給養，也不能照原來計畫與戴文郡的叛軍會師。

理查三世發揮最大的力量採取行動，他率領一支部隊行軍前往平亂。南方零星的起義已經被鎮壓下來了；白金漢公爵的兵力冰消瓦解，他自己則藏起來等待報復；里奇蒙伯爵亨利率兩艘船抵達英格蘭海岸，啓航朝西駛往普利茅斯（Plymouth），等待始終沒有到來的信號。在普利茅斯一切都十分不確定，於是他謹慎地進一步打探，結果所得到的消息令他不得不返航回到不列塔尼。白金漢公爵的人頭賞金金額很高，他因此被出賣，而理查迫不及待便將他殺了；接下來便是常見的處決了一批人。全國的秩序漸漸恢復，理查似乎已經使他自己穩坐在王位上了。

他於新的一年中著手在政事各方面做了一連串開明的改革。他恢復了議會的權力，而愛德華四世以前的政策便是將這權力化爲烏有；他宣布國王藉著「恩稅」（benevolence）而提高歲收是不合法的行爲；議會在經過長時間的間斷之後再度廣爲立法；商業受到一連串用意良好，只是判斷有誤的法案所保護；而爲了規範「用途」或者是我們現在所謂的「信託」，議會通過了土地法。爲了取悅教士，理查也做了一些事，例如鞏固他們的特權、捐贈新的宗教機構，以及延伸對於學術的贊助；他對於徽章與典禮排場都極盡小心地處理，對於被擊敗的對手都表現出寬宏大度，並且仁慈地對待貧困的請願者。但是這一切並沒有發揮效果；全國各地因爲理查之前的罪行而喚起的、反對他的恨意仍然無法抑制，因此廣施雨露、採取賢明措施、行政方面的各種成就，全都幫不了這位有罪的君主。

一位性情衝動的、叫做科林波恩（Collingbourne）的縉紳，

以前擔任過烏斯特的郡守。他對於國王的罪行感到相當憤怒，因此
做了一首有押韻的打油詩，並且將它釘在聖保羅教堂的門上：

貓輩、鼠輩，加上洛弗爾（Lovell）我們的小狗

由豬帶頭，將全英格蘭統治得糟透透。

凱茨比（Catesby）、拉德克利夫、洛弗爾子爵，與徽章是隻
野豬的理查等人，看到他們自己公然遭到侮辱[5]。但是科林波恩
並不是只為了這件事而在年底遭到慘死，他還是一位積極參與陰謀
的叛徒。

連理查的內心也與他自己作對。他時常因為恐懼與惡夢而感到
困擾，他看到報應在每個角落等著他。湯瑪斯‧摩爾爵士說：「我
從可信的消息聽說，這樣的事都是他的侍女們共同知道的祕密。他
在做了那項令人髮指的事情之後，心裡從來就不曾安穩過，他從來
不認為自己很安全。他出宮到任何地方，眼光都到處巡迴，身體都
加以祕密地保護，他的手一直不離匕首，他的臉色與舉止就像是準
備要再度出擊。他晚上睡不好，長時間失眠，躺在那裡沈思；因為
常保持警戒而把自己弄得痛苦不堪。他寧可小睡而不要酣眠，他被
可怕的夢境所困擾，有時突然驚起，跳下床來在寢宮裡亂跑。因此
他不得安寧的心，不斷地被滔天罪行的恐怖印象與狂風暴雨般的回
憶所折磨。」

＊　　　＊　　　＊　　　＊　　　＊

一個可怕的打擊降臨到理查三世的身上。一四八四年四月，
他的獨子威爾斯王子在密德罕去世，王子的妻子安妮——也就是
「擁立國王者」瓦立克的女兒——也無法再生育子女。里奇蒙伯爵
亨利‧都鐸現在顯然成了敵對的王位權利要求者與繼任者。里奇
蒙，這位「蘭開斯特家族最有繼承王位資格的人」，是一位威爾斯
人；他那位在一四六一年被約克派處決的祖父奧文‧都鐸娶過亨利
五世的遺孀，也就是法蘭西的凱瑟琳；他的父親艾德蒙娶過瑪格麗

特・博福特夫人。里奇蒙也可以透過他的母親一系而追溯到愛德華
三世；在他父親這一方，他的血脈中有法蘭西的血液以及模糊的說
是出自卡德瓦拉德（Cadwallader），以及包括亞瑟王在內不列顛
古代傳奇國王的世系。而他的生命已經陷入了永無休止的麻煩之
中。亨利在童年時有七年被困在哈力克城堡；他十四歲時蘭開斯特
派在圖克斯伯利吃了敗仗，因此他被迫逃亡到不列塔尼，此後他命
中只有流亡與衣食無著。這些經驗在他的性格上烙下了印痕，使
他變得詭計多端，生性多疑；不過，這並沒有使他充滿傲氣的精
神受挫，也沒有使他聰明、睥睨一切的心智蒙上烏雲，更未在他
的面容投下陰影。聽說他「常帶笑容而且很親切，與人溝通的時
候尤其如此」。

　　英格蘭人民的所有希望都寄託在里奇蒙身上，顯然他打算與愛
德華四世的長女伊莉莎白締結良緣的事，為永遠結束殘酷的朝代鬥
爭提供了遠景，因為全國人民對這種鬥爭早就有著說不出的厭倦。
在白金漢公爵起義失敗之後，里奇蒙與他的遠征軍就返回不列塔
尼，長久以來都很友善的不列塔尼公爵再度給予這位流亡者與他手
下五百名左右的優秀英格蘭人住處與其他一切生活所需。但是理查
國王的外交活動很積極；他拿出一大筆錢請不列塔尼交出他的對
手。在不列塔尼公爵生病之際，不列塔尼的大臣蘭德瓦（Landois）
有意出賣這位身價很高的流亡者。但是里奇蒙早就料到了這種危
險，於是在緊要關頭策馬飛奔逃入法蘭西；由於法蘭西的外交政策
是永遠支持英格蘭人的宿仇，所以他受到法蘭西攝政安妮的接待。
同時不列塔尼公爵身體康復之後，斥責他的大臣，並且繼續收容英
格蘭的流亡人士。里奇蒙在法蘭西與牛津伯爵會合，牛津伯爵是蘭
開斯特派劫後餘生的領導人物，已經逃脫了為期十年的監禁，再度
投入了昔日的鬥爭。幾個月過去之後，許多有名望的英格蘭人——
包括約克派與蘭開斯特派的人士——都躲避邪惡的理查而來投靠
里奇蒙；里奇蒙從這個時候起挺身而出，率領可能將全英格蘭統一
的一夥人。

　　他把希望放在與伊莉莎白公主的婚姻上，但是這方面理查並不會視若無睹。在叛亂發生之前，他就已經禁止伊莉莎白溜出教堂與英格蘭。一四八四年三月，他向皇太后伊莉莎白‧格雷夫人提議和解，痛苦的皇太后並沒有駁回他的建議，理查鄭重地承諾「以一國之君的榮譽」為憑，願意為前王后提供生活所需，並且將她的女兒們嫁給門當戶對的士紳。不僅宗教與世俗的貴族，連倫敦市長與郡長也都看到這張特別的文件。儘管過去有所恩怨，伊莉莎白王后此時也不得不同意這種安排。她離開了教堂，放棄了女兒與里奇蒙匹配的想法；她與幾位年長的公主都受到特殊的接待與禮遇。一四八四年國王在西敏寺宮舉行了興高采烈的耶誕歡宴，為伊莉莎白‧格雷夫人與她的女兒們提供了新裝，這些衣服的款式與富麗都差不多具有王室風采而令人囑目。之前加諸愛德華四世子女身上的私生污名，以及倫敦塔令人敬畏的祕密，此時都一掃而空；雖然經常有入侵的威脅，但整個過節的時刻都只有歡笑。「伊莉莎白夫人」甚至寫信給身在巴黎，在她第一次婚姻所生的兒子多塞特侯爵，叮嚀他放棄里奇蒙，回國分享新得到的恩寵。而更令人驚訝的是，伊莉莎白公主似乎對這位篡奪者的關照不曾表示過敵意。一四八五年三月，安妮王后大概因病去世，此時謠言四起，說理查有意娶自己的姪女，以便使她不能與里奇蒙結婚。這種亂倫的婚姻可以憑著教廷的特赦狀而辦到，但是理查在樞密院以及公眾場合都否認有那樣的意圖。的確，理查不太可能藉著娶一位他之前宣布為私生女的公主來強化他的地位；不管事情怎麼發展，里奇蒙總算可以放心了。

　　整個夏天里奇蒙的遠征軍都在塞納河口做準備，從英格蘭前來加入其陣營的大批人潮從未停止。這種懸疑情勢使得理查煩不勝煩，他覺得被仇恨與不信任團團圍住，除非是出於害怕或希望得到恩寵，否則便沒有人會為他效力。但理查天性固執而又不認輸，所以他決定要為王位做生平最大的一戰。他將總部設在諾丁罕境內很好的位置，並且對幾乎每個郡都下達了召集、列陣的命令，要兵卒都武裝起來。他同時不得已而只好違背前一年所下的命令，要求所

謂「恩稅」或「惡舉」，總值三萬英鎊。他成立一支紀律良好的正
規軍，並且在要道上每隔二十英里即設立永久性的驛站，以到當時
爲止英格蘭所沒有過的、有組織的飛快速度傳達消息與命令；郵政
制度上這項重大的發展是他的兄長愛德華四世所發起的。理查現在
率領著他的部隊在密德蘭不停地巡視，努力使他憤怒的臣民懾
伏，同時以良政來安撫他們。他激烈地宣揚政治目標，譴責「……亨
利‧都鐸（Henry Tydder）是艾德蒙‧都鐸（Edmund Tydder）
之子，奧文‧都鐸（Owen Tydder）之孫」，他的父親與母親都
有私生子的血統，他這個人野心勃勃，貪婪成性，覬覦王位，「以
致於想永遠剝奪與消滅他王國內所有具備高貴、可敬血統者的繼承
權。」但是顯然沒有人理睬這番話。

　　八月一日，里奇蒙率領他手下的英格蘭人，包括約克派與蘭開
斯特派，還有法蘭西部隊，在哈夫勒上船，順風幫助他的艦隊駛過
英吉利海峽。他避開了「洛弗爾我們的狗」的隊伍，繞過地角
（Land's End）而於七日在密爾福港（Milford Haven）登陸。里
奇蒙跪下來，唸著讚美詩，親吻地面，在身上畫十字，以上帝與聖
喬治之名下令挺進；他只有兩千名士兵，但是他信心滿滿，宣稱理
查是一位篡位者以及反抗他的叛徒。威爾斯人見到在自己的民族當
中有個人能夠繼承英格蘭的統一大業，當然感到滿意與驕傲，畢竟
多少年來以來，統治英格蘭都是這個民族的夢想。古代的不列顛人
也將不在外流亡，而要回到他們自己的土地上。理查軍隊的首領與
軍官瑞斯‧厄普‧湯瑪斯（Rhys ap Thomas）因爲之前曾向理查
宣誓效忠，所以現在無法幫助入侵者；他曾經發誓不容許任何叛軍
進入威爾斯，「除非他們從他的肚皮上方通過」。湯瑪斯找理由不
將他的獨子送到諾丁罕當人質，而向理查保證沒有任何事物能夠像
良心一樣有力地約束他。現在，這些誓言成爲障礙。不過聖大衛教
堂的主教提議幫他解除誓言，並且和他說如果他仍舊感到不安，他
可以躺在里奇蒙面前，讓後者真的由他肚皮上方跨過去。結果湯瑪
斯採用了一個更加莊嚴，而且同樣令人滿意的解決方法：他站在達

爾（Dale）附近莫納克橋（Molloch Bridge）的橋下，同時里奇
蒙伯爵亨利從橋上走過去，因而不再有所謂背信的行爲了。里奇蒙
不僅展示聖喬治的旗幟，而且還撐起卡德瓦拉德的紅龍旗，使得許
多威爾斯的士紳都投到他的麾下；他現在帶著五千兵卒越過什魯斯
伯里與斯塔福，向東移動。

＊　　　＊　　　＊　　　＊　　　＊

　　雖然普遍設立驛馬，但理查三世還是等到五天之後才聽說里奇
蒙伯爵登陸一事；他集合隊伍，行軍前往迎敵。此時史坦利一家人
的態度具有決定大局的重要性，他們被理查國王委以重任，如果叛
軍在西方登陸就派兵攔截；威廉·史坦利爵士（Sir　William
Stanley）帶了數千名人馬，卻不打算這樣做。理查因此將這個家
族的族長史坦利勳爵召入王室。這位有勢力的人聲明自己患有「汗
熱病」，理查便將他的長子斯特蘭奇勳爵（Lord Strange）抓起
來，要他效忠，否則便要取斯特蘭奇勳爵的命。但是這麼做並不能
防止威廉·史坦利爵士和他率領的柴郡部隊與里奇蒙做友善的接
觸；然而史坦利勳爵希望能救他的兒子，所以到最後一刻態度都相
當不明確。

　　這一次約克城支持約克派的大業。諾福克伯爵與諾森伯蘭伯
爵帕西是理查三世的主要支持者，「貓輩」與「鼠輩」只有幫主
人求勝才有活命的希望。八月十七日理查國王由這些人陪同，率
軍前往列斯特；他的部隊做四路縱隊向前挺進，騎兵位於側翼，他
自己騎著白色駿馬走在中央，全軍陣容整齊，令人不敢輕視。八月
二十一日適逢星期天，這支大軍從列斯特開拔，前往巴斯沃斯
（Bosworth）市場的村落附近迎擊里奇蒙的軍隊，決戰在次日
展開。

　　表面情勢對理查國王有利。他有一萬名紀律良好的人馬，在王
室威權指揮之下對抗里奇蒙匆促成軍的五千名叛軍；但是在與大軍
側翼有一段距離的對面山丘頂上，駐紮著來自蘭開郡與柴郡，分屬
威廉·史坦利爵士與史坦利勳爵的部隊。整個情況就像有人說的，

像是四位玩家在玩牌。根據都鐸時期的史家說法，理查雖然一整夜
都做著惡夢，但仍以生龍活虎的方式大聲地對軍官們訓話：「拋開
所有的恐懼。……只要每個人給予對方確確實實的一擊，勝利就是
我們的。我向你們保證，今天我一定要光榮地戰勝，不然就會爲了
不朽之名而戰死沙場。」然後他發出作戰的信號，並派信使傳話給
史坦利勳爵，如果後者不立刻向前猛撲，他會馬上將斯特蘭奇勳爵
斬首。史坦利被逼著做這種痛苦的選擇，但他還是豪氣干雲地回答
說：「他還有其他的兒子。」理查國王下令處決斯特蘭奇；但是負
責行刑的軍官們認爲還是謹愼一點比較好，暫時刀下留人，等到戰
局變得更明朗的時候再說。「陛下，敵人已經越過了那片沼地。等
到大戰之後，再讓史坦利家族的這位年輕人受死。」

　　但是現在理查自己也不能確定史坦利勳爵與他的部隊在這場戰
事裡會扮演什麼角色。在砲箭轟射之後，雙方鎖在一起交戰，所有
的疑問都解決了。諾森伯蘭伯爵本來指揮理查國王的左翼，此時在
一段距離外按兵不動；史坦利勳爵的兵力與里奇蒙的軍隊結合在一
起。理查國王看到大勢已去，大喊：「賣國！賣國！」，自行衝入
戰鬥密集的人群之中，打算親手斬殺里奇蒙。他殺了里奇蒙的掌旗
官威廉‧布蘭登爵士（Sir William Brandon），擺平了一位力氣
巨大的戰士約翰‧切納里爵士（Sir John Cheney），據說他甚至
衝到了里奇蒙面前，兩人便以劍交鋒。但是就在此時，威廉‧史坦
利爵士的三千士兵「血染紅了征袍」，撲向正在拼鬥的約克派，衝
突的浪潮將兩人沖得東零西散：里奇蒙被人保住一命，而理查國王
拒絕逃命，而被人殺死了。

　　我胸中一息尚存，我就絕不拔腳逃命。
　　如他所言，如他所爲——即使喪命，他死了也是個國君。

　　理查的王冠一直戴在頭上，直到最後一刻才被人在灌木叢裡找
到，他們把它放在勝利者的頭上。諾福克公爵奮勇作戰被殺，他的

兒子薩里勳爵（Lord Surrey）成了階下囚；理查‧拉德克里夫爵士被殺；凱茨比在獲准立下遺囑之後，在戰場上被處決了。亨利‧都鐸成了英格蘭的國王，而理查的屍首光著身體而且全身是傷，被綁在馬背上，他的頭與長髮下墜，血肉模糊慘不忍睹，被載入列斯特示眾。

　　＊　　　　＊　　　　＊　　　　＊　　　　＊

　　巴斯沃斯戰役結束了英格蘭歷史上相當長的一章，雖然在整個下一個統治時期，起義叛亂與勾心鬥角繼續發生，但是紅白玫瑰之間的鬥爭大體上已經終止。結果任何一方都未得勝，而是找到一個解決之道，兩個為了統治地位而戰的殘存者可以因此獲得和解。里奇蒙與能善解人意的伊莉莎白公主結婚，使得約克派與蘭開斯特派聚合在一起成為都鐸一脈，兩個世代之前嚴重爭鬥，而一心想要報仇的鬼魂們至此永遠地被擺平了。理查三世的死亡結束了金雀花王朝的一脈，這個擁有戰士與政治家兼國王的強大家族，其才賦與罪惡都登峰造極，他們的權威意識與帝國持續達三百年之久，現在失去了這個島嶼；金雀花王朝的人與制度所衍生自豪、排外的貴族，將自己弄得粉身碎骨，大多數貴族都被殺掉，而他們的第二代、第三代也都被滅絕了。長久以來以熱情、忠誠與罪行撰寫英格蘭歷史的寡頭政治集團也都被降伏了，王族女系或私生子女一脈與這個過去的時代的關係則有所爭論。就像「獅心王」談到他的家族所說的：「我們是魔鬼的後代，所以最後還是得去見魔鬼。」

　　玫瑰戰爭在巴斯沃斯之役到達了最後的里程碑。在下一個世紀都鐸王朝的臣民們都傾向認為中世紀也在一四八五年走向結束，一個新的時代因為亨利‧都鐸的即位而到來；不過現代的史家都寧可認為我們歷史的分期並非很明確，因為亨利七世實際上繼續進行著約克派國王們的許多功業，並且使其鞏固。的確，在十五世紀的持續鬥爭、田園荒廢、政局不穩，引起所有階級強烈盼望出現一個強大而有秩序的政府。在蘭開斯特家族統治下所盛行的議會概念，已經到達憲政權利的許多範圍；但現在這些權利都將要長時間終止不

用，一直要到十七世紀，這些例如「先陳言而後撥款」、「大臣的
責任在於恪遵公眾意願」、「君主是國家的僕人而不是主人」等舊
的原則才重見天日。文藝復興（Renaissance）的騷動與宗教改革
的風暴，將這些新問題拋到新時代先是迷惑而後又獲得啟示的人
手上；英格蘭在天性聰明、飽受憂患、謹慎行事的君主領導下進
入另一個新時代，這位君主就是施行都鐸獨裁政治的亨利七世國
王。

【1】 More.
【2】 譯注：指《舊約》中的〈約伯記〉、〈箴言〉與〈傳道書〉。
【3】 譯注：倫敦塔中之小塔名。
【4】 譯注：Horace Walpole（1717-1292），英格蘭作家，以其英格蘭第一部
　　　哥德式小說《奧特朗托堡》而聞名。
【5】 譯注：因凱茨比的前半拼湊都是Cat，而德拉克利夫的前半部是Rat，同時
　　　洛弗爾被稱作物。

中英名詞對照表